教学做合一会计系列教材

会计分岗实操

余 浩 罗桂兰 陈宏桥 编著

上海财经大学出版社

图书在版编目(CIP)数据

会计分岗实操/余浩,罗桂兰,陈宏桥编著.—上海:上海财经大学出版社,2014.9
(教学做合一会计系列教材)
ISBN 978-7-5642-1972-7/F·1972

Ⅰ.①会… Ⅱ.①余…②罗…③陈… Ⅲ.①会计实务-教材 Ⅳ.①F233

中国版本图书馆 CIP 数据核字(2014)第 168062 号

□ 责任编辑　台啸天
□ 封面设计　钱宇辰
□ 责任校对　王从远

KUAIJI FENGANG SHICHAO
会 计 分 岗 实 操
余浩　罗桂兰　陈宏桥　编著

上海财经大学出版社出版发行
(上海市武东路 321 号乙　邮编 200434)
网　　址:http://www.sufep.com
电子邮箱:webmaster@sufep.com
全国新华书店经销
上海华教印务有限公司印刷装订
2014 年 9 月第 1 版　2016 年 5 月第 2 次印刷

787mm×1092mm　1/16　28 印张　698 千字
印数:4 001—6 000　　定价:56.00 元

总 序

　　高职教育有两条路径可走：一条是知而行之的教育之路；另一条是行而知之的教育之路。在两条路径之中择一而行，是高职教育的必然选择。多年来的高职教育实践证明，知而行之的教育之路不利于培养高素质高技能人才，因而不是一条理想之路。行而知之的教育之路虽然是一条较为理想的教育之路，但却不是一条平坦之路，需要高职教育工作者在这条路上开拓创新，才能走出一条光明大道。

　　多年以来，我们一直在行而知之教育之路上探索前行。在高职教育教学实践中，我们坚持行动导向，构建工学结合的人才培养模式，创新教学做合一的模式与方法，在课程设计、教材开发、教学组织等方面取得了一系列研究成果。在此基础上，我们组织骨干教师编写了"教学做合一会计系列教材"，包括《基础会计》（含《基础会计同步操作》）、《财务会计》（含《财务会计同步操作》）、《成本会计》（含《成本会计同步操作》）、《企业涉税会计》（含《企业涉税会计同步操作》）、《金碟财务软件操作》（含《金碟财务软件操作同步训练》）、《用友财务软件操作》（含《用友财务软件操作同步训练》）、《财务管理》（含《财务管理同步操作》）、《会计仿真实训》、《会计分岗实操》。

　　"教学做合一会计系列教材"是体现陶行知先生生活教育思想和教学做合一理论的特色教材。与传统教材有着根本的区别，它强调以做为中心，着重培养学生的生活能力、工作能力、创造能力。这套教材的特色具体表现在以下几个方面：

　　（1）教材内容理论实践一体化。传统教材主要是以知识为中心的，有的教材虽然也提到理论与实践相结合，但并没有做到两者的有机结合，教材中的相关举例只是论证其理论知识的。所谓的实践只是理论的从属，不是教材的主体。有的教材为了加强实践性，采取双本配套的办法，即一本理论教材相应地配备一本实训教材，理论教材和实训教材在教学中分别使用。这种教材不是理论与实践结合，而是理论与实践分离，并且实践是为理论服务的。"教学做合一会计系列教材"一改传统教材之弊，在以"做"为中心的前提下，将理论知识与实践操作有机地结合在一起，形成一个完整的统一体。在理论知识和实践操作两者关系的处理上，以实践操作为引领，理论知识不按其知识的逻辑联系排序，而按工作（生活）过程逻辑联系进行排序，即按实践操作所需要的知识及其先后进行排序；理论知识的多少及其深度，以实践操作的需要为度。

　　（2）教材体系工作任务过程化。传统教材按其理论知识的逻辑联系构建教材体系。一个专业按其知识的逻辑关系进行分工，形成若干种教材，并由这些在知识上具有逻辑关系的教材构成一个专业的教材体系。一种教材按其知识的逻辑关系进行分工，形成若干章节，并由这些在知识上具有逻辑关系的章节构成一种教材的体系。每一章节又按知识的逻辑关系进行组织和编排。传统教材体系强调知识的逻辑性和理论的完整性。"教学做合一会计系列教材"完全打破了传统教材按理论知识的逻辑联系构建教材体系的做法,而是按工作(生活)过程的逻辑关系构建教材体系。一个专业按其所对应的职业岗位的工作过程的逻辑关系进行分工,形成若干种教材,并由这些在工作过程中具有逻辑关系的教材构成一个专业的教材体系。一种教材按其工作过程的逻辑关系进行分工,形成若干部分,并由这些在工作过程中具有逻辑关系的部分构成一种教材的体系。一种教材中的每一个部分,仍要符合工作过程的逻辑关系,通常按照"要求做什么"、"根据什么做"、"应该怎样做"来组织与编排。教学做合一的教材体系强调"做"的逻辑性和全面性。

(3)教材有利于教学做一体化。传统教材是教与学的材料,注重的是知识的传授,教材中缺乏"做"的材料。因此,传统教材只方便知识的传授,不利于能力的培养。同时,通过传统教材所获得的知识,其有用性较差,遗忘率较高。传统教材由于缺乏"做"的材料,运用这样的教材是不能实施教学做合一的。"教学做合一会计系列教材"以"做"为中心,教材中编排了丰富的"做"的材料。这套教材不是以学习知识为切入点,而是以做事为切入点。教材内容的编排是以工作过程为线索的,知识的学习是通过做事来实现的。所以,"教学做合一会计系列教材"有利于教师在"做"中教,学生在"做"中学,充分实现教学做合一;有利于让学生在"做"中学知识,在"做"中长智慧,在"做"中练技能,在"做"中悟道理,在"做"中升素质。

"教学做合一会计系列教材"是我们勇于探索、不断创新的结晶。为了开发这套教材,我们付出了大量的时间、精力和心血。为了出版这套教材,上海财经大学出版社给予了大力支持。由于我们水平有限,研究不深,时间仓促,其中难免存在不足之处,敬请读者批评指正。

余 浩

2014年6月18日于武昌

前　言

　　会计具有很强的实践性和可操作性,在会计教学实践中,我们围绕教学做合一,通过创设条件,力求会计实操环境与会计工作环境一致、会计实操岗位与实际工作岗位一致、会计实操内容与实际工作内容一致、会计实操过程与实际工作过程一致,从而成功地实现了会计分岗位实操训练。在此基础上,我们编写了《会计分岗实操》教材。

　　《会计分岗实操》是"教学做合一会计系列教材"之一。在编写过程中,我们成功地设计了相互有经济往来的12家制造公司、4家贸易公司和2家银行,其中每家公司又分设财务科长、记账会计、出纳会计、业务员(商品材料会计)等岗位。每家银行设置两个岗位,负责处理与其客户间的往来结算业务。通过经济业务的发生,产生原始凭证,形成了大量的会计业务,并通过制证、签章、传递凭证、往来结算、记账、审核、结账、编表等,展现实际会计业务处理的全过程。

　　编写《会计分岗实操》教材,花费了作者大量的心血。本教材不是编者闭门造车的结果,也不是若干企业一个月会计业务拼凑的产物,而是在大量收集资料,经过筛选整理、精心设计构思后撰写而成的。正因如此,这本《会计分岗实操》教材才能融真实性、知识性、实用性、科学性于一体,从而独具特色。

　　本教材的研发、出版、使用,使会计分岗实操实现了三个仿真:

　　一是角色仿真。通过内部分工,分设财务科长、记账会计、出纳会计、业务员(商品材料会计)等岗位,让学生在参加会计分岗实操中,通过分工协作,轮流担任不同会计角色,处理会计业务,使学生体会不同会计岗位的工作特点,从而实现了角色仿真。

　　二是环境仿真。本教材通过设计12家制造公司、4家贸易公司和2家银行,并独具匠心地设计了十分接近实际工作的会计环境,学生通过置身本教材设计的操作环境中,进行会计业务处理,亲身感受实际会计工作环境。

　　三是过程仿真。本教材基于会计工作的全过程进行设计编写,学生通过各种会计业务手续的办理,从接受原始凭证开始,经过审核凭证、制证、签章、传递凭证、往来结算、记账、结账、编表等全套会计业务处理,从而感受会计核算的全过程。

　　《会计分岗实操》教材编写分工如下:余浩拟定编写提纲并撰写1～6部分;罗桂兰撰写7～12部分;陈宏桥撰写13～18部分;最后由余浩总纂定稿。

　　本教材出版后,希望得到读者尤其是同行读者的批评和帮助,以便今后修改、补充、完善。

编者

2014 年 8 月 18 日

目 录

总　序	(1)
前　言	(1)

1　会计分岗实操的实施 … (1)
　1.1　会计分岗实操的要求 … (1)
　1.2　会计分岗实操的职责 … (4)
　1.3　会计分岗实操的组织 … (6)

2　大兴公司会计业务岗位实操 … (16)
　2.1　大兴公司出纳会计岗位实操 … (16)
　2.2　大兴公司记账会计岗位实操 … (21)
　2.3　大兴公司财务科长岗位实操 … (31)
　2.4　大兴公司业务员岗位实操 … (33)

3　大华公司会计业务岗位实操 … (41)
　3.1　大华公司出纳会计岗位实操 … (41)
　3.2　大华公司记账会计岗位实操 … (46)
　3.3　大华公司财务科长岗位实操 … (56)
　3.4　大华公司业务员岗位实操 … (58)

4　兴隆公司会计业务岗位实操 … (66)
　4.1　兴隆公司出纳会计岗位实操 … (66)
　4.2　兴隆公司记账会计岗位实操 … (71)
　4.3　兴隆公司财务科长岗位实操 … (81)
　4.4　兴隆公司业务员岗位实操 … (84)

5　兴盛公司会计业务岗位实操 … (93)
　5.1　兴盛公司出纳会计岗位实操 … (93)
　5.2　兴盛公司记账会计岗位实操 … (98)

会计分岗实操

  5.3 兴盛公司财务科长岗位实操 ……………………………………………… (108)
  5.4 兴盛公司业务员岗位实操 ………………………………………………… (111)

6 德源公司会计业务岗位实操 ………………………………………………… (120)

  6.1 德源公司出纳会计岗位实操 ……………………………………………… (120)
  6.2 德源公司记账会计岗位实操 ……………………………………………… (125)
  6.3 德源公司财务科长岗位实操 ……………………………………………… (135)
  6.4 德源公司业务员岗位实操 ………………………………………………… (137)

7 德茂公司会计业务岗位实操 ………………………………………………… (145)

  7.1 德茂公司出纳会计岗位实操 ……………………………………………… (145)
  7.2 德茂公司记账会计岗位实操 ……………………………………………… (150)
  7.3 德茂公司财务科长岗位实操 ……………………………………………… (160)
  7.4 德茂公司业务员岗位实操 ………………………………………………… (162)

8 昌平公司会计业务岗位实操 ………………………………………………… (170)

  8.1 昌平公司出纳会计岗位实操 ……………………………………………… (170)
  8.2 昌平公司记账会计岗位实操 ……………………………………………… (175)
  8.3 昌平公司财务科长岗位实操 ……………………………………………… (185)
  8.4 昌平公司业务员岗位实操 ………………………………………………… (187)

9 昌安公司会计业务岗位实操 ………………………………………………… (195)

  9.1 昌安公司出纳会计岗位实操 ……………………………………………… (195)
  9.2 昌安公司记账会计岗位实操 ……………………………………………… (200)
  9.3 昌安公司财务科长岗位实操 ……………………………………………… (210)
  9.4 昌安公司业务员岗位实操 ………………………………………………… (212)

10 丰润公司会计业务岗位实操 ………………………………………………… (220)

  10.1 丰润公司出纳会计岗位实操 …………………………………………… (220)
  10.2 丰润公司记账会计岗位实操 …………………………………………… (225)
  10.3 丰润公司财务科长岗位实操 …………………………………………… (235)
  10.4 丰润公司业务员岗位实操 ……………………………………………… (237)

11 丰利公司会计业务岗位实操 ………………………………………………… (245)

  11.1 丰利公司出纳会计岗位实操 …………………………………………… (245)
  11.2 丰利公司记账会计岗位实操 …………………………………………… (250)
  11.3 丰利公司财务科长岗位实操 …………………………………………… (259)
  11.4 丰利公司业务员岗位实操 ……………………………………………… (262)

12 众生公司会计业务岗位实操 ………………………………………… (270)
12.1 众生公司出纳会计岗位实操 ……………………………………… (270)
12.2 众生公司记账会计岗位实操 ……………………………………… (275)
12.3 众生公司财务科长岗位实操 ……………………………………… (285)
12.4 众生公司业务员岗位实操 ………………………………………… (287)

13 众健公司会计业务岗位实操 ………………………………………… (296)
13.1 众健公司出纳会计岗位实操 ……………………………………… (296)
13.2 众健公司记账会计岗位实操 ……………………………………… (301)
13.3 众健公司财务科长岗位实操 ……………………………………… (311)
13.4 众健公司业务员岗位实操 ………………………………………… (313)

14 宏源公司会计业务岗位实操 ………………………………………… (321)
14.1 宏源公司出纳会计岗位实操 ……………………………………… (321)
14.2 宏源公司记账会计岗位实操 ……………………………………… (326)
14.3 宏源公司财务科长岗位实操 ……………………………………… (336)
14.4 宏源公司业务员岗位实操 ………………………………………… (338)

15 宏盛公司会计业务岗位实操 ………………………………………… (346)
15.1 宏盛公司出纳会计岗位实操 ……………………………………… (346)
15.2 宏盛公司记账会计岗位实操 ……………………………………… (351)
15.3 宏盛公司财务科长岗位实操 ……………………………………… (361)
15.4 宏盛公司业务员岗位实操 ………………………………………… (363)

16 达昌公司会计业务岗位实操 ………………………………………… (371)
16.1 达昌公司出纳会计岗位实操 ……………………………………… (371)
16.2 达昌公司记账会计岗位实操 ……………………………………… (376)
16.3 达昌公司财务科长岗位实操 ……………………………………… (386)
16.4 达昌公司业务员岗位实操 ………………………………………… (389)

17 达亿公司会计业务岗位实操 ………………………………………… (398)
17.1 达亿公司出纳会计岗位实操 ……………………………………… (398)
17.2 达亿公司记账会计岗位实操 ……………………………………… (403)
17.3 达亿公司财务科长岗位实操 ……………………………………… (413)
17.4 达亿公司业务员岗位实操 ………………………………………… (416)

18 银行结算业务岗位实操 ……………………………………………… (425)
18.1 中国工商银行江泽市支行结算业务岗位实操 …………………… (425)
18.2 中国工商银行崎峰市支行结算业务岗位实操 …………………… (430)

会计分岗实操的实施

会计分岗实操是基于工作过程开发的一门实践课程。组织本课程的教学需要达到一定的要求,学生在顶岗操作中要按其所顶岗位承担相应的职责,教师在组织会计分岗实操教学中要采取相应的教学方法和手段。

1.1 会计分岗实操的要求

组织会计分岗实操有三个方面的要求:对学生的要求、对教师的要求、对条件的要求。

会计分岗实操对学生的要求如下:

会计分岗实操是学生在具有仿真环境的会计分岗实操室所进行的实战训练,所有学生都被确定在不同公司的不同岗位,一人一岗,进行相对独立的会计操作。因此,进入顶岗操作之前,学生必须学完《会计基础》、《财务会计》、《成本会计》、《会计模拟训练》等课程,必须具备一定的会计知识和操作技能。

会计分岗实操对教师的要求如下:

会计分岗实操是以学生为主体的自主学习课程,教师在教学中只是组织指导,并不系统地讲授,但对教师的要求更高。担任《会计分岗实操》课程教学的教师,必须具有双师素质,既要具有深厚的会计理论知识,更要具有从事会计实际工作的能力和娴熟的会计操作技能。

会计分岗实操对条件的要求如下:

会计分岗实操教学必须具备一定的条件,包括会计分岗实操室、会计分岗实操教材、会计分岗实操所需各种用品。

(1) 会计分岗实操室

会计分岗实操室设置16家公司的财务科和2家银行。

16家公司财务科是:大兴公司财务科、大华公司财务科、兴隆公司财务科、兴盛公司财务科、德源公司财务科、德茂公司财务科、昌平公司财务科、昌安公司财务科、丰润公司财务科、丰利公司财务科、众生公司财务科、众健公司财务科、宏源公司财务科、宏盛公司财务科、达昌公司财务科和达亿公司财务科。

每家公司财务科均设置出纳会计、记账会计、财务科长、业务员(商品材料会计)4个岗位。

2家银行是:中国工商银行江泽市支行、中国工商银行崎峰市支行。

每家银行均设置2个结算业务岗位。

(2) 会计分岗实操教材

《会计分岗实操》是其配套教材,与会计分岗实操室的单位设置和岗位设置相呼应,是必备教材。

(3)会计分岗实操所需用品

会计分岗实操所需用品很多,除相关证账表外,可根据实际需要和条件加以配备,下面主要介绍所需证账表(各种证账表样式与需用量见有关网站)。

①原始凭证

增值税专用发票(一式四联)

旅差费用报销单

保费收据(一式二联)

进账单(一式二联)

领款单

亚洲证券营业部成交过户交割单

三峡证券营业部成交过户交割单

机动车辆保险单

材料入库验收单(一式三联)

商业承兑汇票(一式三联)

转账支票(一式四联)

收据(一式三联)

委托收款凭证(一式五联)

现金支票

信汇(一式四联)

江泽市服务业发票(一式三联)

崎峰市服务业发票(一式三联)

费用报销领用单

固定资产折旧计算表

江泽市公路、内河货物运输统一发票(一式四联)

崎峰市公路、内河货物运输统一发票(一式四联)

保险公司待业保险金收据(一式三联)

江泽市行政事业单位收款收据(一式三联)

崎峰市行政事业单位收款收据(一式三联)

税收缴款书

借款单

江泽市建筑安装业统一发票(一式三联)

崎峰市建筑安装业统一发票(一式三联)

物品领用单

工资结算汇总表

工资表

管理费用支出汇总表

为民日杂公司销售发票(一式三联)

市税务局印花税票发售统一发票(一式三联)

综合奖金结算汇总表
江泽市商业普通发票（一式三联）
崎峰市商业普通发票（一式三联）
固定资产报废单（一式二联）
固定资产验收单（一式二联）
业务费招待费汇总表
验收单（一式三联）
材料入库单（一式二联）
为民五金公司发票（一式三联）
内部转账单
江泽市文化教育、体育业发票（一式三联）
崎峰市文化教育、体育业发票（一式三联）
自来水费发票（一式二联）
罚款没收专用收据（一式三联）
交通车辆养路费收据（一式三联）
水费分配表
外购动力分配表
材料采购费用分配表
副食品商店销售发票（一式二联）
江泽市交通运输业发票（一式三联）
崎峰市交通运输业发票（一式三联）
专利申报表
商业发票（一式三联）
报废低值易耗品汇总表
低值易耗品报废单
车间产品耗用工时汇总表
辅助生产情况表
生产情况报告表
产品入库汇总表
无形资产、长期待摊费用表
本月入库材料差异汇总表
领用包装物汇总表
领用低值易耗品汇总表
基本生产车间生产工人工资分配表
职工薪酬分配汇总表
基本生产车间制造费用分配表
发料凭证汇总表
发料凭证分配汇总表
辅助生产费用分配表

生产成本计算单
产品销售汇总表
商品调价单(一式三联)
商品溢余短缺报告单(一式二联)
商品内部调拨单(一式三联)
商品销售成本计算单
商品进销差价计算表
地方税收综合纳税申报表
所得税纳税申报表
暂时性差异计算表
利润分配计算表
中国工商银行湖北省分行存款计息凭证(一式三联)
中国工商银行湖北省分行贷款计息凭证(一式五联)
②记账凭证
③科目汇总表
④账页
三栏式账页
数量金额式账页
多栏式账页
⑤试算平衡表
⑥会计报表
资产负债表
利润表
现金流量表

1.2　会计分岗实操的职责

为了使企业会计业务顶岗操作具有角色仿真功能,企业会计业务顶岗操作室应设置不同的岗位,各操作岗位担负起相应的职责。

1.2.1　出纳会计岗位职责

出纳会计的岗位职责是:负责现金的收付和保管、支票的签发以及银行结算业务,负责涉及货币资金业务的记账凭证的编制,负责库存现金日记账、银行存款日记账等账簿的登记、结账、核对等工作。

为了有效地履行职责,对出纳会计岗位的要求如下:
(1)正确、及时地反映货币资金的收入、付出和结存情况,保证货币资金的安全和完整;
(2)严格按现金结算管理制度的有关规定办理现金的收、付事项;
(3)严格按银行结算纪律和结算原则办理银行转账结算业务;
(4)做到凭证真实准确,账目清楚,日清月结,账款相符;

(5)做好其他有关工作。

1.2.2 记账会计岗位职责

记账会计的岗位职责是:负责部分记账凭证的编制,明细账的登记、结账和对账工作。

为了有效地履行职责,对记账会计岗位的要求如下:

(1)严格审核各种原始凭证,保证原始凭证的真实性、合理性和合法性;

(2)及时根据审核无误的原始凭证,编制正确的记账凭证,并根据记账凭证及时登记各种明细分类账;

(3)做好有关计算和账务结转工作;

(4)做好对账和结账工作;

(5)做好其他有关工作。

1.2.3 财务科长岗位职责

财务科长(主办会计)的职责是:负责记账凭证的复核、科目汇总表的编制、总账的登记以及会计报表的编制工作;负责协调财务科各种业务关系。

为了有效地履行职责,对财务科长岗位的要求如下:

(1)全面组织财务科的会计工作,负责财务科人员的分工协作关系的协调。

(2)在审核记账凭证,保证记账凭证无误的基础上,做好科目汇总表的编制工作。

(3)及时登记总账,按月办理总账的月结工作,并将总账及时与出纳会计所经管的库存现金日记账、银行存款日记账等,以及记账会计所经管的各种明细分类账进行核对。

(4)根据账簿记录及有关资料,于月末编制"资产负债表"、"利润表"、"现金流量表"等会计报表。

1.2.4 业务员的岗位职责

业务员的岗位职责是:按操作要求以各种不同的身份填制各种不同的原始凭证,办理相应手续,传递各种凭证等。

为了有效地履行职责,对业务员岗位的要求如下:

(1)保质保量按时填制各种原始凭证,字迹清楚、手续齐全、内容正确;

(2)按规定时间将准确无误的原始凭证及时传递到有关人员手中。

1.2.5 银行结算岗位职责

银行结算的岗位职责是:负责办理各企业的存、取、贷款业务及银行转账业务。

为了有效地履行职责,对银行有关岗位的要求如下:

(1)认真负责地办理有关银行结算业务。

(2)在接受企业办理银行业务时,应认真审核企业名称、开户行、账号、印鉴等,如有不符或有疑问,则不予办理;如审核无误,加盖银行印章,及时办理。

(3)按各开户单位(企业)分别认真地登记银行对账单,并于月末及时提供给各开户单位予以对账;如企业对账发现疑问,应及时配合查找;如系银行记录有误,应及时更正银行对账单,并通知企业予以更正。

1.3 会计分岗实操的组织

企业会计业务顶岗操作在完成会计理论教学和会计模拟系统训练后进行。

为了仿真企业存、取、贷款业务以及企业间经济往来业务通过银行结算,设立中国工商银行江泽市支行和中国工商银行崎峰市支行2个银行,每行设2个岗位,共4人。

除银行机构外,设立大兴公司、大华公司、兴隆公司、兴盛公司、德源公司、德茂公司、昌平公司、昌安公司、丰润公司、丰利公司、众生公司、众健公司、宏源公司、宏盛公司、达昌公司、达亿公司,共16家公司,每家公司均分设财务科长1人、记账员1人、出纳员1人、业务员1人,共64人。

会计业务顶岗操作机构设岗位68人,如参加操作的学生不足68人或多于68人,则由操作指导老师灵活安排。会计业务顶岗操作以10天左右为一个循环,每完成一个循环,交换岗位后从头操作,如此进行下去,直到操作结束。

1.3.1 岗位安排

会计分岗实操教学指导教师在组织学生进入岗位操作前,应通过班主任、前导各门专业课程任课教师,了解学生学习、组织能力、表达能力等情况,综合考虑各种因素,将学生分别安排到不同的操作岗位上,填写"会计分岗实操岗位安排表"(见表1-1)。

表1-1　　　　　　　　　会计分岗实操岗位安排
班级:　　　　　　　　　年　月　日至　年　月　日

企业名称	财务科长	记账员	出纳员	业务员
大兴公司				
大华公司				
兴隆公司				
兴盛公司				
德源公司				
德茂公司				
昌平公司				
昌安公司				
丰润公司				
丰利公司				
众生公司				
众健公司				
宏源公司				
宏盛公司				
达昌公司				
达亿公司				
江泽市支行				
崎峰市支行				

1.3.2 会计建账

按《会计分岗实操》教材要求发放各种账页,指导学生按所在会计岗位建账。

1.3.3 发放证表

每个公司发放通用记账凭证200张(由记账员领取);科目汇总表9张、资产负债表1张、利润表1张、现金流量表1张、试算平衡表1张(由财务科长领取)。

每家银行发放"中国工商银行湖北省分行存款计息凭证"8份、"中国工商银行湖北省分行贷款计息凭证"8份。

除此之外,原始凭证按业务发生时间每5日发放一次(见表1-2～表1-5)。

表1-2 会计分岗实操凭证领用表1

江泽市制造业(丰润、丰利、众生、众健、宏源、宏盛)6个公司(每个公司耗用量)

日期	岗位	原始凭证名称	份数	岗位	原始凭证名称	份数	岗位	原始凭证名称	份数
一至五日	业务员	增值税专用发票	4	出纳员	商业承兑汇票	3	记账员		
		旅差费用报销单	1		转账支票	6			
		保费收据	1		收据	1			
		进账单	1		委托收款凭证	3			
		领款单	1		现金支票	1			
		亚洲证券营业部成交过户交割单	1		信汇	1			
		机动车辆保险单	1						
		材料入库验收单	4						
六至十日	业务员	江泽市服务业发票	3	出纳员	税收缴款书	2	记账员		
		增值税专用发票	1		转账支票	4			
		收据	1		进账单	1			
		固定资产折旧计算表	1		现金支票	1			
		费用报销领用单	2						
		材料入库验收单	1						
		江泽市公路、内河货物运输统一发票	1						
		保险公司待业保金收据	1						
		江泽市行政事业单位收款收据	1						
十一至十五日	业务员	借款单	1	出纳员	转账支票	1	记账员		
		江泽市建筑安装业统一发票	2		现金支票	3			
		物品领用单	1		委托收款	1			
		收据	3		收据	1			
		工资结算汇总表	1						
		增值税专用发票	1						
		管理费用支出汇总表	1						
		为民日杂公司销售发票	1						

续表

日期	岗位	原始凭证名称	份数	岗位	原始凭证名称	份数	岗位	原始凭证名称	份数
十六至二十日	业务员	市税务局印花税票发售统一发票	1	出纳员	现金支票	2	记账员	内部转账单	1
		综合奖金结算汇总表	1		转账支票	2			
		江泽市服务业发票	2		收据	1			
		江泽市商业普通发票	2						
		固定资产报废单	1						
		固定资产验收单	1						
		差旅费报销单	1						
		业务费招待汇总表	1						
		费用报销领款单	1						
		材料入库单	1						
		为民五金公司发票	1						
		物品领用单	1						
		进账单	1						
二十一至二十五日	业务员	江泽市文化教育、体育业发票	1	出纳员	转账支票	3	记账员		
		江泽市商业普通发票	1		商业承兑汇票	3			
		江泽市服务业发票	1		现金支票	1			
		自来水费发票	1		水费分配表	1			
		管理费用支出汇总表	1		外购动力分配表	1			
		电力局电费发票	1		材料采购费用分配表	1			
		罚款没收专用收据	1						
		交通车辆养路费收据	1						
二十六至三十一日	业务员	副食品商店销售发票	1	出纳员	转账支票	2	记账员	无形资产长期待摊费用分配表	1
		江泽市交通运输业发票	1		委托收款	1		本月入库材料差异汇总表	1
		借款单	1		信汇(外币业务)	1		领用包装物汇总表	1
		专利申报表	1		进账单	1		低值易耗品领用及摊销表	1
		商业发票	1		内部转账单	1		职工薪酬分配汇总表	2
		固定资产验收单	1					领用低值易耗品汇总表	1
		江泽市行政事业单位收款票据	1					基本生产车间生产工人工资分配表	1
		江泽市公路、内河货物运输统一发票	1					基本生产车间制造费用分配表	1
		报废低值易耗品汇总表	1					发料凭证汇总表	1
		材料入库验收单	2					发料凭证分配汇总表	1
		增值税专用发票	4					领用包装物分配表	1

续表

日期	岗位	原始凭证名称	份数	岗位	原始凭证名称	份数	岗位	原始凭证名称	份数
		车间产品耗用工时汇总表	1					内部转账单	5
		辅助生产情况表	1					辅助生产费用分配表	1
		生产情况报告表	1					生产成本计算单	4
		产品入库汇总表	1					产品销售汇总表	2
								工商企业营业税纳税申报表	2
								所得税纳税申报表	1
								暂时性差异计算表	1
								利润分配计算表	1

表1－3　　　　　　　会计分岗实操凭证领用表2

崎峰市制造业(大兴、大华、德源、德茂、昌平、昌安)6个公司(每个公司耗用量)

日期	岗位	原始凭证名称	份数	岗位	原始凭证名称	份数	岗位	原始凭证名称	份数
一至五日	业务员	增值税专用发票	1	出纳员	商业承兑汇票	3	记账员		
		差旅费用报销单	1		转账支票	6			
		保费收据	1		收据	1			
		进账单	1		委托收款凭证	3			
		领款单	1		现金支票	1			
		三峡证券营业部成交过户交割单	1						
		机动车辆保险单	1						
		材料入库验收单	4						
六至十日	业务员	崎峰市服务业发票	3	出纳员	税收缴款书	2	记账员		
		增值税专用发票	1		转账支票	4			
		收据	1		进账单	1			
		固定资产折旧计算表	1		现金支票	1			
		费用报销领用单	2						
		材料入库验收单	1						
		崎峰市公路、内河货物运输统一发票	1						
		保险公司待业保金收据	1						
		崎峰市行政事业单位收款收据	1						
十一至十五日	业务员	借款单	1	出纳员	转账支票	1	记账员		
		崎峰市建筑安装业统一发票	2		现金支票	3			
		物品领用单	1		委托收款	1			
		收据	3		收据	1			
		工资结算汇总表	1						
		增值税专用发票	1						

续表

日期	岗位	原始凭证名称	份数	岗位	原始凭证名称	份数	岗位	原始凭证名称	份数
十六至二十日	业务员	管理费用支出汇总表	1	出纳员	现金支票	2	记账员	内部转账单	1
		为民日杂公司销售发票	1		转账支票	2			
		市税务局印花税票发售统一发票	1		收据	1			
		综合奖金结算汇总表	1						
		崎峰市服务业发票	2						
		崎峰市商业普通发票	2						
		固定资产报废单	1						
		固定资产验收单	1						
		差旅费报销单	1						
		业务费招待汇总表	1						
		费用报销领款单	1						
		材料入库单	1						
		为民五金公司发票	1						
		物品领用单	1						
二十一至二十五日	业务员	崎峰市文化教育、体育业发票	1	出纳员	转账支票	3	记账员		
		崎峰市商业普通发票	1		商业承兑汇票	3			
		崎峰市服务业发票	1		现金支票	1			
		自来水厂水费发票	1		水费分配表	1			
		管理费用支出汇总表	1		外购动力分配表	1			
		电力局电费发票	1						
		罚款没收专用收据	1						
		交通车辆养路费收据	1						
二十六至三十一日	业务员	副食品商店销售发票	1	出纳员	转账支票	2	记账员	无形资产、长期待摊费用分摊表	1
		崎峰市交通运输业发票	1		委托收款	1		本月入库材料差异汇总表	1
		借款单	1		信汇（外币业务）	1		领用包装物汇总表	1
		专利申报表	1		进账单	1		低值易耗品领用及摊销表	1
		商业发票	1		内部转账单	1		职工薪酬分配汇总表	2
		固定资产验收单	1					领用低值易耗品汇总表	1
		崎峰市行政事业单位收款票据	1					基本生产车间生产工人工资分配表	1
		崎峰市公路、内河货物运输统一发票	1					基本生产车间制造费用分配表	1
		报废低值易耗品汇总表	1					发料凭证汇总表	1
		材料入库验收单	2					发料凭证分配汇总表	1

续表

日期	岗位	原始凭证名称	份数	岗位	原始凭证名称	份数	岗位	原始凭证名称	份数
		增值税专用发票	4					领用包装物分配表	1
		车间产品耗用工时汇总表	1					内部转账单	5
		辅助生产情况表	1					辅助生产费用分配表	1
		生产情况报告表	1					生产成本计算单	4
		产品入库汇总表	1					产品销售汇总表	2
								工商企业营业税纳税申报表	2
								所得税纳税申报表	1
								暂时性差异计算表	1
								利润分配计算表	1

表1-4　　　　　　　　会计分岗实操凭证领用表3
江泽市商品流通业2个公司(每个公司耗用量)

日期	岗位	原始凭证名称	份数	岗位	原始凭证名称	份数	岗位	原始凭证名称	份数
一至五日	业务员	借款单	2	出纳员	委托收款	1	记账员		
		增值税专用发票	16		现金支票	2			
		进账单	1		信汇	3			
		领款单	1		转账支票	2			
		亚洲证券营业部交割单	2						
		验收单	1						
		机动车辆保险单	1						
		保费收据	1						
六至十日	业务员	江泽市服务业发票	3	出纳员	税收缴款书	2	记账员		
		收据	1		转账支票	4			
		固定资产折旧计算表	1		收据	1			
		增值税专用发票	3		进账单	1			
		验收单	3		现金支票	1			
		费用报销领款单	1						
		江泽市公路、内河货物运输统一发票	1						
		江泽市行政事业单位收款收据	1						
		保险公司保险收据	1						
		费用报销领款单	1						
		商品内部调拨单	3						
		进账单	3						

11

续表

日期	岗位	原始凭证名称	份数	岗位	原始凭证名称	份数	岗位	原始凭证名称	份数
十一至十五日	业务员	江泽市服务业发票	1	出纳员	现金支票	4	记账员		
		江泽市建筑安装业发票	1		转账支票	1			
		物品领用单	1		收据	2			
		收据	1						
		工资表	2						
		差旅费报销单	1						
		商品调价单	1						
		管理费用支出汇总表	1						
		收据	1						
		为民日杂公司销售发票	1						
十六至二十日	业务员	市税务局印花税发票	1	出纳员	转账支票	3	记账员		
		收据	2		现金支票	2			
		验收单	2						
		综合奖金结算汇总表	1						
		江泽市商业普通发票	1						
		固定资产报废单	1						
		固定资产验收单	1						
		业务招待费汇总表	1						
		费用报销领款单	1						
		江泽市服务业发票	1						
		进账单	1						
		材料入库单	1						
		为民五金公司发票	1						
		物品领用单	1						
二十一号至二十五日	业务员	江泽市文化教育、体育业发票	1	出纳员	转账支票	2	记账员		
		江泽市商业普通发票	2		收据	1			
		增值税专用发票	3		现金支票	1			
		自来水厂水费发票	1		外购动力分配表	1			
		管理费用支出汇总表	1						
		增值税专用发票	1						
		江泽市服务业发票	1						
		罚款没收收据	1						
		交通车辆养路费收据	1						

续表

日期	岗位	原始凭证名称	份数	岗位	原始凭证名称	份数	岗位	原始凭证名称	份数
二十六号至三十一日	业务员	副食品商店销售发票	1	出纳员	转账支票	2	记账员	应付职工薪酬分配表	1
		江泽市交通运输业发票	1		商业承兑汇票	3		无形资产、长期待摊费用分配表	1
		借款单	1		委托收款	3		内部转账单	6
		专利申报表	1		内部转账单	1		企业所得税纳税申报表	1
		江泽市行政事业单位收款收据	1		进账单	1		增值税纳税申报表	1
		江泽市公路、内河货物运输统一发票	1		信汇	1		商品销售成本计算单	13
		验收单	3					商品进销差价计算表	1
		商品内部调拨单	3					地方税收综合纳税申报表	1
		进账单	3					利润分配计算表	1
		低值易耗品报废单	1						
		收据	2						
		增值税专用发票	3						
		商业发票	1						
		固定资产验收单	1						
		商品溢余短缺报告单	3						

表1—5　　　　　　　　会计分岗实操凭证领用表4

崎峰市商品流通业2个公司（每个公司耗用量）

日期	岗位	原始凭证名称	份数	岗位	原始凭证名称	份数	岗位	原始凭证名称	份数
一至五日	业务员	借款单	2	出纳员	委托收款	1	记账员		
		增值税专用发票	16		现金支票	2			
		进账单	1		信汇	3			
		领款单	1		转账支票	2			
		三峡证券营业部交割单	2						
		验收单	1						
		机动车辆保险单	1						
		保费收据	1						
六至十日	业务员	崎峰市服务业发票	3	出纳员	税收缴款书	2	记账员		
		收据	1		转账支票	4			
		固定资产折旧计算表	1		收据	1			
		增值税专用发票	3		进账单	1			
		验收单	3		现金支票	1			
		费用报销领款单	1						
		崎峰市公路、内河货物运输统一发票	1						

13

续表

日期	岗位	原始凭证名称	份数	岗位	原始凭证名称	份数	岗位	原始凭证名称	份数
十一至十五日	业务员	崎峰市行政事业单位收款收据	1						
		保险公司保险收据	1						
		费用报销领款单	1						
		商品内部调拨单	3						
		进账单	3						
		崎峰市服务业发票	1	出纳员	现金支票	4	记账员		
		崎峰市建筑安装业发票	1		转账支票	1			
		物品领用单	1		收据	2			
		收据	1						
		工资表	2						
		差旅费报销单	1						
		商品调价单	1						
		管理费用支出汇总表	1						
		收据	1						
		为民日杂公司销售发票	1						
十六至二十日	业务员	市税务局印花税发票	1	出纳员	转账支票	3	记账员	内部转账单	1
		收据	2		现金支票	2			
		验收单	2						
		综合奖金结算汇总表	1						
		崎峰市商业普通发票	1						
		固定资产报废单	1						
		固定资产验收单	1						
		业务招待费汇总表	1						
		费用报销领款单	1						
		崎峰市服务业发票	1						
		进账单	1						
		材料入库单	1						
		为民五金公司发票	1						
		物品领用单	1						
二十一号至二十五日	业务员	崎峰市文化教育、体育业发票	1	出纳员	转账支票	2	记账员		
		崎峰市商业普通发票	2		收据	1			
		增值税专用发票	3		现金支票	1			
		自来水厂水费发票	1		外购动力分配表	1			
		管理费用支出汇总表	1						
		增值税专用发票	1						

续表

日期	岗位	原始凭证名称	份数	岗位	原始凭证名称	份数	岗位	原始凭证名称	份数
		崎峰市服务业发票	1						
		罚款没收收据	1						
		交通车辆养路费收据	1						
二十六号至三十一日	业务员	副食品商店销售发票	1	出纳员	转账支票	2	记账员	应付职工薪酬分配表	1
		崎峰市交通运输业发票	1		商业承兑汇票	3		无形资产、长期待摊费用分配表	1
		借款单	1		委托收款	3		内部转账单	6
		专利申报表	1		内部转账单	1		企业所得税纳税申报表	1
		崎峰市行政事业单位收款收据	1		进账单	1		增值税纳税申报表	1
		崎峰市公路、内河货物运输统一发票	1		信汇	1		商品销售成本计算单	13
		验收单	3					商品进销差价计算表	1
		商品内部调拨单	3					地方税收综合纳税申报表	1
		进账单	3					利润分配计算表	1
		低值易耗品报废单	1						
		收据	2						
		增值税专用发票	3						
		商业发票	1						
		固定资产验收单	1						
		商品溢余短缺报告单	3						

1.3.4 组织操作

要求根据业务发生情况,各岗位按《会计分岗实操》教材相应岗位要求进行操作,完成填制原始凭证、审核原始凭证、传递原始凭证、处理原始凭证、编制记账凭证、登记会计账簿等日常会计业务处理。在此基础上,结算账目,编制各种会计报表。整个过程教师只进行组织指导。

大兴公司会计业务岗位实操

2.1 大兴公司出纳会计岗位实操

2.1.1 开设有关日记账

大兴公司 2014 年 11 月 30 日有关账户余额如下：
库存现金日记账　　　　　　　　　　　　　　　　　　　1 000（借）
银行存款日记账　　　　　　　　　　　　　　　　　　299 000（借）
大兴公司及往来公司相关情况如表 2—1 所示：

表 2—1　　　　　　　　　大兴公司及往来公司相关情况

开户行：中国工商银行江泽市支行		开户行：中国工商银行崎峰市支行	
公司名称	账　号	公司名称	账　号
达昌公司	1156674356327	昌平公司	823653676512
达亿公司	1156674356328	昌安公司	823653676513
		大兴公司	823653676514
		大华公司	823653676515
		兴隆公司	823653676516
		兴盛公司	823653676517

2.1.2 办理如下业务

凡出纳业务，在业务办理完毕后，编制记账凭证，据以登记库存现金和银行存款日记账，并将记账凭证连同所附原始凭证一并转交记账员记账。

(1)12 月 1 日，收到周源"旅差费报销单"(所附单据略)，经审核无误，报销费用 1 190 元，按原预支额 1 200 元开出"收据"，当即交回现金 10 元，并在差旅费报销单上填写"收现 10 元"。

(2)12 月 1 日，收到业务员送来的"进账单"回单及"增值税专用发票"的记账联进行账务处理。

(3)12 月 1 日，收到开户银行转来昌平公司和昌安公司"转账支票"的收账通知联。

(4)12月1日,填写"信汇"凭证2张,分别支付丰润公司账款100 000元和应付达昌公司账款110 000元。签发"转账支票"1张,支付大华公司账款100 000元;填好结算凭证后去开户银行办理相关手续,取回"转账支票"和"信汇"凭证回单,审核无误后,进行账务处理。

(5)12月2日,填写"转账支票"1张,转出投资款250 000元,存入三峡证券营业部账户(三峡证券营业部开户行:中国工商银行崎峰市支行,账号:123456786789),准备用于购买股票。到银行办理转账手续,取回回单。

(6)12月2日,填写"现金支票"1张,提取现金6 000元备用,到开户银行办理支款手续。

(7)12月2日,收到业务科向东方的"领款单",经审核无误,当即支付现金3 300元,作为业务科的备用金(在领款单上注明"现金付讫")。

(8)12月3日,收到"三峡证券营业部成交过户交割单",购入股票划作交易性金融资产。

(9)12月3日,将专夹留存的10月3日签发的商业承兑汇票第2联取出(曾在10月3日发生销货业务时,已填写3份"商业承兑汇票":签发日期为2014年10月3日,承兑期2个月,应收昌平公司货款100 000元,应收昌安公司货款90 000元,应收达亿公司货款90 000元),依据到期的3张"商业汇票"分别办理收款手续。

①应收昌平和昌安公司到期票据款,持"商业汇票"第2联去昌平、昌安公司,要求昌平和昌安公司出纳员签发"转账支票",并到银行办理转账手续,收到开户行转回的"转账支票"收账通知联;

②应收达亿公司到期票据款,填写"委托收款"凭证后,持"委托收款凭证"和"商业承兑汇票"第2联到开户银行办理委托收款手续,银行盖章后,取回"委托收款"凭证回单。

(10)12月3日,收到大华公司(100 000元)出纳员送来的到期"商业汇票"第2联,经审核无误,签发"转账支票",到银行办理转账手续,取回"转账支票"回单联作账务处理。

(11)12月5日,收到开户行转来达亿公司"信汇"凭证收款通知联。

(12)12月5日,收到中财保险股份有限公司"机动车辆保险单"(正本)和"保费收据"第1联,经审核无误,据以填写转账支票(中财保险股份有限公司开户行:中国工商银行崎峰市支行;账号:823653676538),并到银行办理转账手续,经银行盖章,取回转账支票回单。

(13)12月6日,填写"中华人民共和国税收通用完税证",将未缴增值税、应缴城市维护建设税、应缴个人所得税、应缴教育费附加上缴国库,具体金额见明细分类账各该账户的月初余额。税收通用完税证填写好后,到开户行办理手续,经税务机关、银行盖章后取得完税凭证联,并据以进行账务处理。

(14)12月6日,收到律师事务所的"崎峰市服务业发票"发票联,经审核无误,以现金付讫。

(15)12月7日,收到银行转来委托收款凭证的收款通知1张,系达亿公司应收账款90 000元。

(16)12月7日,收到银行转来"委托收款凭证"的付款通知2张,系应付达昌公司商业票据到期款90 000元、丰润公司商业汇票到期款200 000元。

(17)12月8日,收到崎峰市电视台的"崎峰市服务业发票"发票联,经审核无误,据以填写转账支票(崎峰市电视台开户行:中国工商银行崎峰市支行;账号:823653676658),付广告费,并到银行办理转账手续,经银行盖章,取回转账支票回单。

(18)12月8日,大兴公司委托债券发行公司发行5年期债券,按面值的10%溢价发行。

现债券公司已发行债券面值 600 000 元,实收金额 660 000 元,款项今日全部交来,当即送存银行。据以填写"收据"及"进账单",到银行办理手续后据"收据"记账联及"进账单"回单进行账务处理。

(19)12 月 9 日,收到债券公司的"崎峰市服务业发票"发票联,经审核无误,据以填写转账支票(债券公司开户行:中国工商银行崎峰市支行;账号:825533667788),付手续费,并到银行办理转账手续,经银行盖章,取回转账支票回单。

(20)12 月 10 日,收到本公司职工丰收"费用报销领款单",经审核无误,以现金付讫。

(21)12 月 10 日,收到房地产管理所的"崎峰市服务业发票"发票联,经审核无误,以现金付讫。

(22)12 月 10 日,收到崎峰市汽车运输公司的"崎峰市公路、内河货物运输统一发票"发票联,经审核无误,据以填写"转账支票"(崎峰市汽车运输公司开户行:中国工商银行崎峰市支行;账号:823653675588),付运费,并到银行办理转账手续,经银行盖章,取回"转账支票"回单。

(23)12 月 10 日,收到保险公司的"保险公司失业保险金收据",经审核无误,以现金支票付讫。

(24)12 月 10 日,签发"现金支票",到银行办理取款手续,提回现金 4 200 元备用。根据"现金支票"存根作账务处理。

(25)12 月 10 日,收到孙红等 3 人的"费用报销领款单",经审核无误,以现金付讫。

(26)12 月 10 日,收到司法局的"崎峰市行政事业单位收款票据"经审核无误,据以填写转账支票(司法局开户行:中国工商银行崎峰市支行;账号:825634221668),付诉讼费,并到银行办理转账手续,经银行盖章,取回转账支票回单。

(27)12 月 11 日,收到周源的"借款单",经审核无误,以现金付讫。

(28)12 月 11 日,收到工程队的"崎峰市建筑业安装统一发票",经审核无误,签发"现金支票",交郭进到银行取款。

(29)12 月 12 日,收到证券公司的"收据",经审核无误,据以填写转账支票(证券公司开户行:中国工商银行崎峰市支行;账号:825634211698),付债券及手续费,并到银行办理转账手续,经银行盖章,取回转账支票回单。

(30)12 月 13 日,收到"工资结算汇总表",根据实发工资总额签发"现金支票",从银行提取现金,当即发放完毕。

(31)12 月 13 日,收到业务员送来的"增值税专用发票"第 2、3、4 联,据以填写"委托收款凭证"(应收达亿公司款),持委托收款凭证和"增值税专用发票"第 2、3 联到银行办理托收手续,经银行盖章后,将退回的"委托收款凭证"回单与"增值税专用发票"记账联一并作账务处理。

(32)12 月 14 日,收到业务科"管理费用支出汇总表"(所附单据 38 张略),经审核无误,以现金付讫。

(33)12 月 14 日,收到崎峰市工学院的"收据",经审核无误,开出"现金支票"付讫。

(34)12 月 15 日,收到职工食堂购买炊具的发票,经审核无误,以现金付讫。

(35)12 月 16 日,收到银行转来"委托收款凭证"的收款通知联,系达亿公司应收款。

(36)12 月 16 日,收到"市税务局印花税票发售统一发票",经审核无误,以现金付讫。

(37)12 月 16 日,收到保险公司收取员工养老保险金的"收据",经审核无误,据以填写"转账支票"(保险公司开户行:中国工商银行崎峰市支行;账号:8256342172238),付保险金,并到银行办理转账手续,经银行盖章,取回"转账支票"回单。

(38)12月17日,收到新达建筑公司"崎峰市建筑安装业发票"的发票联,经审核无误,据以填写"转账支票"(新达建筑公司开户行:中国工商银行崎峰市支行;账号:825625671350),付工程款,并到银行办理转账手续,经银行盖章,取回"转账支票"回单。

(39)12月17日,根据"综合奖金结算汇总表"(实际还应有按人头的奖金发放表,此处略),签发"现金支票"提回现金,当即发放完毕。

(40)12月18日,收到立新设计院的"崎峰市服务业务发票"发票联,经审核无误,以现金付讫。

(41)12月18日,收到业务员送来的昌安公司"转账支票"的收账通知联及本公司的固定资产销售的"崎峰市商业普通发票"的会计记账联,经审核无误,进行账务处理。

(42)12月19日,收到大华公司出售设备的"崎峰市商业普通发票"发票联及本公司业务员送来的"固定资产验收单",经审核无误,据以填写"转账支票"付设备款,并到银行办理转账手续,经银行盖章,取回"转账支票"回单。

(43)12月19日,收到周源的"旅差费报销单"(所附单据略)和交来的现金560元,开出"收据"收讫。收据金额按周源原借支数填写。

(44)12月19日,收到业务科的"业务招待费汇总表"及所附19张单据(单据略),经审核无误,签发"现金支票"补足其备用金。

(45)12月19日,收到黄红的"费用报销领款单",经审核无误,以现金付讫。

(46)12月19日,收到业务员送来的仓库租金收入"进账单"回单及"崎峰市服务业发票"记账联。

(47)12月20日,收到业务员送来的"为民五金公司发票"和"物品领用单",经审核无误,签发"现金支票",从银行提回现金5 700元,除支付灭火器款外,其余备用。

(48)12月20日,收到业务员送来的兴隆公司"转账支票"的收账通知联及本公司收取技术转让收入的"崎峰市商业普通发票"记账联。

(49)12月21日,收到购买书籍的"崎峰市文化教育、体育业发票"发票联,经审核无误,以现金付讫。

(50)12月21日,收到昌安公司的"崎峰市商业普通发票"发票联,经审核无误,签发"转账支票"支付技术转让费。到银行办理转账手续,经银行盖章后,拿回转账支票回单。

(51)12月21日,收到汽车修配厂的"崎峰市商业普通发票"发票联,经审核无误,以现金付讫。

(52)12月23日,收到自来水厂发票,审核无误后,填写"转账支票"支付水费,到银行办理转账手续,经银行盖章后,拿回转账支票回单(自来水厂开户行:中国工商银行崎峰市支行;账号:865235217658)。

同时,根据定额耗用量分配本月水费。定额耗用量如下:动力车间630吨,机修车间610吨,基本生产车间2 860吨,公司管理部门1 500吨,据以编制"水费分配表"。

根据"自来水厂发票"发票联、"转账支票"存根和"水费分配表"进行账务处理。

(53)12月23日,收到业务科的"管理费用支出汇总表"及所附32张单据(单据略),经审核无误后,当即签发"现金支票"补足其备用金。

(54)12月24日,收到电力局的"增值税专用发票"发票联,审核无误后,填写"转账支票"

支付电费,到银行办理转账手续,经银行盖章后,拿回转账支票回单(电力局开户行:中国工商银行崎峰市支行;账号:865235217666)。

同时,根据表2-2定额耗用量资料编制"外购动力费分配表"。

表 2-2　　　　　　　　　　定额耗用量资料

产品名称	定额耗用量	车间部门	定额耗用量
K-1 产品	11 000 度	动力车间	600 度
K-2 产品	11 500 度	机修车间	1 000 度
K-3 产品	12 000 度	基本生产车间	800 度
K-4 产品	12 500 度	管理部门	7 600 度

根据电力局的发票联、"转账支票"存根和"外购动力费分配表"进行账务处理。

(55)12 月 24 日,收到新世纪商厦的"崎峰市服务业发票"发票联,经审核无误,以现金付讫。

(56)12 月 24 日,为购进口设备,向开户行买入 5 000 美元,以中国人民银行公布的人民币汇率中间价作为即期汇率,当日的即期汇率为 1 美元=7.72 元人民币,银行当日美元卖出价为 1 美元=8.10 元人民币。签发"转账支票"支付人民币,填写"进账单"购入美元。到银行办理相关手续,根据"转账支票"存根和"进账单"作账务处理。

(57)12 月 25 日,签发"现金支票",到银行办理取款手续,提回现金 6 600 元备用。根据"现金支票"存根作账务处理。

(58)12 月 25 日,收到物价检查所"罚款没收专用收据",以现金支付罚款。

(59)12 月 25 日,收到养路费征收站的"交通车辆养路费收据",经审核无误,以现金付讫(2 辆东风汽车为送货用车,养路费为 800 元,2 辆小车的养路费为 400 元)。

(60)12 月 26 日,收到"副食商店销售发票"发票联,经审核无误,以现金付讫。

(61)12 月 26 日,收到通达搬运公司的"崎峰市交通运输业发票"发票联,经审核无误,以现金付讫。

(62)12 月 26 日,收到周源的"借款单",经审核无误,以现金付讫。

(63)12 月 26 日,收到业务员送来的"固定资产验收单"及购买进口设备的"商业发票",经审核无误后填写"信汇"凭证,到银行办理美元汇兑手续,取回"信汇"回单。当日的即期汇率为 1 美元=7.85 元人民币。

(64)12 月 27 日,收到本公司业务员送来销售商品给昌安公司、昌平公司和达亿公司的"增值税专用发票"记账联和 3 张"商业承兑汇票"。

(65)12 月 27 日,收到业务员送来的"专利申报表"和专利局的"崎峰市行政事业单位收款收据"发票联,经审核无误后填写"转账支票"支付专利注册登记费,到银行办理转账手续,经银行盖章后,拿回转账支票回单(专利局开户行:中国工商银行崎峰市支行;账号:865235367685)。

(66)12 月 27 日,收到达昌公司、大华公司、丰润公司业务员送来的"增值税专用发票"2、3 联,经审核无误后,分别填写为期 2 个月的"商业承兑汇票"3 份,其中第 1 联经各收款人盖章并签名后收回,在第 2 联的付款人盖章处盖上财务专用章,在负责经办处签名,填好后将第 2

联分别交达昌公司、大华公司、丰润公司业务员。

同时,收到顺达运输公司的"崎峰市公路、内河货物运输统一发票"发票联,经审核无误后,填写"转账支票"支付材料运费,到银行办理转账手续,经银行盖章后,拿回转账支票回单(顺达运输公司开户行:中国工商银行崎峰市支行;账号:865235367898)。

根据材料重量编制"材料采购费用分配表"。各种材料采购的重量:A-1材料6 000千克,L-1材料10 000千克,甲材料20 000千克,乙材料20 000千克,丙材料10 000千克,丁材料10 000千克。

根据"增值税专用发票"的发票联、"商业汇票"的留存联、"转账支票"存根联、"崎峰市公路、内河货物运输统一发票"发票联、"材料采购费用分配表",作账务处理。

(67)12月30日,收到业务员送来的"增值税专用发票"第2、3、4联,合同规定销货款采用委托收款结算方式,经审核无误后,据以填写"委托收款凭证",持"委托收款凭证"和"增值税专用发票"第2、3联到银行办理托收手续,经银行盖章后,将退回的"委托收款凭证"回单与"增值税专用发票"的记账联一并作账务处理。

(68)12月31日,到开户行拿回贷款计息凭证,进行账务处理(已预计应付利息11 000元)。

(69)12月31日,到开户行拿回存款计息凭证,进行账务处理。

(70)12月31日,将账面价值为100 000元的"交易性金融资产——基金"全部出售,实得现金105 000元。填写"内部转账单"和"进账单",将现金送存银行(全为百元券)。

(71)12月31日的即期汇率为1美元=8.05元人民币,调整当期产生的汇兑差额。

2.2 大兴公司记账会计岗位实操

2.2.1 明细账期末资料

大兴公司2014年11月30日明细账期末资料如下:

其他货币资金——外埠存款	12 000(借)
交易性金融资产——股票(成本)	100 000(借)
交易性金融资产——债券(成本)	90 000(借)
交易性金融资产——基金(成本)	100 000(借)
应收票据——达亿公司	90 000(借)
应收票据——昌平公司	100 000(借)
应收票据——昌安公司	90 000(借)
应收账款——达亿公司	110 000(借)
应收账款——昌平公司	100 000(借)
应收账款——昌安公司	110 000(借)
坏账准备	1 280(贷)
其他应收款——周源	1 200(借)
其他应收款——代扣水电费	12 000(借)
材料采购——原材料	54 850(借)

原材料——原料及主要材料	400 000（借）
原材料——其他材料	100 000（借）
周转材料——包装物	20 000（借）
周转材料——低值易耗品	60 000（借）
材料成本差异——原材料	5 000（借）
材料成本差异——包装物	200（贷）
材料成本差异——低值易耗品	600（借）
库存商品——K-1产品	180 000（借）
库存商品——K-2产品	600 000（借）
库存商品——K-3产品	640 000（借）
库存商品——K-4产品	1 000 000（借）
长期股权投资——股票投资（宏源公司）	150 000（借）
持有至到期投资——成本	100 000（借）
持有至到期投资——利息调整	10 000（借）
持有至到期投资——应计利息	10 000（借）
固定资产——生产用固定资产	1 450 000（借）
固定资产——非生产用固定资产	600 000（借）
固定资产——不需用固定资产	100 000（借）
固定资产——出租固定资产	150 000（借）
累计折旧	650 000（贷）
工程物资——专用材料	200 000（借）
工程物资——专用设备	400 000（借）
在建工程——机床大修工程	60 000（借）
在建工程——设备安装工程	380 000（借）
固定资产清理——报废	5 000（借）
无形资产——专利权	377 000（借）
无形资产——专有技术	360 000（借）
研发支出——资本化支出	23 000（借）
长期待摊费用——固定资产大修费用	43 000（借）
待处理财产损溢——待处理固定资产损溢	2 000（借）
生产成本——基本生产成本（K-1产品）	11 700（借）
生产成本——基本生产成本（K-2产品）	13 500（借）
生产成本——基本生产成本（K-3产品）	15 600（借）
生产成本——基本生产成本（K-4产品）	17 500（借）
短期借款——生产周转借款	1 500 000（贷）
应付票据——丰润公司	200 000（贷）
应付票据——达昌公司	90 000（贷）
应付票据——大华公司	100 000（贷）
应付账款——丰润公司	100 000（贷）

应付账款——达昌公司	110 000（贷）
应付账款——大华公司	100 000（贷）
应付职工薪酬——职工教育经费	4 000（贷）
应付职工薪酬——职工福利	1 600（贷）
应付职工薪酬——社会保险费	8 400（贷）
应交税费——未交增值税	50 000（贷）
应交税费——应交所得税	45 000（借）
应交税费——应交城市维护建设税	3 000（贷）
应交税费——应交个人所得税	2 500（贷）
应交税费——应交教育费附加	1 000（贷）
应付利息	23 000（贷）
长期借款——基建借款	1 300 000（贷）
长期应付款——应付设备款	100 000（贷）
应付债券——面值	300 000（贷）
应付债券——利息调整	10 000（贷）
应付债券——应计利息	20 000（贷）
实收资本——国家投资	1 500 000（贷）
实收资本——宏源公司	100 000（贷）
实收资本——其他	1 163 970（贷）
资本公积——资本溢价	270 000（贷）
资本公积——其他	90 000（贷）
盈余公积——法定盈余公积	540 000（贷）
利润分配——未分配利润	60 000（贷）
本年利润	400 000（贷）

原材料明细账 2014 年 11 月 30 日期末资料如表 2—3 所示。

表 2—3　　　　　原材料明细账（截至 2014 年 11 月 30 日）　　　　　单位：元

	品名	单位	数量	计划单价	金额
原料及主要材料	甲材料	千克	10 000	4.06	40 600
	乙材料	千克	10 000	2.93	29 300
	丙材料	千克	10 000	5.04	50 400
	丁材料	千克	10 000	6.07	60 700
	L-1 材料	千克	12 000	9.80	117 600
	A-1 材料	千克	10 000	10.14	101 400
	小计				400 000
其他材料					100 000
合计					500 000

材料采购明细账 2014 年 11 月 30 日期末资料如表 2—4 所示。

表 2—4　　　　　　材料采购明细账（截至 2014 年 11 月 30 日）　　　　　　单位：元

供货单位	项目	借方 买价	借方 运杂费	借方 合计	贷方 计划成本	贷方 差异	贷方 合计	备注
达昌公司	甲材料	8 000	150	8 150				
	乙材料	8 000	150	8 150				
达亿公司	丙材料	9 000	150	9 150				
	丁材料	9 000	150	9 150				
大华公司	L-1 材料	10 000	100	10 100				
丰润公司	A-1 材料	10 000	150	10 150				
合　计		54 000	850	54 850				

库存商品明细账 2014 年 11 月 30 日期末资料如表 2—5 所示。

表 2—5　　　　　　库存商品明细账（截至 2014 年 11 月 30 日）

商品名称	单位	数量	单位成本	金额
K-1 商品	千克	20 000	9	180 000
K-2 商品	件	40 000	15	600 000
K-3 商品	件	40 000	16	640 000
K-4 商品	件	50 000	20	1 000 000
合　计				2 420 000

生产成本明细账 2014 年 11 月 30 日期末在产品成本资料如表 2—6 所示。

表 2—6　　　　　　生产成本明细账（截至 2014 年 11 月 30 日）

产品名称	数量	成本项目 直接材料（元）	直接人工（元）	制造费用（元）	合计（元）
K-1 产品	2 600 千克	6 000	3 000	2 700	11 700
K-2 产品	1 800 件	7 000	3 500	3 000	13 500
K-3 产品	1 950 件	8 000	4 000	3 600	15 600
K-4 产品	1 750 件	9 000	4 500	4 000	17 500
合计					58 300

2.2.2　开设明细账

按下列要求开设明细账：

(1)下列账户使用三栏式账页(有期初余额的账户结转期初余额，没有期初余额的账户设

户后待记发生额）：

  其他货币资金——外埠存款
  其他货币资金——存出投资款
  交易性金融资产——股票（成本）
  交易性金融资产——股票（公允价值变动）
  交易性金融资产——债券（成本）
  交易性金融资产——基金（成本）
  应收票据——达亿公司
  应收票据——昌平公司
  应收票据——昌安公司
  应收账款——达亿公司
  应收账款——昌平公司
  应收账款——昌安公司
  预付账款——中财保险公司
  坏账准备
  其他应收款——周源
  其他应收款——业务科
  其他应收款——代扣水电费
  原材料——原料及主要材料
  原材料——其他材料
  周转材料——包装物
  周转材料——低值易耗品——在库
  材料成本差异——原材料
  材料成本差异——包装物
  材料成本差异——低值易耗品
  长期股权投资——股票投资（宏源公司）
  持有至到期投资——成本
  持有至到期投资——利息调整
  持有至到期投资——应计利息
  固定资产——生产用固定资产
  固定资产——非生产用固定资产
  固定资产——不需用固定资产
  固定资产——出租固定资产
  累计折旧
  工程物资——专用材料
  工程物资——专用设备
  在建工程——机床大修工程
  在建工程——设备安装工程
  在建工程——生产车间扩建工程

固定资产清理——报废
固定资产清理——出售不需用固定资产
无形资产——专利权
无形资产——专有技术
研发支出——资本化支出
累计摊销
长期待摊费用——固定资产大修费用
待处理财产损溢——待处理固定资产损溢
递延所得税资产
短期借款——生产周转借款
应付票据——丰润公司
应付票据——达昌公司
应付票据——大华公司
应付账款——丰润公司
应付账款——达昌公司
应付账款——大华公司
应付职工薪酬——工资
应付职工薪酬——职工福利
应付职工薪酬——社会保险费
应付职工薪酬——住房公积金
应付职工薪酬——工会经费
应付职工薪酬——职工教育经费
应付职工薪酬——非货币性福利
应交税费——未交增值税
应交税费——应交营业税
应交税费——应交所得税
应交税费——应交城市维护建设税
应交税费——应交个人所得税
应交税费——应交教育费附加
应交税费——应交房产税
应付利息
应付股利
长期借款——基建借款
长期应付款——应付设备款
应付债券——面值
应付债券——利息调整
应付债券——应计利息
递延所得税负债
实收资本——国家投资

实收资本——宏源公司
实收资本——其他
资本公积——资本溢价
资本公积——其他
盈余公积——法定盈余公积
利润分配——提取法定盈余公积
利润分配——应付现金股利
利润分配——未分配利润
本年利润
主营业务收入——K-1 产品
主营业务收入——K-2 产品
主营业务收入——K-3 产品
主营业务收入——K-4 产品
其他业务收入
投资收益
公允价值变动损益
营业外收入
主营业务成本——K-1 产品
主营业务成本——K-2 产品
主营业务成本——K-3 产品
主营业务成本——K-4 产品
营业税金及附加
其他业务成本
资产减值损失
营业外支出
所得税费用

(2)下列账户使用多栏式账页(有期初余额的账户结转期初余额,没有期初余额的账户设户后待记发生额):

应交税费——应交增值税
生产成本——基本生产成本(K-1 产品)
生产成本——基本生产成本(K-2 产品)
生产成本——基本生产成本(K-3 产品)
生产成本——基本生产成本(K-4 产品)
生产成本——辅助生产成本——机修车间
生产成本——辅助生产成本——动力车间
制造费用——基本生产车间
销售费用
财务费用
管理费用

(3)"材料采购——原材料"使用横线登记式账页(有期初余额的账户结转期初余额,没有期初余额的账户设户后待记发生额)。

(4)下列账户使用数量金额式账页(有期初余额的账户结转期初余额,没有期初余额的账户设户后待记发生额):

库存商品——K-1产品
库存商品——K-2产品
库存商品——K-3产品
库存商品——K-4产品
原材料——原料及主要材料——甲材料
原材料——原料及主要材料——乙材料
原材料——原料及主要材料——丙材料
原材料——原料及主要材料——丁材料
原材料——原料及主要材料——L-1材料
原材料——原料及主要材料——A-1材料

2.2.3 办理记账业务

办理如下记账业务:

(1)12月4日,收到业务员送来的"材料入库验收单"(留待月末汇总进行收料的账务处理)。

(2)12月9日,收到"固定资产折旧计算表",经审核无误,进行账务处理。

(3)12月9日,收到业务员交来本公司换出商品的"增值税专用发票"记账联、换入材料的"增值税未用发票"抵扣联与发票联及"材料入库验收单"会计记账联,经审核无误,进行非货币性交易的账务处理。

(4)12月12日,收到杜豪、方矩的"物品领用单",经审核无误,进行账务处理。

(5)12月18日,收到"固定资产报废单",经审核无误,进行账务处理。

(6)12月18日,收到业务员送来的"内部转账单",经审核无误进行账务处理。

(7)12月20日,收到业务员送来的"工程物资入库验收单"。

(8)12月20日,报废固定资产清理完毕,根据"固定资产清理——报废清理"账户余额编制"内部转账单",结转清理损益。

(9)12月27日,收到业务员送来的"材料入库验收单"(留待月末汇总进行收料的账务处理)。

(10)12月28日,本月应摊销专利权40 000元,应摊销专有技术30 000元,应摊销固定资产大修费20 000元,据以编制"无形资产、长期待摊费用分摊表",经审核无误,进行账务处理。

(11)12月29日,收到"报废低值易耗品汇总表"及"材料入库验收单"(会计记账联)经审核无误进行账务处理。

(12)12月29日,根据前面留存的"材料入库验收单"登记"材料采购"明细账(横线登记式明细账)的贷方发生额,并计算入库材料成本差异,据此编制"本月已付款的入库材料汇总表"。

(13)12月30日,本月生产产品领用包装物的计划成本汇总如下(根据领料单汇总的,因为领料单不便一一列出,故略去):

K-1 产品领用 2 300 元

K-2 产品领用 2 600 元

K-3 产品领用 2 700 元

K-4 产品领用 2 400 元

据"周转材料——包装物"与"材料成本差异——包装物"账户资料计算材料成本差异率、领用材料应分摊的差异额及领用材料实际成本,据计算结果编制"领用包装物汇总表",经审核无误,进行账务处理。

(14)12 月 30 日,本月领用低值易耗品的计划成本汇总如下(根据领料单汇总的,因为领料单不便一一列出,故略去):

基本生产车间领用 12 000 元

动力车间领用 800 元

机修车间领用 1 200 元

公司管理部门领用 1 600 元

据"周转材料——低值易耗品"与"材料成本差异——低值易耗品"账户资料计算材料成本差异率、领用材料应分摊的差异额及领用材料实际成本,据计算结果编制"领用低值易耗品汇总表",经审核无误,进行账务处理。

(15)12 月 31 日,收到"车间产品耗用工时汇总表",结合"工资结算汇总表"与"奖金发放表",先编制"基本生产车间生产工人工资分配表",后编制"应付职工薪酬分配表",经审核无误,进行账务处理。

(16)12 月 31 日,收到业务员送来的"发料凭证汇总表"及"发料单"(略),根据"发料单"上所载明的用途及下列材料耗用资料编制"发料凭证分配汇总表"。据"原材料——原料用主要材料"各数量金额式明细账及"材料成本差异——原材料"账户资料,计算材料成本差异率、领用材料应分摊的差异额及领用材料实际成本。

材料耗用的计划成本汇总资料如表 2—7 所示。

表 2—7　　　　　　　　材料耗用的计划成本汇总资料　　　　　　　　单位:元

产品、车间、部门	主要材料	其他材料	备注
K-1 产品	140 000		
K-2 产品	150 000		
K-3 产品	146 000		
K-4 产品	160 000		
基本生产车间一般耗用		3 000	列入物料消耗
动力车间	8 000	4 000	
机修车间	11 300	3 000	
公司管理部门		4 000	列入公司经费
销售部门		3 000	列入包装费
车间扩建工程	16 000	33 000	按 17% 转出进项税额

经审核无误,进行账务处理(注:材料成本差异率精确至小数点后四位)。

(17)12月31日,原作待处理的盘亏设备净值2 000元,经批准转销,据以编制"内部转账单",经审核无误,进行账务处理。

(18)12月31日,收到"辅助生产情况表",结合"生产成本——辅助生产成本——动力车间"和"生产成本——辅助生产成本——机修车间"账户资料,采取直接分配法分配辅助生产费用,编制"辅助生产费用分配表"(分配率精确至小数点后四位),经审核无误,进行账务处理。

(19)12月31日,根据工时记录(生产K-1产品11 000工时,生产K-2产品12 000工时,生产K-3产品12 000工时,生产K-4产品12 000工时)和"制造费用——基本生产车间"账户资料编制"制造费用分配表"(分配率精确至小数点后四位),经审核无误,进行账务处理。

(20)12月31日,收到"生产情况报告表"和"产品入库汇总表",结合基本生产成本明细账资料,据以编制"生产成本计算表"(分别四种产品进行计算),单位成本保留到分。经审核无误,进行账务处理。

(21)12月31日,根据本月商品销售数量及"库存商品"明细账的加权平均单位成本,编制"产品销售汇总表",结转产品销售成本。

(22)12月31日,"交易性金融资产——股票"的公允价值为220 000元,依据"交易性金融资产——股票——成本"及"交易性金融资产——股票——公允价值变动"明细账户资料计算本期公允价值变动金额,据以填制"内部转账单",经审核无误,进行账务处理。

(23)12月31日,按应收款项百分比法计提坏账准备,提取比例为3%,依据"应收账款"、"其他应收款"、"预付账款"及"坏账准备"明细账资料分析计算本期应计提的坏账准备金,据以编制"内部转账单",经审核无误,进行账务处理。

(24)12月31日,依据"应交税费——应交增值税"明细账资料分析填写"增值税纳税申报表",计算出未缴增值税额,经审核无误,进行账务处理。

(25)12月31日,依据"其他业务收入"和"固定资产"明细账及"增值税纳税申报表"资料,计算应缴营业税、应缴房产税、应缴城市维护建设税、应缴教育费附加,编制"地方税收综合纳税(费)申报表",经审核无误,进行账务处理。

(26)12月31日,依据"持有至到期投资"明细账期初资料计算本年利息收入,并进行利息调整(按票面利率10%,实际利率6%计算),据以填制"内部转账单",经审核无误,进行账务处理(本月发生数,暂不计算利息)。

(27)12月31日,依据"应付债券"(为安装工程而发行债券)明细账期初资料计算本年利息费用,并进行利息调整(按票面利率8%,实际利率6%计算),据以填制"内部转账单",经审核无误,进行账务处理(本月发生数,暂不计算利息)。

(28)12月31日,结平"待处理财产损溢"账户。

(29)12月31日,将损益类账户的本月净发生额结转"本年利润"账户。

(30)12月31日,编制"利润表"初稿,据以编制"暂时性差异计算表"、"所得税纳税申报表"(所得税税率:33%),经审核无误,进行账务处理。

(31)12月31日,将"所得税费用"账户发生额转入"本年利润"账户。

(32)12月31日,进行利润分配。法定盈余公积按净利润("本年利润"账户年末余额)的10%分配,应付现金股利按"未分配利润"明细账期初余额加上本年净利润减去本年提取的法定盈余公积后的30%分配。

(33)12月31日,将"本年利润"、"利润分配——提取盈余公积"、"利润分配——应付现金股利"账户余额转入"利润分配——未分配利润"账户。

2.3 大兴公司财务科长岗位实操

2.3.1 开设总账

根据下列资料开设总账账户,每个账户占1页。大兴公司2014年11月30日总账期末资料如下:

账户	金额
库存现金	1 000(借)
银行存款	299 000(借)
其他货币资金	12 000(借)
交易性金融资产	290 000(借)
应收票据	280 000(借)
应收账款	320 000(借)
预付账款	
坏账准备	1 280(贷)
其他应收款	13 200(借)
材料采购	54 850(借)
原材料	500 000(借)
周转材料	80 000(借)
材料成本差异	5 400(借)
库存商品	2 420 000(借)
长期股权投资	150 000(借)
持有至到期投资	120 000(借)
固定资产	2 300 000(借)
累计折旧	650 000(贷)
工程物资	600 000(借)
在建工程	440 000(借)
固定资产清理	5 000(借)
无形资产	737 000(借)
研发支出	23 000(借)
累计摊销	
长期待摊费用	43 000(借)
待处理财产损溢	2 000(借)
递延所得税资产	
生产成本	58 300(借)
制造费用	
短期借款	1 500 000(贷)

应付票据	390 000(贷)
应付账款	310 000(贷)
应付职工薪酬	14 000(贷)
应交税费	11 500(贷)
应付利息	23 000(贷)
应付股利	
其他应付款	
长期借款	1 300 000(贷)
长期应付款	100 000(贷)
应付债券	330 000(贷)
递延所得税负债	
实收资本	2 763 970(贷)
资本公积	360 000(贷)
盈余公积	540 000(贷)
利润分配	60 000(贷)
本年利润	400 000(贷)
主营业务收入	
其他业务收入	
投资收益	
公允价值变动损益	
营业外收入	
主营业务成本	
营业税金及附加	
其他业务成本	
销售费用	
管理费用	
财务费用	
资产减值损失	
营业外支出	
所得税费用	

2.3.2 处理日常总账业务

日常总账业务如下：

(1)复核上旬会计凭证,根据审核无误的上旬记账凭证编制记账凭证汇总表,并据以登记总账,结出账户余额。与出纳员所经管的日记账核对,如有不符,查明原因,予以更正;与记账员所经管的明细账进行核对,如有不符,查明原因,予以更正。

(2)复核中旬会计凭证,根据审核无误的中旬记账凭证编制记账凭证汇总表,并据以登记总账,结出账户余额。与出纳员所经管的日记账核对,如有不符,查明原因,予以更正;与记账员所经管的明细账进行核对,如有不符,查明原因,予以更正。

(3)复核下旬会计凭证,根据审核无误的下旬记账凭证编制记账凭证汇总表,并据以登记总账,结出账户余额。与出纳员所经管的日记账核对,如有不符,查明原因,予以更正;与记账员所经管的明细账进行核对,如有不符,查明原因,予以更正。

(4)编制总账账户余额试算平衡表。

(5)办理年结。

2.3.3 编制会计报表

编制如下会计报表:

(1)编制资产负债表,以12月份月初数作为年初数。

(2)编制利润表,以12月份损益作为全年损益。

(3)编制现金流量表,以12月份月初数作为年初数,以12月份现金流量作为全年现金流量。

2.4 大兴公司业务员岗位实操

按要求填制和传递2014年12月份凭证:

(1)12月1日,周源出差返回公司报账,出差相关内容如下:周源出差联系业务推销产品,2014年11月24日从崎峰市乘火车至武汉市(当日到达)车票288元,在武汉市期间住宿费100元,2014年11月26日从武汉乘火车至郑州(次日到达)车票168元,在郑州期间住宿费304元,29日从郑州乘火车回崎峰市(次日到达)火车票204元,出差补助每天18元,据以填写"旅差费报销单"(经理邱成东在单上签字:同意报销),并持单以周源的名义向财务科出纳处报账(出差前已预支1 200元)。

(2)12月1日,销售给BA公司K-4商品9 000件,销售给BB公司K-4商品7 000件,销售给BC公司K-4商品8 000件,销售给BD公司K-4商品7 000件,K-4商品每件售价29元,增值税税率17%,价税款均已收讫。据以填写"增值税专用发票",款项全部存入银行,填写"进账单",送银行办理进账手续后取回"进账单"回单。将"进账单"回单连同"增值税专用发票"的记账联送财务科记账员(开户行:中国工商银行崎峰市支行;账号:823653676514)。

(3)12月2日,以业务科向东方的名义填写"领款单",领款金额3 300元,领款单填写好后到财务科找出纳员领款,作为业务科的备用金。

(4)12月3日,以三峡证券营业部的名义填写"三峡证券营业部成交过户交割单"1张,内容如下:本交割单系大兴公司购买股票,成交编号为13582,股东账户为53657893,股东名称为大兴公司,申请编号为682,公司代码为M239,申报时间为105028(即10点50分28秒),成交时间为105 045,实收金额为151 227元,资金余额为98 773元;证券名称为635278,成交数量为17 000股,成交价格8.84元,佣金440元,印花税490元,附加费17元。填好后送大兴公司出纳员。

(5)12月4日,表2-8所列材料全部入库,据以填写"材料入库验收单"。

表2-8　　　　　　　　　　　　材料入库资料

供货单位	材料名称	计量单位	数量	单位买价(元)	运杂费(元)	计划单价(元)
达昌公司	甲材料	千克	2 000	4.00	150	4.06
	乙材料	千克	3 200	2.50	150	2.93

续表

供货单位	材料名称	计量单位	数量	单位买价(元)	运杂费(元)	计划单价(元)
达亿公司	丙材料	千克	1 800	5.00	150	5.04
	丁材料	千克	1 800	5.00	150	6.07
大华公司	L-1 材料	千克	1 000	10.00	100	9.80
丰润公司	A-1 材料	千克	1 000	10.00	150	10.14

将填写好的"材料入库验收单"记账联送本公司记账员。

(6)12月5日,以中财保险股份有限公司的名义填写"机动车辆保险单"和"保费收据"各一张,填写内容如下:被保险人为大兴公司;投保险种为车辆损失险、第三责任险、盗抢险、玻璃险、他人恶意险等;车辆型号为皇冠(普);发动机号36756954;牌号为 A-355689;非营业用车;座位为5座;保险价值33万元,保险金额33万元;基本保费250元;车辆损失险费率0.8‰;第三责任险最高赔偿限额为24万元;第三责任险保费为2 200元;盗抢险保费据表计算;玻璃险保费为50元;他人恶意险保费为100元;保险期限自2014年12月5日0时起至2017年12月5日24时止。地址:十字街58号;电话:8666688;邮政编码:438000;总经理:刘峰。填好后将"机动车辆保险单"正本和"保费收据"发票联送大兴公司记账员。

(7)12月6日,以崎峰市第一律师事务所王宏的名义填写"崎峰市服务业发票",收取大兴公司本月律师顾问费1 200元,持发票联找大兴公司出纳员收款。

(8)12月8日,崎峰市电视台收取大兴公司广告费19 000元,代电视台填写"崎峰市服务业发票",持其发票联找大兴公司出纳员收款。

(9)12月9日,债券公司应向大兴公司收取债券印刷费及手续费6 000元,代填写"崎峰市服务业发票",持第二联到大兴财务科结算。

(10)12月9日,根据下述资料编制"固定资产折旧表"(采用平均年限法),编制完成后将送大兴公司记账员。

11月30日,固定资产资料如表2-9所示。

表2-9　　　　　　　　　　固定资产资料

部门	固定资产类型	固定资产原值(元)	预计净残值(元)	预计使用年限
基本车间	房屋	250 000	15 000	40
	机床加工设备	260 000	10 000	10
	专用电子设备	300 000	15 000	10
	其他专用设备	200 000	8 000	20
机修车间	房屋	100 000	5 000	40
	机床加工设备	50 000	2 500	10
	其他专用设备	40 000	2 000	20
动力车间	房屋	100 000	5 000	40
	内燃发电机组	100 000	5 000	20
	其他专用设备	50 000	2 000	20
管理部门	房屋	600 000	30 000	40
	不需用设备	100 000	20 000	10
出租	仓库	150 000	8 000	10

(11)12月9日,大兴公司与兴盛公司进行非货币交易,交易内容如下:

大兴公司向兴盛公司销售 K-3 商品 1 212 件,每件售价 25 元;向兴盛公司购进乙材料 10 000 千克,每千克进价 3.03 元。增值税税率均为 17%,据以填写销售 K-3 商品的"增值税专用发票"和购进乙材料的"材料入库验收单"(材料已如数入库,乙材料的计划单位成本见记账员岗位的数量金额式明细账),填好后先持销售商品的"增值税专用发票"2、3 联到兴盛公司业务处换取购进材料"增值税专用发票"2、3 联;然后将销售商品的"增值税专用发票"的记账联和购进材料的"增值税专用发票"2、3 联及"材料入库验收单"一并送交大兴公司记账员。

(12)12月10日,以公司职工丰收的名义填写"费用报销领款单",到财务科领取独生子女费 170 元。

(13)12月10日,代房地产管理所开具"崎峰市服务业发票",应收取大兴公司办公用房租金 1 100 元。制单人:张选。持发票联到大兴公司财务科结算。

(14)12月10日,以崎峰市汽车队的名义开具"崎峰市公路、内河货物运输统一发票",应收取大兴公司销货运费 6 800 元。制单人:王平。持发票联到大兴公司财务科结算。

(15)12月10日,大兴公司向保险公司缴纳职工失业保险金 1 400 元(大兴公司开户行:中国工商银行崎峰市支行;账号:823653676514。保险公司开户行:中国工商银行崎峰市支行;账号:823653998822),以保险公司的名义开具"保险公司失业保险金收据",持发票联到大兴公司财务科结算。

(16)12月10日,业务科孙红、赵启、陆凤 3 人领取本年度烤火费,每人 80 元(经理宋峰登签字:同意付款)。代填写"费用报销领款单",到财务科出纳处领款。

(17)12月10日,代司法局开具"崎峰市行政事业单位收款票据",应收取大兴公司公证费 1 300 元。收款人:游咏。持发票联到大兴公司财务科结算。

(18)12月11日,生产技术科周源去省城开生产技术会,经领导宋峰登同意借款 2 000 元。据以填写"借款单",持单向财务科出纳员借款。

(19)12月11日,支付生产车间扩建工程款 9 000 元,经公司经理宋峰登签字同意付款,由郭进统一领款,据以填写"崎峰市建筑安装业统一发票",持发票联到财务科出纳处办理领款,取得出纳员签发的"现金支票"到银行取款。

(20)12月12日,业务员杜豪、方柜各领计算器 1 个,单价 140 元,合计金额 280 元(经理宋峰登审批:同意领用,一次摊销),据以填写"物品领用单"并将其送交财务科记账员。

(21)12月12日,大兴公司向证券公司购买一年期债券 800 000 元,手续费 1 600 元,以证券公司名义开出"收据",持"收据"第 2 联到大兴公司财务科结算。

(22)12月13日,根据表 2—10 所列资料编制"工资结算汇总表"(因工资结算原始资料比较复杂,实际工作中的工资发放表是根据岗位将每个人的工资计算出来加以汇总的,但下列资料直接以汇总的形式给出)。

表 2－10　　　　　　　　　　　　工资结算资料

车间、部门、类型	职工人数	标准工资（元）	应扣工资（元） 事假	应扣工资（元） 病假	津贴（元）	代扣款项 水电费（元）	代扣款项 住房公积金（元）	代扣款项 个人所得税（元）	代扣款项 个人承担社保（元）
基本生产车间生产工人	290	280 000	1 500	300	28 000	9 350	11 000	50	2 360
基本生产车间管理人员	11	10 500			1 200	363	450	20	102
援外工程人员	3	3 100			1 400		65		20
在建工程人员	24	23 000			2 500	792	900		250
机修车间人员	6	5 800			500	198	230		65
动力车间人员	4	3 900			380	132	160		35
公司管理人员	33	35 000			3 400	1 000	1 300	32	350
医务人员	4	3 850			400	130	120		35
六个月以上长病假人员	1	1 100		220	5	35	40		25

工资结算汇总表编制好后送交财务科出纳员。

(23) 12月13日，销售给达亿公司 K-1 商品 10 000 千克，每千克售价 13.80 元，K-2 商品 10 000 件，每件售价 21.60 元，增值税税率 17%，据以填写"增值税专用发票"，将第 2、3、4 联大兴公司财务科出纳员办理收款手续。

(24) 12月14日，业务科各种费用支出汇总情况如下：差旅费 320 元(18 张原始凭证)；办公费 250 元(15 张原始凭证)；其他费用 110 元(5 张原始凭证)；经核对无误后，编制"管理费用支出汇总表"，持表到财务科报账。

(25) 12月14日，张庆旺等 8 名职工参加崎峰市工学院短期培训，支付学杂费 3 600 元，以工学院名义开出"收据"，持第 2 联(付款人联)找大兴公司财务科出纳员办理领款，取得出纳员签发的"现金支票"到银行取款。

(26) 12月15日，大兴公司职工食堂向为民日杂公司购铁锅 1 口，计 70 元；盘子 50 个，每个 2.60 元，计 130 元，合计 200 元。以为民日杂公司名义开具"为民日杂公司销售发票"，持发票联向大兴公司财务科出纳员报账(在发票备注上填写：列入职工福利)。

(27) 12月16日，大兴公司向税务局购买 20 张 5 元券印花税票，30 张 2 元券印花税票，30 张 1 元券印花税票，以税务局名义开具"市税务局印花税票发售统一发票"，持发票联向大兴公司财务科出纳员报账。

(28) 12月16日，崎峰市保险公司向大兴公司收取员工养老保险金 7 000 元，以保险公司名义开具"收据"，并持"收据"(付款人联)向大兴公司财务科结算。

(29) 12月17日，大兴公司应付的车间扩建工程包工款 220 000 元，以新达建筑公司的名义填写"崎峰市建筑安装统一发票"，持发票联到大兴公司财务科办理结算。

(30) 12月17日，本月综合奖金结算资料如表 2－11 所示。

表 2-11　　　　　　　　　　本月综合奖金结算资料

车间、部门	奖金(元)
基本生产车间生产工人	29 000
基本生产车间管理人员	1 100
机修车间人员	600
动力车间人员	400
公司管理人员	3 300
医务人员	400

据以编制"综合奖金结算汇总表",持表向财务科出纳员领取奖金。

(31)12月18日,大兴公司应付立新设计院产品设计费1 000元,以立新设计院的名义填写"崎峰市服务业发票",持发票联到大兴公司财务科办理结算。

(32)12月18日,销售给昌安公司丙设备1台,原始价值70 000元,已提折旧20 000元,协商作价53 000元。据以填写"崎峰市商业普通发票",持发票联到昌安公司财务科收款,要求昌安公司出纳员签发"转账支票",并与其一同去银行办理转账手续,取得银行盖章后"转账支票"的收账通知联后,将"转账支票"的收账通知联及"崎峰市商业普通发票"记账联送交本公司财务科出纳员。同时,依据固定资产原始价值与已提折旧填写"内部转账单",并将其送本公司财务科记账员。

(33)12月18日,1栋仓库290平方米,预计使用28年,已使用26年,原值95 000元,已提折旧82 000元,因重建提前报废。其处理意见如下:使用部门的意见:因陈旧要求报废;技术鉴定小组意见:情况属实;固定资产管理部门意见:同意转入清理;主管部门审批意见:同意报废重建。据以填写"固定资产报废单"后,将会计记账联送财务科记账员。

(34)12月19日,向大华公司购进丁设备1台,交易价50 000元,经验收交基本生产车间使用,据以填写"固定资产验收单",将第2联送财务科出纳员。

(35)12月19日,周源12月11日去省城参加工业生产技术会,12月18日返回,往返汽车票均为45元,住宿费用700元,会议费用150元,其他费用380元,每天补助15元。以周源的名义填写"差旅费报销单"(经理宋峰登在单上签字:同意报销),持单向财务科出纳员报账(原借支2 000元)。

(36)12月19日,业务科与业务往来单位洽谈业务,接待、就餐、补助及接车费共计金额2 111元,单据19张。据以填写"业务招待费汇总表"(经理宋峰登在单上签字:同意报销),持单向财务科出纳员报账,取得出纳员签发的"现金支票"后,到银行提取现金。

(37)12月19日,报废固定资产的清理人员黄红等5人应领取清理费用500元,以黄红的名义填写"费用报销领款单"(经理宋峰登在单上签字:同意付款),持单向财务科出纳员领款。

(38)12月19日,大兴公司向崎南公司收取仓库租金4 900元,据以开出"江泽市服务业发票",收到现金4 900元,当即填写"进账单"到开户行办理进账手续,收到银行盖章后的"进账单"回单,将"崎峰市服务业发票"的发票联及"进账单"回单送交本公司出纳员(本公司开户行:中国工商银行崎峰市支行,账号:823653676514)。

(39)12月20日,仓库清理残料如下:红砖70 000块,每块0.20元,计14 000元,其他材

料5 200元,合计19 200元。材料全部入库作重建仓库用,据以编制"材料入库单",将记账联送财务科记账员。

(40)12月20日,大兴公司向为民五金公司购买灭火器7个,单价100元,计700元。灭火器购回后当即由仓库领用。先以为民五金公司名义开具"为民五金公司发票";再以仓库保管员陈诚名义填写"物品领用单"(经理宋峰登在单上签字:同意领用,一次摊销)。最后将"为民五金公司发票"的发票联和"物品领用单"送财务科出纳员,并要求领款、领物。

(41)12月20日,向兴隆公司转让技术,收取技术转让费17 000元,据以填写"崎峰市商业普通发票",持发票联到兴隆公司财务科收款,要求兴隆公司出纳员签发"转账支票",并与其一同去银行办理转账手续,取得银行盖章后的"转账支票"的收账通知联后,将"转账支票"的收账通知联及"崎峰市普通发票"记账联送交本公司财务科出纳员。

(42)12月21日,向会计局购买《新会计准则》等书籍,付款180元,以会计局的名义填写"崎峰市文化教育、体育业发票",持发票联到账务科报账。

(43)12月21日,大兴公司的汽车送汽车修配厂修理。具体修配项目如下:汽车补胎236元,汽车轮胎充气46元,车轮拆装38元。以汽车修配厂名义开具"崎峰市服务业发票",将"崎峰市服务业发票"的发票联送交本公司出纳员。

(44)12月23日,大兴公司使用自来水厂的供水。水表记录是:本月号码为63265,上月号码为57105,实用水6 160吨,每吨单价1元。以自来水厂名义开具"自来水厂水费发票",持发票联到大兴公司财务科结算。

(45)12月23日,业务科用备用金开支下列各种费用:差旅费1 020元(11张原始凭证);办公费980元(18张原始凭证);修理费1 200元(3张原始凭证);经核对无误后全部报销,编制"管理费用支出汇总表",持单到财务科报账。

(46)12月24日,大兴公司电表的起码是136582,止码是199282,实用电62700度,每度单价0.50元,以电力局的名义填写"增值税专用发票"(电费增值税税率13%),持发票联到大兴公司财务科结算。

(47)12月24日,大兴公司参加本市商品展销会,应付新世界商厦的商品展位租用费1 100元,以新世界商厦的名义填写"崎峰市服务业发票",持发票联到大兴公司财务科结算。

(48)12月25日,物价检查所对大兴公司商品销售情况进行检查,发现部分商品违反国家价格政策,罚款1 680元,以物价检查所名义填写"罚款没收专用收据",持单到大兴公司财务科结算。

(49)12月25日,养路费征收站向大兴公司收取汽车养路费用1 200元,以养路费征收站的名义填写"交通车辆养路费收据"(2辆东风汽车为送货用车,养路费为800元,2辆小车的养路费为400元),持单到大兴公司财务科结算。

(50)12月26日,看望住院职工张卫国,从副食品商店购买2袋奶粉,每袋18元,苹果4千克,每千克4.50元,据以填写"副食品商店销售发票"(经理宋峰登签字:在福利费列支),持发票联到大兴公司财务科结算。

(51)12月26日,通达搬运公司为大兴公司装卸货物,应收取装卸费1 300元,以通达公司的名义开具"崎峰市交通运输业发票",持发票联到大兴公司财务科结算。

(52)12月26日,周源出差预支差旅费1 100元,据以填写"借款单",持单向财务科出纳借款。

(53)12月26日,本公司向美国H公司购入先进设备1台,交易价4 000美元,以H公司

名义填写"商业发票",以本公司设备科名义填写"固定资产验收单"(设备交管理部门使用)。"商业发票"与"固定资产验收单"交本公司出纳员(引进先进设备,减免关税及增值税;境内外运杂费均由供货方承担)。

(54)12月27日,大兴公司自行开发一项实用型专利开发成功,先根据下列资料填写"专利申报表":申请单位:大兴公司;专利项目:实用新型专利;技术开发费:23 000元;注册登记费:3 500元;单位意见:同意申报;专利局审批:同意注册。再以专利局名义填写"崎峰市行政事业单位收款收据",收取大兴公司专利注册登记费3 500元,然后持"专利申报表"和"崎峰市行政事业单位收款收据"到大兴公司财务科结算。

(55)12月27日,大兴公司销售给达亿公司K-3商品10 000件,每件售价23元;销售给昌平公司K-1商品5 000千克,每千克售价14元;销售给昌安公司K-1商品4 800千克,每千克售价14元;增值税税率均为17%,据以分别三个公司填写"增值税专用发票"后持"增值税专用发票"第2、3联到昌平、昌安、达亿公司财务科结算,要求各公司出纳员根据购销合同填写"商业承兑汇票",经付款人(各购货公司)承兑后取得"商业承兑汇票"第2联,并在"商业承兑汇票"第1联的收款人盖章处盖上本公司财务专用章(由本公司出纳员盖章),在负责、经办处均签名,将"增值税专用发票"记账联和"商业承兑汇票"第2联送交大兴公司出纳员。

(56)12月27日,顺达运输公司为大兴公司运输购入的材料,应收运费7 600元。以顺达运输公司的名义开具"崎峰市公路、内河货物运输统一发票",持发票联到大兴公司财务科结算。

(57)12月27日,外购材料全部验收入库。据表2—12所列资料填写"材料入库验收单",将其记账联送财务科记账员。

表2—12　　　　　　　　　　外购材料入库资料

供货单位	材料名称	数量(千克)	买价(元)	运杂费(元)	计划单价(元)
丰润公司	A-1材料	6 000	60 000	600	10.14
大华公司	L-1材料	10 000	100 000	1 000	9.80
达昌公司	甲材料	20 000	80 000	2 000	4.06
	乙材料	20 000	60 000	2 000	2.93
	丙材料	10 000	50 000	1 000	5.04
	丁材料	10 000	60 000	1 000	6.07

(58)12月29日,各部门报废低值易耗品(领用时均一次摊销),本月收回残值如下:基本生产车间560元,动力车间70元,机修车间80元,行政管理部门190元。报废材料均已入库(计划价按照900元计算)。据以编制"报废低值易耗品汇总表"和"材料入库验收单",并将其送财务科记账员。

(59)12月30日,销售给达亿公司K-2商品10 000件,每件售价22元,K-3商品10 000件,每件售价23元,增值税税率17%,据以填写"增值税专用发票",将"增值税专用发票"2、3、4联送本公司出纳员。

(60)12月31日,基本生产车间生产K-1产品耗用7 300工时,生产K-2产品耗用7 600工时,生产K-3产品耗用7 500工时,生产K-4产品耗用8 220工时,据以编制"产品耗用工时汇总表",并将表送财务科记账员。

(61)12月31日,本月发出材料资料如表2—13所示。

表2—13　　　　　　　　　　本月发出材料资料

材料名称	数量(千克)	计划单价(元)	计划总价(元)
甲材料	30 000	4.06	121 800
乙材料	30 000	2.93	87 900
丙材料	20 000	5.04	100 800
丁材料	20 000	6.07	121 400
L-1材料	10 000	9.80	98 000
A-1材料	10 000	10.14	101 400
小计			631 300
其他材料			50 000

据以编制"发料凭证汇总表",并将该表送财务科记账员。

(62)12月31日,辅助生产车间本月提供劳务总量资料如表2—14所示。

表2—14　　　　　　　　辅助生产车间本月提供劳务总量

项　目	机修车间服务量(工时)	动力车间供电量(度)
K-1产品耗用	—	8 000
K-2产品耗用	—	8 000
K-3产品耗用	—	10 000
K-4产品耗用	—	10 000
基本生产车间耗用	1 610	1 000
行政管理部门耗用	100	5 000
车间扩建工程耗用	290	8 000
动力车间耗用	80	—
机修车间耗用	—	900
合　计	2 080	50 900

据以编制"辅助生产情况表",并将该表送财务科记账员。

(63)12月31日,本月产品生产及入库情况如表2—15所示。

表2—15　　　　　　　　　本月产品生产及入库情况

产品名称	月初在产品	本月投产	本月完工入库	月末在产品	在产品完工程度	投料方式
K-1产品	2 600千克	28 576千克	29 000千克	2 176千克	50%	逐步投料
K-2产品	1 800件	18 622件	18 000件	2 422件	50%	逐步投料
K-3产品	1 950件	16 872件	17 000件	1 822件	50%	逐步投料
K-4产品	1 750件	14 468件	15 000件	1 218件	50%	逐步投料

代基本生产车间编制"生产情况报告表",代成品仓库编制"产品入库汇总表",将填好的2张表送财务科记账员。

大华公司会计业务岗位实操

3.1 大华公司出纳会计岗位实操

3.1.1 开设有关日记账

大华公司 2014 年 11 月 30 日有关账户余额如下：
  库存现金日记账   1 000(借)
  银行存款日记账   300 000(借)
大华公司及往来公司相关情况如表 3－1 所示。

表 3－1   大华公司及往来公司相关情况

开户行:中国工商银行江泽市支行		开户行:中国工商银行崎峰市支行	
公司名称	账　号	公司名称	账　号
丰润公司	1156674356321	昌安公司	823653676513
丰利公司	1156674356322	大兴公司	823653676514
达昌公司	1156674356327	大华公司	823653676515
达亿公司	1156674356328	兴隆公司	823653676516
		兴盛公司	823653676517

3.1.2 办理如下业务

  凡出纳业务,在业务办理完毕后,编制记账凭证,据以登记库存现金和银行存款日记账,并将记账凭证连同所附原始凭证一并转交记账员记账。
  (1)12 月 1 日,收到冯春"旅差费报销单"(所附单据略),经审核无误,报销费用 1 256 元,按原预支额 1 200 元开出"收据",当即补付现金 56 元,并在差旅费报销单上填写"付现 56 元"。
  (2)12 月 1 日,收到业务员送来的"进账单"回单及"增值税专用发票"的记账联进行账务处理。
  (3)12 月 1 日,收到开户银行转来大兴公司和昌安公司"转账支票"的收账通知联。
  (4)12 月 1 日,填写"信汇"凭证 3 张,分别支付丰润公司账款 180 000 元、丰利公司账款

120 000元和应付达昌公司账款 90 000 元。填好结算凭证后去开户银行办理相关手续,取回"信汇"凭证回单,审核无误后进行账务处理。

(5)12月2日,填写"转账支票"1张,转出投资款 170 000 元,存入三峡证券营业部账户(三峡证券营业部开户行:中国工商银行崎峰市支行,账号:123456786789)准备用于购买股票。到银行办理转账手续,取回回单。

(6)12月2日,填写"现金支票"1张,提取现金 5 000 元备用,到开户银行办理支款手续。

(7)12月2日,收到业务科向齐规的"领款单",经审核无误,当即支付现金 3 000 元,作为业务科的备用金(在领款单上注明"现金付讫")。

(8)12月3日,收到"三峡证券营业部成交过户交割单",购入股票划作交易性金融资产。

(9)12月3日,将专夹留存的10月3日签发的商业承兑汇票第2联取出(曾在10月3日发生销货业务时,已填写3份"商业承兑汇票":签发日期为2014年10月3日,承兑期2个月,应收大兴公司货款 100 000 元,应收昌安公司货款 110 000 元,应收达亿公司货款 110 000 元),依据到期的3张"商业汇票"分别办理收款手续。

①应收大兴和昌安公司到期票据款,持"商业汇票"第2联去大兴、昌安公司,要求大兴和昌安公司出纳员签发"转账支票",并到银行办理转账手续,收到开户行转回的"转账支票"收账通知联;

②应收达亿公司到期票据款,填写"委托收款"凭证后,持"委托收款凭证"和"商业承兑汇票"第2联到开户银行办理委托收款手续,银行盖章后,取回"委托收款"凭证回单。

(10)12月5日,收到开户行转来达亿公司"信汇"凭证收款通知联。

(11)12月5日,收到中财保险股份有限公司"机动车辆保险单"(正本)和"保费收据"第1联,经审核无误,据以填写转账支票(中财保险股份有限公司开户行:中国工商银行崎峰市支行;账号:823653676538),并到银行办理转账手续,经银行盖章,取回转账支票回单。

(12)12月6日,填写"中华人民共和国税收通用完税证",将未缴增值税、应缴城市维护建设税、应缴个人所得税、应缴教育费附加上缴国库,具体金额见明细分类账各该账户的月初余额。税收通用完税证填写好后,到开户行办理手续,经税务机关、银行盖章后取得完税凭证联,并据以进行账务处理。

(13)12月6日,收到律师事务所的"崎峰市服务业发票"发票联,经审核无误,以现金付讫。

(14)12月7日,收到银行转来"委托收款凭证"的收款通知1张,系达亿公司应收账款 110 000元。

(15)12月7日,收到银行转来"委托收款凭证"的付款通知3张,系应付达昌公司商业票据到期款 110 000 元、丰润公司商业汇票到期款 150 000 元、丰利公司票据到期款 100 000 元。

(16)12月8日,收到崎峰市电视台的"崎峰市服务业发票"发票联,经审核无误,据以填写转账支票(崎峰市电视台开户行:中国工商银行崎峰市支行;账号:823653676658),付广告费,并到银行办理转账手续,经银行盖章,取回转账支票回单。

(17)12月8日,大华公司委托债券发行公司发行5年期债券,按面值的10%溢价发行。现债券公司已发行债券面值 800 000 元,实收金额 880 000 元,款项今日全部交来,当即送存银行。据以填写"收据"及"进账单",到银行办理手续后据"收据"记账联及"进账单"回单进行账务处理。

(18)12月9日,收到债券公司的"崎峰市服务业发票"发票联,经审核无误,据以填写转账支票(债券公司开户行:中国工商银行崎峰市支行;账号:825533667788),付手续费,并到银行办理转账手续,经银行盖章,取回转账支票回单。

(19)12月10日,收到本公司职工王达"费用报销领款单",经审核无误,以现金付讫。

(20)12月10日,收到房地产管理所的"崎峰市服务业发票"发票联,经审核无误,以现金付讫。

(21)12月10日,收到崎峰市汽车运输公司的"崎峰市公路、内河货物运输统一发票"发票联,经审核无误,据以填写"转账支票"(崎峰市汽车运输公司开户行:中国工商银行崎峰市支行;账号:823653675588),付运费,并到银行办理转账手续,经银行盖章,取回"转账支票"回单。

(22)12月10日,收到保险公司的"保险公司失业保险金收据",经审核无误,以现金支票付讫。

(23)12月10日,签发"现金支票",到银行办理取款手续,提回现金5 000元备用。根据"现金支票"存根作账务处理。

(24)12月10日,收到黎华等3人的"费用报销领款单",经审核无误,以现金付讫。

(25)12月10日,收到司法局的"崎峰市行政事业单位收款票据",经审核无误,据以填写转账支票(司法局开户行:中国工商银行崎峰市支行;账号:825634221668),付诉讼费,并到银行办理转账手续,经银行盖章,取回转账支票回单。

(26)12月11日,收到冯春的"借款单",经审核无误,以现金付讫。

(27)12月11日,收到工程队的"崎峰市建筑安装业统一发票",经审核无误,如数签发"现金支票",交苏亮到银行取款。

(28)12月12日,收到证券公司的"收据",经审核无误,据以填写转账支票(证券公司开户行:中国工商银行崎峰市支行;账号:825634211698),付债券及手续费,并到银行办理转账手续,经银行盖章,取回转账支票回单。

(29)12月13日,收到"工资结算汇总表",根据实发工资总额签发"现金支票",从银行提取现金,当即发放完毕。

(30)12月13日,收到业务员送来的"增值税专用发票"第2、3、4联,据以填写"委托收款凭证"(应收达亿公司款),持"委托收款凭证"和"增值税专用发票"第2、3联到银行办理托收手续,经银行盖章后,将退回的"委托收款凭证"回单与"增值税专用发票"记账联一并作账务处理。

(31)12月14日,收到业务科"管理费用支出汇总表"(所附单据48张略),经审核无误,以现金付讫。

(32)12月14日,收到崎峰市工学院的"收据",经审核无误,开出"现金支票"付讫。

(33)12月15日,收到职工食堂购买炊具的发票,经审核无误,以现金付讫。

(34)12月16日,收到银行转来"委托收款凭证"的收款通知联,系达亿公司应收款。

(35)12月16日,收到"市税务局印花税票发售统一发票",经审核无误,以现金付讫。

(36)12月16日,收到保险公司收取员工养老保险金的"收据",经审核无误,据以填写"转账支票"(保险公司开户行:中国工商银行崎峰市支行;账号:8256342172238),付保险金,并到银行办理转账手续,经银行盖章,取回"转账支票"回单。

(37)12月17日,收到新达建筑公司"崎峰市建筑安装业发票"的发票联,经审核无误,据以填写"转账支票"(新达建筑公司开户行:中国工商银行崎峰市支行;账号:825625671350),付工程款,并到银行办理转账手续,经银行盖章,取回"转账支票"回单。

(38)12月17日,根据"综合奖金结算汇总表"(实际还应有按人头的奖金发放表,此处略),签发"现金支票",提回现金,当即发放完毕。

(39)12月18日,收到立新设计院的"崎峰市服务业务发票"发票联,经审核无误,以现金付讫。

(40)12月18日,收到兴隆公司出售设备的"崎峰市商业普通发票"发票联及本公司业务员送来的"固定资产验收单",经审核无误后,据以填写"转账支票",付设备款,并到银行办理转账手续,经银行盖章,取回"转账支票"回单。

(41)12月19日,收到业务员送来的大兴公司"转账支票"的收账通知联及本公司的固定资产销售的"崎峰市商业普通发票"的会计记账联,经审核无误,进行账务处理。

(42)12月19日,收到冯春的"旅差费报销单"(所附单据略)和交来的现金530元,开出"收据"收讫。收据金额按原借支数填写。

(43)12月19日,收到业务科的"业务招待费汇总表"及所附17张单据(单据略),经审核无误,签发"现金支票"补足其备用金。

(44)12月19日,收到朱锋的"费用报销领款单",经审核无误,以现金付讫。

(45)12月19日,收到业务员送来的仓库租金收入"进账单"回单及"崎峰市服务业发票"记账联。

(46)12月20日,收到业务员送来的"为民五金公司发票"和"物品领用单",经审核无误,签发"现金支票",从银行提回现金5 600元,除支付灭火器款外,其余备用。

(47)12月20日,收到业务员送来的兴盛公司"转账支票"的收账通知联及本公司收取技术转让收入的"崎峰市商业普通发票"记账联。

(48)12月21日,收到购买书籍的"崎峰市文化教育、体育业发票"发票联,经审核无误,以现金付讫。

(49)12月21日,收到兴隆公司的"崎峰市商业普通发票"发票联,经审核无误,签发"转账支票"支付技术转让费。到银行办理转账手续,经银行盖章后,拿回转账支票回单。

(50)12月21日,收到汽车修配厂的"崎峰市商业普通发票"发票联,经审核无误,以现金付讫。

(51)12月23日,收到自来水厂发票,审核无误后,填写"转账支票"支付水费,到银行办理转账手续,经银行盖章后,拿回转账支票回单(自来水厂开户行:中国工商银行崎峰市支行;账号:865235217658)。

同时根据定额耗用量分配本月水费。定额耗用量如下:动力车间560吨,机修车间520吨,基本生产车间2 800吨,公司管理部门1 370吨,据以编制"水费分配表"。

根据"自来水厂发票"发票联、"转账支票"存根和"水费分配表"进行账务处理。

(52)12月23日,收到业务科的"管理费用支出汇总表"及所附39张单据(单据略),经审核无误后,签发"现金支票"补足其备用金。

(53)12月24日,收到电力局的"增值税专用发票"发票联,审核无误,填写"转账支票"支付电费,到银行办理转账手续,经银行盖章后,拿回转账支票回单(电力局开户行:中国工商银行崎峰市支行;账号:865235217666)。

同时根据表3-2所列定额耗用量资料编制"外购动力费分配表"。

表3-2　　　　　　　　　　　定额耗用量资料

产品名称	定额耗用量	车间部门	定额耗用量
L-1 产品	10 000 度	动力车间	600 度
L-2 产品	11 000 度	机修车间	900 度
L-3 产品	10 800 度	基本生产车间	800 度
L-4 产品	10 200 度	管理部门	7 700 度

根据电力局的发票联、"转账支票"存根和"外购动力费分配表"进行账务处理。

(54)12月24日,收到新世纪商厦的"崎峰市服务业发票"发票联,经审核无误,以现金付讫。

(55)12月24日,为购进口设备,向开户行买入5 000美元,以中国人民银行公布的人民币汇率中间价作为即期汇率,当日的即期汇率为1美元=7.72元人民币,银行当日美元卖出价为1美元=8.10元人民币。签发"转账支票"支付人民币,填写"进账单"购入美元。到银行办理相关手续,根据"转账支票"存根和"进账单"作账务处理。

(56)12月25日,签发"现金支票",到银行办理取款手续,提回现金7 000元备用。根据"现金支票"存根作账务处理。

(57)12月25日,收到物价检查所"罚款没收专用收据",以现金支付罚款。

(58)12月25日,收到养路费征收站的"交通车辆养路费收据",经审核无误,以现金付讫(2辆东风汽车为送货用车,养路费为600元,2辆小车的养路费用为400元)。

(59)12月26日,收到"副食品商店销售发票"发票联,经审核无误,以现金付讫。

(60)12月26日,收到业务员送来的"固定资产验收单"及购买进口设备的"商业发票",经审核无误后填写"信汇"凭证,到银行办理美元汇兑手续,取回"信汇"回单。当日的即期汇率为1美元=7.85元人民币。

(61)12月26日,收到通达搬运公司的"崎峰市交通运输业发票"发票联,经审核无误,以现金付讫。

(62)12月26日,收到冯春的"借款单"经审核无误,以现金付讫。

(63)12月27日,收到本公司业务员送来销售商品给昌安公司、大兴公司和达亿公司的"增值税专用发票"记账联和3张"商业承兑汇票"。

(64)12月27日,收到业务员送来的"专利申报表"和专利局的"崎峰市行政事业单位收款收据"发票联,审核无误后填写"转账支票"支付专利注册登记费,到银行办理转账手续,经银行盖章后,拿回转账支票回单(专利局开户行:中国工商银行崎峰市支行;账号:865235367685)。

(65)12月27日,收到达昌公司、丰利公司、丰润公司业务员送来的"增值税专用发票"2、3联,经审核无误后,分别填写为期2个月的"商业承兑汇票"3份,其中第1联经各收款人盖章并签名后收回,在第2联的付款人盖章处盖上财务专用章,在负责经办处签名,填好后将第2联分别交达昌公司、丰利公司、丰润公司业务员。

同时收到顺达运输公司的"崎峰市公路、内河货物运输统一发票"发票联,经审核无误后,填写"转账支票"支付材料运费,到银行办理转账手续,经银行盖章后,拿回转账支票回单(顺达运输公司开户行:中国工商银行崎峰市支行;账号:865235367898)。

根据材料重量编制"材料采购费用分配表"。各种材料采购的重量:A-1材料6 000千克,B-1材料9 000千克,甲材料15 000千克,乙材料20 000千克,丙材料12 000千克,丁材料15 000千克。

根据"增值税专用发票"发票联、"商业汇票"留存联、"转账支票"存根联、"崎峰市公路、内河货物运输统一发票"发票联、"材料采购费用分配表"作账务处理。

(66) 12月30日,收到业务员送来的"增值税专用发票"第2、3、4联,合同规定销货款采用委托收款结算方式,经审核无误后,据以填写"委托收款凭证",持"委托收款凭证"和"增值税专用发票"第2、3联到银行办理托收手续,经银行盖章后,将退回的"委托收款凭证"回单与"增值税专用发票"的记账联一并作账务处理。

(67) 12月31日,到开户行拿回贷款计息凭证,进行账务处理(已预计应付利息11 000元)。

(68) 12月31日,到开户行拿回存款计息凭证,进行账务处理。

(69) 12月31日,将账面价值为80 000元的"交易性金融资产——基金"全部出售,实得现金84 000元。填写"内部转账单"和"进账单",将现金送存银行(全为百元券)。

(70) 12月31日的即期汇率为1美元=8.05元人民币,调整当期产生的汇兑差额。

3.2 大华公司记账会计岗位实操

3.2.1 开设账户资料

大华公司2014年11月30日明细账期末资料如下:

其他货币资金——外埠存款	10 000(借)
交易性金融资产——股票(成本)	100 000(借)
交易性金融资产——债券(成本)	90 000(借)
交易性金融资产——基金(成本)	80 000(借)
应收票据——昌安公司	110 000(借)
应收票据——大兴公司	100 000(借)
应收票据——达亿公司	110 000(借)
应收账款——昌安公司	90 000(借)
应收账款——大兴公司	100 000(借)
应收账款——达亿公司	120 000(借)
坏账准备	1 240(贷)
其他应收款——冯春	1 200(借)
其他应收款——代扣水电费	13 000(借)
材料采购——原材料	50 660(借)
原材料——原料及主要材料	368 000(借)
原材料——其他材料	92 000(借)

周转材料——包装物	21 000（借）
周转材料——低值易耗品	56 000（借）
材料成本差异——原材料	4600（借）
材料成本差异——包装物	210（贷）
材料成本差异——低值易耗品	560（借）
库存商品——L-1 产品	280 000（借）
库存商品——L-2 产品	484 000（借）
库存商品——L-3 产品	552 000（借）
库存商品——L-4 产品	1 000 000（借）
长期股权投资——股票投资（众生公司）	200 000（借）
持有至到期投资——成本	100 000（借）
持有至到期投资——利息调整	10 000（借）
持有至到期投资——应计利息	15 000（借）
固定资产——生产用固定资产	1 370 000（借）
固定资产——非生产用固定资产	600 000（借）
固定资产——不需用固定资产	160 000（借）
固定资产——出租固定资产	150 000（借）
累计折旧	640 000（贷）
工程物资——专用材料	350 000（借）
工程物资——专用设备	361 000（借）
在建工程——机床大修工程	60 000（借）
在建工程——设备安装工程	370 000（借）
固定资产清理——报废	4 600（借）
无形资产——专利权	353 000（借）
无形资产——专有技术	350 000（借）
研发支出——资本化支出	27 000（借）
长期待摊费用——固定资产大修费用	42 000（借）
待处理财产损溢——待处理固定资产损溢	1 800（借）
生产成本——基本生产成本（L-1 产品）	9 500（借）
生产成本——基本生产成本（L-2 产品）	11 700（借）
生产成本——基本生产成本（L-3 产品）	13 500（借）
生产成本——基本生产成本（L-4 产品）	15 600（借）
短期借款——生产周转借款	1 800 000（贷）
应付票据——丰润公司	150 000（贷）
应付票据——丰利大司	100 000（贷）
应付票据——达昌公司	110 000（贷）
应付账款——丰润公司	180 000（贷）
应付账款——丰利公司	120 000（贷）
应付账款——达昌公司	90 000（贷）

应付职工薪酬——职工教育经费	3 000(贷)
应付职工薪酬——职工福利	4 100(贷)
应付职工薪酬——社会保险费	8 400(贷)
应交税费——未交增值税	40 000(贷)
应交税费——应交所得税	40 000(借)
应交税费——应交城市维护建设税	3 000(贷)
应交税费——应交个人所得税	2 000(贷)
应交税费——应交教育费附加	1 000(贷)
应付利息	20 000(贷)
长期借款——基建借款	1 240 000(贷)
长期应付款——应付设备款	95 000(贷)
应付债券——面值	280 000(贷)
应付债券——利息调整	20 000(贷)
应付债券——应计利息	10 000(贷)
实收资本——国家投资	1 400 000(贷)
实收资本——宏盛公司	100 000(贷)
实收资本——其他	840 770(贷)
资本公积——资本溢价	300 000(贷)
资本公积——其他	120 000(贷)
盈余公积——法定盈余公积	570 000(贷)
利润分配——未分配利润	50 000(贷)
本年利润	450 000(贷)

原材料明细账 2014 年 11 月 30 日期末资料如表 3—3 所示。

表 3—3　　　　　期末原材料明细资料(截至 2014 年 11 月 30 日)

	品名	单位	数量	计划单价(元)	金额(元)
原料及主要材料	甲材料	千克	12 000	4.20	50 400
	乙材料	千克	10 000	3.06	30 600
	丙材料	千克	10 000	4.95	49 500
	丁材料	千克	10 000	6.04	60 400
	A-1 材料	千克	10 000	9.80	98 000
	B-1 材料	千克	10 000	7.91	79 100
	小计				368 000
其他材料					92 000
合计					460 000

材料采购明细账 2014 年 11 月 30 日期末资料如表 3—4 所示。

表3—4 期末材料采购明细(截至 2014 年 11 月 30 日) 单位:元

供货单位	项目	借方			贷方			备注
		买价	运杂费	合计	计划成本	差异	合计	
达昌公司	甲材料	7 000	100	7 100				
	乙材料	7 000	100	7 100				
达亿公司	丙材料	8 000	110	8 110				
	丁材料	8 000	110	8 110				
丰润公司	A-1 材料	10 000	120	10 120				
丰利公司	B-1 材料	10 000	120	10 120				
合计		50 000	660	50 660				

库存商品明细账 2014 年 11 月 30 日期末资料如表 3—5 所示。

表3—5 期末库存商品明细(截至 2014 年 11 月 30 日)

商品名称	单位	数量	单位成本(元)	金额(元)
L-1 商品	千克	40 000	7	280 000
L-2 商品	件	44 000	11	484 000
L-3 商品	件	46 000	12	552 000
L-4 商品	件	50 000	20	1 000 000
合 计				2 316 000

生产成本明细账 2014 年 11 月 30 日期末在产品成本资料如表 3—6 所示。

表3—6 期末生产成本明细(截至 2014 年 11 月 30 日)

产品名称	数量	成本项目			
		直接材料(元)	直接人工(元)	制造费用(元)	合计(元)
L-1 产品	2 715 千克	5 000	2 500	2 000	9 500
L-2 产品	2 126 件	6 000	3 000	2 700	11 700
L-3 产品	2 260 件	7 000	3 500	3 000	13 500
L-4 产品	1 560 件	8 000	4 000	3 600	15 600
合 计					50 300

3.2.2 开设明细账

按下列要求开设明细账:

(1)下列账户使用三栏式账页(有期初余额的账户结转期初余额,没有期初余额的账户设户后待记发生额):

其他货币资金——外埠存款
其他货币资金——存出投资款
交易性金融资产——股票（成本）
交易性金融资产——股票（公允价值变动）
交易性金融资产——债券（成本）
交易性金融资产——基金（成本）
应收票据——昌安公司
应收票据——大兴公司
应收票据——达亿公司
应收账款——昌安公司
应收账款——大兴公司
应收账款——达亿公司
预付账款——中财保险公司
坏账准备
其他应收款——冯春
其他应收款——业务科
其他应收款——代扣水电费
原材料——原料及主要材料
原材料——其他材料
周转材料——包装物
周转材料——低值易耗品——在库
材料成本差异——原材料
材料成本差异——包装物
材料成本差异——低值易耗品
长期股权投资——股票投资（众生公司）
持有至到期投资——成本
持有至到期投资——利息调整
持有至到期投资——应计利息
固定资产——生产用固定资产
固定资产——非生产用固定资产
固定资产——不需用固定资产
固定资产——出租固定资产
累计折旧
工程物资——专用材料
工程物资——专用设备
在建工程——机床大修工程
在建工程——设备安装工程
在建工程——生产车间扩建工程
固定资产清理——报废

固定资产清理——出售不需用固定资产
无形资产——专利权
无形资产——专有技术
研发支出——资本化支出
累计摊销
长期待摊费用——固定资产大修费用
待处理财产损溢——待处理固定资产损溢
递延所得税资产
短期借款——生产周转借款
应付票据——丰润公司
应付票据——丰利公司
应付票据——达昌公司
应付账款——丰润公司
应付账款——丰利公司
应付账款——达昌公司
应付职工薪酬——工资
应付职工薪酬——职工福利
应付职工薪酬——社会保险费
应付职工薪酬——住房公积金
应付职工薪酬——工会经费
应付职工薪酬——职工教育经费
应付职工薪酬——非货币性福利
应交税费——未交增值税
应交税费——应交营业税
应交税费——应交所得税
应交税费——应交城市维护建设税
应交税费——应交个人所得税
应交税费——应交教育费附加
应交税费——应交房产税
应付利息
应付股利
长期借款——基建借款
长期应付款——应付设备款
应付债券——面值
应付债券——利息调整
应付债券——应计利息
递延所得税负债
实收资本——国家投资
实收资本——宏盛公司

实收资本——其他

资本公积——资本溢价

资本公积——其他

盈余公积——法定盈余公积

利润分配——提取法定盈余公积

利润分配——应付现金股利

利润分配——未分配利润

本年利润

主营业务收入——L-1产品

主营业务收入——L-2产品

主营业务收入——L-3产品

主营业务收入——L-4产品

其他业务收入

投资收益

公允价值变动损益

营业外收入

主营业务成本——L-1产品

主营业务成本——L-2产品

主营业务成本——L-3产品

主营业务成本——L-4产品

营业税金及附加

其他业务成本

资产减值损失

营业外支出

所得税费用

(2)下列账户使用多栏式账页(有期初余额的账户结转期初余额,没有期初余额的账户设户后待记发生额):

应交税费——应交增值税

生产成本——基本生产成本(L-1产品)

生产成本——基本生产成本(L-2产品)

生产成本——基本生产成本(L-3产品)

生产成本——基本生产成本(L-4产品)

生产成本——辅助生产成本——机修车间

生产成本——辅助生产成本——动力车间

制造费用——基本生产车间

销售费用

财务费用

管理费用

(3)"材料采购——原材料"使用横线登记式账页(有期初余额的账户结转期初余额,没有

期初余额的账户设户后待记发生额)。

(4)下列账户使用数量金额式账页(有期初余额的账户结转期初余额,没有期初余额的账户设户后待记发生额):

库存商品——L-1 产品

库存商品——L-2 产品

库存商品——L-3 产品

库存商品——L-4 产品

原材料——原料及主要材料——甲材料

原材料——原料及主要材料——乙材料

原材料——原料及主要材料——丙材料

原材料——原料及主要材料——丁材料

原材料——原料及主要材料——A-1 材料

原材料——原料及主要材料——B-1 材料

3.2.3 办理记账业务

办理如下记账业务:

(1)12 月 4 日,收到业务员送来的"材料入库验收单"(留待月末汇总进行收料的账务处理)。

(2)2 月 9 日,收到"固定资产折旧计算表",经审核无误,进行账务处理。

(3)12 月 9 日,收到业务员交来本公司换出商品的"增值税专用发票"记账联,换入材料的"增值税专用发票"抵扣联与发票联及"材料入库验收单"会计记账联,经审核无误,进行非货币性交易的账务处理。

(4)12 月 12 日,收到柴园、曾方的"物品领用单",经审核无误,进行账务处理。

(5)12 月 18 日,收到固定资产报废单,经审核无误,进行账务处理。

(6)12 月 19 日,收到业务员送来的"内部转账单",经审核无误,进行账务处理。

(7)12 月 20 日,收到业务员送来的工程物资入库验收单。

(8)12 月 20 日,报废固定资产清理完毕,根据"固定资产清理——报废清理"账户余额编制"内部转账单",结转清理损益。

(9)12 月 27 日,收到业务员送来的材料入库验收单(留待月末汇总进行收料的账务处理)。

(10)12 月 28 日,本月应摊销专利权 38 000 元,应摊销专有技术 35 000 元,应摊销基本生产车间固定资产大修费 21 000 元,据以编制"无形资产、长期待摊费用分摊表",经审核无误,进行账务处理。

(11)12 月 29 日,收到"报废低值易耗品汇总表"及"材料入库验收单"(会计记账联),经审核无误,进行账务处理。

(12)12 月 29 日,据前面留存的"材料入库验收单"登记"材料采购"明细账(横线登记式明细账)的贷方发生额,并计算入库材料成本差异,据此编制"本月已付款的入库材料汇总表"。

(13)12 月 30 日,本月生产产品领用包装物的计划成本汇总如下(根据领料单汇总的,因为领料单不便——列出,故略去):

L-1 产品领用 2 600 元

L-2 产品领用 2 800 元

L-3 产品领用 2 900 元

L-4 产品领用 2 700 元

据"周转材料——包装物"与"材料成本差异——包装物"账户资料计算材料成本差异率、领用材料应分摊的差异额及领用材料实际成本,据计算结果编制"领用包装物汇总表",经审核无误,进行账务处理。

(14) 12 月 30 日,本月领用低值易耗品的计划成本汇总如下(根据领料单汇总的,因为领料单不便一一列出,故略去):

基本生产车间领用 12 000 元

动力车间领用 1 200 元

机修车间领用 1 600 元

公司管理部门领用 2 400 元

据"周转材料——低值易耗品"与"材料成本差异——低值易耗品"账户资料计算材料成本差异率、领用材料应分摊的差异额及领用材料实际成本,据计算结果编制"领用低值易耗品汇总表",经审核无误,进行账务处理。

(15) 12 月 31 日,收到"车间产品耗用工时汇总表",结合"工资结算汇总表"与"奖金发放表"先编制"基本生产车间生产工人工资分配表",后编制"应付职工薪酬分配表",经审核无误,进行账务处理。

(16) 12 月 31 日,收到业务员送来的"发料凭证汇总表"及"发料单"(略),根据"发料单"上所载明的用途及下列材料耗用资料编制"发料凭证分配汇总表"。据"原材料——原料用主要材料"各数量金额式明细账及"材料成本差异——原材料"账户资料计算材料成本差异率、领用材料应分摊的差异额及领用材料实际成本。

材料耗用的计划成本汇总如表 3—7 所示。

表 3—7　　材料耗用的计划成本　　　　　　　　　　　　　单位:元

产品、车间、部门	主要材料	其他材料	备 注
L-1 产品	130 000		
L-2 产品	140 000		
L-3 产品	145 000		
L-4 产品	150 000		
基本生产车间一般耗用		3 000	列入物料消耗
动力车间	6 600	7 000	
机修车间	5 000	5 000	
公司管理部门		3 000	列入公司经费
销售部门		2 000	列入包装费
车间扩建工程	27 000	30 000	按 17%转出进项税额

经审核无误,进行账务处理(材料成本差异率精确至小数点后四位)。

(17) 12 月 31 日,原作待处理的盘亏设备净值 1 800 元,经批准转销。据以编制"内部转账单",经审核无误,进行账务处理。

(18)12月31日,收到"辅助生产情况表",结合"生产成本——辅助生产成本——动力车间"和"生产成本——辅助生产成本——机修车间"账户资料,采取直接分配法分配辅助生产费用,编制"辅助生产费用分配表"(分配率精确至小数点后四位),经审核无误,进行账务处理。

(19)12月31日,根据工时记录(生产L-1产品12 000工时,生产L-2产品12 000工时,生产L-3产品13 000工时,生产L-4产品13 660工时)和"制造费用——基本生产车间"账户资料编制"制造费用分配表"(分配率精确至小数点后四位),经审核无误,进行账务处理。

(20)12月31日,收到"生产情况报告表"和"产品入库汇总表",结合基本生产成本明细账资料,据以编制"生产成本计算表"(分别四种产品进行计算),单位成本保留到分。经审核无误,进行账务处理。

(21)12月31日,根据本月商品销售数量及"库存商品"明细账的加权平均单位成本,编制"产品销售汇总表",结转产品销售成本。

(22)12月31日,"交易性金融资产——股票"的公允价值为220 000元,依据"交易性金融资产——股票——成本"及"交易性金融资产——股票——公允价值变动"明细账户资料计算本期公允价值变动金额,据以填制"内部转账单",经审核无误,进行账务处理。

(23)12月31日,按应收款项百分比法计提坏账准备,提取比例为3%,依据"应收账款"、"其他应收款"、"预付账款"及"坏账准备"明细账资料分析计算本期应计提的坏账准备金,据以编制"内部转账单",经审核无误,进行账务处理。

(24)12月31日,依据"应交税费——应交增值税"明细账资料分析填写"增值税纳税申报表",计算出未缴增值税额,经审核无误,进行账务处理。

(25)12月31日,依据"其他业务收入"和"固定资产"明细账及"增值税纳税申报表"资料,计算应缴营业税、应缴房产税、应缴城市维护建设税、应缴教育费附加,编制"地方税收综合纳税(费)申报表",经审核无误,进行账务处理。

(26)12月31日,依据"持有至到期投资"明细账期初资料计算本年利息收入,并进行利息调整(按票面利率10%,实际利率6%计算),据以填制"内部转账单",经审核无误,进行账务处理(本月发生数,暂不计算利息)。

(27)12月31日,依据"应付债券"(为安装工程而发行债券)明细账期初资料计算本年利息费用,并进行利息调整(按票面利率9%,实际利率6%计算),据以填制"内部转账单",经审核无误,进行账务处理(本月发生数,暂不计算利息)。

(28)12月31日,结平"待处理财产损溢"账户。

(29)12月31日,将损益类账户的本月净发生额结转"本年利润"账户。

(30)12月31日,编制"利润表"初稿,据以编制"暂时性差异计算表"、"所得税纳税申报表"(所得税税率为33%),经审核无误,进行账务处理。

(31)12月31日,将"所得税费用"账户发生额转入"本年利润"账户。

(32)12月31日,进行利润分配。法定盈余公积按净利润("本年利润"账户年末余额)的10%分配,应付现金股利按"未分配利润"明细账期初余额加上本年净利润减去本年提取的法定盈余公积后的30%分配。

(33)12月31日,将"本年利润"、"利润分配——提取盈余公积"、"利润分配——应付现金股利"账户余额转入"利润分配——未分配利润"账户。

3.3 大华公司财务科长岗位实操

3.3.1 开设总账

根据下列资料开设总账账户,每个账户占一页。大华公司 2014 年 11 月 30 日总账期末资料如下:

库存现金	1 000(借)
银行存款	300 000(借)
其他货币资金	10 000(借)
交易性金融资产	270 000(借)
应收票据	320 000(借)
应收账款	310 000(借)
预付账款	
坏账准备	1 240(贷)
其他应收款	14 200(借)
材料采购	50 660(借)
原材料	460 000(借)
周转材料	77 000(借)
材料成本差异	4 950(借)
库存商品	2 316 000(借)
长期股权投资	200 000(借)
持有至到期投资	125 000(借)
固定资产	2 280 000(借)
累计折旧	640 000(贷)
工程物资	711 000(借)
在建工程	430 000(借)
固定资产清理	4 600(借)
无形资产	703 000(借)
研发支出	27 000(借)
累计摊销	
长期待摊费用	42 000(借)
待处理财产损溢	1 800(借)
递延所得税资产	
生产成本	50 300(借)
制造费用	
短期借款	1 800 000(贷)
应付票据	360 000(贷)
应付账款	390 000(贷)

应付职工薪酬	15 500(贷)
应交税费	6 000(贷)
应付利息	20 000(贷)
应付股利	
其他应付款	
长期借款	1 240 000(贷)
长期应付款	95 000(贷)
应付债券	310 000(贷)
递延所得税负债	
实收资本	2 340 770(贷)
资本公积	420 000(贷)
盈余公积	570 000(贷)
利润分配	50 000(贷)
本年利润	450 000(贷)
主营业务收入	
其他业务收入	
投资收益	
公允价值变动损益	
营业外收入	
主营业务成本	
营业税金及附加	
其他业务成本	
销售费用	
管理费用	
财务费用	
资产减值损失	
营业外支出	
所得税费用	

3.3.2 处理日常总账业务

日常总账业务如下：

(1)复核上旬会计凭证,根据审核无误的上旬记账凭证编制记账凭证汇总表,并据以登记总账,结出账户余额。与出纳员所经管的日记账核对,如有不符,查明原因,予以更正;与记账员所经管的明细账进行核对,如有不符,查明原因,予以更正。

(2)复核中旬会计凭证,根据审核无误的中旬记账凭证编制记账凭证汇总表,并据以登记总账,结出账户余额。与出纳员所经管的日记账核对,如有不符,查明原因,予以更正;与记账员所经管的明细账进行核对,如有不符,查明原因,予以更正。

(3)复核下旬会计凭证,根据审核无误的下旬记账凭证编制记账凭证汇总表,并据以登记总账,结出账户余额。与出纳员所经管的日记账核对,如有不符,查明原因,予以更正;与记账员所经管的明细账进行核对,如有不符,查明原因,予以更正。

(4)编制总账账户余额试算平衡表。

(5)办理年结。

3.3.3 编制会计报表

编制会计报表的具体内容如下:

(1)编制资产负债表,以12月份月初数作为年初数。

(2)编制利润表,以12月份损益作为全年损益。

(3)编制现金流量表,以12月份月初数作为年初数,以12月份现金流量作为全年现金流量。

3.4 大华公司业务员岗位实操

按要求填制和传递2014年12月份凭证:

(1)12月1日,冯春出差返回公司报账,出差相关内容如下:冯春出差联系业务推销产品,2014年11月25日从崎峰市乘火车至北京市(当日到达)车票360元,在北京市期间住宿费200元,2014年11月28日从北京乘火车至天津(次日到达)车票30元,在天津期间住宿费150元,29日从天津乘火车回崎峰市(次日到达)火车票408元,出差补助每天18元,据以填写"旅差费报销单"(经理张文斌在单上签字:同意报销),并持单以冯春的名义向财务科出纳处报账(出差前已预支1 200元)。

(2)12月1日,销售给MB公司L-4商品7 500件,销售给MC公司L-4商品8 000件,销售给MD公司L-4商品7 500件,销售给ME公司L-4商品7 000件,L-4商品每件售价29元,增值税税率17%,价税款均已收讫。据以填写"增值税专用发票",款项全部存入银行,填写"进账单",送银行办理进账手续后取回"进账单"回单。将"进账单"回单连同"增值税专用发票"的记账联送财务科记账员(开户行:中国工商银行崎峰市支行;账号:823653676515)。

(3)12月2日,以业务科齐规的名义填写"领款单",领款金额3 000元,领款单填写好后到财务科找出纳员领款,作为业务科的备用金。

(4)12月3日,以三峡证券营业部的名义填写"三峡证券营业部成交过户交割单"1张,内容如下:本交割单系大华公司购买股票,成交编号为13583,股东账户为53657894,股东名称为大华公司,申请编号为683,公司代码为M240,申报时间为105029(即10点50分29秒),成交时间为105045,实收金额为89 100元,资金余额为80 900元;证券名称为635278,成交数量10 000股,成交价格8.85元,佣金280元,印花税310元,附加费10元。填好后送大华公司出纳员。

(5)12月4日,表3-8所列材料全部入库,据以填写"材料入库验收单"。

表3-8　　　　　　　　　　　入库材料相关资料

供货单位	材料名称	计量单位	数量	单位买价(元)	运杂费(元)	计划单价(元)
达昌公司	甲材料	千克	1 750	4.00	100	4.20
	乙材料	千克	2 500	2.80	100	3.06
达亿公司	丙材料	千克	1 600	5.00	110	4.95
	丁材料	千克	1 600	5.00	110	6.04

续表

供货单位	材料名称	计量单位	数量	单位买价(元)	运杂费(元)	计划单价(元)
丰润公司	A-1 材料	千克	1 000	10.00	120	9.80
丰利公司	B-1 材料	千克	1 250	8.00	120	7.91

将填写好的"材料入库验收单"记账联送本公司记账员。

(6) 12月5日,以中财保险股份有限公司的名义填写"机动车辆保险单"和"保费收据"各一张,填写内容如下:被保险人为大华公司;投保险种为车辆损失险、第三责任险、盗抢险、玻璃险、他人恶意险等;车辆型号为皇冠(普);发动机号367508;牌号为A-35567;非营业用车;座位为5座;保险价值34万元;保险金额34万元;基本保费250元;车辆损失险费率0.8%;第三责任险最高赔偿限额为23万元;第三责任险保费为2 100元;盗抢险保费据表计算;玻璃险保费为50元;他人恶意险保费为100元;保险期限自2014年12月5日0时起至2017年12月5日24时止。地址:十字街58号;电话:8666688;邮政编码:438000;总经理:刘峰。填好后将"机动车辆保险单"正本和"保费收据"发票联送大华公司记账员。

(7) 12月6日,以崎峰市第一律师事务所王宏的名义填写"崎峰市服务业发票",收取大华公司本月律师顾问费960元,持发票联找大华公司出纳员收款。

(8) 12月8日,崎峰市电视台收取大华公司广告费20 000元,代电视台填写"崎峰市服务业发票",持其发票联找大华公司出纳员收款。

(9) 12月9日,债券公司应向大华公司收取债券印刷费及手续费8 000元,代填写"崎峰市服务业发票",并持第2联到大华公司财务科结算。

(10) 12月9日,根据下述资料编制"固定资产折旧表"(采用平均年限法),编制完成后将其送大华公司记账员。

11月30日,固定资产资料如表3-9所示。

表3-9　　　　　　　　　固定资产资料(截至2014年11月30日)

部门	固定资产类型	固定资产原值(元)	预计净残值(元)	预计使用年限
基本车间	房屋	250 000	15 000	40
	机床加工设备	220 000	10 000	10
	专用电子设备	300 000	15 000	10
	其他专用设备	200 000	8 000	20
机修车间	房屋	100 000	5 000	40
	机床加工设备	50 000	2 500	10
	其他专用设备	10 000	2 000	20
动力车间	房屋	100 000	5 000	40
	内燃发电机组	100 000	5 000	20
	其他专用设备	40 000	2 000	20
管理部门	房屋	600 000	30 000	40
	不需用设备	160 000	20 000	10
出租	仓库	150 000	8 000	10

(11) 12月9日,大华公司与兴盛公司进行非货币交易,交易内容如下:

大华公司向兴盛公司销售 L-2 商品 2 525 件,每件售价 20 元;向兴盛公司购进丙材料 10 000 千克,每千克进价 5.05 元。增值税税率均为 17%,据以填写销售 L-2 商品的"增值税专用发票"和购进丙材料的"材料入库验收单"(材料已如数入库,丙材料的计划单位成本见记账员岗位的数量金额式明细账),填写好后先持销售商品的"增值税专用发票"第 2、3 联到兴盛公司业务处换取购进材料的"增值税专用发票"第 2、3 联;后将销售商品的"增值税专用发票"记账联和购进材料的"增值税专用发票"第 2、3 联及"材料入库验收单"一并送交大华公司记账员。

(12)12 月 10 日,以公司职工王达的名义填写"费用报销领款单",到财务科领取独生子女费 180 元。

(13)12 月 10 日,代房地产管理所开具"崎峰市服务业发票",应收取大华公司办公用房租金 1 000 元。制单人:张选。持发票联到大华公司财务科结算。

(14)12 月 10 日,以崎峰市汽车队的名义开具"崎峰市公路、内河货物运输统一发票",应收取大华公司销货运费 8 500 元。制单人:王平。持发票联到大华公司财务科结算。

(15)12 月 10 日,大华公司向保险公司缴纳职工失业保险金 1 400 元(大华公司开户行:中国工商银行崎峰市支行;账号:823653676515。保险公司开户行:中国工商银行崎峰市支行;账号:823653998822),以保险公司的名义开具"保险公司失业保险金收据",持发票联到大华公司财务科结算。

(16)12 月 10 日,业务科黎华、王敬、姚文华 3 人领取本年度烤火费,每人 90 元(经理雷扉签字:同意付款),代填写"费用报销领款单",到财务科出纳处领款。

(17)12 月 10 日,代司法局开具"崎峰市行政事业单位收款票据",应收取大华公司公证费用 1 100 元。收款人:游咏。持发票联到大华公司财务科结算。

(18)12 月 11 日,生产技术科冯春去省城开生产技术会,经领导张文斌同意借款 2 000 元。据以填写"借款单",持单向财务科出纳员借款。

(19)12 月 11 日,支付生产车间扩建工程款 8 600 元,经公司经理张文斌签字同意付款,由苏亮统一领款,据以填写"江泽市建筑安装统一发票",持发票联到财务科出纳处办理领款,取得出纳员签发的"现金支票"到银行取款。

(20)12 月 12 日,业务员柴园、曾方各领计算器 1 个,单价 145 元,合计金额 290 元。经理张文斌审批:同意领用,一次摊销。据以填写"物品领用单"并将其送交财务科记账员。

(21)12 月 12 日,大华公司向证券公司购买一年期债券 900 000 元,手续费 1 800 元,以证券公司名义开出"收据",持"收据"第 2 联到大华公司财务科结算。

(22)12 月 13 日,根据表 3—10 所列资料编制"工资结算汇总表"(因工资结算原始资料比较复杂,实际工作中的工资发放表是根据岗位将每个人的工资计算出来再加以汇总的。而下列资料直接以汇总的形式给出)。

表 3—10　　　　　　　　　　工资结算汇总资料

车间、部门、类型	职工人数	标准工资(元)	应扣工资(元)		津贴(元)	代扣款项			
			事假	病假		水电费(元)	住房公积金(元)	个人所得税(元)	个人承担社保(元)
基本生产车间生产工人	290	251 000	1 600	310	26 770	10 220	9 000	35	3 220

续表

车间、部门、类型	职工人数	标准工资（元）	应扣工资（元） 事假	应扣工资（元） 病假	津贴（元）	代扣款项 水电费（元）	代扣款项 住房公积金（元）	代扣款项 个人所得税（元）	代扣款项 个人承担社保（元）
基本生产车间管理人员	12	13 200			1 600	500	460	20	140
援外工程人员	2	2 600			2 200		200		25
在建工程人员	20	21 000			3 000	700	500		240
机修车间人员	6	6 800			610	180	180		65
动力车间人员	5	5 200			500	140	120		50
公司管理人员	33	38 000			3 500	1 100	1 000	50	350
医务人员	3	3 300			290	100	100		35
六个月以上长病假人员	2	2 100		560	10	60	60		20

工资结算汇总表编制好后送交财务科出纳员。

(23)12月13日，销售给达亿公司L-1商品10 000千克，每千克售价9.80元，L-2商品10 000件，每件售价15.80元，增值税税率17%，据以填写"增值税专用发票"后持其第2、3、4联到大华公司财务科办理收款手续。

(24)12月14日，业务科各种费用支出汇总情况如下：差旅费360元(19张原始凭证)；办公费210元(17张原始凭证)；其他费用220元(12张原始凭证)；经核对，编制"管理费用支出汇总表"，持表到财务科报账。

(25)12月14日，韩风等7名职工参加崎峰市工学院短期培训，支付学杂费2 900元，以工学院名义开出"收据"，持第2联(付款人联)到大华公司财务科办理领款，取得出纳员签发的"现金支票"到银行取款。

(26)12月15日，大华公司职工食堂向为民日杂公司购碗40个，单价3元，计120元；盘子40个，每个2.50元，计100元，合计220元。以为民日杂公司名义开具"为民日杂公司销售发票"，持发票联向大华公司财务科出纳员报账(在发票备注上填写：列入职工福利)。

(27)12月16日，大华公司向税务局购买30张5元券印花税票，20张2元券印花税票，30张1元券印花税票，以税务局名义开具"市税务局印花税票发售统一发票"，持发票联向大华公司财务科出纳员报账。

(28)12月16日，崎峰市保险公司向大华公司收取员工养老保险金7 000元，以保险公司名义开具"收据"，并持"收据"(付款人联)向大华公司财务科结算。

(29)12月17日，大华公司应付的车间扩建工程包工款200 000元，以新达建筑公司的名义填写"崎峰市建筑安装统一发票"，持发票联到大华公司财务科办理结算。

(30)12月17日，本月综合奖金结算汇总资料如表3—11所示。

表 3—11　　　　　　　　　本月综合奖金结算汇总资料

车间、部门	奖金（元）
基本生产车间生产工人	28 000
基本生产车间管理人员	1 200
机修车间人员	600
动力车间人员	500
公司管理人员	3 300
医务人员	300

据以编制"综合奖金结算汇总表"，持表向财务科出纳员领取奖金。

(31)12 月 18 日，大华公司应付立新设计院产品设计费 1 460 元，以立新设计院的名义填写"崎峰市服务业发票"，持发票联到大华公司财务科办理结算。

(32)12 月 18 日，向兴隆公司购进丁设备 1 台，交易价 41 000 元，经验收交基本生产车间使用，据以填写"固定资产验收单"，将其第二联送财务科出纳员。

(33)12 月 18 日，一栋仓库 300 平方米，预计使用 25 年，已使用 23 年，原值 80 000 元，已提折 70 000 元，因重建提前报废。其处理意见如下：使用部门的意见：因陈旧要求报废；技术鉴定小组意见：情况属实；固定资产管理部门意见：同意转入清理；主管部门审批意见：同意报废重建。据以填写"固定资产报废单"后将其会计记账联送财务科记账员。

(34)12 月 19 日，销售给大兴公司不需用丁设备 1 台，原始价值 62 000 元，已提折 16 000 元，协商作价 50 000 元。据以填写"崎峰市商业普通发票"，持其发票联到大兴公司财务科收款，要求大兴公司出纳员签发"转账支票"，并与其一同去银行办理转账手续，取得银行盖章后"转账支票"的收账通知联后，将"转账支票"的收账通知联及"崎峰市商业普通发票"记账联送交本公司财务科出纳员。同时，依据固定资产原始价值与已提折旧填写"内部转账单"，并将其送本公司财务科记账员。

(35)12 月 19 日，冯春 12 月 11 日去省城参加工业生产技术会，12 月 18 日返回，往返汽车票均为 45 元，住宿费用 700 元，会议费用 150 元，其他费用 410 元，每天补助 15 元。以冯春的名义填写"差旅费报销单"，经理张文斌在单上签字：同意报销。持单向财务科出纳员报账（原借支 2 000 元）。

(36)12 月 19 日，业务科与业务往来单位洽谈业务，接待、就餐、补助及接车费共计金额 2 100 元，单据 17 张。据以填写"业务招待费汇总表"（经理雷迅在单上签字：同意报销），持单向财务科出纳员报账，取得出纳员签发的"现金支票"后到银行提取现金。

(37)12 月 19 日，报废固定资产的清理人员朱锋等 5 人应领取清理费用 480 元，以朱锋的名义填写"费用报销领款单"（经理雷迅在单上签字：同意付款），持单向财务科出纳员领款。

(38)12 月 19 日，大华公司向崎南公司收取仓库租金 5 600 元，据以开出"崎峰市服务业发票"，收到现金 5 600 元，当即填写"进账单"到开户行办理进账手续，收到银行盖章后的"进账单"回单，将"崎峰市服务业发票"的发票联及"进账单"回单送交本公司出纳员（本公司开户行：中国工商银行崎峰市支行，账号：823653676515）。

(39)12 月 20 日，仓库清理残料如下：红砖 60 000 块，每块 0.20 元，计 12 000 元，其他材料3 800元,合计15 800元。材料全部入库作重建仓库用,据以编制"材料入库单",并将其记账联送财务科记账员。

(40)12月20日,大华公司向为民五金公司购买灭火器6个,单价100元,计600元。灭火器购回后当即由仓库领用。先以为民五金公司名义开具"为民五金公司发票",再以仓库保管员章法名义填写"物品领用单"(经理雷迅在单上签字:同意领用,一次摊销)。最后将"为民五金公司发票"的发票联和"物品领用单"送财务科出纳员,并要求领款、领物。

(41)12月20日,向兴盛公司转让技术,收取技术转让费15 000元,据以填写"崎峰市商业普通发票",持其发票联到兴盛公司财务科收款,要求兴盛公司出纳员签发"转账支票",并与其一同去银行办理转账手续,取得银行盖章后的"转账支票"的收账通知联后,将"转账支票"的收账通知联及"崎峰市普通发票"记账联送交本公司财务科出纳员。

(42)12月21日,向会计局购买《新会计准则》等书籍,付款200元,以会计局的名义填写"崎峰市文化教育、体育业发票",持发票联到账务科报账。

(43)12月21日,大华公司的汽车送汽车修配厂修理。具体修配项目如下:汽车补胎190元,汽车轮胎充气60元,车轮拆装50元。以汽车修配厂名义开具"崎峰市服务业发票",将"崎峰市服务业发票"的发票联送交本公司出纳员。

(44)12月23日,大华公司使用自来水厂的供水。水表记录是:本月号码为63657,上月号码为57 882,实用水5 775吨,每吨单价1元。以自来水厂名义开具"自来水厂水费发票",持发票联到大华公司财务科结算。

(45)12月23日,业务科用备用金开支下列各种费用:差旅费1 000元(15张原始凭证);办公费1 200元(21张原始凭证);修理费1 150元(3张原始凭证);经核对全部报销,编制"管理费用支出汇总表",持单到财务科报账。

(46)12月24日,大华公司电表的起码是134655,止码是191855,实用电57 200度,每度单价0.50元,以电力局的名义填写"增值税专用发票"(电费增值税税率为13%),持发票联到大华公司财务科结算。

(47)12月24日,大华公司参加本市商品展销会,应付新世界商厦的商品展位租用费900元,以新世界商厦的名义填写"崎峰市服务业发票",持发票联到大华公司财务科结算。

(48)12月25日,物价检查所对大华公司商品销售情况进行检查,发现部分商品违反国家价格政策,罚款1 750元,以物价检查所名义填写"罚款没收专用收据",持单到大华公司财务科结算。

(49)12月25日,养路费征收站向大华公司收取汽车养路费用1 000元,以养路费征收站的名义填写"交通车辆养路费收据"(2辆东风汽车为送货用车,养路费为600元,2辆小车的养路费为400元),持单到大华公司财务科结算。

(50)12月26日,看望住院职工韩月东,从副食品商店购买2袋奶粉,每袋10元,苹果4千克,每千克6元,据以填写"副食品商店销售发票"(经理雷迅签字:在福利费列支),持发票联到大华公司财务科结算。

(51)12月26日,通达搬运公司为大华公司装卸货物,应收取装卸费1 322元,以通达公司的名义开具"崎峰市交通运输业发票",持发票联到大华公司财务科结算。

(52)12月26日,冯春出差预支差旅费1 500元,据以填写"借款单",持单向财务科出纳借款。

(53)12月26日,本公司向美国H公司购入先进设备1台,交易价4 000美元,以H公司名义填写"商业发票",以本公司设备科名义填写"固定资产验收单",设备交管理部门使用。"商业发票"与"固定资产验收单"交本公司出纳员(引进先进设备减免关税及增值税,境内外运杂费均由供货方承担)。

(54)12月27日,大华公司自行开发一项实用型专利开发成功,先根据下列资料填写"专利申报表":申请单位:大华公司;专利项目:实用新型专利;技术开发费:27 000元;注册登记费:3 500元;单位意见:同意申报;专利局审批:同意注册。再以专利局名义填写"崎峰市行政事业单位收款收据",收取大华公司专利注册登记费3 500元,然后持"专利申报表"和"崎峰市行政事业单位收款收据"到大华公司财务科结算。

(55)12月27日,大华公司销售给昌安公司L-1商品10 000千克,每千克售价10元;销售给大兴公司L-1商品10 000千克,每千克售价10元;销售给达亿公司L-3商品10 000件,每件售价17元;增值税税率均为17%,据以分别填写"增值税专用发票",持"增值税专用发票"2、3联到大兴公司、昌安公司、达亿公司财务科结算,要求各公司出纳员根据购销合同填写"商业承兑汇票",经付款人(各购货公司)承兑后取得"商业承兑汇票"第2联,并在"商业承兑汇票"第1联的收款人盖章处盖上本公司财务专用章(由本公司出纳员盖章),在负责、经办处均签名,将"增值税专用发票"的记账联和"商业承兑汇票"第2联送交大华公司出纳员。

(56)12月27日,顺达运输公司为大华公司运输购入的材料,应收运费7 700元。以顺达运输公司的名义开具"崎峰市公路、内河货物运输统一发票",持发票联到大华公司财务科结算。

(57)12月27日,外购材料全部验收入库。据表3-12所列资料填写"材料入库验收单",将其记账联送财务科记账员。

表3-12　　　　　　　　　　　外购材料入库资料

供货单位	材料名称	数量(千克)	买价(元)	运杂费(元)	计划单价(元)
丰润公司	A-1材料	6 000	60 000	600	9.80
丰利公司	B-1材料	9 000	72 000	900	7.91
达昌公司	甲材料	15 000	60 000	1 500	4.20
	乙材料	20 000	60 000	2 000	3.06
	丙材料	12 000	60 000	1 200	4.95
	丁材料	15 000	90 000	1 500	6.04

(58)12月29日,各部门报废低值易耗品(领用时均一次摊销),本月收回残值如下:基本生产车间460元,动力车间58元,机修车间62元,行政管理部门120元。报废材料均已入库(计划价按照700元计算)。据以编制"报废低值易耗品汇总表"和"材料入库验收单",并将其送财务科记账员。

(59)12月30日,销售给达亿公司L-2商品15 000件,每件售价16元,L-3商品15 000件,每件售价17元,增值税税率17%,据以填写"增值税专用发票",将"增值税专用发票"2、3、4联送本公司出纳员。

(60)12月31日,基本生产车间生产L-1产品耗用6 800工时,生产L-2产品耗用6 900工时,生产L-3产品耗用7 000工时,生产L-4产品耗用6 886工时,据以编制"产品耗用工时汇总表",并将表送财务科记账员。

(61)12月31日,本月发出材料汇总资料如表3—13所示。

表3—13　　　　　　　　　　　　本月发出材料汇总

材料名称	数量(千克)	计划总价(元)	计划单价(元)
甲材料	25 000	4.20	105 000
乙材料	30 000	3.06	91 800
丙材料	22 000	4.95	108 900
丁材料	20 000	6.04	120 800
A-1 材料	10 000	9.80	98 000
B-1 材料	10 000	7.91	79 100
小计			603 600
其他材料			50 000

据以编制"发料凭证汇总表",并将该表送财务科记账员。

(62)12月31日,辅助生产车间本月提供劳务总量资料如表3—14所示。

表3—14　　　　　　　　　　　　本月提供劳务总量

项　目	机修车间服务量(工时)	动力车间供电量(度)
L-1 产品耗用	—	7 000
L-2 产品耗用	—	8 000
L-3 产品耗用	—	10 000
L-4 产品耗用	—	10 000
基本生产车间耗用	2 600	1 000
行政管理部门耗用	200	5 000
车间扩建工程耗用	200	9 000
动力车间耗用	60	—
机修车间耗用		900
合　计	3 060	50 900

据以编制"辅助生产情况表",并将该表送财务科记账员。

(63)12月31日,本月产品生产及入库情况如表3—15所示。

表3—15　　　　　　　　　　　　本月产品生产及入库情况

产品名称	月初在产品	本月投产	本月完工入库	月末在产品	在产品完工程度	投料方式
L-1 产品	2 715 千克	34 981 千克	35 000 千克	2 696 千克	50%	逐步投料
L-2 产品	2 126 件	23 618 件	23 000 件	2 744 件	50%	逐步投料
L-3 产品	2 260 件	22 252 件	22 000 件	2 512 件	50%	逐步投料
L-4 产品	1 560 件	13 882 件	13 000 件	2 442 件	50%	逐步投料

代基本生产车间编制"生产情况报告表",代成品仓库编制"产品入库汇总表",将填好的2张表送财务科记账员。

兴隆公司会计业务岗位实操

4.1 兴隆公司出纳会计岗位实操

4.1.1 开设有关日记账

兴隆公司 2014 年 11 月 30 日有关账户余额如下：

库存现金日记账   1 500（借）
银行存款日记账   290 000（借）

兴隆公司及往来公司相关情况如表 4—1 所示。

表 4—1   兴隆公司及往来公司相关情况

开户行：中国工商银行江泽市支行		开户行：中国工商银行崎峰市支行	
公司名称	账 号	公司名称	账 号
丰润公司	1156674356321	德源公司	823653676510
丰利公司	1156674356322	德茂公司	823653676511
众生公司	1156674356323	昌平公司	823653676512
众健公司	1156674356324	昌安公司	823653676513
宏源公司	1156674356325	大兴公司	823653676514
宏盛公司	1156674356326	大华公司	823653676515
		兴隆公司	823653676516

4.1.2 办理如下业务

凡出纳业务，在业务办理完毕后，编制记账凭证，据以登记库存现金和银行存款日记账，并将记账凭证连同所附原始凭证一并转交记账员记账。

(1)12 月 1 日，收到周全和林涛的"借款单"各 1 张，经审核无误，签发 5 000 元的"现金支票"交给两人到开户行取款，留下"借款单"和"现金支票"存根，进行账务处理。

(2)12 月 1 日，收到业务员送来的"进账单"回单及"增值税专用发票"的记账联进行账务处理。

(3)12 月 1 日，填写"信汇"凭证 3 张，分别支付应付众生公司账款 90 000 元和应付丰润公司账款200 000元；支付应付丰利公司账款90 000元。填好结算凭证后去开户银行办理相关手续，取回"信汇"凭证回单，审核无误后，进行账务处理。

(4)12月2日，填写"转账支票"1张，转出投资款200 000元，存入三峡证券营业部账户（三峡证券营业部开户行：中国工商银行江泽市支行；账号：123456786789），准备用于购买股票。到银行办理转账手续，取回回单。

(5)12月2日，填写"现金支票"1张，提取现金6 000元备用，到开户银行办理支款手续。

(6)12月2日，收到采购办事处洪波的"领款单"，经审核无误，当即支付现金3 500元，作为采购办事处的备用金（在领款单上注明"现金付讫"）。

(7)12月3日，收到"三峡证券营业部成交过户交割单"，购入股票划作交易性金融资产。

(8)12月3日，将专夹留存的10月3日签发的"商业承兑汇票"第2联取出（曾在10月3日发生销货业务时，已填写3份"商业承兑汇票"：签发日期为2014年10月3日，承兑期2个月，应收众健公司货款100 000元，应收宏盛公司货款100 000元，应收宏源公司货款100 000元），依据到期的3张"商业汇票"填写3份"委托收款"凭证后，到开户银行办理委托收款手续，取回"委托收款"凭证回单。

(9)12月5日，收到开户行转来众健公司（90 000元）、宏盛公司（120 000元）和宏源公司（120 000元）"信汇"凭证收款通知。

(10)12月5日，收到中财保险股份有限公司"机动车辆保险单"（正本）和"保费收据"第1联，经审核无误，据以填写转账支票（中财保险股份有限公司开户行：中国工商银行崎峰市支行；账号：823653676538），并到银行办理转账手续，经银行盖章，取回转账支票回单。

(11)12月6日，填写"中华人民共和国税收通用完税证"，将未缴增值税、应缴城市维护建设税、应缴个人所得税、应缴教育费附加上缴国库，具体金额见明细分类账各该账户的月初余额。税收通用完税证填写好后，到开户行办理手续，经税务机关、银行盖章后取得完税凭证联，并据以进行账务处理。

(12)12月6日，收到律师事务所的"崎峰市服务业发票"发票联，经审核无误，以现金付讫。

(13)12月7日，收到银行转来委托收款凭证的收款通知3张，系众健公司（100 000元）、宏盛公司（100 000元）和宏源公司（100 000元）应收款。

(14)12月7日，收到银行转来委托收款凭证的付款通知3张，系应付丰润公司、丰利公司和众生公司的商业汇票到期款。

(15)12月8日，收到崎峰市电视台的"崎峰市服务业发票"发票联，经审核无误，据以填写转账支票（崎峰市电视台开户行：中国工商银行崎峰市支行；账号：823653676658），付广告费，并到银行办理转账手续，经银行盖章，取回转账支票回单。

(16)12月8日，兴隆公司委托债券发行公司发行5年期债券，按面值的10%溢价发行。现债券公司已发行债券面值500 000元，实收金额550 000元，款项今日全部交来，当即送存银行。据以填写"收据"及"进账单"，到银行办理手续后据"收据"记账联及"进账单"回单进行账务处理。

(17)12月9日，收到债券公司的"崎峰市服务业发票"发票联，经审核无误，据以填写转账支票（债券公司开户行：中国工商银行崎峰市支行；账号：823653677788），付手续费，并到银行办理转账手续，经银行盖章，取回转账支票回单。

(18)12月10日,收到职工周源的"费用报销领款单",经审核无误,以现金付讫。

(19)12月10日,收到房地产管理所的"崎峰市服务业发票"发票联,经审核无误,以现金付讫。

(20)12月10日,收到崎峰市汽车运输公司的"崎峰市公路、内河货物运输统一发票"发票联,经审核无误,据以填写转账支票(崎峰市汽车运输公司开户行:中国工商银行崎峰市支行;账号:823653675588),付运费,并到银行办理转账手续,经银行盖章,取回转账支票回单。

(21)12月10日,收到保险公司的"保险公司失业保险金收据",经审核无误,以现金支票付讫。

(22)12月10日,签发"现金支票",到银行办理取款手续,提回现金5 000元备用。根据"现金支票"存根作账务处理。

(23)12月10日,收到王致等3人的"费用报销领款单",经审核无误,以现金付讫。

(24)12月10日,收到司法局的"崎峰市行政事业单位收款票据",经审核无误,据以填写转账支票(司法局开户行:中国工商银行崎峰市支行;账号:823653671688),付诉讼费,并到银行办理转账手续,经银行盖章,取回转账支票回单。

(25)12月10日,收到各零售部送存银行销货款的"进账单"回单。

(26)12月11号,收到商品采购供应站的"崎峰市服务业发票",经审核无误,以现金付讫。

(27)12月11日,收到大楼承建单位韩国韩的"崎峰市建筑安装业统一发票",经审核无误,签发"现金支票",叫其到银行取款。

(28)12月12日,收到证券公司的"收据",经审核无误,据以填写转账支票(证券公司开户行:中国工商银行崎峰市支行;账号:823654211698),付债券及手续费,并到银行办理转账手续,经银行盖章,取回转账支票回单。

(29)12月13日,收到"工资表",根据实发工资总额签发"现金支票",从银行提取现金,当即发放完毕。

(30)12月13日,收到周全、林涛的"旅差费报销单"(所附单据略),经审核无误,分别开出"收据",林涛多余款未交,补付周全现金120元。

(31)12月14日,收到业务科"管理费用支出汇总表"(所附单据49张略),经审核无误,以现金付讫。

(32)12月14日,收到崎峰市商学院的"收据",经审核无误,开出"现金支票"付讫。

(33)12月15日,收到银行转来"委托收款凭证"的付款通知3张及"增值税专用发票"的发票联和抵扣联。系付丰润公司、丰利公司、众生公司货款。

(34)12月15日,收到职工食堂购买炊具发票,经审核无误,以现金付讫。

(35)12月16日,收到"市税务局印花税票发售统一发票",经审核无误,以现金付讫。

(36)12月16日,收到保险公司收取员工养老保险金的"收据",经审核无误,据以填写转账支票(保险公司开户行:中国工商银行崎峰市支行;账号:8236534217238),付保险金,并到银行办理转账手续,经银行盖章,取回转账支票回单。

(37)12月17日,根据"综合奖金结算汇总表"(实际还应有按人头的奖金发放表,此处略),签发"现金支票"提回现金,当即发放完毕。

(38)12月18日,收到业务员送来的大华公司转账支票的收账通知联及本公司的固定资产销售的"崎峰市商业普通发票"的会计记账联,经审核无误,进行账务处理。

(39)12月19日,收到兴盛公司出售设备的"崎峰市服务业普通发票"发票联,及本公司业务员送来的"固定资产验收单",经审核无误,据以填写"转账支票"付设备款,并到银行办理转账手续,经银行盖章,取回转账支票回单。

(40)12月19日,收到采购办事处的"业务招待费汇总表"及所附20单据(单据略),经审核无误,签发"现金支票"补足其备用金。

(41)12月19日,收到张勇报销"领款单",经审核无误,以现金付讫。

(42)12月19日,收到业务员送来的仓库租金收入"进账单"回单及"崎峰市服务业发票"记账联。

(43)12月20日,收到业务员送来的"为民五金公司发票"和"物品领用单",经审核无误,以现金付讫。

(44)12月20日,收到大兴公司的"崎峰市商业普通发票"发票联,审核无误后,签发"转账支票",支付技术转让费。到银行办理转账手续,经银行盖章后,拿回转账支票回单。

(45)12月21日,收到购买书籍的"崎峰市文化教育、体育业发票"发票联,经审核无误,以现金付讫。

(46)12月21日,收到业务员送来的大华公司"转账支票"的收账通知联及本公司收取技术转让收入的"崎峰市商业普通发票"记账联。

(47)12月21日,收到汽车修配厂的"崎峰市商业普通发票"发票联,经审核无误,以现金付讫。

(48)12月23日,收到自来水厂发票,审核无误后填写"转账支票"支付水费,到银行办理转账手续,经银行盖章后,拿回转账支票回单(自来水厂开户行:中国工商银行崎峰市支行;账号:8652355217658)。

(49)12月23日,收到采购办事处的"管理费用支出汇总表"及所附35张单据(单据略),经审核无误后,开出"收据"冲销其备用金,将收据第2联交报账人。

(50)12月24日,收到电力局的"增值税专用发票"发票联,审核无误后,填写"转账支票"支付电费,到银行办理转账手续,经银行盖章后,拿回转账支票回单(电力局开户行:中国工商银行崎峰市支行;账号:8652355217666)。

同时,根据耗用量分配本月电费。耗用量资料如下:大楼建设工程17 000度,其他应收款(代扣职工水电费)9 500度,公司管理部门11 500度,据以编制"外购动力费分配表"。

根据电力局的发票联、"转账支票"存根和"外购动力费分配表"进行账务处理。

(51)12月24日,收到新世纪商厦的"崎峰市服务业发票"发票联,经审核无误,以现金付讫。

(52)12月24日,为购进口设备,向开户行买入5 000美元,以中国人民银行公布的人民币汇率中间价作为即期汇率,当日的即期汇率为1美元=7.72元人民币,银行当日美元卖出价为1美元=8.10元人民币。签发"转账支票"支付人民币,填写"进账单"购入美元。到银行办理相关手续,根据"转账支票"存根和"进账单"作账务处理。

(53)12月25日,签发"现金支票",到银行办理取款手续,提回现金6 500元备用。根据"现金支票"存根作账务处理。

(54)12月25日,收到物价检查所"罚款没收专用收据",以现金支付罚款。

(55)12月25日,收到养路费征收站的"交通车辆养路费收据",经审核无误,以现金付讫

(货车的养路费为700元,小车的养路费为400元)。

(56)12月26日,收到"副食品商店销售发票"发票联,经审核无误,以现金付讫。

(57)12月26日,收到通达搬运公司的"崎峰市交通运输业发票"发票联,经审核无误,以现金付讫。

(58)12月26日,收到业务员送来的"固定资产验收单"及购买进口设备的"商业发票",经审核无误后,填写"信汇"凭证,到银行办理美元汇兑手续,取回"信汇"回单。当日的即期汇率为1美元=7.85元人民币。

(59)12月26日,收到周全的"借款单",经审核无误,以现金付讫。

(60)12月27日,收到业务员送来的"专利申报表"和专利局的"崎峰市行政事业单位收款收据"发票联,审核无误后填写"转账支票"支付专利注册登记费,到银行办理转账手续,经银行盖章后,拿回"转账支票"回单(专利局开户行:中国工商银行崎峰市支行;账号:865235527898)。

(61)12月27日,收到本公司业务员送来销售商品给众健公司、宏源公司和宏盛公司的6张"增值税专用发票"记账联和3张商业承兑汇票。

(62)12月27日,收到丰润公司、丰利公司、众生公司业务员送来的"增值税专用发票"2、3联,经审核无误后分别填写为期2个月的"商业承兑汇票"3份,其中第1联经各收款人盖章并签名后收回,在第2联的付款人盖章处盖上财务专用章,在负责经办处签名,填好后将第2联分别交丰润公司、丰利公司、众生公司业务员。

同时,收到通达运输公司的"崎峰市公路、内河货物运输统一发票"发票联,经审核无误后,填写"转账支票"支付运费,到银行办理转账手续,经银行盖章后,拿回"转账支票"回单(通达运输公司开户行:中国工商银行崎峰市支行;账号:865235367898)。

根据"增值税专用发票"发票联、"商业汇票"留存联、"转账支票"存根联、"崎峰市公路、内河货物运输统一发票"发票联作账务处理。

(63)12月29日,收到各零售部送存银行销货款的"进账单"回单。

(64)12月30日,收到工会的"收据"第2联,经审核无误,签发"现金支票"付讫,根据"现金支票"存根作账务处理。

(65)12月30日,收到职工食堂的"收据"第2联,经审核无误,签发"现金支票"付讫,根据"现金支票"存根作账务处理。

(66)12月30日,收到业务员送来的"增值税专用发票"2、3、4联,合同规定销货款采用委托收款结算方式,经审核无误后,据以填写"委托收款凭证",持"委托收款凭证"和"增值税专用发票"2、3联到银行办理托收手续,经银行盖章后,将退回的"委托收款凭证"回单与"增值税专用发票"记账联一并作账务处理。

(67)12月31日,到开户行拿回贷款计息凭证,进行账务处理(已预计应付利息15 000元)。

(68)12月31日,到开户行拿回存款计息凭证,进行账务处理。

(69)12月31日,将账面价值为100 000元的"交易性金融资产——基金"全部出售,实得现金105 000元。填写"内部转账单"和"进账单",将现金送存银行(全为百元券)。

(70)12月31日的即期汇率为1美元=8.05元人民币,调整当期产生的汇兑差额。

4.2　兴隆公司记账会计岗位实操

4.2.1　开设有关账户

兴隆公司2014年11月30日明细账期末资料如下：

其他货币资金——外埠存款	13 000（借）
交易性金融资产——股票（成本）	120 000（借）
交易性金融资产——债券（成本）	110 000（借）
交易性金融资产——基金（成本）	100 000（借）
应收票据——众健公司	100 000（借）
应收票据——宏盛公司	100 000（借）
应收票据——宏源公司	100 000（借）
应收账款——众健公司	90 000（借）
应收账款——宏盛公司	120 000（借）
应收账款——宏源公司	120 000（借）
坏账准备	1 320（贷）
其他应收款——采购办事处	20 000（借）
其他应收款——代扣水电费	8 000（借）
在途材料——丰润公司	20 000（借）
周转材料——低值易耗品——在用	40 000（借）
周转材料——低值易耗品——在库	30 000（借）
周转材料——低值易耗品——摊销	20 000（贷）
库存商品——A类商品	146 700（借）
库存商品——B类商品	153 000（借）
库存商品——C类商品	150 400（借）
库存商品——D类商品	147 900（借）
库存商品——E类商品	149 200（借）
库存商品——F类商品	155 800（借）
库存商品——G类商品	152 600（借）
库存商品——H类商品	157 700（借）
库存商品——I类商品	158 600（借）
库存商品——J类商品	165 300（借）
库存商品——K类商品	149 400（借）
库存商品——L类商品	155 100（借）
库存商品——M类商品	1 290 000（借）
库存商品——一零售部	600 000（借）
库存商品——二零售部	650 000（借）
库存商品——三零售部	600 000（借）

商品进销差价——一零售部	180 000（贷）
商品进销差价——二零售部	195 000（贷）
商品进销差价——三零售部	180 000（贷）
长期股权投资——股票投资（丰利公司）	200 000（借）
持有至到期投资——成本	100 000（借）
持有至到期投资——利息调整	6 000（借）
持有至到期投资——应计利息	10 000（借）
固定资产——经营用固定资产	1 350 000（借）
固定资产——非经营用固定资产	500 000（借）
固定资产——不需用固定资产	160 000（借）
固定资产——出租固定资产	150 000（借）
累计折旧	580 000（贷）
工程物资——专用材料	500 000（借）
在建工程——大楼建设工程	600 000（借）
固定资产清理——报废	10 000（借）
无形资产——专利权	172 000（借）
研发支出——资本化支出	28 000（借）
长期待摊费用——仓库大修费用	64 000（借）
待处理财产损溢——待处理流动资产损溢	15 000（借）
短期借款——经营周转借款	1 600 000（贷）
应付票据——丰润公司	160 000（贷）
应付票据——丰利公司	100 000（贷）
应付票据——众生公司	100 000（贷）
应付账款——丰润公司	200 000（贷）
应付账款——丰利公司	90 000（贷）
应付账款——众生公司	90 000（贷）
应付职工薪酬——职工教育经费	4 000（贷）
应付职工薪酬——职工福利	3 200（贷）
应付职工薪酬——社会保险费	9 000（贷）
应交税费——未交增值税	30 000（贷）
应交税费——应交所得税	20 000（借）
应交税费——应交城市维护建设税	2 500（贷）
应交税费——应交个人所得税	2 000（贷）
应交税费——应交教育费附加	1 000（贷）
应付利息	25 000（贷）
长期借款——基建借款	1 000 000（贷）
长期应付款——应付设备款	110 000（贷）
应付债券——面值	500 000（贷）
应付债券——利息调整	10 000（贷）

应付债券——应计利息	20 000（贷）
实收资本——国家投资	2 076 180（贷）
实收资本——达昌公司	100 000（贷）
实收资本——其他	1 500 000（贷）
资本公积——资本溢价	260 000（贷）
资本公积——其他	100 000（贷）
盈余公积——法定盈余公积	700 000（贷）
利润分配——未分配利润	60 000（贷）
本年利润	240 000（贷）

库存商品明细账 2014 年 11 月 30 日期末资料如表 4－2 所示。

表 4－2　　　　期末资料库存商品明细（截至 2014 年 11 月 30 日）

类别	品名	数量	单位成本(元)	金额(元)
A 类商品	A-1 商品	2 500 千克	0	25 000
	A-2 商品	2 000 件	24	48 000
	A-3 商品	1 300 件	29	37 700
	A-4 商品	1 000 件	36	36 000
B 类商品	B-1 商品	4 000 千克	8	32 000
	B-2 商品	2 000 件	22	44 000
	B-3 商品	1 400 件	26	36 400
	B-4 商品	1 400 件	29	40 600
C 类商品	C-1 商品	2 000 千克	15	30 000
	C-2 商品	1 800 件	23	41 400
	C-3 商品	1 700 件	22	37 400
	C-4 商品	1 600 件	26	41 600
D 类商品	D-1 商品	3 000 千克	10	30 000
	D-2 商品	1 800 件	23	41 400
	D-3 商品	1 500 件	24	36 000
	D-4 商品	1 500 件	27	40 500
E 类商品	E-1 商品	3 000 千克	12	36 000
	E-2 商品	1 600 件	22	35 200
	E-3 商品	1 500 件	23	34 500
	E-4 商品	1 500 件	29	43 500

续表

类别	品名	数量	单位成本(元)	金额(元)
F类商品	F-1 商品	3 000 千克	13	39 000
	F-2 商品	2 500 件	16	40 000
	F-3 商品	2 300 件	17	39 100
	F-4 商品	1 300 件	29	37 700
G类商品	G-1 商品	4 000 千克	10	40 000
	G-2 商品	1 500 件	24	36 000
	G-3 商品	1 400 件	29	40 600
	G-4 商品	1 000 件	36	36 000
H类商品	H-1 商品	3 500 千克	11	38 500
	H-2 商品	1 800 件	22	39 600
	H-3 商品	1 500 件	26	39 000
	H-4 商品	1 400 件	29	40 600
I类商品	I-1 商品	3 000 千克	12	36 000
	I-2 商品	1 800 件	23	41 400
	I-3 商品	1 800 件	22	39 600
	I-4 商品	1 600 件	26	41 600
J类商品	J-1 商品	4 000 千克	13	52 000
	J-2 商品	1 600 件	23	36 800
	J-3 商品	1 500 件	24	36 000
	J-4 商品	1 500 件	27	40 500
K类商品	K-1 商品	2 000 千克	14	28 000
	K-2 商品	2 000 件	22	44 000
	K-3 商品	1 600 件	23	36 800
	K-4 商品	1 400 件	29	40 600
L类商品	L-1 商品	4 000 千克	10	40 000
	L-2 商品	2 500 件	16	40 000
	L-3 商品	2 200 件	17	37 400
	L-4 商品	1 300 件	29	37 700
M类商品	甲商品	120 000 千克	2.4	288 000
	乙商品	120 000 千克	1.8	216 000
	丙商品	130 000 千克	3.0	390 000
	丁商品	110 000 千克	3.6	396 000

4.2.2 开设明细账

按下列要求开设明细账：

（1）下列账户使用三栏式账页（有期初余额的账户结转期初余额，没有期初余额的账户设户后待记发生额）：

其他货币资金——外埠存款
其他货币资金——存出投资款
交易性金融资产——股票（成本）
交易性金融资产——股票（公允价值变动）
交易性金融资产——债券（成本）
交易性金融资产——基金（成本）
应收票据——众健公司
应收票据——宏盛公司
应收票据——宏源公司
应收账款——众健公司
应收账款——宏盛公司
应收账款——宏源公司
预付账款——中财保险公司
坏账准备
其他应收款——采购办事处
其他应收款——周全
其他应收款——林涛
其他应收款——代扣水电费
在途物资——丰润公司
在途物资——丰利公司
在途物资——众生公司
周转材料——低值易耗品——在用
周转材料——低值易耗品——在库
周转材料——低值易耗品——摊销
库存商品——A类商品
库存商品——B类商品
库存商品——C类商品
库存商品——D类商品
库存商品——E类商品
库存商品——F类商品
库存商品——G类商品
库存商品——H类商品
库存商品——I类商品
库存商品——J类商品

库存商品——K类商品
库存商品——L类商品
库存商品——M类商品
库存商品——一零售部
库存商品——二零售部
库存商品——三零售部
商品进销差价——一零售部
商品进销差价——二零售部
商品进销差价——三零售部
长期股权投资——股票投资（丰利公司）
持有至到期投资——成本
持有至到期投资——利息调整
持有至到期投资——应计利息
固定资产——经营用固定资产
固定资产——非经营用固定资产
固定资产——不需用固定资产
固定资产——出租固定资产
累计折旧
工程物资——专用材料
工程物资——专用设备
在建工程——大楼建设工程
固定资产清理——报废
固定资产清理——出售不需用固定资产
无形资产——专利权
研发支出——资本化支出
累计摊销
长期待摊费用——仓库大修费用
待处理财产损溢——待处理流动资产损溢
递延所得税资产
短期借款——经营周转借款
应付票据——丰润公司
应付票据——丰利公司
应付票据——众生公司
应付账款——丰润公司
应付账款——丰利公司
应付账款——众生公司
应付职工薪酬——工资
应付职工薪酬——职工福利
应付职工薪酬——社会保险费

应付职工薪酬——住房公积金
应付职工薪酬——工会经费
应付职工薪酬——职工教育经费
应付职工薪酬——非货币性福利
应交税费——未交增值税
应交税费——应交营业税
应交税费——应交所得税
应交税费——应交城市维护建设税
应交税费——应交个人所得税
应交税费——应交教育费附加
应交税费——应交房产税
应付利息
应付股利
长期借款——基建借款
长期应付款——应付设备款
应付债券——面值
应付债券——利息调整
应付债券——应计利息
递延所得税负债
实收资本——国家投资
实收资本——达昌公司
实收资本——其他
资本公积——资本溢价
资本公积——其他
盈余公积——法定盈余公积
利润分配——提取法定盈余公积
利润分配——应付现金股利
利润分配——未分配利润
本年利润
主营业务收入——A类商品
主营业务收入——B类商品
主营业务收入——C类商品
主营业务收入——D类商品
主营业务收入——E类商品
主营业务收入——F类商品
主营业务收入——G类商品
主营业务收入——H类商品
主营业务收入——I类商品
主营业务收入——J类商品

主营业务收入——K类商品
主营业务收入——L类商品
主营业务收入——M类商品
主营业务收入——一零售部
主营业务收入——二零售部
主营业务收入——三零售部
其他业务收入
投资收益
公允价值变动损益
营业外收入
主营业务成本——A类商品
主营业务成本——B类商品
主营业务成本——C类商品
主营业务成本——D类商品
主营业务成本——E类商品
主营业务成本——F类商品
主营业务成本——G类商品
主营业务成本——H类商品
主营业务成本——I类商品
主营业务成本——J类商品
主营业务成本——K类商品
主营业务成本——L类商品
主营业务成本——M类商品
主营业务成本——一零售部
主营业务成本——二零售部
主营业务成本——三零售部
营业税金及附加
其他业务成本
资产减值损失
营业外支出
所得税费用

(2)下列账户使用多栏式账页(有期初余额的账户结转期初余额,没有期初余额的账户设户后待记发生额):

应交税费——应交增值税
销售费用
财务费用
管理费用

(3)下列账户使用数量金额式账页(有期初余额的账户结转期初余额,没有期初余额的账户设户后待记发生额):

库存商品——A-1 商品
库存商品——A-2 商品
库存商品——A-3 商品
库存商品——A-4 商品
库存商品——B-1 商品
库存商品——B-2 商品
库存商品——B-3 商品
库存商品——B-4 商品
库存商品——C-1 商品
库存商品——C-2 商品
库存商品——C-3 商品
库存商品——C-4 商品
库存商品——D-1 商品
库存商品——D-2 商品
库存商品——D-3 商品
库存商品——D-4 商品
库存商品——E-1 商品
库存商品——E-2 商品
库存商品——E-3 商品
库存商品——E-4 商品
库存商品——F-1 商品
库存商品——F-2 商品
库存商品——F-3 商品
库存商品——F-4 商品
库存商品——G-1 商品
库存商品——G-2 商品
库存商品——G-3 商品
库存商品——G-4 商品
库存商品——H-1 商品
库存商品——H-2 商品
库存商品——H-3 商品
库存商品——H-4 商品
库存商品——I-1 商品
库存商品——I-2 商品
库存商品——I-3 商品
库存商品——I-4 商品
库存商品——J-1 商品
库存商品——J-2 商品
库存商品——J-3 商品

库存商品——J-4商品
库存商品——K-1商品
库存商品——K-2商品
库存商品——K-3商品
库存商品——K-4商品
库存商品——L-1商品
库存商品——L-2商品
库存商品——L-3商品
库存商品——L-4商品
库存商品——甲商品
库存商品——乙商品
库存商品——丙商品
库存商品——丁商品

4.2.3 办理记账业务

(1)12月4日,收到业务员送来的"验收单",按买价进行账务处理。

(2)12月9日,收到"固定资产折旧计算表",经审核无误,进行账务处理。

(3)12月9日,收到业务员交来本公司换出商品的"增值税专用发票"记账联,换入商品的"增值税专用发票"抵扣联与发票联及"验收单"会计记账联,经审核无误,进行非货币性交易的账务处理。

(4)12月10日,收到业务员送来的"商品内部调拨单",经审核无误,进行账务处理。

(5)12月12日,收到韩风、夏雨的"物品领用单",经审核无误,进行账务处理。

(6)12月13日,收到一零售部"商品调价单",进行账务处理。

(7)12月17日,收到业务员送来的"验收单",按买价进行账务处理。

(8)12月18日,收到固定资产报废单,经审核无误,进行账务处理。

(9)12月18日,收到业务员送来的"内部转账单",经审核无误,进行账务处理。

(10)12月20日,收到业务员送来的材料入库验收单,经审核无误,进行账务处理。

(11)12月20日,报废固定资产清理完毕,根据"固定资产清理——报废清理"账户余额编制"内部转账单",结转清理损益。

(12)12月27日,收到业务员送来的验收单,进行账务处理。

(13)12月28日,本月应摊销专利权36 000元,应摊销仓库大修费25 000元,据以编制"无形资产、长期待摊费用分摊表",经审核无误,进行账务处理。

(14)12月28日,收到业务员送来的"商品内部调拨单",经审核无误,进行账务处理。

(15)12月29日,收到"低值易耗品报废单",经审核无误,进行账务处理。

(16)12月31日,根据本月"工资表"与"综合奖金结算汇总表"编制"应付职工薪酬分配表",经审核无误,进行账务处理。

(17)12月31日,公司经理批示:批发仓库短少的商品15 000元,挂账已久,查不清原因,同意报损。据以编制"内部转账单",进行账务处理。

(18)12月31日,收到一、二、三零售部的"商品溢余短缺报告单",进行账务处理。

(19)12月31日,"交易性金融资产——股票"的公允价值为220 000元,依据"交易性金融资产——股票——成本"及"交易性金融资产——股票——公允价值变动"明细账户资料计算本期公允价值变动金额,据以填制"内部转账单",经审核无误,进行账务处理。

(20)12月31日,按应收款项百分比法计提坏账准备,提取比例为3‰,依据"应收账款"、"其他应收款"、"预付账款"及"坏账准备"明细账资料分析计算本期应计提的坏账准备金,据以编制"内部转账单",经审核无误,进行账务处理。

(21)12月31日,根据本月商品销售数量及"库存商品"明细账,采用先进先出法计算批发业务的已销商品进价成本,根据计算结果编制"商品销售成本计算单",并作结转产品销售成本账务处理。

(22)12月31日,分部计算零售业务的已销商品应分摊的进销差价,根据计算结果编制"商品进销差价计算表",进行账务处理(进销差价率精确到小数点后四位)。

(23)12月31日,依据"应交税费——应交增值税"明细账资料分析填写"增值税纳税申报表",计算出未缴增值税额,经审核无误,进行账务处理。

(24)12月31日,依据"其他业务收入"和"固定资产"明细账及"增值税纳税申报表"资料,计算应缴营业税、应缴房产税、应缴城市维护建设税、应缴教育费附加,编制"地方税收综合纳税(费)申报表",经审核无误,进行账务处理。

(25)12月31日,依据"持有至到期投资"明细账期初资料计算本年利息收入,并进行利息调整(按票面利率10%、实际利率9%计算),据以填制"内部转账单",经审核无误,进行账务处理(本月发生数,暂不计算利息)。

(26)12月31日,依据"应付债券"明细账期初资料计算本年利息费用,并进行利息调整,按票面利率9%、实际利率8%计算(为大楼建设工程而发行债券),据以填制"内部转账单",经审核无误,进行账务处理(本月发生数,暂不计算利息)。

(27)12月31日,结平"待处理财产损溢"账户。

(28)12月31日,将损益类账户的本月净发生额结转"本年利润"账户。

(29)12月31日,编制"利润表"初稿,据以编制"暂时性差异计算表"、"所得税纳税申报表"(所得税税率为33%),经审核无误,进行账务处理。

(30)12月31日,将"所得税费用"账户发生额转入"本年利润"账户。

(31)12月31日,进行利润分配。法定盈余公积按净利润("本年利润"账户年末余额)的10%分配,应付现金股利按"未分配利润"明细账期初余额加上本年净利润减去本年提取的法定盈余公积后的30%分配。

(32)12月31日,将"本年利润"、"利润分配——提取盈余公积"、"利润分配——应付现金股利"账户余额转入"利润分配——未分配利润"账户。

4.3 兴隆公司财务科长岗位实操

4.3.1 开设总账

根据下列资料开设总账账户,每个账户占1页。兴隆公司2014年11月30日总账期末资料如下:

库存现金	1 500(借)
银行存款	290 000(借)
其他货币资金	13 000(借)
交易性金融资产	330 000(借)
应收票据	300 000(借)
应收账款	330 000(借)
预付账款	
坏账准备	1 320(贷)
其他应收款	28 000(借)
在途物资	20 000(借)
周转材料	50 000(借)
库存商品	4 981 700(借)
商品进销差价	555 000(贷)
长期股权投资	200 000(借)
持有至到期投资	116 000(借)
固定资产	2 160 000(借)
累计折旧	580 000(贷)
工程物资	500 000(借)
在建工程	600 000(借)
固定资产清理	10 000(借)
无形资产	172 000(借)
研发支出	28 000(借)
累计摊销	
长期待摊费用	64 000(借)
待处理财产损溢	15 000(借)
递延所得税资产	
短期借款	1 600 000(贷)
应付票据	360 000(贷)
应付账款	380 000(贷)
应付职工薪酬	16 200(贷)
其他应付款	
应交税费	15 500(贷)
应付利息	25 000(贷)
应付股利	
长期借款	1 000 000(贷)
长期应付款	110 000(贷)
应付债券	530 000(贷)
递延所得税负债	

实收资本	3 676 180(贷)
资本公积	360 000(贷)
盈余公积	700 000(贷)
利润分配	60 000(贷)
本年利润	240 000(贷)
主营业务收入	
其他业务收入	
投资收益	
公允价值变动损益	
营业外收入	
主营业务成本	
营业税金及附加	
其他业务成本	
销售费用	
管理费用	
财务费用	
资产减值损失	
营业外支出	
所得税费用	

4.3.2　处理日常总账业务

日常总账业务如下：

(1)复核上旬会计凭证，根据审核无误的上旬记账凭证编制记账凭证汇总表，并据以登记总账，结出账户余额。与出纳员所经管的日记账核对，如有不符，查明原因，予以更正；与记账员所经管的明细账进行核对，如有不符，查明原因，予以更正。

(2)复核中旬会计凭证，根据审核无误的中旬记账凭证编制记账凭证汇总表，并据以登记总账，结出账户余额。与出纳员所经管的日记账核对，如有不符，查明原因，予以更正；与记账员所经管的明细账进行核对，如有不符，查明原因，予以更正。

(3)复核下旬会计凭证，根据审核无误的下旬记账凭证编制记账凭证汇总表，并据以登记总账，结出账户余额。与出纳员所经管的日记账核对，如有不符，查明原因，予以更正；与记账员所经管的明细账进行核对，如有不符，查明原因，予以更正。

(4)编制总账账户余额试算平衡表。

(5)办理年结。

4.3.3　编制会计报表

编制如下会计报表：

(1)编制资产负债表，以12月份月初数作为年初数。

(2)编制利润表，以12月份损益作为全年损益。

(3)编制现金流量表，以12月份月初数作为年初数，以12月份现金流量作为全年现金流量。

4.4 兴隆公司业务员岗位实操

按要求填制和传递 2014 年 12 月份凭证：

(1)12 月 1 日，周全因要去北京出差需借支 2 000 元，林涛因要去大连出差需借 3 000 元，分别以周全和林涛的名义填写"借款单"各 1 张，经理万友明在借款单上签字：同意借支。持单以周全和林涛的名义向财务科出纳员借款，并将出纳员开出的现金支票送到开户银行提取现金。

(2)12 月 1 日，销售商品一批，资料如表 4—3 所示。

表 4—3　　　　　　　　　　　销售商品资料

购货单位	品名	数量	单价(元)	购货单位	品名	数量	单价(元)
AA 公司	A-1 商品	1 500 千克	13	I 公司	G-1 商品	2 000 千克	13
	A-2 商品	1 200 件	31		G-2 商品	1 000 件	31
	A-3 商品	1 000 件	37		G-3 商品	1 000 件	38
AB 公司	A-4 商品	700 件	46	AJ 公司	G-4 商品	600 件	46
	B-1 商品	2 000 千克	10		H-1 商品	2 000 千克	14
	B-2 商品	1 000 件	28		H-2 商品	1 000 件	28
AC 公司	B-3 商品	1 000 件	33	AK 公司	H-3 商品	1 000 件	34
	B-4 商品	1 000 件	38		H-4 商品	1 000 件	38
	C-1 商品	1000 千克	20		I-1 商品	2 000 千克	15
AD 公司	C-2 商品	1 000 件	30	AM 公司	I-2 商品	1 000 件	30
	C-3 商品	1 000 件	28		I-3 商品	1 000 件	28
	C-4 商品	1 000 件	34		I-4 商品	1 000 件	34
AE 公司	D-1 商品	2 000 千克	13	AL 公司	J-1 商品	2 000 千克	17
	D-2 商品	1 000 件	30		J-2 商品	1 000 件	30
	D-3 商品	1 000 件	31		J-3 商品	1 000 件	31
AF 公司	D-4 商品	1 000 件	35	AN 公司	J-4 商品	1 000 件	35
	E-1 商品	2 000 千克	15		K-1 商品	1 000 件	17
	E-2 商品	1 000 件	28		K-2 商品	1 000 件	28
AG 公司	E-3 商品	1 000 件	30	AO 公司	K-3 商品	1 000 件	30
	E-4 商品	1 000 件	38		K-4 商品	1 000 件	38
	F-1 商品	2 000 千克	17		L-1 商品	2 000 千克	13
AH 公司	F-2 商品	1 500 件	21	AP 公司	L-2 商品	1 500 件	21
	F-3 商品	1 500 件	22		L-3 商品	1 200 件	22
	F-4 商品	1 000 件	38		L-4 商品	1 000 千克	38

增值税税率17%,价税款均已收讫。据以填写"增值税专用发票",款项全部存入银行,填写"进账单",送银行办理进账手续后取回"进账单"回单。将"进账单"回单连同"增值税专用发票"的记账联送财务科记账员(开户行:中国工商银行崎峰市支行;账号:823653676516)。

(3)12月2日,以采购办事处洪波的名义填写"领款单",领款金额3 500元,领款单填好后到财务科找出纳员领款,作为采购办事处的备用金。

(4)12月3日,以三峡证券营业部的名义填写"三峡证券营业部成交过户交割单"1张,内容如下:本交割单系兴隆公司购买股票,成交编号为12688,股东账户为33665895,股东名称为兴隆公司,申请编号为585,公司代码N251,申报时间为105055(即10点50分55秒),成交时间为105125,实收金额为133 645元,资金余额为66 355元;证券名称为635278,成交数量15 000股,成交价格8.85元,佣金420元,印花税460元,附加费15元。填好后送财务科出纳员。

(5)12月4日,向丰润公司购进的A-1商品2 000千克,每千克买价10元,商品全部验收入库,据以填写"验收单",将其会计记账联送账务科记账员。

(6)12月5日,以中财保险股份有限公司的名义填写"机动车辆保险单"和"保费收据"各1张,填写内容如下:被保险人为兴隆公司;投保险种为车辆损失险、第三责任险、盗抢险、玻璃险、他人恶意险等;车辆型号为丰田(普);发动机号为625538;牌号为A-36579;非营业用车;座位为5座;保险价值35万元,保险金额35万元;基本保费250元;车辆损失险费率0.8%;第三责任险最高赔偿限额为25万元;第三责任险保费为2 100元;盗抢险保费据表计算;玻璃险保费为50元;他人恶意险保费为100元;保险期限自2014年12月5日0时起至2017年12月5日24时止。地址:十字街58号;电话:8666789;邮政编码:456000;总经理:刘峰。填好后将"机动车辆保险单"正本和"保费收据"发票联送本公司记账员。

(7)12月6日,以崎峰市第一律师事务所王宏的名义填写"崎峰市服务业发票",收取本公司本月律师顾问费用1 300元,持发票联找本公司出纳员收款。

(8)12月8日,崎峰市电视台收取本公司广告费25 000元,代电视台填写"崎峰市服务业发票",持其发票联找兴隆公司出纳员收款。

(9)12月9日,债券公司应向兴隆公司收取债券印刷费及手续费5 000元,代填写"崎峰市服务业发票",并持其第2联到兴隆财务科结算。

(10)12月9日,根据下述资料编制"固定资产折旧表"(采用平均年限法),编制完成后将其送交本公司记账员。

11月30日,固定资产资料如表4-4所示。

表4-4　　　　　　　　固定资产资料(截至2014年11月30日)

部　门	固定资产类型	固定资产原值(元)	预计净残值(元)	预计使用年限
经营部门	房屋	500 000	25 000	40
	专用电子设备	150 000	32 500	10
	其他专用设备	350 000	17 500	20
管理部门	房屋	500 000	25 000	40
	不需用设备	160 000	20 000	10
出租	仓库	150 000	10 000	10

(11)12月9日,兴隆公司分别与德源、德茂、昌平公司进行非货币交易,交易内容如下:

兴隆公司向德源公司销售甲商品10 000千克,每千克售价4.08元;向德源公司购进G-2商品1 700件,每件进价24元;向德茂公司销售乙商品10 000千克,每千克售价3.03元;向德茂公司购进H-3商品1212件,每件进价25元;向昌平公司销售丙商品10 000千克,每千克售价5.05元,向昌平公司购进I-3商品2 525件,每件进价20元。增值税税率均为17%,据以填写销售商品的"增值税专用发票"和购进商品的"验收单"(保管员:兰领),填好后先持销售商品的"增值税专用发票"2、3联到德源、德茂、昌平公司业务处换取购进商品的增值税专用发票的2、3联;后将销售商品的"增值税专用发票"记账联和购进商品的"增值税专用发票"2、3联及"验收单"一并送交本公司记账员。

(12)12月10日,以公司职工周源的名义填写"费用报销领款单",到财务科领取独生子女费160元。

(13)12月10日,代房地产管理所开具"崎峰市服务业发票",应收取兴隆公司办公用房租金1 200元。制单人:张选。持发票联到兴隆公司财务科结算。

(14)12月10日,以崎峰市汽车队的名义开具"崎峰市公路、内河货物运输统一发票",应收取兴隆公司销货运费12 000元。制单人:王平。持发票联到兴隆公司财务科结算。

(15)12月10日,兴隆公司向保险公司交缴职工失业保险金1 500元(保险公司开户行:中国工商银行崎峰市支行;账号:8236534788),以保险公司的名义开具"保险公司失业保险金收据",持发票联到本公司财务科结算。

(16)12月10日,业务科王致用、余新国、周候3人领取本年度烤火费,每人100元,经理周志国签字:同意付款。代填写"费用报销领款单",到财务科出纳处领款。

(17)12月10日,代司法局开具"崎峰市行政事业单位收款票据",应收取兴隆公司公证费用1 200元。收款人:游咏。持发票联到兴隆公司财务科结算。

(18)12月10日,从批发仓库调给各零售部商品如表4-5所示。

表4-5　　　　　　　　　　批发仓库调给各零售部商品明细

调入部门	商品名称	数量	单位进价	零售价(元)
一零售部	A-2商品	500件	见数量金额式明细账	40
	B-1商品	1 000千克	见数量金额式明细账	13
	C-2商品	500件	见数量金额式明细账	38
	D-2商品	500件	见数量金额式明细账	38
二零售部	E-2商品	500件	见数量金额式明细账	37
	F-1商品	1 000千克	见数量金额式明细账	22
	G-2商品	1 000件	见数量金额式明细账	40
	H-3商品	1 000件	见数量金额式明细账	43
三零售部	I-3商品	1 000件	见数量金额式明细账	37
	J-1商品	1 000千克	见数量金额式明细账	22
	K-2商品	800件	见数量金额式明细账	37
	L-1商品	1 000千克	见数量金额式明细账	17

据以分别填写"商品内部调拨单"并将其送交财务科记账员。

(19) 12月10日,各零售部将零售款送存银行如表4—6所示。开户行:中国工商银行崎峰市支行;账号:823653676516。

表4—6　　　　　　　　　　　各零售部送存银行零售款

部门	经办人	面值	数量	部门	经办人	面值	数量	部门	经办人	面值	数量
一零售部	杨梅	100元	900张	二零售部	张跃	100元	800张	三零售部	郑龙	100元	1 000张
	杨梅	50元	400张		张跃	50元	1 000张		郑龙	50元	1 000张
	杨梅	10元	1 000张		张跃	10元	500张		郑龙	10元	210张
	杨梅	5元	410张		张跃	5元	612张				
	杨梅	2元	400张								

据以上资料填写"进账单",持单到银行办理进账手续,取回回单交财务科出纳员。

(20) 12月11日,代商品采购供应站开出"崎峰市服务业发票",应收兴隆公司俞吉参加商品交易会的住宿及会务费计580元,持收据向兴隆公司财务科结账。

(21) 12月11日,大楼建设工程的承建单位向兴隆公司收取工程款120 000元,领款人:韩国韩。据以填写"崎峰市建筑安装统一发票",持发票联到财务科出纳处办理领款,取得出纳员签发的"现金支票"到银行取款。

(22) 12月12日,业务员韩风、夏雨各领计算器1个,单价155元,合计金额310元。经理周志国审批:同意领用,一次摊销。据以填写"物品领用单"并将其送交财务科记账员。

(23) 12月12日,兴隆公司向证券公司购买1年期债券1 300 000元,手续费2 600元,以证券公司名义开出"收据",持"收据"第2联到兴隆公司财务科结算。

(24) 12月13日,根据表4—7和表4—8所列资料分别编制"工资表"。

经营人员工资资料如表4—7所示。

表4—7　　　　　　　　　　　经营人员工资资料　　　　　　　　　　　单位:元

姓名	月标准工资	津贴	水电费	公积金	个人所得税	个人承担社保
李元勋	1 220	97	50	20		50
张启明	1 220	97	50	20		50
陆咏	960	87	48	15		40
方兰	960	87	46	15		40
王为等240人	225 000	15 230	6 616	3 000	2 470.50	2 010

管理人员工资资料如表4—8所示。

表4—8　　　　　　　　　　　管理人员工资资料　　　　　　　　　　　单位:元

姓名	月标准工资	津贴	水电费	公积金	个人所得税	个人承担社保
周志国	1 360	207	50	30		55

续表

姓名	月标准工资	津贴	水电费	公积金	个人所得税	个人承担社保
赵芳	1 220	167	48	20		50
王旁	1 220	167	39	20		50
李双仁	1 220	157	53	20		50
袁方等36人	33 600	3 005	1 000	1 100	430.50	830

"工资表"编制好后送交财务科出纳员。

(25)12月13日,周全出差武汉联系业务,返回公司报账,出差相关内容如下:2014年12月1日从崎峰市乘火车至武汉(当日到达)火车票260元,在武汉期间住宿费1 300元,2014年12月12日晚从武汉乘火车返回,于12月13日上午到达返程票300元;林涛12月1日从崎峰市乘火车至大连(当日到达),火车票380元,在大连期间住宿费1 500元,2014年12月12日从大连乘火车回崎峰市(次日到达)火车票400元,出差补助每天20元,据以分别填写"旅差费报销单"(经理周志国在单上签字:同意报销),并持单以周全与林涛的名义向财务科出纳处报账(出差前周全已预支2 000元、林涛已预支3 000元)。

(26)12月13日,一零售部库存C-2商品400件,每件零售价由原来的25元调至24元,据以填写"商品调价单",将记账联送兴隆公司财务科记账员。

(27)12月14日,业务科各种费用支出汇总情况如下:差旅费398元(21张原始凭证);办公费260元(18张原始凭证);其他费用160元(10张原始凭证);经核对无误后,编制"管理费用支出汇总表",持表到财务科报账。

(28)12月14日,张敬等6名职工参加崎峰市商学院短期培训,支付学杂费3 400元,以商学院名义开出"收据",持第2联(付款人联)找兴隆财务科出纳员办理领款,取得出纳员签发的"现金支票"到银行取款。

(29)12月15日,兴隆公司职工食堂向为民日杂公司购买铁锅1个,计80元;盘子30个,单价3元,计90元;合计170元。以为民日杂公司名义开具"为民日杂公司销售发票",持发票联向兴隆公司财务科出纳员报账(在发票备注上填写:列入职工福利)。

(30)12月16日,兴隆公司向税务局购买25张5元券印花税票,25张2元券印花税票,25张1元券印花税票,以税务局名义开具"市税务局印花税票发售统一发票",持发票联向兴隆公司财务科出纳员报账。

(31)12月16日,崎峰市保险公司向兴隆公司收取员工养老保险金7 500元,以保险公司名义开具"收据",并持"收据"(付款人联)向兴隆公司财务科结算。

(32)12月17日,向丰润公司购进A-2商品5 000件,每件买价23.80元;A-4商品5 000件,每件买价35.80元;向丰利公司购进B-1商品5 000千克,每千克买价7.80元;B-2商品5 000件,每件买价21.80元;向众生公司购进C-1商品2 000千克,每千克买价14.80元;C-2商品3 000件,每件买价22.60元;以上商品均已到达,如数验收入库。据以填写"验收单",将"验收单"会计记账联送财务科记账员。

(33)12月17日,本月综合奖金结算汇总资料如下:经营人员奖金20 400元,管理人员奖金4 000元。据以编制"综合奖金结算汇总表",持表向财务科出纳员领取奖金。

(34)12月18日,销售给大华公司不需用丁设备1台,原始价值6万元,已提折旧20 000元,协商作价41 000元。据以填写"崎峰市商业普通发票",持发票联到大华公司财务科收款,要求大华公司出纳员签发"转账支票",并与其一同去银行办理转账手续,取得银行盖章后"转账支票"收账通知联后,将"转账支票"收账通知联及"崎峰市商业普通发票"记账联送交本公司财务科出纳员。同时,依据固定资产原始价值与已提折旧填写"内部转账单",将其送本公司财务科记账员。

(35)12月18日,一栋仓库300平方米,预计使用30年,已使用28年,原值105 000元,已提折旧90 000元,因重建提前报废。其处理意见如下:使用部门的意见:因陈旧要求报废;技术鉴定小组意见:情况属实;固定资产管理部门意见:同意转入清理;主管部门审批意见:同意报废重建。据以填写"固定资产报废单",将会计记账联送财务科记账员。

(36)12月19日,向兴盛公司购进丁设1台,交易价38 000元,经验收交三零售部使用,据以填写"固定资产验收单",将其第2联送财务科出纳员。

(37)12月19日,采购办事处与业务往来单位洽谈业务,接待、就餐、补助及接送车费共计金额2 200元,单据20张。据以填写"业务招待费汇总表",经理周志国在单上签字:同意报销。持单向财务科出纳员报账,取得出纳员签发的"现金支票"后,到银行提取现金。

(38)12月19日,报废固定资产的清理人员张勇等5人应领取清理费用600元,以张勇的名义填写"费用报销领款单",经理周志国在单上签字:同意付款。持单向财务科出纳员领款。

(39)12月19日,兴隆公司向峰北公司收取仓库租金5 200元,据以开出"崎峰市服务业发票",收到现金5 200元,当即填写"进账单",然后到开户行办理进账手续,收到银行盖章后的"进账单"回单,将"崎峰市服务业发票"发票联及"进账单"回单送交本公司出纳员(本公司开户行:中国工商银行崎峰市支行;账号:823653676516)。

(40)12月20日,仓库清理残料如下:红砖100 000块,每块0.20元,计20 000元,其他材料7 000元,合计27 000元。材料全部入库作重建仓库用,据以编制"材料入库单",并将记账联送财务科记账员。

(41)12月20日,兴隆公司向为民五金公司购买灭火器5个,单价100元,计500元。灭火器购回后当即由仓库领用。先以为民五金公司名义开具"为民五金公司发票";再以仓库保管员杨立名义填写"物品领用单"(经理周志国在单上签字:同意领用,一次摊销);最后将"为民五金公司发票"发票联和"物品领用单"送财务科出纳员,并要求领款、领物。

(42)12月21日,向大华公司转让技术,收取技术转让费18 000元,据以填写"崎峰市商业普通发票",持其发票联到大华公司财务科收款,要求大华公司出纳员签发"转账支票",并与其一同去银行办理转账手续,取得银行盖章后的"转账支票"收账通知联后,将"转账支票"收账通知联及"崎峰市普通发票"记账联送交本公司财务科出纳员。

(43)12月21日,向会计局购买《新会计准则》等书籍,付款190元,以会计局的名义填写"崎峰市文化教育、体育业发票",并持其发票联到账务科报账。

(44)12月21日,兴隆公司汽车送汽车修配厂修理。具体修配项目如下:汽车补胎256元,汽车轮胎充气50元,车轮拆装62元。以汽车修配厂名义开具"崎峰市服务业发票",将"崎峰市服务业发票"发票联送交本公司财务科结算。

(45)12月23日,兴隆公司使用自来水厂的供水。水表记录是:本月号码为65769,上月号码为63159,实用水2 610吨,每吨单价1元。以自来水厂名义开具"自来水厂水费发票",持发票联到兴隆公司财务科结算。

(46)12月23日,采购办事处用备用金开支下列各种费用:招待费3 800元(17张原始凭证);修理费5 200元(16张原始凭证);经核对全部报销,编制"管理费用支出汇总表",持表到财务科报账。

(47)12月24日,兴隆公司电表的起码是135679,止码是173679,实用电38 000度,每度单价0.50元,以电力局的名义填写"增值税专用发票"(电费增值税税率为13%),持发票联到兴隆公司财务科结算。

(48)12月24日,兴隆公司参加本市商品展销会,应付新世纪商厦的商品展位租用费1 100元,以新世纪商厦的名义填写"崎峰市服务业发票",持发票联到兴隆公司财务科结算。

(49)12月25日,物价检查所对兴隆公司商品销售情况进行检查,发现部分商品违反国家价格政策,罚款1 800元,以物价检查所名义填写"罚款没收专用收据",持单到兴隆公司财务科收取罚款。

(50)12月25日,养路费征收站向兴隆公司收取汽车养路费用1 100元,以养路费征收站的名义填写"交通车辆养路费收据"(2辆东风汽车为送货用车,养路费为700元,2辆小车的养路费400元),持单到兴隆公司财务科结算。

(51)12月26日,看望住院职工罗建勋,从副食品商店购买2袋奶粉,每袋12元,苹果4千克,每千克4元,据以填写"副食品商店销售发票"(经理周志国签字:在福利费列支),持发票联到兴隆公司财务科结算。

(52)12月26日,通达搬运公司为兴隆公司装卸货物,应收取商品装卸费1 300元,以通达公司的名义开具"崎峰市交通运输发票",持发票联到兴隆公司财务科结算。

(53)12月26日,周全出差预支差旅费1 000元,据以填写"借款单",持单向财务科出纳借款。

(54)12月26日,本公司向美国H公司购入先进设备1台,交易价4 000美元,以H公司名义填写"商业发票",以本公司设备科名义填写"固定资产验收单",设备交管理部门使用。"商业发票"与"固定资产验收单"交本公司出纳员(引进先进设备,减免关税及增值税;境内外运杂费均由供货方承担)。

(55)12月27日,兴隆公司自行开发一项实用型专利开发成功,先根据下列资料填写"专利申报表":申请单位:兴隆公司;专利项目:实用新型专利;技术开发费:28 000元;注册登记费:3 300元;单位意见:同意申报;专利局审批:同意注册。再以专利局名义填写"崎峰市行政事业单位收款收据",收取兴隆公司专利注册登记费3 300元,然后持"专利申报表"和"崎峰市行政事业单位收款收据"到兴隆公司财务科结算,要求支付注册登记费。

(56)12月27日,兴隆公司销售商品一批如表4-9所示。

表4-9　　　　　　　　　　兴隆公司销售商品明细

购买单位	甲商品 单价(元)	甲商品 数量(千克)	乙商品 单价(元)	乙商品 数量(千克)	丙商品 单价(元)	丙商品 数量(千克)	丁商品 单价(元)	丁商品 数量(千克)
众健公司	4	20 000	3	20 000	5	11 000	6	10 000
宏源公司	4	20 000	3	20 000	5	10 000	6	10 000
宏盛公司	4	15 000	3	20 000	5	12 000	6	15 000

增值税税率均为17%,据以分别三个公司填写"增值税专用发票"后,持"增值税专用发票"2、3联到众健公司、宏源公司、宏盛公司财务科结算,要求各公司出纳员根据购销合同填写"商业承兑汇票",经付款人(各购货公司)承兑后取得"商业承兑汇票"第2联,并在"商业承兑汇票"第1联的收款人盖章处盖上本公司财务专用章(由本公司出纳员盖章),在负责、经办处签名,将"增值税专用发票"记账联和"商业承兑汇票"第2联送交本公司出纳员。

(57)12月27日,顺达运输公司为兴隆公司运输购入的商品,应收运费7 300元。以顺达运输公司的名义开具"崎峰市公路、内河货物运输统一发票",持发票联到兴隆公司财务科结算。

(58)12月27日,外购商品全部验收入库。据表4－10所列资料填写"验收单",将记账联送财务科记账员。

表4－10　　　　　　　　　　　　外购商品资料

供货单位	商品名称	数量(件)	单位进价(元)	合计金额(元)
丰润公司	A-3 商品	10 000	29	290 000
丰利公司	B-2 商品	10 000	22	220 000
众生公司	C-2 商品	10 000	23	230 000

(59)12月28日,从批发仓库调给各零售部商品如表4－11所示。

表4－11　　　　　　　　　批发仓库调给各零售部商品明细

调入部门	商品名称	数量	单位进价	零售价(元)
一零售部	A-2 商品	5 000 件	见数量金额式明细账	34.00
	A-3 商品	5 000 件	见数量金额式明细账	41.00
二零售部	A-4 商品	5 000 件	见数量金额式明细账	51.00
	B-1 商品	5 000 千克	见数量金额式明细账	11.00
三零售部	B-2 商品	5 000 件	见数量金额式明细账	31.60
	C-2 商品	5 000 件	见数量金额式明细账	33.00

据以分别填写"商品内部调拨单",将其送交财务科记账员。

(60)12月29日,各零售部将零售款送存银行如表4－12所示。开户行:中国工商银行崎峰市支行;账号:115674356327。

表4－12　　　　　　　　　各零售部送存银行零售款明细

部门	经办人	面值	数量	部门	经办人	面值	数量	部门	经办人	面值	数量
一零售部	杨梅	100元	2 000张	二零售部	张跃	100元	2 000张	三零售部	郑龙	100元	1 500张
	杨梅	50元	2 600张		张跃	50元	1 500张		郑龙	50元	1 600张
	杨梅	10元	2 100张		张跃	20元	1 460张		郑龙	20元	1 370张

据以上资料填写"进账单",持单到银行办理进账手续,取回回单交财务科出纳员。

(61)12月29日,兴隆公司报废低值易耗品资料如下:文件柜3个,成本1 600元,已摊销

800元;办公桌4张,成本1 000元,已摊销500元;其他物品成本700元,已摊销700元。据以编制"低值易耗品报废表"(备注栏里注明五五摊销或一次摊销),经理周志国在单上签字:同意报废,将其送财务科记账员。

(62)12月30日,兴隆公司支付本公司工会委员会工会经费3 250元,以本公司工会委员会的名义开出"收据",持"收据"第2联向兴隆公司财务科出纳员收款,收到出纳员签发的"现金支票"到银行提取现金。

(63)12月30日,公司支付职工食堂代扣伙食费4 291元。以职工食堂名义填写"收据",持"收据"第2联向兴隆公司财务科出纳员收款,收到出纳员签发的"现金支票"到银行提取现金。

(64)12月30日,销售给众健公司甲商品30 000千克,每千克售价4元;销售给宏源公司丙商品26 000千克,每千克售价5元;销售给宏盛公司丁商品20 000千克,每千克售价6元;增值税税率17%,分别填写"增值税专用发票",将其2、3、4联送财务科记账员。

(65)12月31日,各零售部盘点商品情况如表4—13所示。

表4—13　　　　　　　　各零售部盘点商品情况

部门	实际结存	账面结存	进销差价率	备注
一零售部	572 220元	(明细账余额)	30%	公司经理周志国批示:按进价记入当期损益
二零售部	640 760元	(明细账余额)	30%	
三零售部	616 600元	(明细账余额)	30%	

据以分别填写"商品溢余短缺报告单",将会计记账联送财务科记账员。

兴盛公司会计业务岗位实操

5.1 兴盛公司出纳会计岗位实操

5.1.1 开设有关日记账

兴盛公司2014年11月30日有关账户余额如下：
库存现金日记账　　　　　　　　　　　　　　　　　　　　　　1 000（借）
银行存款日记账　　　　　　　　　　　　　　　　　　　　　301 000（借）
兴盛公司及往来公司相关情况如表5—1。

表5—1　　　　　　　　　兴盛公司及往来公司相关情况

开户行：中国工商银行江泽市支行		开户行：中国工商银行崎峰市支行	
公司名称	账号	公司名称	账号
丰润公司	1156674356321	德源公司	823653676510
丰利公司	1156674356322	德茂公司	823653676511
众生公司	1156674356323	昌平公司	823653676512
众健公司	1156674356324	昌安公司	823653676513
宏源公司	1156674356325	大兴公司	823653676514
宏盛公司	1156674356326	大华公司	823653676515
		兴盛公司	823653676517

5.1.2 办理如下业务

凡出纳业务，在业务办理完毕后，编制记账凭证，据以登记库存现金和银行存款日记账，并将记账凭证连同所附原始凭证一并转交记账员记账。

(1)12月1日，收到熊锋、赵明的"借款单"各1张，经审核无误，签发5 000元的"现金支票"交给两人到开户行取款，留下"借款单"和"现金支票"存根进行账务处理。

(2)12月1日，收到业务员送来的"进账单"回单及"增值税专用发票"记账联进行账务处理。

(3)12月1日，填写"信汇"凭证3张，分别支付应付众健公司账款120 000元和应付宏源公司账款110 000元；支付应付宏盛公司账款110 000元。填好结算凭证后去开户银行办理相关手续，取回"信汇"凭证回单，审核无误后进行账务处理。

(4)12月2日，填写"转账支票"1张，转出投资款220 000元，存入三峡证券营业部账户（三峡证券营业部开户行：中国工商银行江泽市支行，账号：123456786789)，准备用于购买股票。到银行办理转账手续，取回回单。

(5)12月2日，填写"现金支票"1张，提取现金6 500元备用，到开户银行办理支款手续。

(6)12月2日，收到采购办事处伍兴的"领款单"，经审核无误，当即支付现金4 000元，作为采购办事处的备用金（在领款单上注明"现金付讫"）。

(7)12月3日，收到"三峡证券营业部成交过户交割单"，购入股票划作交易性金融资产。

(8)12月3日，将专夹留存的10月3日签发的"商业承兑汇票"第2联取出（曾在10月3日发生销货业务时，已填写3份"商业承兑汇票"，签发日期为2014年10月3日，承兑期2个月，应收丰润公司货款250 000元，应收丰利公司货款100 000元，应收众生公司货款100 000元），依据到期的3张"商业承兑汇票"填写3份"委托收款"凭证后，到开户银行办理委托收款手续，取回"委托收款"凭证回单。

(9)12月5日，收到开户行转来丰润公司(90 000元)、丰利公司(150 000元)和众生公司(110 000元)"信汇"凭证收款通知。

(10)12月5日，收到中财保险股份有限公司"机动车辆保险单"（正本）和"保费收据"第1联，经审核无误，据以填写转账支票（中财保险股份有限公司开户行：中国工商银行崎峰市支行；账号：823653676538)，并到银行办理转账手续，经银行盖章，取回转账支票回单。

(11)12月6日，填写"中华人民共和国税收通用完税证"，将未缴增值税、应缴城市维护建设税、应缴个人所得税、应缴教育费附加上缴国库，具体金额见明细分类账各该账户的月初余额。税收通用完税证填好后，到开户行办理手续，经税务机关、银行盖章后取得完税凭证联，并据以进行账务处理。

(12)12月6日，收到律师事务所的"崎峰市服务业发票"发票联，经审核无误，以现金付讫。

(13)12月7日，收到银行转来委托收款凭证的收款通知3张，系丰润公司(250 000元)、丰利公司(100 000元)和众生公司(100 000元)的应收款。

(14)12月7日，收到银行转来委托收款凭证的付款通知3张，系应付众健公司、宏源公司和宏盛公司的商业汇票到期款。

(15)12月8日，收到崎峰市电视台的"崎峰市服务业发票"发票联，经审核无误，据以填写转账支票（崎峰市电视台开户行：中国工商银行崎峰市支行；账号：823653676658)，付广告费，并到银行办理转账手续，经银行盖章，取回转账支票回单。

(16)12月8日，兴盛公司委托债券发行公司发行5年期债券，按面值的10%溢价发行。现债券公司已发行债券面值600 000元，实收金额660 000元，款项今日全部交来，当即送存银行。据以填写"收据"及"进账单"，到银行办理手续后据"收据"记账联及"进账单"回单进行账务处理。

(17)12月9日，收到债券公司的"崎峰市服务业发票"发票联，经审核无误，据以填写转账支票（债券公司开户行：中国工商银行崎峰市支行；账号：823653677788)，付手续费，并到银行办理转账手续，经银行盖章，取回转账支票回单。

(18)12月10日,收到职工袁海的"费用报销领款单",经审核无误,以现金付讫。

(19)12月10日,收到房地产管理所的"崎峰市服务业发票"发票联,经审核无误,以现金付讫。

(20)12月10日,收到崎峰市汽车运输公司的"崎峰市公路、内河货物运输统一发票"发票联,经审核无误,据以填写转账支票(崎峰市汽车运输公司开户行:中国工商银行崎峰市支行;账号:823653675588),付运费,并到银行办理转账手续,经银行盖章,取回转账支票回单。

(21)12月10日,收到保险公司的"保险公司失业保险金收据",经审核无误,以现金支票付讫。

(22)12月10日,签发"现金支票",到银行办理取款手续,提回现金4 000元备用。根据"现金支票"存根作账务处理。

(23)12月10日,收到叶中华等3人的"费用报销领款单",经审核无误,以现金付讫。

(24)12月10日,收到司法局的"崎峰市行政事业单位收款票据",经审核无误,据以填写转账支票(司法局开户行:中国工商银行崎峰市支行;账号:823653671688),付诉讼费,并到银行办理转账手续,经银行盖章,取回转账支票回单。

(25)12月10日,收到各零售部送存银行销售货款的送存款的"进账单"回单。

(26)12月11号,收到商品采购供应站的"崎峰市服务业发票",经审核无误,以现金付讫。

(27)12月11日,收到大楼承建单位韩叶贤的"崎峰市建筑安装业统一发票",经审核无误,签发"现金支票",交到银行取款。

(28)12月12日,收到证券公司的"收据",经审核无误,据以填写转账支票(证券公司开户行:中国工商银行崎峰市支行;账号:823654211698),付债券及手续费,并到银行办理转账手续,经银行盖章,取回转账支票回单。

(29)12月13日,收到"工资表",根据实发工资总额签发"现金支票",从银行提取现金,当即发放完毕。

(30)12月13日,收到熊锋、赵明的"旅差费报销单"(所附单据略),经审核无误,分别开出"收据",赵明多余款未交,补付熊锋现金100元。

(31)12月14日,收到业务科"管理费用支出汇总表"(所附单据49张略),经审核无误,以现金付讫。

(32)12月14日,收到崎峰市商学院的"收据",经审核无误,开出"现金支票"付讫。

(33)12月15日,收到银行转来"委托收款凭证"的付款通知3张及"增值税专用发票"发票联和抵扣联,系付众健公司、宏源公司、宏盛公司货款。

(34)12月15日,收到职工食堂购买炊具发票,经审核无误,以现金付讫。

(35)12月16日,收到"市税务局印花税票发售统一发票",经审核无误,以现金付讫。

(36)12月16日,收到保险公司收取员工养老保险金的"收据",经审核无误,据以填写转账支票(保险公司开户行:中国工商银行崎峰市支行;账号:8236534217238),付保险金,并到银行办理转账手续,经银行盖章,取回转账支票回单。

(37)12月17日,根据"综合奖金结算汇总表"(实际还应有按人头的奖金发放表,此处略),签发"现金支票"提回现金,当即发放完毕。

(38)12月18日,收到业务员送来的兴隆公司转账支票的收账通知联及本公司的固定资产销售的"崎峰市商业普通发票"会计记账联,经审核无误,进行账务处理。

(39)12月19日,收到德源公司出售设备的"崎峰市服务业普通发票"发票联及本公司业务员送来的"固定资产验收单",经审核无误据以填写"转账支票"付设备款,并到银行办理转账手续,经银行盖章,取回转账支票回单。

(40)12月19日,收到采购办事处的"业务招待费汇总表"及所附16单据(单据略),经审核无误后,当即签发"现金支票",补足其备用金。

(41)12月19日,收到刘平报销"领款单",经审核无误,以现金付讫。

(42)12月19日,收到业务员送来的仓库租金收入"进账单"回单及"崎峰市服务业发票"记账联。

(43)12月20日,收到业务员送来的"为民五金公司发票"和"物品领用单",经审核无误,以现金付讫。

(44)12月20日,收到大华公司的"崎峰市商业普通发票"发票联,经审核无误,签发"转账支票"支付技术转让费。到银行办理转账手续,经银行盖章后,拿回转账支票回单。

(45)12月21日,收到购买书籍的"崎峰市文化教育、体育业发票"发票联,经审核无误,以现金付讫。

(46)12月21日,收到业务员送来的德源公司"转账支票"收账通知联及本公司收取技术转让收入的"崎峰市商业普通发票"记账联。

(47)12月21日,收到汽车修配厂的"崎峰市商业普通发票"发票联,经审核无误,以现金付讫。

(48)12月23日,收到自来水厂发票,审核无误后填写"转账支票"支付水费,到银行办理转账手续,经银行盖章后,拿回转账支票回单(自来水厂开户行:中国工商银行崎峰市支行;账号:8652355217658)。

(49)12月23日,收到采购办事处的"管理费用支出汇总表"及所附35张单据(单据略),经审核无误后,开出"收据"冲销其备用金,将"收据"第2联交报账人。

(50)12月24日,收到电力局的"增值税专用发票"发票联,审核无误后填写"转账支票"支付电费,到银行办理转账手续,经银行盖章后,拿回转账支票回单(电力局开户行:中国工商银行崎峰市支行;账号:8652355217666)。

同时,根据耗用量分配本月电费,耗用量资料如下:大楼建设工程16 500度,其他应收款(代扣职工水电费)9 500度,公司管理部门11 000度,据以编制"外购动力费分配表"。

根据电力局的发票联、"转账支票"存根和"外购动力费分配表"进行账务处理。

(51)12月24日,收到新世纪商厦的"崎峰市服务业发票"发票联,经审核无误后,签发2 000元"现金支票",从银行提回现金,除支付1 500元商品展位租金外,其余500元现金备用。

(52)12月24日,为购进口设备,向开户行买入5 000美元,以中国人民银行公布的人民币汇率中间价作为即期汇率,当日的即期汇率为1美元=7.72元人民币,银行当日美元卖出价为1美元=8.10元人民币。签发"转账支票"支付人民币,填写"进账单"购入美元。到银行办理相关手续,根据"转账支票"存根和"进账单"进行账务处理。

(53)12月25日,签发"现金支票",到银行办理取款手续,提回现金6 500元备用。根据"现金支票"存根作账务处理。

(54)12月25日,收到物价检查所"罚款没收专用收据",以现金支付罚款。

(55)12月25日,收到养路费征收站的"交通车辆养路费收据",经审核无误,以现金付讫

(货车的养路费为800元,小车的养路费400元)。

(56)12月26日,收到"副食品商店销售发票"发票联,经审核无误,以现金付讫。

(57)12月26日,收到通达搬运公司的"崎峰市交通运输业发票"发票联,经审核无误,以现金付讫。

(58)12月26日,收到赵明的"借款单",经审核无误,以现金付讫。

(59)12月26日,收到业务员送来的"固定资产验收单"及购买进口设备的"商业发票",经审核无误后填写"信汇"凭证,到银行办理美元汇兑手续,取回"信汇"回单。当日的即期汇率为1美元=7.85元人民币。

(60)12月27日,收到业务员送来的"专利申报表"和专利局的"崎峰市行政事业单位收款收据"发票联,审核无误后填写"转账支票"支付专利注册登记费,到银行办理转账手续,经银行盖章后,拿回"转账支票"回单(专利局开户行:中国工商银行崎峰市支行;账号:865235527898)。

(61)12月27日,收到本公司业务员送来销售商品给丰润公司、丰利公司和众生公司的6张"增值税专用发票"记账联和3张"商业承兑汇票"。

(62)2月27日,收到众健公司、宏源公司、宏盛公司业务员送来的"增值税专用发票"2、3联,经审核无误后分别填写为期2个月的"商业承兑汇票"3份,其中第1联经各收款人盖章并签名后收回,在第2联的付款人盖章处盖上财务专用章,在负责经办处签名,填好后将第2联分别交众健公司、宏源公司、宏盛公司业务员。

同时,收到通达运输公司的"崎峰市公路、内河货物运输统一发票"发票联,经审核无误后,填写"转账支票",支付运费,到银行办理转账手续,经银行盖章后,拿回"转账支票"回单(通达运输公司开户行:中国工商银行崎峰市支行;账号:865235367898)。

根据"增值税专用发票"发票联、"商业汇票"留存联、"转账支票"存根联、"崎峰市公路、内河货物运输统一发票"发票联作账务处理。

(63)12月29日,收到各零售部送存银行销货款的"进账单"回单。

(64)12月30日,收到工会的"收据"第2联,经审核无误,签发"现金支票"付讫,根据"现金支票"存根作账务处理。

(65)12月30日,收到职工食堂的"收据"第2联,经审核无误,签发"现金支票"付讫,根据"现金支票"存根作账务处理。

(66)12月30日,收到业务员送来的"增值税专用发票"2、3、4联,合同规定销货款采用委托收款结算方式,经审核无误后,据以填写"委托收款凭证",持"委托收款凭证"和"增值税专用发票"2、3联到银行办理托收手续,经银行盖章后,将退回的"委托收款凭证"回单与"增值税专用发票"记账联一并作账务处理。

(67)12月31日,到开户行拿回贷款计息凭证,进行账务处理(已预计应付利息15 000元)。

(68)12月31日,到开户行拿回存款计息凭证,进行账务处理。

(69)12月31日,将账面价值为90 000元的"交易性金融资产——基金"全部出售,实得现金94 500元。填写"内部转账单"和"进账单",将现金送存银行(全为百元券)。

(70)12月31日的即期汇率为1美元=8.05元人民币,调整当期产生的汇兑差额。

5.2 兴盛公司记账会计岗位实操

5.2.1 开设有关账户

兴盛公司 2014 年 11 月 30 日明细账期末资料如下：

其他货币资金——外埠存款	12 000（借）
交易性金融资产——股票（成本）	80 000（借）
交易性金融资产——债券（成本）	100 000（借）
交易性金融资产——基金（成本）	90 000（借）
应收票据——丰润公司	250 000（借）
应收票据——丰利公司	100 000（借）
应收票据——众生公司	100 000（借）
应收账款——丰润公司	90 000（借）
应收账款——丰利公司	150 000（借）
应收账款——众生公司	110 000（借）
坏账准备	1 400（贷）
其他应收款——采购办事处	20 000（借）
其他应收款——代扣水电费	11 000（借）
在途材料——众健公司	20 000（借）
周转材料——低值易耗品——在用	60 000（借）
周转材料——低值易耗品——在库	15 000（借）
周转材料——低值易耗品——摊销	30 000（贷）
库存商品——A 类商品	166 600（借）
库存商品——B 类商品	155 600（借）
库存商品——C 类商品	152 200（借）
库存商品——D 类商品	152 200（借）
库存商品——E 类商品	140 500（借）
库存商品——F 类商品	154 100（借）
库存商品——G 类商品	156 600（借）
库存商品——H 类商品	149 300（借）
库存商品——I 类商品	146 900（借）
库存商品——J 类商品	152 400（借）
库存商品——K 类商品	146 900（借）
库存商品——L 类商品	149 700（借）
库存商品——M 类商品	1 260 000（借）
库存商品——一零售部	600 000（借）
库存商品——二零售部	550 000（借）
库存商品——三零售部	500 000（借）

商品进销差价——一零售部	180 000（贷）
商品进销差价——二零售部	165 000（贷）
商品进销差价——三零售部	150 000（贷）
长期股权投资——股票投资（丰润公司）	200 000（借）
持有至到期投资——成本	120 000（借）
持有至到期投资——利息调整	10 000（借）
持有至到期投资——应计利息	20 000（借）
固定资产——经营用固定资产	1 370 000（借）
固定资产——非经营用固定资产	500 000（借）
固定资产——不需用固定资产	150 000（借）
固定资产——出租固定资产	130 000（借）
累计折旧	500 000（贷）
工程物资——专用材料	480 000（借）
在建工程——大楼建设工程	560 000（借）
固定资产清理——报废	15 000（借）
无形资产——专利权	178 000（借）
研发支出——资本化支出	22 000（借）
长期待摊费用——仓库大修费用	56 600（借）
待处理财产损溢——待处理流动资产损溢	12 000（借）
短期借款——经营周转借款	1 500 000（贷）
应付票据——众健公司	110 000（贷）
应付票据——宏源公司	120 000（贷）
应付票据——宏盛公司	100 000（贷）
应付账款——众健公司	120 000（贷）
应付账款——宏源公司	110 000（贷）
应付账款——宏盛公司	110 000（贷）
应付职工薪酬——职工教育经费	3 500（贷）
应付职工薪酬——职工福利	2 000（贷）
应付职工薪酬——社会保险费	8 500（贷）
应交税费——未交增值税	30 000（贷）
应交税费——应交所得税	20 000（借）
应交税费——应交城市维护建设税	2 000（贷）
应交税费——应交个人所得税	1 900（贷）
应交税费——应交教育费附加	1 200（贷）
应付利息	25 000（贷）
长期借款——基建借款	900 000（贷）
长期应付款——应付设备款	90 000（贷）
应付债券——面值	500 000（贷）
应付债券——利息调整	30 000（贷）

应付债券——应计利息　　　　　　　　　　　　　　　　　　50 000（贷）
实收资本——国家投资　　　　　　　　　　　　　　　　　2 600 000（贷）
实收资本——达亿公司　　　　　　　　　　　　　　　　　　100 000（贷）
实收资本——其他　　　　　　　　　　　　　　　　　　　1 106 100（贷）
资本公积——资本溢价　　　　　　　　　　　　　　　　　　260 000（贷）
资本公积——其他　　　　　　　　　　　　　　　　　　　　110 000（贷）
盈余公积——法定盈余公积　　　　　　　　　　　　　　　　570 000（贷）
利润分配——未分配利润　　　　　　　　　　　　　　　　　 10 000（贷）
本年利润　　　　　　　　　　　　　　　　　　　　　　　　490 000（贷）

库存商品明细账2014年11月30日期末资料如表5-2所示。

表2-2　　　　　　　　期末库存商品明细（截至2014年11月30日）

类别	品名	数量	单位成本(元)	金额(元)
A类商品	A-1 商品	4 000 千克	10	40 000
	A-2 商品	1 600 件	24	38 400
	A-3 商品	1 800 件	29	52 200
	A-4 商品	1 000 件	36	36 000
B类商品	B-1 商品	5 000 千克	8	40 000
	B-2 商品	1 900 件	22	41 800
	B-3 商品	1 500 件	26	39 000
	B-4 商品	1 200 件	29	34 800
C类商品	C-1 商品	2 600 千克	15	39 000
	C-2 商品	1 600 件	23	36 800
	C-3 商品	1 700 件	22	37 400
	C-4 商品	1 500 件	26	39 000
D类商品	D-1 商品	4 000 千克	10	40 000
	D-2 商品	1 800 件	23	41 400
	D-3 商品	1 600 件	24	38 400
	D-4 商品	1 200 件	27	32 400
E类商品	E-1 商品	3 000 千克	12	36 000
	E-2 商品	1 600 件	22	35 200
	E-3 商品	1 500 件	23	34 500
	E-4 商品	1 200 件	29	34 800

续表

类别	品名	数量	单位成本(元)	金额(元)
F类商品	F-1 商品	3 000 千克	13	39 000
	F-2 商品	2 500 件	16	40 000
	F-3 商品	2 200 件	17	37 400
	F-4 商品	1 300 件	29	37 700
G类商品	G-1 商品	3 800 千克	10	38 000
	G-2 商品	1 600 件	24	38 400
	G-3 商品	1 400 件	29	40 600
	G-4 商品	1 100 件	36	39 600
H类商品	H-1 商品	3 000 千克	11	33 000
	H-2 商品	1 800 件	22	39 600
	H-3 商品	1 500 件	26	39 000
	H-4 商品	1 300 件	29	37 700
I类商品	I-1 商品	3 000 千克	12	36 000
	I-2 商品	1 500 件	23	34 500
	I-3 商品	1 700 件	22	37 400
	I-4 商品	1 500 件	26	39 000
J类商品	J-1 商品	3 000 千克	13	39 000
	J-2 商品	1 500 件	23	34 500
	J-3 商品	1 600 件	24	38 400
	J-4 商品	1 500 件	27	40 500
K类商品	K-1 商品	2 500 千克	14	35 000
	K-2 商品	1 700 件	22	37 400
	K-3 商品	1 600 件	23	36 800
	K-4 商品	1 300 件	29	37 700
L类商品	L-1 商品	3 800 千克	10	38 000
	L-2 商品	2 500 件	16	40 000
	L-3 商品	2 000 件	17	34 000
	L-4 商品	1 300 件	29	37 700
M类商品	甲商品	120 000 千克	2.4	288 000
	乙商品	140 000 千克	1.8	252 000
	丙商品	120 000 千克	3.0	360 000
	丁商品	100 000 千克	3.6	360 000

5.2.2 开设明细账

按下列要求开设明细账。

(1)下列账户使用三栏式账页(有期初余额的账户结转期初余额,没有期初余额的账户设户后待记发生额):

其他货币资金——外埠存款

其他货币资金——存出投资款

交易性金融资产——股票(成本)

交易性金融资产——股票(公允价值变动)

交易性金融资产——债券(成本)

交易性金融资产——基金(成本)

应收票据——丰润公司

应收票据——丰利公司

应收票据——众生公司

应收账款——丰润公司

应收账款——丰利公司

应收账款——众生公司

预付账款——中财保险公司

坏账准备

其他应收款——采购办事处

其他应收款——熊锋

其他应收款——赵明

其他应收款——代扣水电费

在途物资——众健公司

在途物资——宏源公司

在途物资——宏盛公司

周转材料——低值易耗品——在用

周转材料——低值易耗品——在库

周转材料——低值易耗品——摊销

库存商品——A类商品

库存商品——B类商品

库存商品——C类商品

库存商品——D类商品

库存商品——E类商品

库存商品——F类商品

库存商品——G类商品

库存商品——H类商品

库存商品——I类商品

库存商品——J类商品

库存商品——K类商品
库存商品——L类商品
库存商品——M类商品
库存商品——一零售部
库存商品——二零售部
库存商品——三零售部
商品进销差价——一零售部
商品进销差价——二零售部
商品进销差价——三零售部
长期股权投资——股票投资（丰润公司）
持有至到期投资——成本
持有至到期投资——利息调整
持有至到期投资——应计利息
固定资产——经营用固定资产
固定资产——非经营用固定资产
固定资产——不需用固定资产
固定资产——出租固定资产
累计折旧
工程物资——专用材料
工程物资——专用设备
在建工程——大楼建设工程
固定资产清理——报废
固定资产清理——出售不需用固定资产
无形资产——专利权
研发支出——资本化支出
累计摊销
长期待摊费用——仓库大修费用
待处理财产损溢——待处理流动资产损溢
递延所得税资产
短期借款——经营周转借款
应付票据——众健公司
应付票据——宏源公司
应付票据——宏盛公司
应付账款——众健公司
应付账款——宏源公司
应付账款——宏盛公司
应付职工薪酬——工资
应付职工薪酬——职工福利
应付职工薪酬——社会保险费

应付职工薪酬——住房公积金
应付职工薪酬——工会经费
应付职工薪酬——职工教育经费
应付职工薪酬——非货币性福利
应交税费——未交增值税
应交税费——应交营业税
应交税费——应交所得税
应交税费——应交城市维护建设税
应交税费——应交个人所得税
应交税费——应交教育费附加
应交税费——应交房产税
应付利息
应付股利
长期借款——基建借款
长期应付款——应付设备款
应付债券——面值
应付债券——利息调整
应付债券——应计利息
递延所得税负债
实收资本——国家投资
实收资本——达亿公司
实收资本——其他
资本公积——资本溢价
资本公积——其他
盈余公积——法定盈余公积
利润分配——提取法定盈余公积
利润分配——应付现金股利
利润分配——未分配利润
本年利润
主营业务收入——A类商品
主营业务收入——B类商品
主营业务收入——C类商品
主营业务收入——D类商品
主营业务收入——E类商品
主营业务收入——F类商品
主营业务收入——G类商品
主营业务收入——H类商品
主营业务收入——I类商品
主营业务收入——J类商品

主营业务收入——K类商品
主营业务收入——L类商品
主营业务收入——M类商品
主营业务收入——一零售部
主营业务收入——二零售部
主营业务收入——三零售部
其他业务收入
投资收益
公允价值变动损益
营业外收入
主营业务成本——A类商品
主营业务成本——B类商品
主营业务成本——C类商品
主营业务成本——D类商品
主营业务成本——E类商品
主营业务成本——F类商品
主营业务成本——G类商品
主营业务成本——H类商品
主营业务成本——I类商品
主营业务成本——J类商品
主营业务成本——K类商品
主营业务成本——L类商品
主营业务成本——M类商品
主营业务成本——一零售部
主营业务成本——二零售部
主营业务成本——三零售部
营业税金及附加
其他业务成本
资产减值损失
营业外支出
所得税费用

（2）下列账户使用多栏式账页(有期初余额的账户结转期初余额，没有期初余额的账户设户后待记发生额)：

应交税费——应交增值税
销售费用
财务费用
管理费用

（3）下列账户使用数量金额式账页(有期初余额的账户结转期初余额，没有期初余额的账户设户后待记发生额)：

库存商品——A-1 商品
库存商品——A-2 商品
库存商品——A-3 商品
库存商品——A-4 商品
库存商品——B-1 商品
库存商品——B-2 商品
库存商品——B-3 商品
库存商品——B-4 商品
库存商品——C-1 商品
库存商品——C-2 商品
库存商品——C-3 商品
库存商品——C-4 商品
库存商品——D-1 商品
库存商品——D-2 商品
库存商品——D-3 商品
库存商品——D-4 商品
库存商品——E-1 商品
库存商品——E-2 商品
库存商品——E-3 商品
库存商品——E-4 商品
库存商品——F-1 商品
库存商品——F-2 商品
库存商品——F-3 商品
库存商品——F-4 商品
库存商品——G-1 商品
库存商品——G-2 商品
库存商品——G-3 商品
库存商品——G-4 商品
库存商品——H-1 商品
库存商品——H-2 商品
库存商品——H-3 商品
库存商品——H-4 商品
库存商品——I-1 商品
库存商品——I-2 商品
库存商品——I-3 商品
库存商品——I-4 商品
库存商品——J-1 商品
库存商品——J-2 商品
库存商品——J-3 商品

库存商品——J-4 商品
库存商品——K-1 商品
库存商品——K-2 商品
库存商品——K-3 商品
库存商品——K-4 商品
库存商品——L-1 商品
库存商品——L-2 商品
库存商品——L-3 商品
库存商品——L-4 商品
库存商品——甲商品
库存商品——乙商品
库存商品——丙商品
库存商品——丁商品

5.2.3 办理记账业务

按下列资料办理记账业务。

(1)12月4日,收到业务员送来的"验收单",按买价进行账务处理。

(2)12月9日,收到"固定资产折旧计算表",经审核无误,进行账务处理。

(3)12月9日,收到业务员交来本公司换出商品的"增值税专用发票"记账联,换入商品的"增值税专用发票"抵扣联与发票联及"验收单"会计记账联,经审核无误,进行非货币性交易的账务处理。

(4)12月10日,收到业务员送来的"商品内部调拨单",经审核无误,进行账务处理。

(5)12月12日,收到欧阳春、上官秋的"物品领用单",经审核无误,进行账务处理。

(6)12月13日,收到三零售部"商品调价单",进行账务处理。

(7)12月17日,收到业务员送来的"验收单",按买价进行账务处理。

(8)12月18日,收到固定资产报废单,经审核无误,进行账务处理。

(9)12月19日,收到业务员送来的"内部转账单",经审核无误,进行账务处理。

(10)12月20日,收到业务员送来的材料入库验收单,经审核无误,进行账务处理。

(11)12月20日,报废固定资产清理完毕,根据"固定资产清理——报废清理"账户余额编制"内部转账单",结转清理损益。

(12)12月27日,收到业务员送来的验收单,进行账务处理。

(13)12月28日,本月应摊销专利权30 000元,应摊销仓库大修费28 000元,据以编制"无形资产、长期待摊费用分摊表",经审核无误,进行账务处理。

(14)12月28日,收到业务员送来的"商品内部调拨单",经审核无误,进行账务处理。

(15)12月29日,收到"低值易耗品报废单",经审核无误,进行账务处理。

(16)12月31日,根据本月"工资表"与"综合奖金结算汇总表"编制"应付职工薪酬分配表",经审核无误,进行账务处理。

(17)12月31日,公司经理批示:批发仓库短少的商品12 000元,挂账已久,查不清原因,同意报损。据以编制"内部转账单"并进行账务处理。

(18)12月31日,收到一、二、三零售部的"商品溢余短缺报告单",进行账务处理。

(19)12月31日,"交易性金融资产——股票"的公允价值为220 000元,依据"交易性金融资产——股票——成本"及"交易性金融资产——股票——公允价值变动"明细账户资料计算本期公允价值变动金额,据以填制"内部转账单",经审核无误,进行账务处理。

(20)12月31日,按应收款项百分比法计提坏账准备,提取比例为3%,依据"应收账款"、"其他应收款"、"预付账款"及"坏账准备"明细账资料分析计算本期应计提的坏账准备金,据以编制"内部转账单",经审核无误,进行账务处理。

(21)12月31日,根据本月商品销售数量及"库存商品"明细账,采用先进先出法计算批发业务的已销商品进价成本,根据计算结果编制"商品销售成本计算单",并作结转产品销售成本账务处理。

(22)12月31日,分部计算零售业务的已销商品应分摊的进销差价,根据计算结果编制"商品进销差价计算表",并作出账务处理(进销差价率精确到小数点后四位)。

(23)12月31日,依据"应交税费——应交增值税"明细账资料分析填写"增值税纳税申报表",计算出未缴增值税额,经审核无误,进行账务处理。

(24)12月31日,依据"其他业务收入"和"固定资产"明细账及"增值税纳税申报表"资料,计算应缴营业税、应缴房产税、应缴城市维护建设税、应缴教育费附加,编制"地方税收综合纳税(费)申报表",经审核无误,进行账务处理。

(25)12月31日,依据"持有至到期投资"明细账期初资料计算本年利息收入,并进行利息调整(按票面利率10%,实际利率8%计算),据以填制"内部转账单",经审核无误,进行账务处理(本月发生数,暂不计算利息)。

(26)12月31日,依据"应付债券"(为大楼建设工程而发行债券)明细账期初资料计算本年利息费用,并进行利息调整(按票面利率10%,实际利率6%计算),据以填制"内部转账单",经审核无误,进行账务处理(本月发生数,暂不计算利息)。

(27)12月31日,结平"待处理财产损溢"账户。

(28)12月31日,将损益类账户的本月净发生额结转"本年利润"账户。

(29)12月31日,编制"利润表"初稿,据以编制"暂时性差异计算表"、"所得税纳税申报表"(所得税税率为33%),经审核无误,进行账务处理。

(30)12月31日,将"所得税费用"账户发生额转入"本年利润"账户。

(31)12月31日,进行利润分配。法定盈余公积按净利润("本年利润"账户年末余额)的10%分配,应付现金股利按"未分配利润"明细账期初余额加上本年净利润减去本年提取的法定盈余公积后的30%分配。

(32)12月31日,将"本年利润"、"利润分配——提取盈余公积"、"利润分配——应付现金股利"账户余额转入"利润分配——未分配利润"账户。

5.3 兴盛公司财务科长岗位实操

5.3.1 开设总账

根据下列资料开设总账账户,每个账户占1页。兴盛公司2014年11月30日总账期末资

料如下：

库存现金	1 000（借）
银行存款	301 000（借）
其他货币资金	12 000（借）
交易性金融资产	270 000（借）
应收票据	450 000（借）
应收账款	350 000（借）
预付账款	
坏账准备	1 400（贷）
其他应收款	31 000（借）
在途物资	20 000（借）
周转材料	45 000（借）
库存商品	4 733 000（借）
商品进销差价	495 000（贷）
长期股权投资	200 000（借）
持有至到期投资	150 000（借）
固定资产	2 150 000（借）
累计折旧	500 000（贷）
工程物资	480 000（借）
在建工程	560 000（借）
固定资产清理	15 000（借）
无形资产	178 000（借）
研发支出	22 000（借）
累计摊销	
长期待摊费用	56 600（借）
待处理财产损溢	12 000（借）
递延所得税资产	
短期借款	1 500 000（贷）
应付票据	330 000（贷）
应付账款	340 000（贷）
应付职工薪酬	14 000（贷）
其他应付款	
应交税费	15 100（贷）
应付利息	25 000（贷）
应付股利	
长期借款	900 000（贷）
长期应付款	90 000（贷）
应付债券	580 000（贷）
递延所得税负债	

实收资本	3 806 100（贷）
资本公积	370 000（贷）
盈余公积	570 000（贷）
利润分配	10 000（贷）
本年利润	490 000（贷）
主营业务收入	
其他业务收入	
投资收益	
公允价值变动损益	
营业外收入	
主营业务成本	
营业税金及附加	
其他业务成本	
销售费用	
管理费用	
财务费用	
资产减值损失	
营业外支出	
所得税费用	

5.3.2 处理日常总账业务

日常总账业务如下：

(1)复核上旬会计凭证，根据审核无误的上旬记账凭证编制记账凭证汇总表，并据以登记总账，结出账户余额。与出纳员所经管的日记账核对，如有不符，查明原因，予以更正；与记账员所经管的明细账进行核对，如有不符，查明原因，予以更正。

(2)复核中旬会计凭证，根据审核无误的中旬记账凭证编制记账凭证汇总表，并据以登记总账，结出账户余额。与出纳员所经管的日记账核对，如有不符，查明原因，予以更正；与记账员所经管的明细账进行核对，如有不符，查明原因，予以更正。

(3)复核下旬会计凭证，根据审核无误的下旬记账凭证编制记账凭证汇总表，并据以登记总账，结出账户余额。与出纳员所经管的日记账核对，如有不符，查明原因，予以更正；与记账员所经管的明细账进行核对，如有不符，查明原因，予以更正。

(4)编制总账账户余额试算平衡表。

(5)办理年结。

5.3.3 编制会计报表

编制如下会计报表：

(1)编制资产负债表，以12月份月初数作为年初数。

(2)编制利润表，以12月份损益作为全年损益。

(3)编制现金流量表，以12月份月初数作为年初数，以12月份现金流量作为全年现金流量。

5.4　兴盛公司业务员岗位实操

按要求填制和传递 2014 年 12 月份凭证：

(1)12 月 1 日,熊锋因要去武汉市出差需借支 2 000 元,赵明因要去上海出差需借 3 000 元,分别以熊锋、赵明的名义填写"借款单"各 1 张,经理方成林在借款单上签字:同意借支。持单以熊锋和赵明的名义向财务科出纳员借款,并将出纳员开出的"现金支票"送到开户银行提取现金。

(2)12 月 1 日,销售商品一批,资料如表 5－3 所示。

表 5－3　　　　　　　　　　　　销售商品资料

购货单位	品名	数量	单价(元)	购货单位	品名	数量	单价(元)
BA 公司	A-1 商品	2 000 千克	13	BI 公司	G-1 商品	2 000 千克	13
	A-2 商品	1 000 件	31		G-2 商品	1 000 件	31
	A-3 商品	1 200 件	38		G-3 商品	1 000 件	38
BB 公司	A-4 商品	700 件	46	BJ 公司	G-4 商品	800 件	46
	B-1 商品	3 000 千克	10		H-1 商品	2 000 千克	14
	B-2 商品	1 000 件	28		H-2 商品	1 000 件	28
BC 公司	B-3 商品	1 000 件	34	BK 公司	H-3 商品	1 000 件	34
	B-4 商品	1 000 件	38		H-4 商品	1 000 件	38
	C-1 商品	1 500 千克	20		I-1 商品	2 000 千克	15
BD 公司	C-2 商品	1 000 件	30	BM 公司	I-2 商品	1 000 件	30
	C-3 商品	1 000 件	28		I-3 商品	1 000 件	28
	C-4 商品	1 000 件	34		I-4 商品	1 000 件	34
BE 公司	D-1 商品	2 000 千克	13	BL 公司	J-1 商品	2 000 千克	17
	D-2 商品	1 000 件	30		J-2 商品	1 000 件	30
	D-3 商品	1 000 件	31		J-3 商品	1 000 件	31
BF 公司	D-4 商品	800 件	35	BN 公司	J-4 商品	1 000 件	35
	E-1 商品	1 500 千克	15		K-1 商品	1 500 千克	18
	E-2 商品	1 000 件	28		K-2 商品	1 000 件	28
BG 公司	E-3 商品	1 000 件	30	BO 公司	K-3 商品	1 000 件	30
	E-4 商品	1 000 件	38		K-4 商品	1 000 件	38
	F-1 商品	2 000 千克	17		L-1 商品	2 000 千克	13
BH 公司	F-2 商品	1 500 件	21	BP 公司	L-2 商品	1 500 件	21
	F-3 商品	1 500 件	22		L-3 商品	1 200 件	22
	F-4 商品	1 000 件	38		L-4 商品	1 000 千克	38

增值税税率17%,价税款均已收讫。据以填写"增值税专用发票",款项全部存入银行,填写"进账单",送银行办理进账手续后取回"进账单"回单。将"进账单"回单连同"增值税专用发票"记账联送财务科记账员(开户行:中国工商银行崎峰市支行;账号:823653676517)。

(3)12月2日,以采购办事处伍兴的名义填写"领款单",领款金额4 000元,领款单填好后到财务科找出纳员领款,作为采购办事处的备用金。

(4)12月3日,以三峡证券营业部的名义填写"三峡证券营业部成交过户交割单"1张,内容如下:本交割单系兴盛公司购买股票,成交编号为12689,股东账户为33665899,股东名称为兴盛公司,申请编号为586,公司代码N252,申报时间为105320(即10点53分20秒),成交时间为105525,实收金额为142 686元,资金余额为77 314元;证券名称为635278,成交数量16 000股,成交价格8.86元,佣金430元,印花税480元,附加费16元。填好后送财务科出纳员。

(5)12月4日,向众健公司购进的D-1商品2 000千克,每千克买价10元,商品全部验收入库,据以填写"验收单",将会计记账联送账务科记账员。

(6)12月5日,以中财保险股份有限公司的名义填写"机动车辆保险单"和"保费收据"各一张,填写内容如下:被保险人为兴盛公司;投保险种为车辆损失险、第三责任险、盗抢险、玻璃险、他人恶意险等;车辆型号为丰田(普);发动机号为625544;牌号为A-36522;非营业用车;座位为5座;保险价值36万元,保险金额36万元;基本保费250元;车辆损失险费率0.8%;第三责任险最高赔偿限额为24万元;第三责任险保费为2 200元;盗抢险保费据表计算;玻璃险保费为50元;他人恶意险保费为100元;保险期限自2014年12月5日0时起至2017年12月5日24时止。地址:十字街58号;电话:8666789;邮政编码:456000;总经理:刘峰。填好后将"机动车辆保险单"正本和"保费收据"发票联送本公司记账员。

(7)12月6日,以崎峰市第一律师事务所王宏的名义填写"崎峰市服务业发票",收取本公司本月律师顾问费用1 200元,持其发票联找本公司出纳员收款。

(8)12月8日,崎峰市电视台收取兴盛公司广告费26 000元,代电视台填写"崎峰市服务业发票",持发票联向兴盛公司出纳员收款。

(9)12月9日,债券公司应向兴盛公司收取债券印刷费及手续费6 000元,代填写"崎峰市服务业发票",并持第2联到兴盛财务科结算。

(10)12月9日,根据下述资料编制"固定资产折旧表"(采用平均年限法),编制完成后将其送交本公司记账员。

11月30日,固定资产资料如表5-4所示。

表5-4 固定资产资料(截至2014年11月30日)

部门	固定资产类型	固定资产原值(元)	预计净残值(元)	预计使用年限
经营部门	房屋	500 000	25 000	40
	专用电子设备	520 000	32 500	10
	其他专用设备	350 000	17 500	20
管理部门	房屋	500 000	25 000	40
	不需用设备	150 000	20 000	10
出租	仓库	130 000	10 000	10

(11)12月9日,兴盛公司分别与昌安、大兴、大华公司进行非货币交易,交易内容如下:

兴盛公司向昌安公司销售甲商品 10 000 千克,每千克售价 4.04 元;向昌安公司购进 J-2 商品 1 616 件,每件进价 25 元;向大兴公司销售乙商品 10 000 千克,每千克售价 3.03 元;向大兴购进 K-3 商品 1 212 件,每件进价 25 元;向大华公司销售丙商品 10 000 千克,每千克售价 5.05 元,向大华公司购进 L-2 商品 2 525 件,每件进价 20 元。增值税税率均为 17%,据以填写销售商品的"增值税专用发票"和购进商品的"验收单"(保管员:兰领)。填好后先持销售商品的"增值税专用发票"2、3 联到昌安公司、大兴公司、大华公司业务处换取购进商品的"增值税专用发票"2、3 联,再将销售商品的"增值税专用发票"记账联和购进商品的"增值税专用发票"2、3 联及"验收单"一并送交本公司记账员。

(12)12 月 10 日,以公司职工袁海的名义填写"费用报销领款单",到财务科领取独生子女费 170 元。

(13)12 月 10 日,代房地产管理所开具"崎峰市服务业发票",应收取兴盛公司办公用房租金 1 100 元。制单人:张选。持发票联到兴盛公司财务科结算。

(14)12 月 10 日,以崎峰市汽车队的名义开具"崎峰市公路、内河货物运输统一发票",应收取兴盛公司销货运费 11 000 元。制单人:王平。持发票联到兴盛公司财务科结算。

(15)12 月 10 日,兴盛公司向保险公司缴纳职工失业保险金 1 400 元(保险公司开户行:中国工商银行崎峰市支行;账号:8236534788)。以保险公司的名义开具"保险公司失业保险金收据",持发票联到本公司财务科结算。

(16)12 月 10 日,业务科叶中华、蔡军、韩天启 3 人领取本年度烤火费,每人 90 元,经理吴发签字:同意付款。代填写"费用报销领款单",到财务科出纳处领款。

(17)12 月 10 日,代司法局开具"崎峰市行政事业单位收款票据",应收取兴盛公司公证费用 1 100 元,收款人:游咏。持发票联到兴盛公司财务科结算。

(18)12 月 10 日,从批发仓库调给各零售部商品表 5-5 所示。

表 5-5　　　　　　　　　　　　批发仓库调给各零售部商品

调入部门	商品名称	数量	单位进价	零售价(元)
一零售部	A-1 商品	50 千克	见数量金额式明细账	17
	B-2 商品	500 件	见数量金额式明细账	37
	C-3 商品	500 件	见数量金额式明细账	37
	D-1 商品	1 000 千克	见数量金额式明细账	17
二零售部	E-1 商品	1 000 千克	见数量金额式明细账	20
	F-3 商品	500 件	见数量金额式明细账	28
	G-1 商品	1 000 千克	见数量金额式明细账	17
	H-2 商品	500 件	见数量金额式明细账	37
三零售部	I-3 商品	500 件	见数量金额式明细账	37
	J-2 商品	1 000 件	见数量金额式明细账	38
	K-3 商品	1 000 件	见数量金额式明细账	38
	L-3 商品	1 000 件	见数量金额式明细账	28

据以分别填写"商品内部调拨单"并将其送交财务科记账员。

(19) 12月10日,各零售部将零售款送存银行如表5-6所示。开户行:中国工商银行崎峰市支行;账号:823653676517。

表5-6　　　　　　　　　　　各零售部送存银行零售款

部门	经办人	面值	数量	部门	经办人	面值	数量	部门	经办人	面值	数量
一零售部	成业	100元	800张	二零售部	张功	100元	1 000张	三零售部	李树	100元	1 000张
	成业	50元	400张		张功	50元	300张		李树	50元	700张
	成业	20元	600张		张功	20元	500张		李树	20元	500张
	成业	10元	500张		张功	10元	370张		李树	10元	125张

据以上资料填写"进账单",持单到银行办理进账手续,取回回单交财务科出纳员。

(20) 12月11日,代商品采购供应站开出"崎峰市服务业发票",应收兴盛公司郑志参加商品交易会的住宿及会务费计600元,持收据向兴盛公司财务科结账。

(21) 12月11日,大楼建设工程的承建单位向兴盛公司收取工程款100 000元,领款人:叶贤。据以填写"崎峰市建筑安装业统一发票",持发票联到财务科出纳处办理领款,取得出纳员签发的"现金支票"到银行取款。

(22) 12月12日,业务员欧阳春、上官秋各领计算器1个,单价165元,合计金额330元。经理周吴发审批:同意领用,一次摊销。据以填写"物品领用单"并将其送交财务科记账员。

(23) 12月12日,兴盛公司向证券公司购买一年期债券1 500 000元,手续费3 000元,以证券公司名义开出"收据",持"收据"第2联到兴盛公司财务科结算。

(24) 12月13日,根据下列资料分别编制"工资表"。

①经营人员工资计算资料如表5-7所示。

表5-7　　　　　　　　　　　经营人员工资结算资料　　　　　　　　　　　单位:元

姓名	月标准工资	津贴	水电费	公积金	个人所得税	个人承担社保
金松	1 220	97	50	50		35
杨月	1 220	97	50	50		35
刘乐	960	87	48	35		20
秋天	960	87	46	35		20
夏日等300人	285 000	21 810	8 816	4 500	3 340.50	8 080

②管理人员工资计算资料如表5-8所示。

表5-8　　　　　　　　　　　管理人员工资结算资料　　　　　　　　　　　单位:元

姓名	月标准工资	津贴	水电费	公积金	个人所得税	个人承担社保
吴发	1 360	207	50	55		40
习惯	1 220	167	48	50		35

续表

姓名	月标准工资	津贴	水电费	公积金	个人所得税	个人承担社保
区劲	1 220	167	39	50		35
李兵	1 220	157	53	50		35
成功等35人	34 000	3 025	1 800	1 000	451.50	1 950

"工资表"编制好后送交财务科出纳员。

(25)12月13日,熊锋出差武汉联系业务,返回公司报账,出差相关内容如下:2014年12月1日从崎峰市乘火车至武汉(当日到达),火车票260元,在武汉期间住宿费1 300元,2014年12月12日晚从武汉乘火车返回,于12月13日上午到达,返程票280元;赵明12月1日从崎峰市乘火车至上海(当日到达),火车票280元,在上海期间住宿费1 500元,2014年12月12日从上海乘火车回崎峰市(次日到达),火车票320元,出差补助每天20元,据以分别填写"旅差费报销单"(经理周吴发在单上签字:同意报销),并持单以熊锋和赵明的名义向财务科出纳处报账(出差前熊锋已预支2 000元、赵明已预支3 000元)。

(26)12月13日,一零售部库存C-2商品700件,每件零售价由原来的25元调至24元,据以填写"商品调价单",将记账联送兴盛公司财务科记账员。

(27)12月14日,业务科各种费用支出汇总情况如下:差旅费388元(25张原始凭证);办公费280元(18张原始凭证);其他费用200元(10张原始凭证);经核对,编制"管理费用支出汇总表",持表到财务科报账。

(28)12月14日,方星等6名职工参加崎峰市商学院短期培训,支付学杂费3 200元,以商学院名义开出"收据",持第2联(付款人联)找兴盛财务科出纳员办理领款,取得出纳员签发的"现金支票"到银行取款。

(29)12月15日,兴盛公司职工食堂向为民日杂公司购买铁锅2个,计120元;盘子40个,单价2.50元,计100元,合计220元。以为民日杂公司名义开具"为民日杂公司销售发票",持发票联向兴盛公司财务科出纳员报账(在发票备注上填写:列入职工福利)。

(30)12月16日,兴盛公司向税务局购买20张5元券印花税票,30张2元券印花税票,20张1元券印花税票,以税务局名义开具"市税务局印花税票发售统一发票",持发票联向兴盛公司财务科出纳员报账。

(31)12月16日,崎峰市保险公司向兴盛公司收取员工养老保险金7 100元,以保险公司名义开具"收据",并持"收据"(付款人联)向兴盛公司财务科结算。

(32)12月17日,向众健公司购进D-1商品5 000件千克,每千克买价9.80元;D-3商品5 000件,每件买价23.80元;向宏源公司购进E-1商品5 000千克,每千克买价11.80元;E-3商品5 000件,每件买价22.80元;向宏盛公司购进F-1商品5 000千克,每千克买价12.80元;F-3商品5 000件,每件买价16.80元;以上商品均已到达,如数验收入库。据以填写"验收单",将验收单的会计记账联送财务科记账员。

(33)12月17日,本月综合奖金结算汇总资料如下:经营人员奖金30 400元,管理人员奖金3 900元。据以编制"综合奖金结算汇总表",持表向财务科出纳员领取奖金。

(34)12月18日,向德源公司购进甲设备1台,交易价45 000元,经验收交二零售部使用,据以填写"固定资产验收单",将其第 2 联送财务科出纳员。

(35)12 月 18 日,一栋仓库 280 平方米,预计使用 30 年,已使用 29 年,原值 90 000 元,已提折旧 83 000 元,因重建提前报废。其处理意见如下:使用部门的意见:因陈旧要求报废;技术鉴定小组意见:情况属实;固定资产管理部门意见:同意转入清理;主管部门审批意见:同意报废重建。据以填写"固定资产报废单"后,将会计记账联送财务科记账员。

(36)12 月 19 日,销售给兴隆公司不需用丁设备 1 台,原始价值 52 000 元,已提折旧 16 000 元,协商作价 38 000 元。据以填写"崎峰市商业普通发票",持发票联到兴隆公司财务科收款,要求兴隆公司出纳员签发"转账支票",并与其一同去银行办理转账手续,取得银行盖章后"转账支票"收账通知联后,将"转账支票"收账通知联及"崎峰市商业普通发票"记账联送交本公司财务科出纳员。同时,依据固定资产原始价值与已提折旧填写"内部转账单",并将其送本公司财务科记账员。

(37)12 月 19 日,采购办事处与业务往来单位洽谈业务,接待、就餐、补助及接送车费共计金额 1 590 元,单据 16 张。据以填写"业务招待费汇总表",经理吴发在单上签字:同意报销。持单向财务科出纳员报账,取得出纳员签发的"现金支票"后到银行提取现金。

(38)12 月 19 日,报废固定资产的清理人员刘平等 5 人应领取清理费用 560 元,以刘平的名义填写"费用报销领款单",经理吴发在单上签字:同意付款。持单向财务科出纳员领款。

(39)12 月 19 日,兴盛公司向峰虹公司收取仓库租金 5 300 元,据以开出"崎峰市服务业发票",收到现金 5 300 元,填写"进账单"到开户行办理进账手续,收到银行盖章后的"进账单"回单,将"崎峰市服务业发票"发票联及"进账单"回单送交本公司出纳员(本公司开户行:中国工商银行崎峰市支行,账号:823653676517)。

(40)12 月 20 日,仓库清理残料如下:红砖 90 000 块,每块 0.20 元,计 18 000 元,其他材料 5 300 元,合计 23 300 元。材料全部入库作重建仓库用,据以编制"材料入库单",并将记账联送财务科记账员。

(41)12 月 20 日,兴盛公司向为民五金公司购买灭火器 6 个,单价 100 元,计 600 元。灭火器购回后当即由仓库领用。先以为民五金公司名义开具"为民五金公司发票";再以仓库保管员余新德名义填写"物品领用单"(经理吴发在单上签字:同意领用,一次摊销);最后将"为民五金公司发票"发票联和"物品领用单"送财务科出纳员,并要求领款、领物。

(42)12 月 21 日,向德源公司转让技术,收取技术转让费 16 000 元,据以填写"崎峰市商业普通发票",持其发票联到德源公司财务科收款,要求宏德公司出纳员签发"转账支票",并与其一同去银行办理转账手续,取得银行盖章后的"转账支票"收账通知联后,将"转账支票"收账通知联及"崎峰市普通发票"记账联送交本公司财务科出纳员。

(43)12 月 21 日,向会计局购买《新会计准则》等书籍,付款 198 元,以会计局的名义填写"崎峰市文化教育、体育业发票",并持发票联到账务科报账。

(44)12 月 21 日,兴盛公司汽车送汽车修配厂修理。具体修配项目如下:汽车补胎 268 元,汽车轮胎充气 36 元,车轮拆装 52 元。以汽车修配厂名义开具"崎峰市服务业发票",将"崎峰市服务业发票"发票联送交本公司财务科结算。

(45)12 月 23 日,兴盛公司使用自来水厂的供水。水表记录是:本月号码为 36783,上月号码为 34538,实用水 2 200 吨,每吨单价 1 元。以自来水厂名义开具"自来水厂水费发票",并持发票联到兴盛公司财务科结算。

(46)12月23日,采购办事处用备用金开支下列各种费用:招待费3 700元(12张原始凭证);修理费5 600元(18张原始凭证);经核对全部报销,编制"管理费用支出汇总表",持表到财务科报账。

(47)12月24日,兴盛公司电表的起码是215367,止码是252367,实用电37 000度,每度单价0.50元,以电力局的名义填写"增值税专用发票"(电费增值税税率为13%),持发票联到兴盛公司财务科结算。

(48)12月24日,兴盛公司参加本市商品展销会,应付新世纪商厦的商品展位租用费1 500元,以新世纪商厦的名义填写"崎峰市服务业发票",持发票联到兴盛公司财务科结算。

(49)12月25日,物价检查所对兴盛公司商品销售情况进行检查,发现部分商品违反国家价格政策,罚款1 700元,以物价检查所名义填写"罚款没收专用收据",持单到兴盛公司财务科收取罚款。

(50)12月25日,养路费征收站向兴盛公司收取汽车养路费用1 200元,以养路费征收站的名义填写"交通车辆养路费收据"(2辆东风汽车为送货用车,养路费为800元,2辆小车的养路费为400元),持单到兴盛公司财务科结算。

(51)12月26日,看望住院职工涂展雄,从副食品商店购买2袋奶粉,每袋15元,苹果5千克,每千克4元,据以填写"副食品商店销售发票"。经理吴发签字:在福利费列支。持发票联到兴盛公司财务科结算。

(52)12月26日,通达搬运公司为兴盛公司装卸货物,应收取商品装卸费1 200元,以通达公司的名义开具"崎峰市交通运输业发票",持发票联到兴盛公司财务科结算。

(53)12月26日,赵明出差预支差旅费1 300元,据以填写"借款单",持单向财务科出纳借款。

(54)12月26日,本公司向美国H公司购入先进设备1台,交易价4 000美元,以H公司名义填写"商业发票",以本公司设备科名义填写"固定资产验收单"(设备交管理部门使用)。"商业发票"与"固定资产验收单"交本公司出纳员(引进先进设备,减免关税及增值税;境内外运杂费均由供货方承担)。

(55)12月27日,兴盛公司自行开发一项实用型专利开发成功,先根据下列资料填写"专利申报表":申请单位:兴盛公司;专利项目:实用新型专利;技术开发费:22 000元;注册登记费:3 700元。单位意见:同意申报;专利局审批:同意注册。再以专利局名义填写"崎峰市行政事业单位收款收据",收取兴盛公司专利注册登记费3 700元。最后持"专利申报表"和"崎峰市行政事业单位收款收据"到兴盛公司财务科结算,要求支付注册登记费。

(56)12月27日,兴盛公司销售商品一批如5—9所示。

表5—9　　　　　　　　　兴盛公司销售商品明细

购买单位	甲商品		乙商品		丙商品		丁商品	
	单价(元)	数量(千克)	单价(元)	数量(千克)	单价(元)	数量(千克)	单价(元)	数量(千克)
丰润公司	4	15 000	3	15 000	5	16 000	6	15 000
丰利公司	4	20 000	3	20 000	5	10 000	6	10 000
众生公司	4	15 000	3	15 000	5	14 000	6	15 000

增值税税率均为17%,据以分别三个公司填写"增值税专用发票"后持"增值税专用发票"

2、3联到丰润公司、丰利公司、众生公司财务科结算,要求各公司出纳员根据购销合同填写"商业承兑汇票",经付款人(各购货公司)承兑后取得"商业承兑汇票"第2联,并在"商业承兑汇票"第1联的收款人盖章处盖上本公司财务专用章(由本公司出纳员盖章),在负责、经办处签名,将"增值税专用发票"记账联和"商业承兑汇票"第2联送交本公司出纳员。

(57)12月27日,通达运输公司为兴盛公司运输购入的商品,应收运费7 500元。以通达运输公司的名义开具"崎峰市公路、内河货物运输统一发票",持发票联到兴盛司财务科结算。

(58)12月27日,外购商品全部验收入库。据表5—10所列资料填写"验收单",将其记账联送财务科出纳员。

表5—10　　　　　　　　　　　　外购商品明细

供货单位	商品名称	数量(件)	单位进价(元)	合计金额(元)
众健公司	D-2商品	10 000	23	230 000
宏源公司	E-2商品	10 000	23	230 000
宏盛公司	F-2商品	10 000	16	160 000

(59)12月28日,从批发仓库调给各零售部商品如表5—11。

表5—11　　　　　　　　　批发仓库调给各零售部商品

调入部门	商品名称	数量	单位进价	零售价(元)
一零售部	D-1商品	5 000千克	见数量金额式明细账	14.00
一零售部	D-2商品	5 000件	见数量金额式明细账	33.00
二零售部	E-2商品	5 000件	见数量金额式明细账	33.00
二零售部	E-3商品	5 000件	见数量金额式明细账	33.00
三零售部	F-2商品	5 000件	见数量金额式明细账	23.00
三零售部	F-3商品	5 000件	见数量金额式明细账	24.00

据以分别填写"商品内部调拨单",将其送交财务科记账员。

(60)12月29日,各零售部将零售款送存银行如表5—12。开户行:中国工商银行崎峰市支行;账号:82365676517。

表5—12　　　　　　　　　各零售部送存银行零售款

部门	经办人	面值	数量	部门	经办人	面值	数量	部门	经办人	面值	数量
一零售部	成业	100元	1 500张	二零售部	张功	100元	1 800张	三零售部	李树	100元	1 600张
一零售部	成业	50元	1 200张	二零售部	张功	50元	1 600张	三零售部	李树	50元	1 000张
一零售部	成业	20元	2 000张	二零售部	张功	20元	1625张	三零售部	李树	20元	1 200张
一零售部	成业	10元	740张								

据以上资料填写"进账单",持单到银行办理进账手续,取回回单交财务科出纳员。

(61)12月29日,兴盛公司报废低值易耗品资料如下:文件柜3个,成本2 000元,已摊销

1 000元;办公桌5张,成本1 500元,已摊销750元;其他物品成本650元,已摊销650元。据以编制"低值易耗品报废表"(备注栏注明五五摊销或一次摊销),经理吴发在单上签字:同意报废。将其送财务科记账员。

(62)12月30日,兴盛公司支付本公司工会委员会工会经费3 270元,以本公司工会委员会的名义开出"收据",持"收据"第2联向兴盛公司财务科出纳员收款,收到出纳员签发的"现金支票"到银行提取现金。

(63)12月30日,公司支付职工食堂代扣伙食费5 691元。以职工食堂名义填写"收据",持"收据"第2联向兴盛公司财务科出纳员收款,收到出纳员签发的"现金支票"到银行提取现金。

(64)12月30日,销售给丰润公司甲商品30 000千克,每千克售价4元;销售给丰利公司乙商品40 000千克,每千克售价3元;销售给众生公司丙商品20 000千克,每千克售价5元;增值税税率17%,分别填写"增值税专用发票",将第2、3、4联送财务科记账员。

(65)12月31日,各零售部盘点商品情况如表5—13。

表5—13　　　　　　　　　　各零售部盘点商品情况

部门	实际结存	账面结存	进销差价率	备注
一零售部	548 520元	明细账余额	30%	公司经理吴发批示:按进价记入当期损益
二零售部	530 500元	明细账余额	30%	
三零售部	474 550元	明细账余额	30%	

据以分别填写"商品溢余短缺报告单",将会计记账联送财务科记账员。

德源公司会计业务岗位实操

6.1 德源公司出纳会计岗位实操

6.1.1 开设有关日记账

德源公司 2014 年 11 月 30 日有关账户余额如下：
库存现金日记账　　　　　　　　　　　　　　　　　　　　1 100（借）
银行存款日记账　　　　　　　　　　　　　　　　　　　299 900（借）
德源公司及往来公司相关情况如表 6—1 所示。

表 6—1　　　　　　　　　德源公司及往来公司相关情况

开户行：中国工商银行江泽市支行		开户行：中国工商银行崎峰市支行	
公司名称	账号	公司名称	账号
宏源公司	1156674356325	德源公司	823653676510
宏盛公司	1156674356326	德茂公司	823653676511
达昌公司	1156674356327	昌平公司	823653676512
达亿公司	1156674356328	兴隆公司	823653676516
		兴盛公司	823653676517

6.1.2 办理如下业务

凡出纳业务，在业务办理完毕后，编制记账凭证，据以登记库存现金和银行存款日记账，并将记账凭证连同所附原始凭证一并转交记账员记账。

(1)12 月 1 日，收到林凡"旅差费报销单"（所附单据略），经审核无误，报销费用 1 392 元，按原预支额 1 600 元开出"收据"，当即交回现金 208 元，并在差旅费报销单上填写"收现 208 元"。

(2)12 月 1 日，收到业务员送来的"进账单"回单及"增值税专用发票"的记账联进行账务处理。

(3)12 月 1 日，签发"转账支票"2 张，分别支付应付德茂公司账款 110 000 元和应付昌平公司账款 100 000 元；填写"信汇"凭证 1 张，支付应付达亿公司账款 90 000 元。填好结算凭证后去开户银行办理相关手续,取回"转账支票"和"信汇"凭证回单,审核无误后,进行账务处理。

(4)12月2日,填写"转账支票"1张,转出投资款180 000元,存入三峡证券营业部账户(三峡证券营业部开户行:中国工商银行崎峰市支行,账号:123456786789)准备用于购买股票。到银行办理转账手续,取回回单。

(5)12月2日,填写"现金支票"1张,提取现金5 000元备用,到开户银行办理支款手续。

(6)12月2日,收到业务科周全的"领款单",经审核无误,当即支付现金3 200元,作为业务科的备用金(在领款单上注明"现金付讫")。

(7)12月3日,收到"三峡证券营业部成交过户交割单",购入股票划作交易性金融资产。

(8)12月3日,将专夹留存的10月3日签发的"商业承兑汇票"第2联取出(曾在10月3日发生销货业务时,已填写3份"商业承兑汇票":签发日期为2014年10月3日,承兑期2个月,应收宏源公司货款110 000元,应收宏盛公司货款110 000元,应收达昌公司货款100 000元),依据到期的3张"商业承兑汇票"分别办理委托收款手续。填写"委托收款"凭证后,持"委托收款凭证"和"商业承兑汇票"第2联到开户银行办理委托收款手续,银行盖章后,取回"委托收款"凭证回单。

(9)12月3日,收到昌平公司(100 000元)和德茂公司(90 000元)出纳员送来的到期"商业承兑汇票"第2联,经审核无误后,分别一签发"转账支票",到银行办理转账手续,取回"转账支票"回单联作账务处理。

(10)12月5日,收到开户行转来宏源公司、宏盛公司、达昌公司"信汇"凭证收款通知联。

(11)12月5日,收到中财保险股份有限公司"机动车辆保险单"(正本)和"保费收据"第1联,经审核无误,据以填写转账支票(中财保险股份有限公司开户行:中国工商银行崎峰市支行;账号:823653676538),并到银行办理转账手续,经银行盖章,取回转账支票回单。

(12)12月6日,填写"中华人民共和国税收通用完税证",将未缴增值税、应缴城市维护建设税、应缴个人所得税、应缴教育费附加上缴国库,具体金额见明细分类账各该账户的月初余额。税收通用完税证填写好后,到开户行办理手续,经税务机关、银行盖章后取得完税凭证联,并据以进行账务处理。

(13)12月6日,收到律师事务所的"崎峰市服务业发票"发票联,经审核无误,以现金付讫。

(14)12月7日,收到银行转来委托收款凭证的收款通知3张,系宏源公司应收款110 000元、宏盛公司应收款110 000元、达昌公司应收款100 000元。

(15)12月7日,收到银行转来委托收款凭证的付款通知1张,系应付达亿公司商业汇票到期款110 000元。

(16)12月8日,收到崎峰市电视台的"崎峰市服务业发票"发票联,经审核无误,据以填写转账支票(崎峰市电视台开户行:中国工商银行崎峰市支行;账号:82365567558),付广告费,并到银行办理转账手续,经银行盖章,取回转账支票回单。

(17)12月8日,德源公司委托债券发行公司发行5年期债券,按面值的10%溢价发行。现债券公司已发行债券面值1 000 000元,实收金额1 100 000元,款项今日全部交来,当即送存银行。据以填写"收据"及"进账单",到银行办理手续后据"收据"记账联及"进账单"回单进行账务处理。

(18)12月9日,收到债券公司的"崎峰市服务业发票"发票联,经审核无误,据以填写转账支票(债券公司开户行:中国工商银行崎峰市支行;账号:825533667788),付手续费,并到银行办理转账手续,经银行盖章,取回转账支票回单。

(19)12月10日,收到本公司职工余红"费用报销领款单",经审核无误,以现金付讫。

(20)12月10日,收到房地产管理所的"崎峰市服务业发票"发票联,经审核无误,以现金付讫。

(21)12月10日,收到崎峰市汽车运输公司的"崎峰市公路、内河货物运输统一发票"发票联,经审核无误,据以填写转账支票(崎峰市汽车运输公司开户行:中国工商银行崎峰市支行;账号:823653675588),付运费,并到银行办理转账手续,经银行盖章,取回转账支票回单。

(22)12月10日,收到保险公司的"保险公司失业保险金收据",经审核无误,以现金支票付讫。

(23)12月10日,签发"现金支票",到银行办理取款手续,提回现金3 000元备用。根据"现金支票"存根作账务处理。

(24)12月10日,收到陆元等3人的"费用报销领款单",经审核无误,以现金付讫。

(25)12月10日,收到司法局的"崎峰市行政事业单位收款票据",经审核无误,据以填写转账支票(司法局开户行:中国工商银行崎峰市支行;账号:825634221668),付诉讼费,并到银行办理转账手续,经银行盖章,取回转账支票回单。

(26)12月11日,收到林凡的"借款单",经审核无误,以现金付讫。

(27)12月11日,收到工程队的"崎峰市建筑安装业统一发票",经审核无误,如数签发"现金支票",交杨青到银行取款。

(28)12月12日,收到证券公司的"收据",经审核无误,据以填写转账支票(证券公司开户行:中国工商银行崎峰市支行;账号:825634211698),付债券及手续费,并到银行办理转账手续,经银行盖章,取回转账支票回单。

(29)12月13日,收到"工资结算汇总表",根据实发工资总额签发"现金支票",从银行提取现金,当即发放完毕。

(30)12月13日,收到业务员送来的"增值税专用发票"第2、3、4联,据以填写"委托收款凭证"(应收达昌公司款),持委托收款凭证和"增值税专用发票"第2、3联到银行办理托收手续,经银行盖章后,将退回的"委托收款凭证"回单与"增值税专用发票"记账联一并作账务处理。

(31)12月14日,收到业务科"管理费用支出汇总表"(所附单据34张略),经审核无误,以现金付讫。

(32)12月14日,收到崎峰市工学院的"收据",经审核无误,开出"现金支票"付讫。

(33)12月15日,收到职工食堂购买炊具的发票,经审核无误,以现金付讫。

(34)12月16日,收到银行转来"委托收款凭证"的收款通知联,系达昌公司应收款。

(35)12月16日,收到"市税务局印花税票发售统一发票",经审核无误,以现金付讫。

(36)12月16日,收到保险公司收取员工养老保险金的"收据",经审核无误,据以填写转账支票(保险公司开户行:中国工商银行崎峰市支行;账号:8256342172238),付保险金,并到银行办理转账手续,经银行盖章,取回转账支票回单。

(37)12月17日,收到新达建筑公司"崎峰市建筑安装业发票"的发票联,经审核无误,据以填写转账支票(建筑公司开户行:中国工商银行崎峰市支行;账号:825625671350),付工程款,并到银行办理转账手续,经银行盖章,取回转账支票回单。

(38)12月17日,根据"综合奖金结算汇总表"(实际还应有按人头的奖金发放表,此处略),签发"现金支票"提回现金,当即发放完毕。

(39)12月18日,收到立新设计院的"崎峰市服务业发票"发票联,经审核无误,以现金付讫。

(40)12月18日,收到业务员送来的兴盛公司转账支票的收账通知联及本公司的固定资产销售的"崎峰市商业普通发票"会计记账联,经审核无误,进行账务处理。

(41)12月19日,收到德茂公司出售设备的"崎峰市商业普通发票"发票联及本公司业务员送来的"固定资产验收单",经审核无误,据以填写"转账支票"付设备款,并到银行办理转账手续,经银行盖章,取回转账支票回单。

(42)12月19日,收到林凡的"旅差费报销单"(所附单据略)和交来的现金440元,开出"收据"收讫。收据金额按林凡原借支数填写。

(43)12月19日,收到业务科的"业务招待费汇总表"及所附18张单据(单据略),经审核无误后,当即签发"现金支票"补足其备用金。

(44)12月19日,收到周鑫的"费用报销领款单",经审核无误,以现金付讫。

(45)12月19日,收到业务员送来的仓库租金收入"进账单"回单及"崎峰市服务业发票"记账联。

(46)12月20日,收到业务员送来的"为民五金公司发票"和"物品领用单",经审核无误,签发"现金支票",从银行提回现金6 000元,除支付灭火器款外,其余备用。

(47)12月20日,收到业务员送来的德茂公司"转账支票"的收账通知联及本公司收取技术转让收入的"崎峰市商业普通发票"记账联。

(48)12月21日,收到购买书籍的"崎峰市文化教育、体育业发票"发票联,经审核无误,以现金付讫。

(49)12月21日,收到兴盛公司的"崎峰市商业普通发票"发票联,经审核无误后签发"转账支票"支付技术转让费。到银行办理转账手续,经银行盖章后,拿回转账支票回单。

(50)12月21日,收到汽车修配厂的"崎峰市商业普通发票"发票联,经审核无误,以现金付讫。

(51)12月23日,收到自来水厂发票,审核无误后填写"转账支票"支付水费,到银行办理转账手续,经银行盖章后,拿回转账支票回单(自来水厂开户行:中国工商银行崎峰市支行;账号:865235217658)。

同时,根据定额耗用量分配本月水费。定额耗用量如下:动力车间600吨,机修车间500吨,基本生产车间2 800吨,公司管理部门1 100吨,据以编制"水费分配表"。

根据"自来水厂发票"发票联、"转账支票"存根和"水费分配表"进行账务处理。

(52)12月23日,收到业务科的"管理费用支出汇总表"及所附33张单据(单据略),经审核无误,签发"现金支票"补足其备用金。

(53)12月24日,收到电力局的"增值税专用发票"发票联,审核无误后填写"转账支票"支付电费,到银行办理转账手续,经银行盖章后,拿回转账支票回单(电力局开户行:中国工商银行崎峰市支行;账号:865235217666)。

同时,根据表6-2所列定额耗用量资料编制"外购动力费分配表"。

表 6-2　　　　　　　　　　　　定额耗用量资料

产品名称	定额耗用量	车间部门	定额耗用量
G-1 产品	11 000 度	动力车间	700 度
G-2 产品	11 500 度	机修车间	900 度
G-3 产品	12 000 度	基本生产车间	800 度
G-4 产品	12 500 度	管理部门	7 600 度

根据电力局的发票联、"转账支票"存根和"外购动力费分配表"进行账务处理。

(54)12月24日，收到新世纪商厦的"崎峰市服务业发票"发票联，经审核无误，以现金付讫。

(55)12月24日，为购进口设备，向开户行买入5 000美元，以中国人民银行公布的人民币汇率中间价作为即期汇率，当日的即期汇率为1美元=7.72元人民币，银行当日美元卖出价为1美元=8.10元人民币。签发"转账支票"支付人民币，填写"进账单"购入美元。到银行办理相关手续，根据"转账支票"存根和"进账单"作账务处理。

(56)12月25日，签发"现金支票"，到银行办理取款手续，提回现金6 000元备用。根据"现金支票"存根作账务处理。

(57)12月25日，收到物价检查所"罚款没收专用收据"，以现金支付罚款。

(58)12月25日，收到养路费征收站的"交通车辆养路费收据"，经审核无误，以现金付讫（2辆东风汽车为送货用车，养路费为800元，小车的养路费为400元）。

(59)12月26日，收到业务员送来的"固定资产验收单"及购买进口设备的"商业发票"，经审核无误后填写"信汇"凭证，到银行办理美元汇兑手续，取回"信汇"回单。当日的即期汇率为1美元=7.85元人民币。

(60)12月26日，收到"副食品商店销售发票"发票联，经审核无误，以现金付讫。

(61)12月26日，收到通达搬运公司的"崎峰市交通运输业发票"发票联，经审核无误，以现金付讫。

(62)12月26日，收到林凡的"借款单"，经审核无误，以现金付讫。

(63)12月27日，收到本公司业务员送来销售商品给宏盛公司、宏源公司和达昌公司的"增值税专用发票"记账联和3张"商业承兑汇票"。

(64)12月27日，收到业务员送来的"专利申报表"和专利局的"崎峰市行政事业单位收款收据"发票联，审核无误后填写"转账支票"支付专利注册登记费，到银行办理转账手续，经银行盖章后，拿回转账支票回单（专利局开户行：中国工商银行崎峰市支行；账号：865235367685）。

(65)12月27日，收到达亿公司、德茂公司、昌平公司业务员送来的"增值税专用发票"2、3联，经审核无误后，分别填写为期2个月的"商业承兑汇票"3份，其中第1联经各收款人盖章并签名后收回，在第2联的付款人盖章处盖上财务专用章，在负责经办处签名，填好后将第2联分别交达亿公司、德茂公司、昌平公司业务员。

同时，收到顺达运输公司的"崎峰市公路、内河货物运输统一发票"发票联，经审核无误，填写"转账支票"支付材料运费，到银行办理转账手续，经银行盖章后，拿回转账支票回单（顺达运输公司开户行：中国工商银行崎峰市支行；账号：865235367898）。

根据材料重量编制"材料采购费用分配表"。各种材料采购的重量：L-1 材料 8 000 千克，H-1 材料 4 800 千克，甲材料 20 000 千克，乙材料 20 000 千克，丙材料 10 000 千克，丁材料

10 000千克。

根据"增值税专用发票"发票联、"商业汇票"留存联、"转账支票"存根联、"崎峰市公路、内河货物运输统一发票"发票联、"材料采购费用分配表",作账务处理。

(66)12月30日,收到业务员送来的"增值税专用发票"2、3、4联,合同规定销货款采用委托收款结算方式,经审核无误后,据以填写"委托收款凭证",持"委托收款凭证"和"增值税专用发票"2、3联到银行办理托收手续,经银行盖章后,将退回的"委托收款凭证"回单与"增值税专用发票"记账联一并作账务处理。

(67)12月31日,到开户行拿回贷款计息凭证,进行账务处理(已预计应付利息10 000元)。

(68)12月31日,到开户行拿回存款计息凭证,进行账务处理。

(69)12月31日,将账面价值为90 000元的"交易性金融资产——基金"全部出售,实得现金94 500元。填写"内部转账单"和"进账单",将现金送存银行(全为百元券)。

(70)12月31日的即期汇率为1美元=8.05元人民币,调整当期产生的汇兑差额。

6.2 德源公司记账会计岗位实操

6.2.1 开设有关账户

德源公司2014年11月30日明细账期末资料如下:

其他货币资金——外埠存款	10 000(借)
交易性金融资产——股票(成本)	100 000(借)
交易性金融资产——债券(成本)	100 000(借)
交易性金融资产——基金(成本)	90 000(借)
应收票据——宏源公司	110 000(借)
应收票据——宏盛公司	110 000(借)
应收票据——达昌公司	100 000(借)
应收账款——宏源公司	110 000(借)
应收账款——宏盛公司	100 000(借)
应收账款——达昌公司	120 000(借)
坏账准备	1 320(贷)
其他应收款——林凡	1 600(借)
其他应收款——代扣水电费	15 000(借)
材料采购——原材料	38 850(借)
原材料——原料及主要材料	443 000(借)
原材料——其他材料	57 000(借)
周转材料——包装物	20 000(借)
周转材料——低值易耗品	50 000(借)
材料成本差异——原材料	5 000(借)
材料成本差异——包装物	200(贷)
材料成本差异——低值易耗品	500(借)

库存商品——G-1 产品	140 000（借）
库存商品——G-2 产品	640 000（借）
库存商品——G-3 产品	800 000（借）
库存商品——G-4 产品	1 000 000（借）
长期股权投资——股票投资（达亿公司）	130 000（借）
持有至到期投资——成本	100 000（借）
持有至到期投资——利息调整	10 000（借）
持有至到期投资——应计利息	10 000（借）
固定资产——生产用固定资产	1 310 000（借）
固定资产——非生产用固定资产	540 000（借）
固定资产——不需用固定资产	100 000（借）
固定资产——出租固定资产	150 000（借）
累计折旧	500 000（贷）
工程物资——专用材料	250 000（借）
工程物资——专用设备	450 000（借）
在建工程——机床大修工程	50 000（借）
在建工程——设备安装工程	400 000（借）
固定资产清理——报废	5 000（借）
无形资产——专利权	300 000（借）
无形资产——专有技术	380 000（借）
研发支出——资本化支出	20 000（借）
长期待摊费用——固定资产大修费用	52 000（借）
待处理财产损溢——待处理固定资产损溢	3 000（借）
生产成本——基本生产成本（G-1 产品）	7 800（借）
生产成本——基本生产成本（G-2 产品）	11 700（借）
生产成本——基本生产成本（G-3 产品）	13 600（借）
生产成本——基本生产成本（G-4 产品）	15 600（借）
短期借款——生产周转借款	1 500 000（贷）
应付票据——达亿公司	110 000（贷）
应付票据——德茂公司	90 000（贷）
应付票据——昌平公司	100 000（贷）
应付账款——达亿公司	90 000（贷）
应付账款——德茂公司	110 000（贷）
应付账款——昌平公司	100 000（贷）
应付职工薪酬——职工教育经费	3 800（贷）
应付职工薪酬——职工福利	1 800（贷）
应付职工薪酬——社会保险费	8 400（贷）
应交税费——未交增值税	40 000（贷）
应交税费——应交所得税	45 000（借）

应交税费——应交城市维护建设税	2 800(贷)
应交税费——应交个人所得税	2 500(贷)
应交税费——应交教育费附加	1 000(贷)
应付利息	22 000(贷)
长期借款——基建借款	1 200 000(贷)
长期应付款——应付设备款	100 000(贷)
应付债券——面值	300 000(贷)
应付债券——利息调整	20 000(贷)
应付债券——应计利息	10 000(贷)
实收资本——国家投资	1 560 000(贷)
实收资本——丰润公司	100 000(贷)
实收资本——其他	1 331 830(贷)
资本公积——资本溢价	260 000(贷)
资本公积——其他	90 000(贷)
盈余公积——法定盈余公积	700 000(贷)
利润分配——未分配利润	60 000(贷)
本年利润	400 000(贷)

原材料明细账 2014 年 11 月 30 日期末资料如表 6—3 所示。

表 6—3　　　　　　　　　原材料明细账(截至 2014 年 11 月 30 日)　　　　　　　　　单位:元

	品名	单位	数量	计划单价	金额
原料及主要材料	甲材料	千克	10 000	4.06	40 600
	乙材料	千克	12 000	3.15	37 800
	丙材料	千克	11 000	5.20	57 200
	丁材料	千克	10 000	5.85	58 500
	H-1 材料	千克	12 000	11.20	134 400
	I-1 材料	千克	10 000	11.45	114 500
	小计				443 000
其他材料					57 000
合计					500 000

材料采购明细账 2014 年 11 月 30 日期末资料如表 6—4 所示。

表 6—4　　　　　　　　　材料采购明细账(截至 2014 年 11 月 30 日)　　　　　　　　　单位:元

供货单位	项目	借方(元)			贷方(元)			备注
		买价	运杂费	合计	计划成本	差异	合计	
达昌公司	甲材料	6 000	160	6 160				
	乙材料	7 000	160	7 160				

续表

供货单位	项目	借方(元)			贷方(元)			备注
		买价	运杂费	合计	计划成本	差异	合计	
达亿公司	丙材料	8 000	180	8 180				
	丁材料	5 000	150	5 150				
大华公司	H-1 材料	6 000	100	6 100				
丰润公司	I-1 材料	6 000	100	6 100				
合　计		38 000	850	38 850				

库存商品明细账 2014 年 11 月 30 日期末资料如表 6－5 所示。

表 6－5　　　　　　　库存商品明细账(截至 2014 年 11 月 30 日)

商品名称	单位	数量	单位成本(元)	金额(元)
G-1 商品	千克	20 000	7	140 000
G-2 商品	件	40 000	16	640 000
G-3 商品	件	40 000	20	800 000
G-4 商品	件	40 000	25	1 000 000
合　计				2 580 000

生产成本明细账 2014 年 11 月 30 日期末在产品成本资料如表 6－6 所示。

表 6－6　　　　　　　生产成本明细账(截至 2014 年 11 月 30 日)

产品名称	数量	成本项目(元)			
		直接材料	直接人工	制造费用	合计
G-1 产品	2 200 千克	4 000	2 000	1 800	7 800
G-2 产品	1 500 件	6 000	3 000	2 700	11 700
G-3 产品	1 400 件	7 000	3 500	3 100	13 600
G-4 产品	1 248 件	8 000	4 000	3 600	5 600
合　计					48 700

6.2.2　开设明细账

按下列要求开设明细账。

(1)下列账户使用三栏式账页(有期初余额的账户结转期初余额,没有期初余额的账户设户后待记发生额):

其他货币资金——外埠存款

其他货币资金——存出投资款

交易性金融资产——股票(成本)

交易性金融资产——股票(公允价值变动)
交易性金融资产——债券(成本)
交易性金融资产——基金(成本)
应收票据——宏盛公司
应收票据——宏源公司
应收票据——达昌公司
应收账款——宏盛公司
应收账款——宏源公司
应收账款——达昌公司
预付账款——中财保险公司
坏账准备
其他应收款——林凡
其他应收款——业务科
其他应收款——代扣水电费
原材料——原料及主要材料
原材料——其他材料
周转材料——包装物
周转材料——低值易耗品——在库
材料成本差异——原材料
材料成本差异——包装物
材料成本差异——低值易耗品
长期股权投资——股票投资(达亿公司)
持有至到期投资——成本
持有至到期投资——利息调整
持有至到期投资——应计利息
固定资产——生产用固定资产
固定资产——非生产用固定资产
固定资产——不需用固定资产
固定资产——出租固定资产
累计折旧
工程物资——专用材料
工程物资——专用设备
在建工程——机床大修工程
在建工程——设备安装工程
在建工程——生产车间扩建工程
固定资产清理——报废
固定资产清理——出售不需用固定资产
无形资产——专利权
无形资产——专有技术

研发支出——资本化支出
累计摊销
长期待摊费用——固定资产大修费用
待处理财产损溢——待处理固定资产损溢
递延所得税资产
短期借款——生产周转借款
应付票据——德茂公司
应付票据——达亿公司
应付票据——昌平公司
应付账款——德茂公司
应付账款——达亿公司
应付账款——昌平公司
应付职工薪酬——工资
应付职工薪酬——职工福利
应付职工薪酬——社会保险费
应付职工薪酬——住房公积金
应付职工薪酬——工会经费
应付职工薪酬——职工教育经费
应付职工薪酬——非货币性福利
应交税费——未交增值税
应交税费——应交营业税
应交税费——应交所得税
应交税费——应交城市维护建设税
应交税费——应交个人所得税
应交税费——应交教育费附加
应交税费——应交房产税
应付利息
应付股利
长期借款——基建借款
长期应付款——应付设备款
应付债券——面值
应付债券——利息调整
应付债券——应计利息
递延所得税负债
实收资本——国家投资
实收资本——丰润公司
实收资本——其他
资本公积——资本溢价
资本公积——其他

盈余公积——法定盈余公积
利润分配——提取法定盈余公积
利润分配——应付现金股利
利润分配——未分配利润
本年利润
主营业务收入——G-1产品
主营业务收入——G-2产品
主营业务收入——G-3产品
主营业务收入——G-4产品
其他业务收入
投资收益
公允价值变动损益
营业外收入
主营业务成本——G-1产品
主营业务成本——G-2产品
主营业务成本——G-3产品
主营业务成本——G-4产品
营业税金及附加
其他业务成本
资产减值损失
营业外支出
所得税费用

(2)下列账户使用多栏式账页(有期初余额的账户结转期初余额,没有期初余额的账户设户后待记发生额):

应交税费——应交增值税
生产成本——基本生产成本(G-1产品)
生产成本——基本生产成本(G-2产品)
生产成本——基本生产成本(G-3产品)
生产成本——基本生产成本(G-4产品)
生产成本——辅助生产成本——机修车间
生产成本——辅助生产成本——动力车间
制造费用——基本生产车间
销售费用
财务费用
管理费用

(3)"材料采购——原材料"使用横线登记式账页(有期初余额的账户结转期初余额,没有期初余额的账户设户后待记发生额)。

(4)下列账户使用数量金额式账页(有期初余额的账户结转期初余额,没有期初余额的账户设户后待记发生额):

库存商品——G-1产品

库存商品——G-2产品

库存商品——G-3产品

库存商品——G-4产品

原材料——原料及主要材料——甲材料

原材料——原料及主要材料——乙材料

原材料——原料及主要材料——丙材料

原材料——原料及主要材料——丁材料

原材料——原料及主要材料——I-1材料

原材料——原料及主要材料——H-1材料

6.2.3 办理记账业务

按下列资料办理记账业务。

(1)12月4日,收到业务员送来的"材料入库验收单"(留待月末汇总进行收料的账务处理)。

(2)12月9日,收到"固定资产折旧计算表",经审核无误,进行账务处理。

(3)12月9日,收到业务员交来本公司换出商品的"增值税专用发票"记账联,换入材料的"增值税专用发票"抵扣联与发票联及"材料入库验收单"会计记账联,经审核无误,进行非货币性交易的账务处理。

(4)12月12日,收到陈满、宁琛的"物品领用单",经审核无误,进行账务处理。

(5)12月18日,收到业务员送来的"内部转账单",经审核无误,进行账务处理。

(6)12月18日,收到固定资产报废单,经审核无误,进行账务处理。

(7)12月20日,收到业务员送来的工程物资入库验收单。

(8)12月20日,报废固定资产清理完毕,根据"固定资产清理——报废清理"账户余额编制"内部转账单",结转清理损益。

(9)12月27日,收到业务员送来的材料入库验收单(留待月末汇总进行收料的账务处理)。

(10)12月28日,本月应摊销专利权30 000元,应摊销专有技术20 000元,应摊销基本生产车间固定资产大修费18 000元,据以编制"无形资产、长期待摊费用分摊表",经审核无误,进行账务处理。

(11)12月29日,收到"报废低值易耗品汇总表"及"材料入库验收单"(会计记账联)经审核无误,进行账务处理。

(12)12月29日,据前面留存的"材料入库验收单"登记"材料采购"明细账(横线登记式明细账)的贷方发生额,并计算入库材料成本差异,据此编制"本月已付款的入库材料汇总表"。

(13)12月30日,本月生产产品领用包装物的计划成本汇总如下(根据领料单汇总的,因为领料单不便——列出,故略去):

G-1产品领用2 300元

G-2产品领用2 600元

G-3产品领用2 400元

G-4 产品领用 2 700 元

据"周转材料——包装物"与"材料成本差异——包装物"账户资料计算材料成本差异率、领用材料应分摊的差异额及领用材料实际成本,据计算结果编制"领用包装物汇总表",经审核无误,进行账务处理。

(14)12 月 30 日,本月领用低值易耗品的计划成本汇总如下(根据领料单汇总的,因为领料单不便——列出,故略去):

基本生产车间领用 10 000 元

动力车间领用 1 200 元

机修车间领用 1 600 元

公司管理部门领用 2 000 元

据"周转材料——低值易耗品"与"材料成本差异——低值易耗品"账户资料计算材料成本差异率、领用材料应分摊的差异额及领用材料实际成本,据计算结果编制"领用低值易耗品汇总表",经审核无误,进行账务处理。

(15)12 月 31 日,收到"车间产品耗用工时汇总表",结合"工资结算汇总表"与"奖金发放表",先编制"基本生产车间生产工人工资分配表",后编制"应付职工薪酬分配表",经审核无误,进行账务处理。

(16)12 月 31 日,收到业务员送来的"发料凭证汇总表"及"发料单"(略),根据"发料单"上所载明的用途及下列材料耗用资料编制"发料凭证分配汇总表"。根据"原材料——原料用主要材料"各数量金额式明细账及"材料成本差异——原材料"账户资料,计算材料成本差异率、领用材料应分摊的差异额及领用材料实际成本。

材料耗用的计划成本汇总如表 6-7 所示。

表 6-7　　　　　　　　　　　材料耗用的计划成本汇总　　　　　　　　　　　单位:元

产品、车间、部门	主要材料	其他材料	备 注
G-1 产品	128 000		
G-2 产品	135 000		
G-3 产品	160 000		
G-4 产品	150 000		
基本生产车间一般耗用		3 000	列入物料消耗
动力车间	8 000	4 000	
机修车间	14 400	2 000	
公司管理部门		3 000	列入公司经费
销售部门		2 000	列入包装费
车间扩建工程	45 000	20 000	按 17% 转出进项税额

经审核无误,进行账务处理(注:材料成本差异率精确至小数点后四位)。

(17)12 月 31 日,原作待处理的盘亏设备净值 3 000 元,经批准转销。据以编制"内部转账单",经审核无误,进行账务处理。

(18)12月31日,收到"辅助生产情况表",结合"生产成本——辅助生产成本——动力车间"和"生产成本——辅助生产成本——机修车间"账户资料,采取直接分配法分配辅助生产费用,编制"辅助生产费用分配表"(分配率精确至小数点后四位)。经审核无误,进行账务处理。

(19)12月31日,根据工时记录(生产 G-1 产品 12 000 工时,生产 G-2 产品 11 900 工时,生产 G-3 产品 12 300 工时,生产 G-4 产品 11 980 工时)和"制造费用——基本生产车间"账户资料编制"制造费用分配表"(分配率精确至小数点后四位),经审核无误,进行账务处理。

(20)12月31日,收到"生产情况报告表"和"产品入库汇总表",结合基本生产成本明细账资料,据以编制"生产成本计算表"(分别四种产品进行计算),单位成本保留到分。经审核无误,进行账务处理。

(21)12月31日,根据本月商品销售数量及"库存商品"明细账的加权平均单位成本,编制"产品销售汇总表",结转产品销售成本。

(22)12月31日,"交易性金融资产——股票"的公允价值为 220 000 元,依据"交易性金融资产——股票——成本"及"交易性金融资产——股票——公允价值变动"明细账户资料计算本期公允价值变动金额,据以填制"内部转账单",经审核无误,进行账务处理。

(23)12月31日,按应收款项百分比法计提坏账准备,提取比例为 3%,依据"应收账款"、"其他应收款"、"预付账款"及"坏账准备"明细账资料分析计算本期应计提的坏账准备金,据以编制"内部转账单",经审核无误,进行账务处理。

(24)12月31日,依据"应交税费——应交增值税"明细账资料分析填写"增值税纳税申报表",计算出未缴增值税额,经审核无误,进行账务处理。

(25)12月31日,依据"其他业务收入"和"固定资产"明细账及"增值税纳税申报表"资料,计算应缴营业税、应缴房产税、应缴城市维护建设税、应缴教育费附加,编制"地方税收综合纳税(费)申报表",经审核无误,进行账务处理。

(26)12月31日,依据"持有至到期投资"明细账期初资料计算本年利息收入,并进行利息调整(按票面利率 8%,实际利率 6% 计算),据以填制"内部转账单",经审核无误,进行账务处理(本月发生数,暂不计算利息)。

(27)12月31日,依据"应付债券"(为安装工程而发行债券)明细账期初资料计算本年利息费用,并进行利息调整(按票面利率 9%,实际利率 6% 计算),据以填制"内部转账单",经审核无误,进行账务处理(本月发生数,暂不计算利息)。

(28)12月31日,结平"待处理财产损溢"账户。

(29)12月31日,将损益类账户的本月净发生额结转"本年利润"账户。

(30)12月31日,编制"利润表"初稿,据以编制"暂时性差异计算表"、"所得税纳税申报表"(所得税税率为 33%),经审核无误,进行账务处理。

(31)12月31日,将"所得税费用"账户发生额转入"本年利润"账户。

(32)12月31日,进行利润分配。法定盈余公积按净利润("本年利润"账户年末余额)的 10% 分配,应付现金股利按"未分配利润"明细账期初余额加上本年净利润减去本年提取的法定盈余公积后的 30% 分配。

(33)12月31日,将"本年利润"、"利润分配——提取盈余公积"、"利润分配——应付现金股利"账户余额转入"利润分配——未分配利润"账户。

6.3 德源公司财务科长岗位实操

6.3.1 开设总账

根据下列资料开设总账账户,每个账户占 1 页。德源公司 2014 年 11 月 30 日总账期末资料如下:

科目	金额
库存现金	1 100(借)
银行存款	299 900(借)
其他货币资金	10 000(借)
交易性金融资产	290 000(借)
应收票据	320 000(借)
应收账款	330 000(借)
预付账款	
坏账准备	1 320(贷)
其他应收款	16 600(借)
材料采购	38 850(借)
原材料	500 000(借)
周转材料	70 000(借)
材料成本差异	5 300(借)
库存商品	2 580 000(借)
长期股权投资	130 000(借)
持有至到期投资	120 000(借)
固定资产	2 100 000(借)
累计折旧	500 000(贷)
工程物资	700 000(借)
在建工程	450 000(借)
固定资产清理	5 000(借)
无形资产	680 000(借)
研发支出	20 000(借)
累计摊销	
长期待摊费用	52 000(借)
待处理财产损溢	3 000(借)
递延所得税资产	
生产成本	48 700(借)
制造费用	
短期借款	1 500 000(贷)
应付票据	300 000(贷)
应付账款	300 000(贷)

应付职工薪酬 14 000（贷）
应交税费 1 300（贷）
应付利息 22 000（贷）
应付股利
其他应付款
长期借款 1 200 000（贷）
长期应付款 100 000（贷）
应付债券 330 000（贷）
递延所得税负债
实收资本 2 991 830（贷）
资本公积 350 000（贷）
盈余公积 700 000（贷）
利润分配 60 000（贷）
本年利润 400 000（贷）
主营业务收入
其他业务收入
投资收益
公允价值变动损益
营业外收入
主营业务成本
营业税金及附加
其他业务成本
销售费用
管理费用
财务费用
资产减值损失
营业外支出
所得税费用

6.3.2 处理日常总账业务

日常总账业务如下：

(1)复核上旬会计凭证,根据审核无误的上旬记账凭证编制记账凭证汇总表,并据以登记总账,结出账户余额。与出纳员所经管的日记账核对,如有不符,查明原因,予以更正;与记账员所经管的明细账进行核对,如有不符,查明原因,予以更正。

(2)复核中旬会计凭证,根据审核无误的中旬记账凭证编制记账凭证汇总表,并据以登记总账,结出账户余额。与出纳员所经管的日记账核对,如有不符,查明原因,予以更正;与记账员所经管的明细账进行核对,如有不符,查明原因,予以更正。

(3)复核下旬会计凭证,根据审核无误的下旬记账凭证编制记账凭证汇总表,并据以登记总账,结出账户余额。与出纳员所经管的日记账核对,如有不符,查明原因,予以更正;与记账员所经管的明细账进行核对,如有不符,查明原因,予以更正。
(4)编制总账账户余额试算平衡表。
(5)办理年结。

6.3.3 编制会计报表

编制如下会计报表:
(1)编制资产负债表,以12月份月初数作为年初数。
(2)编制利润表,以12月份损益作为全年损益。
(3)编制现金流量表,以12月份月初数作为年初数,以12月份现金流量作为全年现金流量。

6.4 德源公司业务员岗位实操

按要求填制和传递2014年12月份凭证:
(1)12月1日,林凡出差返回公司报账,出差相关内容如下:林凡出差联系业务推销产品,2014年11月23日从崎峰市乘轮船至南京市(当日到达)船票108元,在南京市期间住宿费150元,2014年11月25日从南京乘火车至上海(次日到达)火车票280元,在上海期间住宿费360元,29日从上海乘火车回崎峰市(次日到达)火车票350元,出差补助每天18元,据以填写"旅差费报销单"(经理童庆寿在单上签字:同意报销),并持单以林凡的名义向财务科出纳处报账(出差前已预支1 600元)。
(2)12月1日,销售给甲公司G-4商品7 000件,销售给乙公司G-4商品7 000件,销售给丙公司G-4商品8 000件,销售给丁公司G-4商品8 000件,E-4商品每件售价36元,增值税税率17%,价税款均已收讫。据以填写"增值税专用发票",款项全部存入银行,填写"进账单",送银行办理进账手续后取回"进账单"回单。将"进账单"回单连同"增值税专用发票"的记账联送财务科记账员(开户行:中国工商银行崎峰市支行;账号:823653676510)。
(3)12月2日,以业务科周全的名义填写"领款单",领款金额3 200元,领款单填写好后到财务科找出纳员领款,作为业务科的备用金。
(4)12月3日,以三峡证券营业部的名义填写"三峡证券营业部成交过户交割单"1张,内容如下:本交割单系德源公司购买股票,成交编号为13578,股东账户为53657889,股东名称为德源公司,申请编号为678,公司代码为M235,申报时间为105010(即10点50分10秒),成交时间105030,实收金额为88 600元,资金余额为91 400元;证券名称为635278,成交数量10 000股,成交价格8.80元,佣金280元,印花税310元,附加费10元。填好后送德源公司出纳员。
(5)12月4日,表6-8所列材料全部入库,据以填写"材料入库验收单"。

表6-8 　　　　　　　　　　材料入库相关资料

供货单位	材料名称	计量单位	数量	单位买价(元)	运杂费(元)	计划单价(元)
达昌公司	甲材料	千克	1 500	4.00	160	4.06
	乙材料	千克	2 000	3.50	160	3.15

续表

供货单位	材料名称	计量单位	数量	单位买价(元)	运杂费(元)	计划单价(元)
达亿公司	丙材料	千克	1 600	5.00	180	5.20
	丁材料	千克	1 000	5.00	150	5.85
德茂公司	H-1 材料	千克	600	10.00	100	11.20
昌平公司	I-1 材料	千克	500	12.00	100	11.45

将填好的"材料入库验收单"记账联送本公司记账员。

(6)12月5日,以中财保险股份有限公司的名义填写"机动车辆保险单"和"保费收据"各1张,填写内容如下:被保险人为德源公司;投保险种为车辆损失险、第三责任险、盗抢险、玻璃险、他人恶意险等;车辆型号为皇冠(普);发动机号367586;牌号为A-35688;非营业用车;座位为5座;保险价值35万元,保险金额35万元;基本保费250元;车辆损失险费率0.8%;第三责任险最高赔偿限额为24万元;第三责任险保费为2 200元;盗抢险保费据表计算;玻璃险保费为50元;他人恶意险保费为100元;保险期限自2014年12月5日0时起至2017年12月5日24时止。地址:十字街58号;电话:8666688;邮政编码:438000;总经理:刘峰。填好后将"机动车辆保险单"正本和"保费收据"发票联送德源公司记账员。

(7)12月6日,以崎峰市第一律师事务所王宏的名义填写"崎峰市服务业发票",收取德源公司本月律师顾问费用1 000元,持发票联找德源公司出纳员收款。

(8)12月8日,崎峰市电视台收取德源公司广告费20 000元,代电视台填写"崎峰市服务业发票",持发票联找德源公司出纳员收款。

(9)12月9日,债券公司应向德源公司收取债券印刷费及手续费10 000元,代填写"崎峰市服务业发票",持第2联到德源财务科结算。

(10)12月9日,根据下述资料编制"固定资产折旧表"(采用平均年限法),编制完成后将其送德源公司记账员。

11月30日,固定资产资料如表6—9所示。

表6—9　　　　　　　　固定资产资料(截至2014年11月30日)

部门	固定资产类型	固定资产原值(元)	预计净残值(元)	预计使用年限
基本车间	房屋	200 000	15 000	40
	机床加工设备	200 000	10 000	10
	专用电子设备	350 000	20 000	10
	其他专用设备	160 000	8 000	20
机修车间	房屋	100 000	5 000	40
	机床加工设备	50 000	2 500	10
	其他专用设备	10 000	500	20
动力车间	房屋	100 000	5 000	40
	内燃发电机组	100 000	5 000	20
	其他专用设备	40 000	2 000	20
管理部门	房屋	540 000	27 000	40
	不需用设备	100 000	8 000	10
出租	仓库	150 000	8 000	10

(11)12月9日,德源公司与兴隆公司进行非货币交易,交易内容如下:

德源公司向兴隆公司销售G-2商品1 700件,每件售价24元;向兴隆公司购进甲材料10 000千克,每千克进价4.08元,增值税税率均为17%,据以填写销售G-2商品的"增值税专用发票"和购进甲材料的"材料入库验收单"(材料已如数入库,甲材料的计划单位成本见记账员岗位的数量金额式明细账)。填好后先持销售商品的"增值税专用发票"第2、3联到兴隆公司业务处换取购进材料的"增值税专用发票"第2、3联,再将销售商品的"增值税专用发票"记账联和购进材料的"增值税专用发票"第2、3联及"材料入库验收单"一并送交德源公司记账员。

(12)12月10日,以公司职工余红的名义填写"费用报销领款单",到财务科领取独生子女费160元。

(13)12月10日,代房地产管理所开具"崎峰市服务业发票",应收取德源公司办公用房租金1 000元。制单人:张选。持发票联到德源公司财务科结算。

(14)12月10日,以崎峰市汽车队的名义开具"崎峰市公路、内河货物运输统一发票",应收取德源公司销货运费6 000元。制单人:王平。持发票联到德源公司财务科结算。

(15)12月10日,德源公司向保险公司缴纳职工失业保险金1 400元(德源公司开户行:中国工商银行崎峰市支行;账号:823653676510。保险公司开户行:中国工商银行崎峰市支行;账号:823653998822)。以保险公司的名义开具"保险公司失业保险金收据",持发票联到德源公司财务科结算。

(16)12月10日,业务科陆元、欧阳胜、向超3人领取本年度烤火费,每人80元,经理签字:同意付款。代填写"费用报销领款单",到财务科出纳处领款。

(17)12月10日,代司法局开具"崎峰市行政事业单位收款票据",应收取德源公司公证费用1 000元。收款人:游咏。持发票联到德源公司财务科结算。

(18)12月11日,生产技术科林凡去省城开生产技术会,经领导同意借款1 600元。据以填写"借款单",持单向财务科出纳员借款。

(19)12月11日,支付生产车间扩建工程款8 000元,经公司经理童庆寿签字同意付款,由杨青统一领款,据以填写"江泽市建筑安装统一发票",持发票联到财务科出纳处办理领款,取得出纳员签发的"现金支票"到银行取款。

(20)12月12日,业务员陈满、宁琛各领计算器1个,单价120元,合计金额240元。经理童庆寿审批:同意领用,一次摊销。据以填写"物品领用单"并将其送交财务科记账员。

(21)12月12日,德源公司向证券公司购买1年期债券1 200 000元,手续费2 400元,以证券公司名义开出"收据",持"收据"第2联到德源公司财务科结算。

(22)12月13日,根据表6—10所列资料编制"工资结算汇总表"(因工资结算原始资料比较复杂,实际工作中的工资发放表是根据岗位将每个人的工资计算出来再加以汇总的。下列资料直接以汇总的形式给出)。

表 6-10   工资结算资料

车间、部门、类型	职工人数	标准工资（元）	应扣工资（元） 事假	应扣工资（元） 病假	津贴（元）	代扣款项 水电费（元）	代扣款项 住房公积金（元）	代扣款项 个人所得税（元）	代扣款项 个人承担社保（元）
基本生产车间生产工人	290	285 000	1 500	300	30 000	11 660	9 000	50	1 820
基本生产车间管理人员	12	12 300			1 600	500	520	15	105
援外工程人员	3	3 600				2 100			35
在建工程人员	20	19 600			3 000	800	600		205
机修车间人员	5	4 900			480	200	180		55
动力车间人员	4	3 850			370	150	130		45
公司管理人员	36	40 000	300	100	5 000	1 450	1 200	25	350
医务人员	4	4 200			400	160	120		35
六个月以上长病假人员	2	1 900		700	10	80	60		25

工资结算汇总表编制好后送交财务科出纳员。

(23)12月13日，销售给达昌公司G-1商品10 000千克，每千克售价9.80元，G-3商品10 000件，每件售价30.00元，增值税税率17%，据以填写"增值税专用发票"后，持第2、3、4联找德源财务科出纳员办理收款手续。

(24)12月14日，业务科各种费用支出汇总情况如下：差旅费230元(15张原始凭证)；办公费120元(21张原始凭证)；其他费用98元(6张原始凭证)；经核对，编制"管理费用支出汇总表"，持表到财务科报账。

(25)12月14日，朱正等5名职工参加崎峰市工学院短期培训，支付学杂费3 600元，以工学院名义开出"收据"，持"收据"第2联(付款人联)找德源财务科出纳员办理领款，取得出纳员签发的"现金支票"到银行取款。

(26)12月15日，德源公司职工食堂向为民日杂公司购买碗50个，单价3元，计150元；盘子40个，每个2元，计80元，合计230元。以为民日杂公司名义开具"为民日杂公司销售发票"，持发票联向德源公司财务科出纳员报账(在发票备注上填写：列入职工福利)。

(27)12月16日，德源公司向税务局购买30张5元券印花税票，40张2元券印花税票，30张1元券印花税票，以税务局名义开具"市税务局印花税票发售统一发票"，持发票联向德源公司财务科出纳员报账。

(28)12月16日，崎峰市保险公司向德源公司收取员工养老保险金7 000元，以保险公司名义开具"收据"，并持"收据"第2联(付款人联)向德源公司财务科结算。

(29)12月17日，德源公司应付的车间扩建工程包工款180 000元，以新达建筑公司的名义填写"崎峰市建筑安装统一发票"，持发票联到德源公司财务科办理结算。

(30)12月17日，本月综合奖金结算汇总资料如表6-11。

表 6—11　　　　　　　　　　　　本月综合奖金结算资料

车间、部门	奖金(元)
基本生产车间生产工人	29 000
基本生产车间管理人员	1 200
机修车间人员	500
动力车间人员	400
公司管理人员	3 600
医务人员	400

据以编制"综合奖金结算汇总表",持表向财务科出纳员领取奖金。

(31)12月18日,德源公司应付立新设计院产品设计费450元,以立新设计院的名义填写"崎峰市服务业发票",持发票联到德源公司财务科办理结算。

(32)12月18日,销售给兴盛公司不需用甲设备1台,原始价值60 000元,已提折旧18 000元,协商作价45 000元。据以填写"崎峰市商业普通发票",持发票联到兴盛公司财务科收款,要求兴盛公司出纳员签发"转账支票",并与其一同去银行办理转账手续,取得银行盖章后"转账支票"的收账通知联后,将"转账支票"的收账通知联及"崎峰市商业普通发票"记账联送交本公司财务科出纳员。同时,依据固定资产原始价值与已提折旧填写"内部转账单",并将其送本公司财务科记账员。

(33)12月18日,1栋仓库300平方米,预计使用30年,已使用28年,原值100 000元,已提折旧85 000元,因重建提前报废。其处理意见如下:使用部门的意见:因陈旧要求报废;技术鉴定小组意见:情况属实;固定资产管理部门意见:同意转入清理;主管部门审批意见:同意报废重建。据以填写"固定资产报废单"后,将会计记账联送财务科记账员。

(34)12月19日,向德茂公司购进丁设备1台,交易价38 000元,经验收交基本生产车间使用,据以填写"固定资产验收单",将第2联送财务科出纳员。

(35)12月19日,林凡12月11日去省城参加工业生产技术会,12月18日返回,往返汽车票均为40元,住宿费用700元,会议费用150元,其他费用110元,每天补助15元。以林凡的名义填写"差旅费报销单"(经理童庆寿在单上签字:同意报销)。持单向财务科出纳员报账(原借支1 600元)。

(36)12月19日,业务科与业务往来单位洽谈业务,接待、就餐、补助及接车费共计金额2 019元,单据21张。据以填写"业务招待费汇总表"(经理童庆寿在单上签字:同意报销)。持单向财务科出纳员报账,取得出纳员签发的"现金支票"后到银行提取现金。

(37)12月19日,报废固定资产的清理人员周鑫等5人应领取清理费用360元,以周鑫的名义填写"费用报销领款单"(经理童庆寿在单上签字:同意付款)。持单向财务科出纳员领款。

(38)12月19日,德源公司向崎南公司收取仓库租金5 200元,据以开出"江泽市服务业发票",收到现金5 200元,当即填写"进账单"到开户行办理进账手续,收到银行盖章后的"进账单"回单,将"崎峰市服务业发票"的发票联及"进账单"回单送交本公司出纳员(本公司开户行:中国工商银行崎峰市支行,账号:823653676510)。

(39)12月20日,仓库清理残料如下:红砖80 000块,每块0.20元,计16 000元,其他材

料 5 000 元,合计 21 000 元。材料全部入库作重建仓库用,据以编制"材料入库单",并将记账联送财务科记账员。

(40)12 月 20 日,德源公司向为民五金公司购买灭火器 5 个,单价 100 元,计 500 元。灭火器购回后当即由仓库领用。先以为民五金公司名义开具"为民五金公司发票";再以仓库保管员杨义名义填写"物品领用单"(经理童庆寿在单上签字:同意领用,一次摊销);最后将"为民五金公司发票"发票联和"物品领用单"送财务科出纳员,并要求领款、领物。

(41)12 月 20 日,向德茂公司转让技术,收取技术转让费 16 000 元,据以填写"崎峰市商业普通发票",持发票联到德茂公司财务科收款,要求德茂公司出纳员签发"转账支票",并与其一同去银行办理转账手续,取得银行盖章后的"转账支票"的收账通知联后,将"转账支票"的收账通知联及"崎峰市普通发票"记账联送交本公司财务科出纳员。

(42)12 月 21 日,向会计局购买《新会计准则》等书籍,付款 200 元,以会计局的名义填写"崎峰市文化教育、体育业发票",持发票联到账务科报账。

(43)12 月 21 日,宏盛公司的汽车送汽车修配厂修理。具体修配项目如下:汽车补胎 275 元,汽车轮胎充气 55 元,车轮拆装 50 元。以汽车修配厂名义开具"崎峰市服务业发票",将"崎峰市服务业发票"的发票联送交本公司出纳员。

(44)12 月 23 日,德源公司使用自来水厂的供水。水表记录是:本月号码为 58 639,上月号码为 53 139,实用水 5 500 吨,每吨单价 1 元。以自来水厂名义开具"自来水厂水费发票",持发票联到德源财务科结算。

(45)12 月 23 日,业务科用备用金开支下列各种费用:差旅费 900 元(16 张原始凭证);办公费 1 200 元(15 张原始凭证);修理费 1 100 元(2 张原始凭证);经核对全部报销,编制"管理费用支出汇总表",持单到财务科报账。

(46)12 月 24 日,德源公司电表的起码是 625786,止码是 688486,实用电 62 700 度,每度单价 0.50 元,以电力局的名义填写"增值税专用发票"(电费增值税税率为 13%),持发票联到德源公司财务科结算。

(47)12 月 24 日,德源公司参加本市商品展销会,应付新世界商厦的商品展位租用费 1 200 元,以新世界商厦的名义填写"崎峰市服务业发票",持发票联到德源公司财务科结算。

(48)12 月 25 日,物价检查所对德源公司商品销售情况进行检查,发现部分商品违反国家价格政策,罚款 1 500 元,以物价检查所名义填写"罚款没收专用收据",持单到德源公司财务科结算。

(49)12 月 25 日,养路费征收站向德源公司收取汽车养路费用 1 200 元,以养路费征收站的名义填写"交通车辆养路费收据"(2 辆东风汽车为送货用车,养路费为 800 元,2 辆小车的养路费为 400 元),持单到德源公司财务科结算。

(50)12 月 26 日,看望住院病人袁全友,从副食品商店购买 2 袋奶粉,每袋 20 元,苹果 5 千克,每千克 3 元,据以填写"副食品商店销售发票"(经理童庆寿签字:在福利费列支),持发票联到德源公司财务科结算。

(51)12 月 26 日,通达搬运公司为德源公司装卸货物,应收取装卸费 1 300 元,以通达公司的名义开具"崎峰市交通运输业发票",持发票联到德源公司财务科结算。

(52)12 月 26 日,林凡出差预支差旅费 1 300 元,据以填写"借款单",持单向财务科出纳借款。

(53)12 月 26 日,本公司向美国 H 公司购入先进设备 1 台,交易价 4 000 美元,以 H 公司名义填写"商业发票",以本公司设备科名义填写"固定资产验收单"(设备交管理部门使用)。"商业发票"与"固定资产验收单"交本公司出纳员(引进先进设备,减免关税及增值税;境内外运杂费均由供货方承担)。

(54)12月27日,德源公司自行开发一项实用型专利开发成功,先根据下列资料填写"专利申报表":申请单位:德源公司;专利项目:实用新型专利;技术开发费:20 000元;注册登记费:4 000元;单位意见:同意申报;专利局审批:同意注册。再以专利局名义填写"崎峰市行政事业单位收款收据",收取德源公司专利注册登记费4 000元,然后持"专利申报表"和"崎峰市行政事业单位收款收据"到德源公司财务科结算。

(55)12月27日,德源公司销售给宏源公司G-1商品5 000千克,每千克售价10元;销售给宏盛公司G-1商品4 800千克,每千克售价10元;销售给达昌公司G-2商品10 000件,每件售价24元;增值税税率均为17%,据以分别填写"增值税专用发票",持"增值税专用发票"2、3联到宏源公司、宏盛公司、达昌公司财务科结算,要求各公司出纳员根据购销合同填写"商业承兑汇票",经付款人(各购货公司)承兑后取得"商业承兑汇票"第2联,并在商业承兑汇票第1联的收款人盖章处盖上本公司财务专用章(由本公司出纳员盖章),在负责、经办处均签名,将"增值税专用发票"的记账联和"商业承兑汇票"第2联送交德源公司出纳员。

(56)12月27日,顺达运输公司为德源公司运输购入的材料,应收运费7 280元。以顺达运输公司的名义开具"崎峰市公路、内河货物运输统一发票",持发票联到德源公司财务科结算。

(57)12月27日,外购材料全部验收入库。据表6-12所列资料填写"材料入库验收单",将其记账联送财务科记账员。

表6-12 外购材料相关资料

供货单位	材料名称	数量(千克)	买价(元)	运杂费(元)	计划单价(元)
昌平公司	I-1材料	8 000	96 000	800	11.45
德茂公司	H-1材料	4 800	52 800	480	11.20
达亿公司	甲材料	20 000	80 000	2 000	4.06
	乙材料	20 000	60 000	2 000	3.15
	丙材料	10 000	50 000	1 000	5.20
	丁材料	10 000	60 000	1 000	5.85

(58)12月29日,各部门报废低值易耗品(领用时均一次摊销),本月收回残值如下:基本生产车间510元,动力车间70元,机修车间80元,行政管理部门120元。报废材料均已入库(计划价按照780元计算)。据以编制"报废低值易耗品汇总表"和"材料入库验收单",并将该其送财务科记账员。

(59)12月30日,销售给达昌公司G-2商品10 000件,每价售价24元,G-3商品10 000件,每件售价29元,增值税税率17%,据以填写"增值税专用发票",将"增值税专用发票"2、3、4联送本公司出纳员。

(60)12月31日,基本生产车间生产G-1产品耗用7 500工时,生产G-2产品耗用7 600工时,生产G-3产品耗用8 000工时,生产G-4产品耗用8 220工时,据以编制"产品耗用工时汇总表",并将该表送财务科记账员。

(61) 12月31日,本月发出材料汇总资料如表6—13所示。

表6—13　　　　　　　　　　　本月发出材料汇总资料

材料名称	数量(千克)	计划单价(元)	计划总价(元)
甲材料	35 000	4.06	142 100
乙材料	30 000	3.15	94 500
丙材料	16 000	5.20	83 200
丁材料	20 000	5.85	117 000
H-1 材料	10 000	11.20	112 000
I-1 材料	8 000	11.45	91 600
小计			640 400
其他材料			34 000

据以编制"发料凭证汇总表",并将该表送财务科记账员。

(62) 12月31日,辅助生产车间本月提供劳务总量资料如表6—14所示。

表6—14　　　　　　　　　　辅助生产车间本月提供劳务总量资料

项　目	机修车间服务量(工时)	动力车间供电量(度)
G-1 产品耗用	—	7 000
G-2 产品耗用	—	7 000
G-3 产品耗用	—	8 000
G-4 产品耗用	—	8 000
基本生产车间耗用	1 620	1 000
行政管理部门耗用	100	2 000
车间扩建工程耗用	280	7 000
动力车间耗用	90	—
机修车间耗用	—	1 000
合　计	2 090	41 000

据以编制"辅助生产情况表",并将该表送财务科记账员。

(63) 12月31日,本月产品生产及入库情况如表6—15所示。

表6—15　　　　　　　　　　　本月产品生产及入库情况

产品名称	月初在产品	本月投产	本月完工入库	月末在产品	在产品完工程度	投料方式
G-1 产品	2 200 千克	35 720 千克	36 000 千克	1 920 千克	50%	逐步投料
G-2 产品	1 500 件	16 426 件	16 000 件	1 926 件	50%	逐步投料
G-3 产品	1 400 件	14 044 件	15 000 件	444 件	50%	逐步投料
G-4 产品	1 248 件	11 326 件	11500 件	1 074 件	50%	逐步投料

代基本生产车间编制"生产情况报告表",代成品仓库编制"产品入库汇总表",将填好的2张表送财务科记账员。

7 德茂公司会计业务岗位实操

7.1 德茂公司出纳会计岗位实操

7.1.1 开设有关日记账

德茂公司 2014 年 11 月 30 日有关账户余额如下:
库存现金日记账　　　　　　　　　　　　　　　　1 100(借)
银行存款日记账　　　　　　　　　　　　　　　　300 000(借)
德茂公司及往来公司相关情况如表 7-1 所示。

表 7-1　　　　　　　　德茂公司及往来公司相关情况

开户行:中国工商银行江泽市支行		开户行:中国工商银行崎峰市支行	
公司名称	账号	公司名称	账号
宏源公司	1156674356325	德源公司	823653676510
宏盛公司	1156674356326	德茂公司	823653676511
达昌公司	1156674356327	昌平公司	823653676512
达亿公司	1156674356328	昌安公司	823653676513
		兴隆公司	823653676516
		兴盛公司	823653676517

7.1.2 办理如下业务

凡出纳业务,在业务办理完毕后,编制记账凭证,据以登记库存现金和银行存款日记账,并将记账凭证连同所附原始凭证一并转交记账员记账。

(1)12 月 1 日,收到洪军"旅差费报销单"(所附单据略),经审核无误,报销费用 1 526 元,按原预支额 1 200 元开出"收据",当即补付现金 326 元,并在差旅费报销单上填写"付现 326 元"。

(2)12 月 1 日,收到业务员送来的"进账单"回单及"增值税专用发票"记账联进行账务处理。

(3)12 月 1 日,收到开户银行转来德源公司"转账支票"收账通知联。

(4)12月1日，签发"转账支票"2张，分别支付应付昌平公司账款90 000元以及应付昌安公司账款110 000元；填写"信汇"凭证1张，支付应付达亿公司账款100 000元。填好结算凭证后去开户银行办理相关手续，取回"转账支票"和"信汇"凭证回单，审核无误，进行账务处理。

(5)12月2日，填写"转账支票"一张，转出投资款200 000元，存入三峡证券营业部账户（三峡证券营业部开户行：中国工商银行崎峰市支行；账号：123456786789）准备用于购买股票。到银行办理转账手续，取回回单。

(6)12月2日，填写"现金支票"一张，提取现金6 000元备用，到开户银行办理支款手续。

(7)12月2日，收到业务科王前锋的"领款单"，经审核无误，当即支付现金3 500元，作为业务科的备用金（在领款单上注明"现金付讫"）。

(8)12月3日，收到"三峡证券营业部成交过户交割单"，购入股票划作交易性金融资产。

(9)12月3日，将专夹留存的10月3日签发的"商业承兑汇票"第2联取出（曾在10月3日发生销货业务时，已填写3份"商业承兑汇票"：签发日期为2014年10月3日，承兑期2个月，应收德源公司货款90 000元，应收宏盛公司货款120 000元，应收达昌公司货款110 000元），依据到期的3张"商业承兑汇票"分别办理收款手续。

①应收德源公司到期票据款，持"商业承兑汇票"第2联去德源公司，要求德源公司出纳员签发"转账支票"，并到银行办理转账手续，收到开户行转回的"转账支票"收账通知联；

②应收宏盛、达昌公司到期票据款，分别填写"委托收款"凭证后，持"委托收款凭证"和"商业承兑汇票"第2联到开户银行办理委托收款手续，银行盖章后，取回"委托收款"凭证回单。

(10)12月3日，收到昌平公司（110 000元）和昌安公司（90 000元）出纳员送来的到期"商业承兑汇票"第2联，经审核无误后分别签发"转账支票"，到银行办理转账手续，取回"转账支票"回单联作账务处理。

(11)12月5日，收到开户行转来宏盛公司、达昌公司"信汇"凭证收款通知联。

(12)12月5日，收到中财保险股份有限公司"机动车辆保险单"（正本）和"保费收据"第1联，经审核无误，据以填写转账支票（中财保险股份有限公司开户行：中国工商银行崎峰市支行；账号：823653676538），并到银行办理转账手续，经银行盖章，取回转账支票回单。

(13)12月6日，填写"中华人民共和国税收通用完税证"，将未缴增值税、应缴城市维护建设税、应缴个人所得税、应缴教育费附加上缴国库，具体金额见明细分类账各该账户的月初余额。税收通用完税证填好后，到开户行办理手续，经税务机关、银行盖章后取得完税凭证联，并据以进行账务处理。

(14)12月6日，收到律师事务所的"崎峰市服务业发票"发票联，经审核无误，以现金付讫。

(15)12月7日，收到银行转来委托收款凭证的收款通知2张，系宏盛公司应收款120 000元、达昌公司应收账款110 000元。

(16)12月7日，收到银行转来委托收款凭证的付款通知1张，系应付达亿公司商业汇票到期款100 000元。

(17)12月8日，收到崎峰市电视台的"崎峰市服务业发票"发票联，经审核无误，据以填写转账支票（崎峰市电视台开户行：中国工商银行崎峰市支行；账号：82365567558），付广告费，并到银行办理转账手续，经银行盖章，取回转账支票回单。

(18)12月8日，德茂公司委托债券发行公司发行5年期债券，按面值的10%溢价发行。

现债券公司已发行债券面值800 000元,实收金额880 000元,款项今日全部交来,当即送存银行。据以填写"收据"及"进账单",到银行办理手续后据"收据"记账联及"进账单"回单进行账务处理。

(19)12月9日,收到债券公司的"崎峰市服务业发票"发票联,经审核无误,据以填写转账支票(债券公司开户行:中国工商银行崎峰市支行;账号:825533667788),付手续费,并到银行办理转账手续,经银行盖章,取回转账支票回单。

(20)12月10日,收到本公司职工柳絮"费用报销领款单",经审核无误,以现金付讫。

(21)12月10日,收到房地产管理所的"崎峰市服务业发票"发票联,经审核无误,以现金付讫。

(22)12月10日,收到崎峰市汽车运输公司的"崎峰市公路、内河货物运输统一发票"发票联,经审核无误,据以填写"转账支票"(崎峰市汽车运输公司开户行:中国工商银行崎峰市支行;账号:823653675588),付运费,并到银行办理转账手续,经银行盖章,取回"转账支票"回单。

(23)12月10日,收到保险公司的"保险公司失业保险金收据",经审核无误,以现金支票付讫。

(24)12月10日,签发"现金支票",到银行办理取款手续,提回现金3 500元备用。根据"现金支票"存根作账务处理。

(25)12月10日,收到韦天等3人的"费用报销领款单",经审核无误,以现金付讫。

(26)12月10日,收到司法局的"崎峰市行政事业单位收款票据",经审核无误,据以填写转账支票(司法局开户行:中国工商银行崎峰市支行;账号:825634221668),付诉讼费,并到银行办理转账手续,经银行盖章,取回转账支票回单。

(27)12月11日,收到洪军的"借款单",经审核无误,以现金付讫。

(28)12月11日,收到工程队的"崎峰市建筑安装业统一发票",经审核无误,签发"现金支票",交奇兵到银行取款。

(29)12月12日,收到证券公司的"收据",经审核无误,据以填写转账支票(证券公司开户行:中国工商银行崎峰市支行;账号:825634211698),付债券及手续费,并到银行办理转账手续,经银行盖章,取回转账支票回单。

(30)12月13日,收到"工资结算汇总表",根据实发工资总额签发"现金支票",从银行提取现金,当即发放完毕。

(31)12月13日,收到业务员送来的"增值税专用发票"第2、3、4联,据以填写"委托收款凭证"(应收达昌公司款),持"委托收款凭证"和"增值税专用发票"第2、3联到银行办理托收手续,经银行盖章后,将退回的"委托收款凭证"回单与"增值税专用发票"记账联一并作账务处理。

(32)12月14日,收到业务科"管理费用支出汇总表"(所附单据33张略),经审核无误,以现金付讫。

(33)12月14日,收到崎峰市工学院的"收据",经审核无误,开出"现金支票"付讫。

(34)12月15日,收到职工食堂购买炊具的发票,经审核无误,以现金付讫。

(35)12月16日,收到银行转来"委托收款凭证"的收款通知联,系达昌公司应收款。

(36)12月16日,收到"市税务局印花税票发售统一发票",经审核无误,以现金付讫。

(37)12月16日,收到保险公司收取员工养老保险金的"收据",经审核无误,据以填写"转账支票"(保险公司开户行:中国工商银行崎峰市支行;账号:8256342172238),付保险金,并到银行办理转账手续,经银行盖章,取回"转账支票"回单。

(38)12月17日,收到新达建筑公司"崎峰市建筑安装业发票"发票联,经审核无误,据以填写"转账支票"(新达建筑公司开户行:中国工商银行崎峰市支行;账号:825625671350),付工程款,并到银行办理转账手续,经银行盖章,取回"转账支票"回单。

(39)12月17日,根据"综合奖金结算汇总表"(实际还应有按人头的奖金发放表,此处略),签发"现金支票"提回现金,当即发放完毕。

(40)12月18日,收到立新设计院的"崎峰市服务业发票"发票联,经审核无误,以现金付讫。

(41)12月18日,收到昌平公司出售设备的"崎峰市商业普通发票"发票联及本公司业务员送来的"固定资产验收单",经审核无误,据以填写"转账支票"付设备款,并到银行办理转账手续,经银行盖章,取回"转账支票"回单。

(42)12月19日,收到业务员送来的德源公司"转账支票"收账通知联及本公司固定资产销售的"崎峰市商业普通发票"会计记账联,经审核无误,进行账务处理。

(43)12月19日,收到洪军的"旅差费报销单"(所附单据略)和交来的现金232元,开出"收据"收讫。收据金额按洪军原借支数填写。

(44)12月19日,收到业务科的"业务招待费汇总表"及所附15张单据(单据略),经审核无误后,当即签发"现金支票"补足其备用金。

(45)12月19日,收到王兴旺的"费用报销领款单",经审核无误,以现金付讫。

(46)12月19日,收到业务员送来的仓库租金收入"进账单"回单及"崎峰市服务业发票"记账联。

(47)12月20日,收到业务员送来的"为民五金公司发票"和"物品领用单",经审核无误,签发"现金支票",从银行提回现金5 600元,除支付灭火器款外,其余备用。

(48)12月20日,收到德源公司的"崎峰市商业普通发票"发票联,经审核无误后签发"转账支票"支付技术转让费。到银行办理转账手续,经银行盖章后,拿回转账支票回单。

(49)12月21日,收到购买书籍的"崎峰市文化教育、体育业发票"发票联,经审核无误,以现金付讫。

(50)12月21日,收到业务员送来的昌平公司"转账支票"收账通知联及本公司收取技术转让收入的"崎峰市商业普通发票"记账联。

(51)12月21日,收到汽车修配厂的"崎峰市商业普通发票"发票联,经审核无误,以现金付讫。

(52)12月23日,收到自来水厂发票,审核无误后填写"转账支票"支付水费,到银行办理转账手续,经银行盖章后,拿回转账支票回单(自来水厂开户行:中国工商银行崎峰市支行;账号:865235217658)。

同时,根据定额耗用量分配本月水费。定额耗用量如下:动力车间700吨,机修车间600吨,基本生产车间3 000吨,公司管理部门1 700吨,据以编制"水费分配表"。

根据"自来水厂发票"发票联、"转账支票"存根和"水费分配表"进行账务处理。

(53)12月23日,收到业务科的"管理费用支出汇总表"及所附29张单据(单据略),经审核无误,签发"现金支票"补足其备用金。

(54)12月24日,收到电力局的"增值税专用发票"发票联,审核无误后,填写"转账支票"

支付电费,到银行办理转账手续,经银行盖章后,拿回转账支票回单(电力局开户行:中国工商银行崎峰市支行;账号:865235217666)。

同时,根据表7—2所列定额耗用量资料编制"外购动力费分配表"。

表7—2　　　　　　　　　　　　定额耗用量资料

产品名称	定额耗用量	车间部门	定额耗用量
H-1产品	10 300度	动力车间	500度
H-2产品	11 000度	机修车间	700度
H-3产品	9 700度	基本生产车间	800度
H-4产品	9 500度	管理部门	7 500度

根据电力局的发票联、"转账支票"存根和"外购动力费分配表"进行账务处理。

(55)12月24日,收到新世纪商厦的"崎峰市服务业发票"发票联,经审核无误,以现金付讫。

(56)12月24日,为购进口设备,向开户行买入5 000美元,以中国人民银行公布的人民币汇率中间价作为即期汇率,当日的即期汇率为1美元=7.72元人民币,银行当日美元卖出价为1美元=8.10元人民币。签发"转账支票"支付人民币,填写"进账单"购入美元。到银行办理相关手续,根据"转账支票"存根和"进账单"作账务处理。

(57)12月25日,签发"现金支票",到银行办理取款手续,提回现金6 500元备用。根据"现金支票"存根作账务处理。

(58)12月25日,收到物价检查所"罚款没收专用收据"以现金支付罚款。

(59)12月25日,收到养路费征收站的"交通车辆养路费收据",经审核无误,以现金付讫(2辆东风汽车为送货用车,养路费为600元,2辆小车的养路费用为400元)。

(60)12月26日,收到"副食品商店销售发票"发票联,经审核后以现金付讫。

(61)12月26日,收到通达搬运公司的"崎峰市交通运输业发票"发票联,经审核无误,以现金付讫。

(62)12月26日,收到洪军的"借款单",经审核无误,以现金付讫。

(63)12月26日,收到业务员送来的"固定资产验收单"及购买进口设备的"商业发票",经审核无误后填写"信汇"凭证,到银行办理美元汇兑手续,取回"信汇"回单。当日的即期汇率为1美元=7.85元人民币。

(64)12月27日,收到本公司业务员送来销售商品给宏盛公司、德源公司和达昌公司的"增值税专用发票"记账联和3张"商业承兑汇票"。

(65)12月27日,收到业务员送来的"专利申报表"和专利局的"崎峰市行政事业单位收款收据"发票联,经审核无误后,填写"转账支票"支付专利注册登记费,到银行办理转账手续,经银行盖章后,拿回转账支票回单(专利局开户行:中国工商银行崎峰市支行;账号:865235367685)。

(66)12月27日,收到达亿公司、昌安公司、昌平公司业务员送来的增值税专用发票2、3联,经审核无误后分别填写为期2个月的"商业承兑汇票"3份,其中第1联经各收款人盖章并签名后收回,在第2联的付款人盖章处盖上财务专用章,在负责经办处签名,填好后将第2联分别交达亿公司、昌安公司、昌平公司业务员。

同时收到顺达运输公司的"崎峰市公路、内河货物运输统一发票"发票联,经审核无误,填写"转账支票"支付材料运费,到银行办理转账手续,经银行盖章后,拿回转账支票回单(顺达运输公司开户行:中国工商银行崎峰市支行;账号:865235367898)。

根据材料重量编制"材料采购费用分配表"。各种材料采购的重量:I-1材料8 000千克,J-1材料5 000千克,甲材料15 000千克,乙材料20 000千克,丙材料16 000千克,丁材料10 000千克。

根据"增值税专用发票"发票联、"商业承兑汇票"留存联、"转账支票"存根联、"崎峰市公路、内河货物运输统一发票"发票联、"材料采购费用分配表",作账务处理。

(67)12月30日,收到业务员送来的"增值税专用发票"第2、3、4联,合同规定销货款采用委托收款结算方式,经审核无误后,据以填写"委托收款凭证",持"委托收款凭证"和"增值税专用发票"第2、3联到银行办理托收手续,经银行盖章后,将退回的"委托收款凭证"回单与"增值税专用发票"记账联一并作账务处理。

(68)12月31日,到开户行拿回贷款计息凭证,进行账务处理(已预计应付利息10 000元)。

(69)12月31日,到开户行拿回存款计息凭证,进行账务处理。

(70)12月31日,将账面价值为80 000元的"交易性金融资产——基金"全部出售,实得现金84 000元。填写"内部转账单"和"进账单",将现金送存银行(全为百元券)。

(71)12月31日的即期汇率为1美元=8.05元人民币,调整当期产生的汇兑差额。

7.2 德茂公司记账会计岗位实操

7.2.1 开设有关账户料

德茂公司2014年11月30日明细账期末资料如下:

其他货币资金——外埠存款	12 000(借)
交易性金融资产——股票(成本)	110 000(借)
交易性金融资产——债券(成本)	100 000(借)
交易性金融资产——基金(成本)	80 000(借)
应收票据——宏盛公司	120 000(借)
应收票据——德源公司	90 000(借)
应收票据——达昌公司	110 000(借)
应收账款——宏盛公司	110 000(借)
应收账款——德源公司	110 000(借)
应收账款——达昌公司	110 000(借)
坏账准备	1 320(贷)
其他应收款——洪军	1 200(借)
其他应收款——代扣水电费	1500(借)
材料采购——原材料	40 960(借)
原材料——原料及主要材料	485 000(借)

科目	金额
原材料——其他材料	80 000（借）
周转材料——包装物	19 000（借）
周转材料——低值易耗品	60 000（借）
材料成本差异——原材料	5 650（借）
材料成本差异——包装物	190（贷）
材料成本差异——低值易耗品	600（借）
库存商品——H-1产品	160 000（借）
库存商品——H-2产品	750 000（借）
库存商品——H-3产品	540 000（借）
库存商品——H-4产品	1 000 000（借）
长期股权投资——股票投资（达昌公司）	150 000（借）
持有至到期投资——成本	100 000（借）
持有至到期投资——利息调整	5 000（借）
持有至到期投资——应计利息	10 000（借）
固定资产——生产用固定资产	1 350 000（借）
固定资产——非生产用固定资产	600 000（借）
固定资产——不需用固定资产	200 000（借）
固定资产——出租固定资产	150 000（借）
累计折旧	650 000（贷）
工程物资——专用材料	260 000（借）
工程物资——专用设备	450 000（借）
在建工程——机床大修工程	60 000（借）
在建工程——设备安装工程	350 000（借）
固定资产清理——报废	4 000（借）
无形资产——专利权	350 000（借）
无形资产——专有技术	375 000（借）
研发支出——资本化支出	25 000（借）
长期待摊费用——固定资产大修费用	47 000（借）
待处理财产损溢——待处理固定资产损溢	3 000（借）
生产成本——基本生产成本（H-1产品）	15 000（借）
生产成本——基本生产成本（H-2产品）	18 800（借）
生产成本——基本生产成本（H-3产品）	18 800（借）
生产成本——基本生产成本（H-4产品）	22 600（借）
短期借款——生产周转借款	1 500 000（贷）
应付票据——达亿公司	100 000（贷）
应付票据——昌平公司	110 000（贷）
应付票据——昌安公司	90 000（贷）
应付账款——达亿公司	100 000（贷）
应付账款——昌平公司	90 000（贷）

应付账款——昌安公司	110 000（贷）
应付职工薪酬——职工教育经费	4 500（贷）
应付职工薪酬——职工福利	880（贷）
应付职工薪酬——社会保险费	9 120（贷）
应交税费——未交增值税	35 000（贷）
应交税费——应交所得税	36 000（借）
应交税费——应交城市维护建设税	2 000（贷）
应交税费——应交个人所得税	2 500（贷）
应交税费——应交教育费附加	800（贷）
应付利息	21 000（贷）
长期借款——基建借款	1 300 000（贷）
长期应付款——应付设备款	100 000（贷）
应付债券——面值	320 000（贷）
应付债券——利息调整	10 000（贷）
应付债券——应计利息	20 000（贷）
实收资本——国家投资	1 639 900（贷）
实收资本——丰利公司	100 000（贷）
实收资本——其他	1 200 000（贷）
资本公积——资本溢价	200 000（贷）
资本公积——其他	100 000（贷）
盈余公积——法定盈余公积	700 000（贷）
利润分配——未分配利润	80 000（贷）
本年利润	400 000（贷）

原材料明细账 2014 年 11 月 30 日期末资料如表 7—3 所示。

表 7—3　　　　　　　　　期末原材料明细（截至 2014 年 11 月 30 日）

	品名	单位	数量	计划单价（元）	金额（元）
原料及主要材料	甲材料	千克	12 000	4.05	48 600
	乙材料	千克	10 000	3.09	30 900
	丙材料	千克	12 000	5.05	60 600
	丁材料	千克	12 000	6.05	72 600
	I-1 材料	千克	11 000	11.80	129 800
	J-1 材料	千克	11 000	12.954	142 500
	小计				485 000
其他材料					80 000
合计					565 000

材料采购明细账 2014 年 11 月 30 日期末资料如表 7—4 所示。

表 7-4　　　　　　　　　　期末材料采购明细（截至 2014 年 11 月 30 日）　　　　　　　　　　单位：元

供货单位	项目	借方（元）			贷方（元）			备注
		买价	运杂费	合计	计划成本	差异	合计	
达昌公司	甲材料	8 000	200	8 200				
	乙材料	8 000	200	8 200				
达亿公司	丙材料	7 000	180	7 180				
	丁材料	7 000	180	7 180				
昌平公司	I-1 材料	5 000	100	5 100				
昌安公司	J-1 材料	5 000	100	5 100				
合计		40 000	960	40 960				

库存商品明细账 2014 年 11 月 30 日期末资料如表 7-5 所示。

表 7-5　　　　　　　期末库存商品明细（截至 2014 年 11 月 30 日）

商品名称	单位	数量	单位成本（元）	金额（元）
H-1 商品	千克	20 000	8	160 000
H-2 商品	件	50 000	15	750 000
H-3 商品	件	30 000	18	540 000
H-4 商品	件	50 000	20	1 000 000
合　计				2 450 000

生产成本明细账 2014 年 11 月 30 日期末在产品成本资料如表 7-6 所示。

表 7-6　　　　　　　期末生产成本明细（截至 2014 年 11 月 30 日）

产品名称	数量	成本项目（元）			
		直接材料	直接人工	制造费用	合　计
H-1 产品	3 750 千克	8 000	4 000	3 000	15 000
H-2 产品	2 515 件	10 000	5 000	3 800	18 800
H-3 产品	2 100 件	10 000	5 000	3 800	18 800
H-4 产品	2 260 件	12 000	6 000	4 600	22 600
合　计					75 200

7.2.2　开设明细账

按下列要求开设明细账。

（1）下列账户使用三栏式账页（有期初余额的账户结转期初余额，没有期初余额的账户设户后待记发生额）：

其他货币资金——外埠存款
其他货币资金——存出投资款
交易性金融资产——股票（成本）
交易性金融资产——股票（公允价值变动）
交易性金融资产——债券（成本）
交易性金融资产——基金（成本）
应收票据——宏盛公司
应收票据——德源公司
应收票据——达昌公司
应收账款——宏盛公司
应收账款——德源公司
应收账款——达昌公司
预付账款——中财保险公司
坏账准备
其他应收款——洪军
其他应收款——业务科
其他应收款——代扣水电费
原材料——原料及主要材料
原材料——其他材料
周转材料——包装物
周转材料——低值易耗品——在库
材料成本差异——原材料
材料成本差异——包装物
材料成本差异——低值易耗品
长期股权投资——股票投资（达昌公司）
持有至到期投资——成本
持有至到期投资——利息调整
持有至到期投资——应计利息
固定资产——生产用固定资产
固定资产——非生产用固定资产
固定资产——不需用固定资产
固定资产——出租固定资产
累计折旧
工程物资——专用材料
工程物资——专用设备
在建工程——机床大修工程
在建工程——设备安装工程
在建工程——生产车间扩建工程
固定资产清理——报废

固定资产清理——出售不需用固定资产
无形资产——专利权
无形资产——专有技术
研发支出——资本化支出
累计摊销
长期待摊费用——固定资产大修费用
待处理财产损溢——待处理固定资产损溢
递延所得税资产
短期借款——生产周转借款
应付票据——达亿公司
应付票据——昌平公司
应付票据——昌安公司
应付账款——达亿公司
应付账款——昌平公司
应付账款——昌安公司
应付职工薪酬——工资
应付职工薪酬——职工福利
应付职工薪酬——社会保险费
应付职工薪酬——住房公积金
应付职工薪酬——工会经费
应付职工薪酬——职工教育经费
应付职工薪酬——非货币性福利
应交税费——未交增值税
应交税费——应交营业税
应交税费——应交所得税
应交税费——应交城市维护建设税
应交税费——应交个人所得税
应交税费——应交教育费附加
应交税费——应交房产税
应付利息
应付股利
长期借款——基建借款
长期应付款——应付设备款
应付债券——面值
应付债券——利息调整
应付债券——应计利息
递延所得税负债
实收资本——国家投资
实收资本——丰利公司

实收资本——其他

资本公积——资本溢价

资本公积——其他

盈余公积——法定盈余公积

利润分配——提取法定盈余公积

利润分配——应付现金股利

利润分配——未分配利润

本年利润

主营业务收入——H-1产品

主营业务收入——H-2产品

主营业务收入——H-3产品

主营业务收入——H-4产品

其他业务收入

投资收益

公允价值变动损益

营业外收入

主营业务成本——H-1产品

主营业务成本——H-2产品

主营业务成本——H-3产品

主营业务成本——H-4产品

营业税金及附加

其他业务成本

资产减值损失

营业外支出

所得税费用

(2)下列账户使用多栏式账页(有期初余额的账户结转期初余额,没有期初余额的账户设户后待记发生额):

应交税费——应交增值税

生产成本——基本生产成本(H-1产品)

生产成本——基本生产成本(H-2产品)

生产成本——基本生产成本(H-3产品)

生产成本——基本生产成本(H-4产品)

生产成本——辅助生产成本——机修车间

生产成本——辅助生产成本——动力车间

制造费用——基本生产车间

销售费用

财务费用

管理费用

(3)"材料采购——原材料"使用横线登记式账页(有期初余额的账户结转期初余额,没有

期初余额的账户设户后待记发生额)。

(4)下列账户使用数量金额式账页(有期初余额的账户结转期初余额,没有期初余额的账户设户后待记发生额):

库存商品——H-1产品

库存商品——H-2产品

库存商品——H-3产品

库存商品——H-4产品

原材料——原料及主要材料——甲材料

原材料——原料及主要材料——乙材料

原材料——原料及主要材料——丙材料

原材料——原料及主要材料——丁材料

原材料——原料及主要材料——I-1材料

原材料——原料及主要材料——J-1材料

7.2.3 办理记账业务

办理如下记账业务:

(1)12月4日,收到业务员送来的"材料入库验收单"(留待月末汇总进行收料的账务处理)。

(2)12月9日,收到"固定资产折旧计算表",经审核无误,进行账务处理。

(3)12月9日,收到业务员交来本公司换出商品的"增值税专用发票"记账联,换入材料的"增值税专用发票"抵扣联与发票联及"材料入库验收单"会计记账联,经审核无误,进行非货币性交易的账务处理。

(4)12月12日,收到马立群、牛耕的"物品领用单",经审核无误,进行账务处理。

(5)12月18日,收到固定资产报废单,经审核无误,进行账务处理。

(6)12月19日,收到业务员送来的"内部转账单",经审核无误,进行账务处理。

(7)12月20日,收到业务员送来的工程物资入库验收单。

(8)12月20日,报废固定资产清理完毕,根据"固定资产清理——报废清理"账户余额编制"内部转账单",结转清理损益。

(9)12月27日,收到业务员送来的材料入库验收单(留待月末汇总进行收料的账务处理)。

(10)12月28日,本月应摊销专利权35 000元,应摊销专有技术20 000元,应摊销基本生产车间固定资产大修费17 000元,据以编制"无形资产、长期待摊费用分摊表",经审核无误,进行账务处理。

(11)12月29日,收到"报废低值易耗品汇总表"及"材料入库验收单"会计记账联,经审核无误,进行账务处理。

(12)12月29日,根据前面留存的"材料入库验收单"登记"材料采购"明细账(横线登记式明细账)的贷方发生额,并计算入库材料成本差异,据以编制"本月已付款的入库材料汇总表"。

(13)12月30日本月生产产品领用包装物的计划成本汇总如下(根据领料单汇总,因为领料单不便——列出,故略去):

H-1产品领用2 100元

H-2产品领用2 000元

H-3 产品领用 2 200 元

H-4 产品领用 2 300 元

据"周转材料——包装物"与"材料成本差异——包装物"账户资料计算材料成本差异率、领用材料应分摊的差异额及领用材料实际成本,据计算结果编制"领用包装物汇总表",经审核无误,进行账务处理。

(14)12 月 30 日,本月领用低值易耗品的计划成本汇总如下(根据领料单汇总的,因为领料单不便一一列出,故略去):

基本生产车间领用 12 000 元

动力车间领用 1 200 元

机修车间领用 1 600 元

公司管理部门领用 2 400 元

据"周转材料——低值易耗品"与"材料成本差异——低值易耗品"账户资料计算材料成本差异率、领用材料应分摊的差异额及领用材料实际成本,据计算结果编制"领用低值易耗品汇总表",经审核无误,进行账务处理。

(15)12 月 31 日,收到"车间产品耗用工时汇总表",结合"工资结算汇总表"与"奖金发放表"先编制"基本生产车间生产工人工资分配表",后编制"应付职工薪酬分配表",经审核无误,进行账务处理。

(16)12 月 31 日,收到业务员送来的"发料凭证汇总表"及"发料单"(略),根据"发料单"上所载明的用途及下列材料耗用资料编制"发料凭证分配汇总表"。据"原材料——原料用主要材料"各数量金额式明细账及"材料成本差异——原材料"账户资料计算材料成本差异率、领用材料应分摊的差异额及领用材料实际成本。

材料耗用的计划成本汇总如表 7—7 所示

表 7—7　　　　　　　　　　材料耗用的计划成本汇总　　　　　　　　　　单位:元

产品、车间、部门	主要材料	其他材料	备　　注
H-1 产品	150 000		
H-2 产品	140 000		
H-3 产品	130 000		
H-4 产品	160 000		
基本生产车间一般耗用		3 000	列入物料消耗
动力车间	8 000	5 000	
机修车间	13 850	3 000	
公司管理部门		3 000	列入公司经费
销售部门		3 000	列入包装费
车间扩建工程	42 000	23 000	按 17% 转出进项税额

经审核无误,进行账务处理(注:材料成本差异率精确至小数点后四位)。

(17)12 月 31 日,原作待处理的盘亏设备净值 3 000 元,经批准转销。据以编制"内部转账

单",经审核无误,进行账务处理。

(18)12月31日,收到"辅助生产情况表",结合"生产成本——辅助生产成本——动力车间"和"生产成本——辅助生产成本——机修车间"账户资料,采取直接分配法分配辅助生产费用,编制"辅助生产费用分配表"(分配率精确至小数点后四位),经审核无误,进行账务处理。

(19)12月31日,根据工时记录(生产 H-1 产品 11 000 工时,生产 H-2 产品 10 000 工时,生产 H-3 产品 11 000 工时,生产 H-4 产品 16 730 工时)和"制造费用——基本生产车间"账户资料编制"制造费用分配表"(分配率精确至小数点后四位),经审核无误,进行账务处理。

(20)12月31日,收到"生产情况报告表"和"产品入库汇总表",结合基本生产成本明细账资料,据以编制"生产成本计算表"(分别四种产品进行计算),单位成本保留到分,经审核无误,进行账务处理。

(21)12月31日,根据本月商品销售数量及"库存商品"明细账的加权平均单位成本,编制"产品销售汇总表",结转产品销售成本。

(22)12月31日,"交易性金融资产——股票"的公允价值为 220 000 元,依据"交易性金融资产——股票——成本"及"交易性金融资产——股票——公允价值变动"明细账户资料计算本期公允价值变动金额,据以填制"内部转账单",经审核无误,进行账务处理。

(23)12月31日,按应收款项百分比法计提坏账准备,提取比例为 3%,依据"应收账款"、"其他应收款"、"预付账款"及"坏账准备"明细账资料分析计算本期应计提的坏账准备金,据以编制"内部转账单",经审核无误,进行账务处理。

(24)12月31日,依据"应交税费——应交增值税"明细账资料分析填写"增值税纳税申报表",计算出未缴增值税额,经审核无误,进行账务处理。

(25)12月31日,依据"其他业务收入"和"固定资产"明细账及"增值税纳税申报表"资料,计算应缴营业税、应缴房产税、应缴城市维护建设税、应缴教育费附加,编制"地方税收综合纳税(费)申报表",经审核无误,进行账务处理。

(26)12月31日,依据"持有至到期投资"明细账期初资料计算本年利息收入,并进行利息调整(按票面利率 7%,实际利率 6% 计算),据以填制"内部转账单",经审核无误,进行账务处理(本月发生数,暂不计算利息)。

(27)12月31日,依据"应付债券"(为安装工程而发行债券)明细账期初资料计算本年利息费用,并进行利息调整(按票面利率 9%,实际利率 8% 计算),据以填制"内部转账单",经审核无误,进行账务处理(本月发生数,暂不计算利息)。

(28)12月31日,结平"待处理财产损溢"账户。

(29)12月31日,将损益类账户的本月净发生额结转"本年利润"账户。

(30)12月31日,编制"利润表"初稿,据以编制"暂时性差异计算表"、"所得税纳税申报表"(所得税税率为 33%),经审核无误,进行账务处理。

(31)12月31日,将"所得税费用"账户发生额转入"本年利润"账户。

(32)12月31日,进行利润分配。法定盈余公积按净利润("本年利润"账户年末余额)的 10% 分配,应付现金股利按"未分配利润"明细账期初余额加上本年净利润减去本年提取的法定盈余公积后的 30% 分配。

(33)12月31日,将"本年利润"、"利润分配——提取盈余公积"、"利润分配——应付现金股利"账户余额转入"利润分配——未分配利润"账户。

7.3 德茂公司财务科长岗位实操

7.3.1 开设总账

根据下列资料开设总账账户,每个账户占 1 页。德茂公司 2014 年 11 月 30 日总账期末资料如下:

库存现金	1 100(借)
银行存款	300 000(借)
其他货币资金	12 000(借)
交易性金融资产	290 000(借)
应收票据	320 000(借)
应收账款	330 000(借)
预付账款	
坏账准备	1 320(贷)
其他应收款	2 700(借)
材料采购	40 960(借)
原材料	565 000(借)
周转材料	79 000(借)
材料成本差异	6 060(借)
库存商品	2 450 000(借)
长期股权投资	150 000(借)
持有至到期投资	115 000(借)
固定资产	2 300 000(借)
累计折旧	650 000(贷)
工程物资	710 000(借)
在建工程	410 000(借)
固定资产清理	4 000(借)
无形资产	725 000(借)
研发支出	25 000(借)
累计摊销	
长期待摊费用	47 000(借)
待处理财产损溢	3 000(借)
递延所得税资产	
生产成本	75 200(借)
制造费用	
短期借款	1 500 000(贷)
应付票据	300 000(贷)
应付账款	300 000(贷)

应付职工薪酬	14 500（贷）
其他应付款	
应交税费	4 300（贷）
应付利息	21 000（贷）
应付股利	
长期借款	1 300 000（贷）
长期应付款	100 000（贷）
应付债券	350 000（贷）
递延所得税负债	
实收资本	2 939 900（贷）
资本公积	300 000（贷）
盈余公积	700 000（贷）
利润分配	80 000（贷）
本年利润	400 000（贷）
主营业务收入	
其他业务收入	
投资收益	
公允价值变动损益	
营业外收入	
主营业务成本	
营业税金及附加	
其他业务成本	
销售费用	
管理费用	
财务费用	
资产减值损失	
营业外支出	
所得税费用	

7.3.2 处理日常总账业务

日常总账业务如下：

(1)复核上旬会计凭证，根据审核无误的上旬记账凭证编制记账凭证汇总表，并据以登记总账，结出账户余额。与出纳员所经管的日记账核对，如有不符，查明原因，予以更正；与记账员所经管的明细账进行核对，如有不符，查明原因，予以更正。

(2)复核中旬会计凭证，根据审核无误的中旬记账凭证编制记账凭证汇总表，并据以登记总账，结出账户余额。与出纳员所经管的日记账核对，如有不符，查明原因，予以更正；与记账员所经管的明细账进行核对，如有不符，查明原因，予以更正。

(3)复核下旬会计凭证，根据审核无误的下旬记账凭证编制记账凭证汇总表，并据以登记总账，结出账户余额。与出纳员所经管的日记账核对，如有不符，查明原因，予以更正；与记账员所经管的明细账进行核对,如有不符,查明原因,予以更正。

(4)编制总账账户余额试算平衡表。

(5)办理年结。

7.3.3 编制会计报表

编制如下会计报表:

(1)编制资产负债表,以12月份月初数作为年初数。

(2)编制利润表,以12月份损益作为全年损益。

(3)编制现金流量表,以12月份月初数作为年初数,以12月份现金流量作为全年现金流量。

7.4 德茂公司业务员岗位实操

按要求填制和传递2014年12月份凭证:

(1)12月1日,洪军出差返回公司报账,出差相关内容如下:洪军出差联系业务推销产品,2014年11月24日从崎峰市乘火车至武汉市(当日到达)火车票260元,在武汉市期间住宿费160元,2014年11月26日从武汉乘火车至深圳(次日到达)火车票320元,在深圳期间住宿费300元,29日从深圳乘火车回崎峰市(次日到达)火车票360元,出差补助每天18元,据以填写"旅差费报销单"(经理吴文广在单上签字:同意报销),并持单以洪军的名义向财务科出纳处报账(出差前已预支1 200元)。

(2)12月1日,销售给A公司H-4商品10 000件,销售给B公司H-4商品8 000件,销售给C公司H-4商品7 000件,销售给D公司H-4商品6 000件,H-4商品每件售价29元,增值税税率17%,价税款均已收讫。据以填写"增值税专用发票",款项全部存入银行,填写"进账单",送银行办理进账手续后取回"进账单"回单。将"进账单"回单连同"增值税专用发票"的记账联送财务科记账员(开户行:中国工商银行崎峰市支行;账号:823653676511)。

(3)12月2日,以业务科王前锋的名义填写"领款单",领款金额3 500元,领款单填好后到财务科找出纳员领款,作为业务科的备用金。

(4)12月3日,以三峡证券营业部的名义填写"三峡证券营业部成交过户交割单"1张,内容如下:本交割单系德茂公司购买股票,成交编号为13579,股东账户为53657890,股东名称为德茂公司,申请编号为679,公司代码为M236,申报时间为105015(即10点50分15秒),成交时间为105038,实收金额为106 442元,资金余额为93 558元;证券名称为635 278,成交数量12 000股,成交价格8.81元,佣金337元,印花税373元,附加费12元。填好后送德茂公司出纳员。

(5)12月4日,表7-8所列材料全部入库,据以填写"材料入库验收单"。

表7-8　　　　　　　　　　　　入库材料相关资料

供货单位	材料名称	计量单位	数量	单位买价(元)	运杂费(元)	计划单价(元)
达昌公司	甲材料	千克	2 000	4.00	200	4.05
	乙材料	千克	2 500	3.20	200	3.09

续表

供货单位	材料名称	计量单位	数量	单位买价(元)	运杂费(元)	计划单价(元)
达亿公司	丙材料	千克	1 400	5.00	180	5.05
	丁材料	千克	1 400	5.00	180	6.05
昌平公司	I-1材料	千克	500	10.00	100	11.80
昌安公司	J-1材料	千克	400	12.50	100	12.95

将填好的"材料入库验收单"记账联送本公司记账员。

(6)12月5日,以中财保险股份有限公司的名义填写"机动车辆保险单"和"保费收据"各1张,填写内容如下:被保险人为德茂公司;投保险种为车辆损失险、第三责任险、盗抢险、玻璃险、他人恶意险等;车辆型号为皇冠(普);发动机号367587;牌号为A-35689;非营业用车;座位为5座;保险价值32万元,保险金额32万元;基本保费240元;车辆损失险费率0.8%;第三责任险最高赔偿限额为20万元;第三责任险保费为2 000元;盗抢险保费据表计算;玻璃险保费为60元;他人恶意险保费为100元;保险期限自2014年12月5日0时起至2017年12月5日24时止。地址:十字街58号;电话:8666688;邮政编码:438000;总经理:刘峰。填好后将"机动车辆保险单"正本和"保费收据"发票联送德茂公司记账员。

(7)12月6日,以崎峰市第一律师事务所王宏的名义填写"崎峰市服务业发票",收取德茂公司本月律师顾问费用1 100元,持发票联找德茂公司出纳员收款。

(8)12月8日,崎峰市电视台收取德茂公司广告费21 000元,代电视台填写"崎峰市服务业发票",持其发票联找德茂公司出纳员收款。

(9)12月9日,债券公司应向德茂公司收取债券印刷费及手续费8 000元,代填写"崎峰市服务业发票",持第2联到德茂公司财务科结算。

(10)12月9日,根据下述资料编制"固定资产折旧表"(采用平均年限法),编制完成后将其送德茂公司记账员。

11月30日,固定资产资料如表7-9所示。

表7-9　　　　　　　　固定资产资料(截至11月30日)

部门	固定资产类型	固定资产原值(元)	预计净残值(元)	预计使用年限
基本车间	房屋	250 000	15 000	40
	机床加工设备	200 000	10 000	10
	专用电子设备	300 000	20 000	10
	其他专用设备	200 000	8 000	20
机修车间	房屋	100 000	5 000	40
	机床加工设备	50 000	2 500	10
	其他专用设备	10 000	500	20
动力车间	房屋	100 000	5 000	40
	内燃发电机组	100 000	5 000	20
	其他专用设备	40 000	2 000	20
管理部门	房屋	600 000	30 000	40
	不需用设备	200 000	20 000	10
出租	仓库	150 000	8 000	10

(11)12月9日,德茂公司与兴隆公司进行非货币交易,交易内容如下:

德茂公司向兴隆公司销售H-3商品1 212件,每件售价25元;向兴隆公司购进乙材料10 000千克,每千克进价3.03元。增值税税率均为17%,据以填写销售H-3商品的"增值税专用发票"和购进乙材料的"材料入库验收单"(材料已如数入库,乙材料的计划单位成本见记账员岗位的数量金额式明细账),填好后先持销售商品的"增值税专用发票"2、3联到兴隆公司业务处换取购进材料的"增值税专用发票"2、3联;后将销售商品的"增值税专用发票"记账联和购进材料的"增值税专用发票"2、3联及"材料入库验收单"一并送交德茂公司记账员。

(12)12月10日,以公司职工柳絮的名义填写"费用报销领款单",到财务科领取独生子女费180元。

(13)12月10日,代房地产管理所开具"崎峰市服务业发票",应收取德茂公司办公用房租金1 100元。制单人:张选。持发票联到德茂公司财务科结算。

(14)12月10日,以崎峰市汽车队的名义开具"崎峰市公路、内河货物运输统一发票",应收取德茂公司销货运费7 000元。制单人:王平。持发票联到德茂公司财务科结算。

(15)12月10日,德茂公司向保险公司缴纳职工失业保险金1 520元(德茂公司开户行:中国工商银行崎峰市支行;账号:823653676511。保险公司开户行:中国工商银行崎峰市支行;账号:823653998822)。以保险公司的名义开具"保险公司失业保险金收据",持发票联到德茂公司财务科结算。

(16)12月10日,业务科韦天、黄明、周源3人领取本年度烤火费,每人90元,经理签字:同意付款,代填写"费用报销领款单",到财务科出纳处领款。

(17)12月10日,代司法局开具"崎峰市行政事业单位收款票据",应收取德茂公司公证费用1 000元,收款人:游咏,持发票联到德茂公司财务科结算。

(18)12月11日,生产技术科洪军去省城开生产技术会,经领导吴文广同意借款1 600元,据以填写"借款单",持单向财务科出纳员借款。

(19)12月11日,支付生产车间扩建工程款8 000元,经公司经理吴文广签字同意付款,由奇兵统一领款,据以填写"江泽市建筑安装统一发票",持发票联到财务科出纳处办理领款,取得出纳员签发的"现金支票"到银行取款。

(20)12月12日,业务员马立群、牛耕各领计算器1个,单价130元,合计金额260元,经理吴文广审批:同意领用,一次摊销,据以填写"物品领用单",将其送交财务科记账员。

(21)12月12日,德茂公司向证券公司购买一年期债券1 000 000元,手续费2 000元,以证券公司名义开出"收据",持"收据"第2联到德茂公司财务科结算。

(22)12月13日,根据表7—10所列资料编制"工资结算汇总表"(因工资结算原始资料比较复杂,实际工作中的工资发放表是根据岗位将每个人的工资计算出来加以汇总的。而下列资料直接以汇总的形式给出)。

表 7-10　　　　　　　　　　　　工资结算资料

车间、部门、类型	职工人数	标准工资（元）	应扣工资（元）		津贴（元）	代扣款项			
			事假	病假		水电费（元）	住房公积金（元）	个人所得税（元）	个人承担社保（元）
基本生产车间生产工人	288	265 000	800	200	26 500	1 100	6 000	45	1 690
基本生产车间管理人员	12	13 700			1 370	50	300	20	105
援外工程人员	3	3 200			1 800				30
在建工程人员	22	22 000			2 200	30	500		25
机修车间人员	7	7 600			760	10	200		65
动力车间人员	5	5 200			520	10	150		40
公司管理人员	37	43 000	150		5 000	300	1 200	25	36
医务人员	3	3 300			300	160	90		25
六个月以上长病假人员	2	1 900		360	10	80	45		15

工资结算汇总表编制好后送交财务科出纳员。

(23) 12月13日，销售给达昌公司 H-1 商品 10 000 千克，每千克售价 10.80 元，H-2 商品 10 000 件，每件售价 21.50 元，增值税税率为 17%，据以填写"增值税专用发票"后，将第 2、3、4 联交德茂财务科出纳员办理收款手续。

(24) 12月14日，业务科各种费用支出汇总情况如下：差旅费 300 元(18 张原始凭证)；办公费 180 元(10 张原始凭证)；其他费用 58 元(5 张原始凭证)；经核对无误后，编制"管理费用支出汇总表"，持表到财务科报账。

(25) 12月14日，童志等 6 名职工参加崎峰市工学院短期培训，支付学杂费 4 200 元，以工学院名义开出"收据"，持"收据"第 2 联(付款人联)找德茂财务科出纳员办理领款，取得出纳员签发的"现金支票"到银行取款。

(26) 12月15日，德茂公司职工食堂向为民日杂公司购买碗 30 个，单价 3 元，计 90 元；盘子 40 个，每个 2.50 元，计 100 元，合计 190 元。以为民日杂公司名义开具"为民日杂公司销售发票"，持发票联向德茂公司财务科出纳员报账(在发票备注上填写：列入职工福利)。

(27) 12月16日，德茂公司向税务局购买 20 张 5 元券印花税票，30 张 2 元券印花税票，20 张 1 元券印花税票，以税务局名义开具"市税务局印花税票发售统一发票"，持发票联向德茂公司财务科出纳员报账。

(28) 12月16日，崎峰市保险公司向德茂公司收取员工养老保险金 7 600 元，以保险公司名义开具"收据"，并持"收据"第 2 联(付款人联)向德茂公司财务科结算。

(29) 12月17日，德茂公司应付的车间扩建工程包工款 200 000 元，以新达建筑公司的名义填写"崎峰市建筑安装统一发票"，持发票联到德茂公司财务科办理结算。

(30) 12月17日，本月综合奖金结算汇总资料如表 7-11 所示。

表 7—11　　　　　　　　　　本月综合奖金结算资料

车间、部门	奖金（元）
基本生产车间生产工人	28 800
基本生产车间管理人员	1 200
机修车间人员	700
动力车间人员	500
公司管理人员	3 700
医务人员	300

据以编制"综合奖金结算汇总表"，持表向财务科出纳员领取奖金。

(31) 12月18日，德茂公司应付立新设计院产品设计费400元，以立新设计院的名义填写"崎峰市服务业发票"，持发票联到德茂公司财务科办理结算。

(32) 12月18日，向昌平公司购进乙设备一台，交易价38 000元，经验收交基本生产车间使用，据以填写"固定资产验收单"，将第2联送财务科出纳员。

(33) 12月18日，1栋仓库280平方米，预计使用30年，已使用29年，原值95 000元，已提折旧85 000元，因重建提前报废。其处理意见如下：使用部门的意见：因陈旧要求报废；技术鉴定小组意见：情况属实；固定资产管理部门意见：同意转入清理；主管部门审批意见：同意报废重建。据以填写"固定资产报废单"后将其会计记账联送财务科记账员。

(34) 12月19日，销售给德源公司不需用丁设备一台，原始价值50 000元，已提折旧15 000元，协商作价38 000元。据以填写"崎峰市商业普通发票"，其发票联到德源公司财务科收款，要求德源公司出纳员签发"转账支票"，并与其一同去银行办理转账手续，取得银行盖章后"转账支票"收账通知联后，将"转账支票"收账通知联及"崎峰市商业普通发票"记账联送交本公司财务科出纳员。同时依据固定资产原始价值与已提折旧填写"内部转账单"，并将其送本公司财务科记账员。

(35) 12月19日，洪军12月11日去省城参加工业生产技术会，12月18日返回，往返汽车票均为39元，住宿费用700元，会议费用150元，其他费用320元，每天补助15元。以洪军的名义填写"差旅费报销单"（经理吴文广在单上签字：同意报销）。持单向财务科出纳员报账（原借支1 600元）。

(36) 12月19日，业务科与业务往来单位洽谈业务，接待、就餐、补助及接车费共计金额1 546元，单据15张。据以填写"业务招待费汇总表"，经理吴文广在单上签字：同意报销。持单向财务科出纳员报账，取得出纳员签发的"现金支票"后到银行提取现金。

(37) 12月19日，报废固定资产的清理人员王兴旺等5人应领取清理费用500元，以王兴旺的名义填写"费用报销领款单"（经理吴文广在单上签字：同意付款）。持单向财务科出纳员领款。

(38) 12月19日，德茂公司向崎南公司收取仓库租金5 500元，据以开出"崎峰市服务业发票"，收到现金5 500元，当即填写"进账单"到开户行办理进账手续，收到银行盖章后的"进账单"回单，将"崎峰市服务业发票"发票联及"进账单"回单送交本公司出纳员（本公司开户行：中国工商银行崎峰市支行，账号：823653676511）。

(39) 12月20日，仓库清理残料如下：红砖50 000块，每块0.20元，计10 000元，其他材料 5 000 元,合计 15 000 元。材料全部入库作重建仓库用,据以编制"材料入库单",并将其记账联送财务科记账员。

(40)12 月 20 日,德茂公司向为民五金公司购买灭火器 6 个,单价 100 元,计 600 元。灭火器购回后当即由仓库领用。先以为民五金公司名义开具"为民五金公司发票";再以仓库保管员袁彤名义填写"物品领用单"(经理吴文广在单上签字:同意领用,一次摊销);最后将"为民五金公司发票"发票联和"物品领用单"送财务科出纳员,并要求领款、领物。

(41)12 月 20 日,向昌平公司转让技术,收取技术转让费 20 000 元,据以填写"崎峰市商业普通发票",持发票联到昌平公司财务科收款,要求昌平公司出纳员签发"转账支票",并与其一同去银行办理转账手续,取得银行盖章后的"转账支票"收账通知联后,将"转账支票"收账通知联及"崎峰市普通发票"记账联送交本公司财务科出纳员。

(42)12 月 21 日,向会计局购买《新会计准则》等书籍,付款 178 元,以会计局的名义填写"崎峰市文化教育、体育业发票",持发票联到账务科报账。

(43)12 月 21 日,德茂公司的汽车送汽车修配厂修理。具体修配项目如下:汽车补胎 236 元,汽车轮胎充气 33 元,车轮拆装 39 元。以汽车修配厂名义开具"崎峰市服务业发票",将"崎峰市服务业发票"发票联送交本公司出纳员。

(44)12 月 23 日,德茂公司使用自来水厂的供水。水表记录是:本月号码为 59326,上月号码为 52726,实用水 6 600 吨,每吨单价 1 元。以自来水厂名义开具"自来水厂水费发票",持发票联到德茂财务科结算。

(45)12 月 23 日,业务科用备用金开支下列各种费用:差旅费 950 元(16 张原始凭证);办公费 800 元(15 张原始凭证);修理费 1 300 元(2 张原始凭证);经核对全部报销,编制"管理费用支出汇总表",持单到财务科报账。

(46)12 月 24 日,德茂公司电表的起码是 356789,止码是 411789,实用电 55 000 度,每度单价 0.50 元,以电力局的名义填写"增值税专用发票"(电费增值税税率为 13%),持发票联到德茂公司财务科结算。

(47)12 月 24 日,德茂公司参加本市商品展销会,应付新世界商厦的商品展位租用费 1 000 元,以新世界商厦的名义填写"崎峰市服务业发票",持发票联到德茂公司财务科结算。

(48)12 月 25 日,物价检查所对德茂公司商品销售情况进行检查,发现部分商品违反国家价格政策,罚款 1 800 元,以物价检查所名义填写"罚款没收专用收据",持单到德茂公司财务科结算。

(49)12 月 25 日,养路费征收站向德茂公司收取汽车养路费用 1 000 元,以养路费征收站的名义填写"交通车辆养路费收据"(2 辆东风汽车为送货用车,养路费为 600 元,2 辆小车的养路费为 400 元),持单到德茂公司财务科结算。

(50)12 月 26 日,看望住院病人张学文,从副食品商店购买 2 袋奶粉,每袋 18 元,苹果 5 千克,每千克 4 元,据以填写"副食品商店销售发票",经理签字:在福利费列支,持发票联到德茂公司财务科结算。

(51)12 月 26 日,通达搬运公司为德茂公司装卸货物,应收取装卸费 1 350 元,以通达公司的名义开具"崎峰市交通运输业发票",持发票联到德茂公司财务科结算。

(52)12 月 26 日,洪军出差预支差旅费 1 500 元,据以填写"借款单",持单向财务科出纳借款。

(53)12 月 26 日,本公司向美国 H 公司购入先进设备 1 台,交易价 4 000 美元,以 H 公司名义填写"商业发票",以本公司设备科名义填写"固定资产验收单"(设备交管理部门使用)。"商业发票"与"固定资产验收单"交本公司出纳员(引进先进设备,减免关税及增值税;境内外运杂费均由供货方承担)。

(54)12月27日,德茂公司自行开发一项实用型专利开发成功,先根据下列资料填写"专利申报表":申请单位:德茂公司;专利项目:实用新型专利;技术开发费:25 000元;注册登记费:3 800元;单位意见:同意申报;专利局审批:同意注册。再以专利局名义填写"崎峰市行政事业单位收款收据",收取德茂公司专利注册登记费3 800元。最后持"专利申报表"和"崎峰市行政事业单位收款收据"到德茂公司财务科结算。

(55)12月27日,德茂公司销售给宏盛公司H-1商品5 000千克,每千克售价11元;销售给德源公司H-1商品4 800千克,每千克售价11元;销售给达昌公司H-2商品10 000件,每件售价22元;增值税税率均为17%,据以分别三个公司填写"增值税专用发票"后持"增值税专用发票"2、3联到德源、宏盛、达昌公司财务科结算,要求各公司出纳员根据购销合同填写"商业承兑汇票",经付款人(各购货公司)承兑后取得"商业承兑汇票"第2联,并在"商业承兑汇票"第1联的收款人盖章处盖上本公司财务专用章(由本公司出纳员盖章),在负责、经办处均签名,将"增值税专用发票"记账联和"商业承兑汇票"第2联送交德茂公司出纳员。

(56)12月27日,顺达运输公司为德茂公司运输购入的材料,应收运费7 400元。以顺达运输公司的名义开具"崎峰市公路、内河货物运输统一发票",持发票联到德茂公司财务科结算。

(57)12月27日,外购材料全部验收入库。据表7-12所列资料填写"材料入库验收单",将其记账联送财务科记账员。

表7-12　　　　　　　　　　　　外购材料相关资料

供货单位	材料名称	数量(千克)	买价(元)	运杂费(元)	计划单价(元)
昌平公司	I-1材料	8 000	96 000	800	11.80
昌安公司	J-1材料	5 000	65 000	500	12.95
达亿公司	甲材料	15 000	60 000	1 500	4.05
	乙材料	20 000	60 000	2 000	3.09
	丙材料	16 000	80 000	1 600	5.05
	丁材料	10 000	60 000	1 000	6.05

(58)12月29日,各部门报废低值易耗品(领用时均一次摊销),本月收回残值如下:基本生产车间490元,动力车间62元,机修车间68元,行政管理部门180元。报废材料均已入库(计划价按照800元计算)。据以编制"报废低值易耗品汇总表"和"材料入库验收单",并将其送财务科记账员。

(59)12月30日,销售给达昌公司H-2商品10 000件,每价售价22元,H-3商品10 000件,每件售价26元,增值税税率为17%,据以填写"增值税专用发票",将"增值税专用发票"2、3、4联送本公司出纳员。

(60)12月31日,基本生产车间生产H-1产品耗用7 000工时,生产H-2产品耗用7 300工时,生产H-3产品耗用7 500工时,生产H-4产品耗用7 250工时,据以编制"产品耗用工时汇总表",并将该表送财务科记账员。

(61)12月31日,本月发出材料汇总资料如表7—13所示。

表7—13　　　　　　　　　　　　　本月发出材料汇总

材料名称	数量(千克)	计划单价(元)	计划总价(元)
甲材料	20 000	4.05	81 000
乙材料	40 000	3.09	123 600
丙材料	20 000	5.05	101 000
丁材料	15 000	6.05	90 750
I-1 材料	10 000	11.80	118 000
J-1 材料	10 000	12.95	129 500
小计			643 850
其他材料			40 000

据以编制"发料凭证汇总表",并将该表送财务科记账员。

(62)12月31日,辅助生产车间本月提供劳务总量资料如表7—14所示。

表7—14　　　　　　　　辅助生产车间本月提供劳务总量资料

项　目	机修车间服务量(工时)	动力车间供电量(度)
H-1 产品耗用	—	7 000
H-2 产品耗用	—	8 000
H-3 产品耗用	—	10 000
H-4 产品耗用	—	10 000
基本生产车间耗用	1 590	1 000
行政管理部门耗用	100	1 000
车间扩建工程耗用	310	13 000
动力车间耗用	80	—
机修车间耗用	—	900
合　计	2 080	50 900

据以编制"辅助生产情况表",并将该表送财务科记账员。

(63)12月31日,本月产品生产及入库情况如表7—15所示。

表7—15　　　　　　　　　　　本月产品生产及入库情况

产品名称	月初在产品	本月投产	本月完工入库	月末在产品	在产品完工程度	投料方式
H-1 产品	3 750 千克	32 456 千克	34 000 千克	2 206 千克	50%	逐步投料
H-2 产品	2 515 件	17 585 件	17 000 件	3 100 件	50%	逐步投料
H-3 产品	2 100 件	14 218 件	14 000 件	2 318 件	50%	逐步投料
H-4 产品	2 260 件	13 896 件	15 000 件	1 156 件	50%	逐步投料

代基本生产车间编制"生产情况报告表",代成品仓库编制"产品入库汇总表",将填写好的两张表送财务科记账员。

昌平公司会计业务岗位实操

8.1 昌平公司出纳会计岗位实操

8.1.1 开设有关日记账

昌平公司 2014 年 11 月 30 日有关账户余额如下：
库存现金日记账　　　　　　　　　　　　　　　　　　　　1 200(借)
银行存款日记账　　　　　　　　　　　　　　　　　　　290 000(借)
昌平公司及往来公司相关情况如表 8—1 所示。

表 8—1　　　　　　　　　　昌平公司及往来公司相关情况

开户行:中国工商银行江泽市支行		开户行:中国工商银行崎峰市支行	
公司名称	账号	公司名称	账号
达昌公司	1156674356327	德源公司	823653676510
达亿公司	1156674356328	德茂公司	823653676511
		昌平公司	823653676512
		昌安公司	823653676513
		大兴公司	823653676514
		兴隆公司	823653676516
		兴盛公司	823653676517

8.1.2 办理如下业务

凡出纳业务,在业务办理完毕后,编制记账凭证,据以登记库存现金和银行存款日记账,并将记账凭证连同所附原始凭证一并转交记账员记账。

(1)12月1日,收到熊锋"旅差费报销单"(所附单据略),经审核无误,报销费用 1 056 元,按原预支额 1 000 元开出"收据",当即补付现金 56 元,并在差旅费报销单上填写"付现 56 元"。

(2)12月1日,收到业务员送来的"进账单"回单及"增值税专用发票"记账联进行账务处理。

(3)12月1日,收到开户银行转来德源公司和德茂公司"转账支票"收账通知联。

(4)12月1日,签发"转账支票"2张,分别支付应付昌安公司账款110 000元和应付大兴公司账款100 000元;填写"信汇"凭证1张,支付应付达亿公司账款110 000元。填好结算凭证后去开户银行办理相关手续,取回"转账支票"和"信汇"凭证回单,审核无误后进行账务处理。

(5)12月2日,填写"转账支票"1张,转出投资款210 000元,存入三峡证券营业部账户(三峡证券营业部开户行:中国工商银行崎峰市支行,账号:123456786789)准备用于购买股票。到银行办理转账手续,取回回单。

(6)12月2日,填写"现金支票"1张,提取现金4 000元备用,到开户银行办理支款手续。

(7)12月2日,收到业务科何为国的"领款单",经审核无误,当即支付现金2 600元,作为业务科的备用金(在领款单上注明"现金付讫")。

(8)12月3日,收到"三峡证券营业部成交过户交割单",购入股票划作交易性金融资产。

(9)12月3日,将专夹留存的10月3日签发的商业承兑汇票第2联取出(曾在10月3日发生销货业务时,已填写3份"商业承兑汇票":签发日期为2014年10月3日,承兑期2个月,应收德源公司货款100 000元,应收德茂公司货款110 000元,应收达昌公司货款120 000元),依据到期的3张"商业承兑汇票"分别办理收款手续。

①应收德源和德茂公司到期票据款,持"商业承兑汇票"第2联去德源、德茂公司,要求德源和德茂公司出纳员签发"转账支票",并到银行办理转账手续,收到开户行转回的"转账支票"收账通知联;

②应收达昌公司到期票据款,填写"委托收款"凭证后,持"委托收款凭证"和"商业承兑汇票"第2联到开户银行办理委托收款手续,银行盖章后,取回"委托收款"凭证回单。

(10)12月3日,收到昌安公司(100 000元)和大兴公司(100 000元)出纳员送来的到期"商业汇票"第2联,经审核无误后,分别签发"转账支票",到银行办理转账手续,取回"转账支票"回单联作账务处理。

(11)12月5日,收到开户行转来达昌公司"信汇"凭证收款通知联。

(12)12月5日,收到中财保险股份有限公司"机动车辆保险单"(正本)和"保费收据"第1联,经审核无误,据以填写转账支票(中财保险股份有限公司开户行:中国工商银行崎峰市支行;账号:823653676538),并到银行办理转账手续,经银行盖章,取回转账支票回单。

(13)12月6日,填写"中华人民共和国税收通用完税证",将未缴增值税、应缴城市维护建设税、应缴个人所得税、应缴教育费附加上缴国库,具体金额见明细分类账各该账户的月初余额。税收通用完税证填好后,到开户行办理手续,经税务机关、银行盖章后取得完税凭证联,并据以进行账务处理。

(14)12月6日,收到律师事务所的"崎峰市服务业发票"发票联,经审核无误,以现金付讫。

(15)12月7日,收到银行转来委托收款凭证的收款通知1张,系达昌公司应收账款120 000元。

(16)12月7日,收到银行转来委托收款凭证的付款通知1张,系应付达亿公司商业汇票到期款110 000元。

(17)12月8日,收到崎峰市电视台的"崎峰市服务业发票"发票联,经审核无误,据以填写转账支票(崎峰市电视台开户行:中国工商银行崎峰市支行;账号:82365567558),付广告费,并到银行办理转账手续,经银行盖章,取回转账支票回单。

(18)12月8日,昌平公司委托债券发行公司发行5年期债券,按面值的10%溢价发行。现债券公司已发行债券面值900 000元,实收金额990 000元,款项今日全部交来,当即送存银行。据以填写"收据"及"进账单",到银行办理手续后据"收据"记账联及"进账单"回单进行账务处理。

(19)12月9日,收到债券公司的"崎峰市服务业发票"发票联,经审核无误,据以填写转账支票(债券公司开户行:中国工商银行崎峰市支行;账号:825533667788),付手续费,并到银行办理转账手续,经银行盖章,取回转账支票回单。

(20)12月10日,收到本公司职工黄川"费用报销领款单",经审核无误,以现金付讫。

(21)12月10日,收到房地产管理所的"崎峰市服务业发票"发票联,经审核无误,以现金付讫。

(22)12月10日,收到崎峰市汽车运输公司的"崎峰市公路、内河货物运输统一发票"发票联,经审核无误,据以填写"转账支票"(崎峰市汽车运输公司开户行:中国工商银行崎峰市支行;账号:823653675588),付运费,并到银行办理转账手续,经银行盖章,取回"转账支票"回单。

(23)12月10日,收到保险公司的"保险公司失业保险金收据",经审核无误,以现金支票付讫。

(24)12月10日,签发"现金支票",到银行办理取款手续,提回现金3 600元备用。根据"现金支票"存根作账务处理。

(25)12月10日,收到冯吉等3人的"费用报销领款单",经审核无误,以现金付讫。

(26)12月10日,收到司法局的"崎峰市行政事业单位收款票据",经审核无误,据以填写转账支票(司法局开户行:中国工商银行崎峰市支行;账号:825634221668),付诉讼费,并到银行办理转账手续,经银行盖章,取回转账支票回单。

(27)12月11日,收到熊锋的"借款单",经审核无误,以现金付讫。

(28)12月11日,收到工程队的"崎峰市建筑安装业统一发票",经审核无误,如数签发"现金支票",交柳贵超到银行取款。

(29)12月12日,收到证券公司的"收据",经审核无误,据以填写转账支票(证券公司开户行:中国工商银行崎峰市支行;账号:825634211698),付债券及手续费,并到银行办理转账手续,经银行盖章,取回转账支票回单。

(30)12月13日,收到"工资结算汇总表",根据实发工资总额签发"现金支票",从银行提取现金,当即发放完毕。

(31)12月13日,收到业务员送来的"增值税专用发票"第2、3、4联,据以填写"委托收款凭证"(应收达昌公司款),持"委托收款凭证"和"增值税专用发票"第2、3联到银行办理托收手续,经银行盖章后,将退回的"委托收款凭证"回单与"增值税专用发票"记账联一并作账务处理。

(32)12月14日,收到业务科"管理费用支出汇总表"(所附单据32张略),经审核无误,以现金付讫。

(33)12月14日,收到崎峰市工学院的"收据",经审核无误,开出"现金支票"付讫。

(34)12月15日,收到职工食堂购买炊具的发票,经审核无误,以现金付讫。

(35)12月16日,收到银行转来的"委托收款凭证"收款通知联,系达昌公司应收款。

(36)12月16日,收到"市税务局印花税票发售统一发票",经审核无误,以现金付讫。

(37)12月16日,收到保险公司收取员工养老保险金的"收据",经审核无误,据以填写"转账支票"(保险公司开户行:中国工商银行崎峰市支行;账号:8256342172238),付保险金,并到银行办理转账手续,经银行盖章,取回"转账支票"回单。

(38)12月17日,收到新达建筑公司"崎峰市建筑安装业发票"发票联,经审核无误,据以填写"转账支票"(新达建筑公司开户行:中国工商银行崎峰市支行;账号:825625671350),付工程款,并到银行办理转账手续,经银行盖章,取回"转账支票"回单。

(39)12月17日,根据"综合奖金结算汇总表"(实际还应有按人头的奖金发放表,此处略),签发"现金支票"提回现金,当即发放完毕。

(40)12月18日,收到立新设计院的"崎峰市服务业发票"发票联,经审核无误,以现金付讫。

(41)12月18日,收到业务员送来的德茂公司"转账支票"收账通知联及本公司的固定资产销售的"崎峰市商业普通发票"会计记账联,经审核无误,进行账务处理。

(42)12月19日,收到昌安公司出售设备的"崎峰市商业普通发票"发票联及本公司业务员送来的"固定资产验收单",经审核无误后,据以填写"转账支票"付设备款,并到银行办理转账手续,经银行盖章,取回"转账支票"回单。

(43)12月19日,收到熊锋的"旅差费报销单"(所附单据略)和交来的现金568元,开出"收据"收讫。收据金额按熊锋原借支数填写。

(44)12月19日,收到业务科的"业务招待费汇总表"及所附15张单据(单据略),经审核无误,签发"现金支票"补足其备用金。

(45)12月19日,收到赵全胜的"费用报销领款单",经审核无误,以现金付讫。

(46)12月19日,收到业务员送来的仓库租金收入"进账单"回单及"崎峰市服务业发票"记账联。

(47)12月20日,收到业务员送来的"为民五金公司发票"和"物品领用单",经审核无误,签发"现金支票",从银行提回现金6 000元,除支付灭火器款外,其余备用。

(48)12月20日,收到业务员送来的昌安公司"转账支票"收账通知联及本公司收取技术转让收入的"崎峰市商业普通发票"记账联。

(49)12月21日,收到购买书籍的"崎峰市文化教育、体育业发票"发票联,经审核无误,以现金付讫。

(50)12月21日,收到德茂公司的"崎峰市商业普通发票"发票联,经审核无误后签发"转账支票"支付技术转让费。到银行办理转账手续,经银行盖章后,拿回"转账支票"回单。

(51)12月21日,收到汽车修配厂的"崎峰市商业普通发票"发票联,经审核无误,以现金付讫。

(52)12月23日,收到自来水厂发票,审核无误后,填写"转账支票"支付水费,到银行办理转账手续。经银行盖章后,拿回转账支票回单(自来水厂开户行:中国工商银行崎峰市支行;账号:865235217658)。

同时,根据定额耗用量分配本月水费。定额耗用量如下:动力车间650吨,机修车间600吨,基本生产车间2 800吨,公司管理部门1 150吨,据以编制"水费分配表"。

根据"自来水厂发票"发票联、"转账支票"存根和"水费分配表"进行账务处理。

(53)12月23日,收到业务科的"管理费用支出汇总表"及所附36张单据(单据略),经审核无误,签发"现金支票"补足其备用金。

(54)12月24日,收到电力局的"增值税专用发票"发票联,审核无误后填写"转账支票"支付电费,到银行办理转账手续,经银行盖章后,拿回"转账支票"回单(电力局开户行:中国工商银行崎峰市支行;账号:865235217666)。

同时,根据表8-2所列定额耗用量资料编制"外购动力费分配表"。

表8-2　　　　　　　　　　　　定额耗用量资料

产品名称	定额耗用量	车间部门	定额耗用量
I-1产品	11 000度	动力车间	600度
I-2产品	11 000度	机修车间	1 000度
I-3产品	12 000度	基本生产车间	700度
I-4产品	11 500度	管理部门	8 200度

根据电力局的发票联、"转账支票"存根和"外购动力费分配表"进行账务处理。

(55)12月24日,收到新世纪商厦的"崎峰市服务业发票"发票联,经审核无误,以现金付讫。

(56)12月24日,为购进口设备,向开户行买入5 000美元,以中国人民银行公布的人民币汇率中间价作为即期汇率,当日的即期汇率为1美元=7.72元人民币,银行当日美元卖出价为1美元=8.10元人民币。签发"转账支票"支付人民币,填写"进账单"购入美元。到银行办理相关手续,根据"转账支票"存根和"进账单"作账务处理。

(57)12月25日,签发"现金支票",到银行办理取款手续,提回现金7 000元备用。根据"现金支票"存根作账务处理。

(58)12月25日,收到物价检查所"罚款没收专用收据",以现金支付罚款。

(59)12月25日,收到养路费征收站的"交通车辆养路费收据",经审核无误,以现金付讫(2辆东风汽车为送货用车,养路费为700元,2辆小车的养路费为400元)。

(60)12月26日,收到"副食品商店销售发票"发票联,经审核无误,以现金付讫。

(61)12月26日,收到通达搬运公司的"崎峰市交通运输业发票"发票联,经审核无误,以现金付讫。

(62)12月26日,收到熊锋的"借款单",经审核无误,以现金付讫。

(63)12月26日,收到业务员送来的"固定资产验收单"及购买进口设备的"商业发票",经审核无误后填写"信汇"凭证,到银行办理美元汇兑手续,取回"信汇"回单。当日的即期汇率为1美元=7.85元人民币。

(64)12月27日,收到本公司业务员送来销售商品给德茂公司、德源公司和达昌公司的"增值税专用发票"记账联和3张"商业承兑汇票"。

(65)12月27日,收到业务员送来的"专利申报表"和专利局的"崎峰市行政事业单位收款收据"发票联,审核无误后填写"转账支票"支付专利注册登记费,到银行办理转账手续,经银行盖章后,拿回转账支票回单(专利局开户行:中国工商银行崎峰市支行;账号:865235367685)。

(66)12月27日,收到达亿公司、昌安公司、大兴公司业务员送来的增值税专用发票2、3联,经审核无误后分别填写为期2个月的"商业承兑汇票"3份,其中第1联经各收款人盖章并签名后收回,在第2联的付款人盖章处盖上财务专用章,在负责经办处均签上名,填好后将第

2联分别交达亿公司、昌安公司、大兴公司业务员。

同时收到顺达运输公司的"崎峰市公路、内河货物运输统一发票"发票联,经审核无误后填写"转账支票"支付材料运费,到银行办理转账手续,经银行盖章后,拿回"转账支票"回单(顺达运输公司开户行:中国工商银行崎峰市支行;账号:865235367898)。

根据材料重量编制"材料采购费用分配表"。各种材料采购的重量:K-1材料5 000千克,J-1材料4 800千克,甲材料15 000千克,乙材料20 000千克,丙材料12 000千克,丁材料15 000千克。

根据"增值税专用发票"发票联、"商业承兑汇票"留存联、"转账支票"存根联、"崎峰市公路、内河货物运输统一发票"发票联、"材料采购费用分配表",作账务处理。

(67)12月30日,收到业务员送来的"增值税专用发票"第2、3、4联,合同规定销货款采用委托收款结算方式,经审核无误后,据以填写"委托收款凭证",持"委托收款凭证"和"增值税专用发票"第2、3联到银行办理托收手续,经银行盖章后,将退回的"委托收款凭证"回单与"增值税专用发票"的记账联一并作账务处理。

(68)12月31日,到开户行拿回贷款计息凭证,进行账务处理(已预计应付利息10 000元)。

(69)12月31日,到开户行拿回存款计息凭证,进行账务处理。

(70)12月31日,将账面价值为110 000元的"交易性金融资产——基金"全部出售,实得现金115 500元。填写"内部转账单"和"进账单",将现金送存银行(全为百元券)。

(71)12月31日的即期汇率为1美元=8.05元人民币,调整当期产生的汇兑差额。

8.2 昌平公司记账会计岗位实操

8.2.1 开设有关账户

昌平公司2014年11月30日明细账期末资料如下:

账户	金额
其他货币资金——外埠存款	10 000(借)
交易性金融资产——股票(成本)	100 000(借)
交易性金融资产——债券(成本)	90 000(借)
交易性金融资产——基金(成本)	110 000(借)
应收票据——德源公司	100 000(借)
应收票据——德茂公司	110 000(借)
应收票据——达昌公司	120 000(借)
应收账款——德源公司	100 000(借)
应收账款——德茂公司	90 000(借)
应收账款——达昌公司	100 000(借)
坏账准备	1 160(贷)
其他应收款——熊锋	1 000(借)
其他应收款——代扣水电费	15 000(借)
材料采购——原材料	38 700(借)

原材料——原料及主要材料	499 000（借）
原材料——其他材料	69 000（借）
周转材料——包装物	20 000（借）
周转材料——低值易耗品	50 000（借）
材料成本差异——原材料	5 680（借）
材料成本差异——包装物	200（贷）
材料成本差异——低值易耗品	500（借）
库存商品——I-1产品	210 000（借）
库存商品——I-2产品	640 000（借）
库存商品——I-3产品	600 000（借）
库存商品——I-4产品	900 000（借）
长期股权投资——股票投资（宏盛公司）	150 000（借）
持有至到期投资——成本	100 000（借）
持有至到期投资——利息调整	10 000（借）
持有至到期投资——应计利息	20 000（借）
固定资产——生产用固定资产	1 230 000（借）
固定资产——非生产用固定资产	700 000（借）
固定资产——不需用固定资产	180 000（借）
固定资产——出租固定资产	150 000（借）
累计折旧	600 000（贷）
工程物资——专用材料	250 000（借）
工程物资——专用设备	460 000（借）
在建工程——机床大修工程	60 000（借）
在建工程——设备安装工程	380 000（借）
固定资产清理——报废	5 500（借）
无形资产——专利权	272 000（借）
无形资产——专有技术	360 000（借）
研发支出——资本化支出	28 000（借）
长期待摊费用——固定资产大修费用	44 000（借）
待处理财产损溢——待处理固定资产损溢	2 500（借）
生产成本——基本生产成本（I-1产品）	11 700（借）
生产成本——基本生产成本（I-2产品）	13 500（借）
生产成本——基本生产成本（I-3产品）	15 600（借）
生产成本——基本生产成本（I-4产品）	17 500（借）
短期借款——生产周转借款	1 500 000（贷）
应付票据——达亿公司	110 000（贷）
应付票据——昌安公司	100 000（贷）
应付票据——大兴公司	100 000（贷）
应付账款——达亿公司	110 000（贷）

应付账款——昌安公司	110 000（贷）
应付账款——大兴公司	100 000（贷）
应付职工薪酬——职工教育经费	3 000（贷）
应付职工薪酬——职工福利	2 000（贷）
应付职工薪酬——社会保险费	9 000（贷）
应交税费——未交增值税	30 000（贷）
应交税费——应交所得税	33 000（借）
应交税费——应交城市维护建设税	3 000（贷）
应交税费——应交个人所得税	2 000（贷）
应交税费——应交教育费附加	1 000（贷）
应付利息	22 000（贷）
长期借款——基建借款	1 280 000（贷）
长期应付款——应付设备款	100 000（贷）
应付债券——面值	300 000（贷）
应付债券——利息调整	20 000（贷）
应付债券——应计利息	15 000（贷）
实收资本——国家投资	1 483 820（贷）
实收资本——众生公司	100 000（贷）
实收资本——其他	1 191 200（贷）
资本公积——资本溢价	280 000（贷）
资本公积——其他	90 000（贷）
盈余公积——法定盈余公积	600 000（贷）
利润分配——未分配利润	30 000（贷）
本年利润	470 000（贷）

原材料明细账 2014 年 11 月 30 日期末资料如表 8—3 所示。

表 8—3　　　　　　　　期末原材料明细资料（截至 2014 年 11 月 30 日）

	品名	单位	数量	计划单价（元）	金额（元）
原料及主要材料	甲材料	千克	10 000	4.01	40 100
	乙材料	千克	12 000	3.05	36 600
	丙材料	千克	12 000	4.96	59 520
	丁材料	千克	11 000	5.98	65 780
	J-1 材料	千克	11 000	13.06	143 660
	K-1 材料	千克	11 000	13.94	153 340
	小计				499 000
其他材料					69 000
合计					568 000

材料采购明细账 2014 年 11 月 30 日期末资料如表 8—4 所示。

表 8—4　　　　　　　期末材料采购明细(截至 2014 年 11 月 30 日)　　　　　　单位:元

供货单位	项目	借方(元)			贷方(元)			备注
		买价	运杂费	合计	计划成本	差异	合计	
达昌公司	甲材料	5 000	120	5 120				
	乙材料	6 000	130	6 130				
达亿公司	丙材料	6 000	130	6 130				
	丁材料	5 000	120	5 120				
昌安公司	J-1 材料	8 000	100	8 100				
大兴公司	K-1 材料	8 000	100	8 100				
合　计		38 000	700	38 700				

库存商品明细账 2014 年 11 月 30 日期末资料表 8—5 所示。

表 8—5　　　　　　期末库存商品明细(截至 2014 年 11 月 30 日)

商品名称	单位	数量	单位成本(元)	金额(元)
I-1 商品	千克	30 000	7	210 000
I-2 商品	件	40 000	16	640 000
I-3 商品	件	40 000	15	600 000
I-4 商品	件	50 000	18	900 000
合　计				2 350 000

生产成本明细账 2014 年 11 月 30 日期末在产品成本资料如表 8—6 所示。

表 8—6　　　　　　期末生产成本明细(截至 2014 年 11 月 30 日)

产品名称	数量	成本项目			
		直接材料(元)	直接人工(元)	制造费用(元)	合计(元)
I-1 产品	3 300 千克	6 000	3 000	2 700	11 700
I-2 产品	1 687 件	7 000	3 500	3 000	13 500
I-3 产品	2 100 件	8 000	4 000	3 600	15 600
I-4 产品	1 950 件	9 000	4 500	4 000	17 500
合　计					58 300

8.2.2　开设明细账

按下列要求开设明细账:

(1)下列账户使用三栏式账页(有期初余额的账户结转期初余额,没有期初余额的账户设户后待记发生额)：

其他货币资金——外埠存款

其他货币资金——存出投资款

交易性金融资产——股票(成本)

交易性金融资产——股票(公允价值变动)

交易性金融资产——债券(成本)

交易性金融资产——基金(成本)

应收票据——德源公司

应收票据——德茂公司

应收票据——达昌公司

应收账款——德源公司

应收账款——德茂公司

应收账款——达昌公司

预付账款——中财保险公司

坏账准备

其他应收款——熊锋

其他应收款——业务科

其他应收款——代扣水电费

原材料——原料及主要材料

原材料——其他材料

周转材料——包装物

周转材料——低值易耗品——在库

材料成本差异——原材料

材料成本差异——包装物

材料成本差异——低值易耗品

长期股权投资——股票投资(宏盛公司)

持有至到期投资——成本

持有至到期投资——利息调整

持有至到期投资——应计利息

固定资产——生产用固定资产

固定资产——非生产用固定资产

固定资产——不需用固定资产

固定资产——出租固定资产

累计折旧

工程物资——专用材料

工程物资——专用设备

在建工程——机床大修工程

在建工程——设备安装工程

在建工程——生产车间扩建工程

固定资产清理——报废
固定资产清理——出售不需用固定资产
无形资产——专利权
无形资产——专有技术
研发支出——资本化支出
累计摊销
长期待摊费用——固定资产大修费用
待处理财产损溢——待处理固定资产损溢
递延所得税资产
短期借款——生产周转借款
应付票据——达亿公司
应付票据——昌安公司
应付票据——大兴公司
应付账款——达亿公司
应付账款——昌安公司
应付账款——大兴公司
应付职工薪酬——工资
应付职工薪酬——职工福利
应付职工薪酬——社会保险费
应付职工薪酬——住房公积金
应付职工薪酬——工会经费
应付职工薪酬——职工教育经费
应付职工薪酬——非货币性福利
应交税费——未交增值税
应交税费——应交营业税
应交税费——应交所得税
应交税费——应交城市维护建设税
应交税费——应交个人所得税
应交税费——应交教育费附加
应交税费——应交房产税
应付利息
应付股利
长期借款——基建借款
长期应付款——应付设备款
应付债券——面值
应付债券——利息调整
应付债券——应计利息
递延所得税负债
实收资本——国家投资

实收资本——众生公司
实收资本——其他
资本公积——资本溢价
资本公积——其他
盈余公积——法定盈余公积
利润分配——提取法定盈余公积
利润分配——应付现金股利
利润分配——未分配利润
本年利润
主营业务收入——I-1产品
主营业务收入——I-2产品
主营业务收入——I-3产品
主营业务收入——I-4产品
其他业务收入
投资收益
公允价值变动损益
营业外收入
主营业务成本——I-1产品
主营业务成本——I-2产品
主营业务成本——I-3产品
主营业务成本——I-4产品
营业税金及附加
其他业务成本
资产减值损失
营业外支出
所得税费用

(2)下列账户使用多栏式账页(有期初余额的账户结转期初余额,没有期初余额的账户设户后待记发生额):

应交税费——应交增值税
生产成本——基本生产成本(I-1产品)
生产成本——基本生产成本(I-2产品)
生产成本——基本生产成本(I-3产品)
生产成本——基本生产成本(I-4产品)
生产成本——辅助生产成本——机修车间
生产成本——辅助生产成本——动力车间
制造费用——基本生产车间
销售费用
财务费用
管理费用

(3)"材料采购——原材料"使用横线登记式账页(有期初余额的账户结转期初余额,没有期初余额的账户设户后待记发生额)。

(4)下列账户使用数量金额式账页(有期初余额的账户结转期初余额,没有期初余额的账户设户后待记发生额):

库存商品——I-1 产品

库存商品——I-2 产品

库存商品——I-3 产品

库存商品——I-4 产品

原材料——原料及主要材料——甲材料

原材料——原料及主要材料——乙材料

原材料——原料及主要材料——丙材料

原材料——原料及主要材料——丁材料

原材料——原料及主要材料——J-1 材料

原材料——原料及主要材料——K-1 材料

8.2.3 办理记账业务

办理记账业务:

(1)12月4日,收到业务员送来的"材料入库验收单"(留待月末汇总进行收料的账务处理)。

(2)12月9日,收到"固定资产折旧计算表",经审核无误,进行账务处理。

(3)12月9日,收到业务员交来本公司换出商品的"增值税专用发票"记账联,换入材料的"增值税专用发票"抵扣联与发票联及"材料入库验收单"会计记账联,经审核无误,进行非货币性交易的账务处理。

(4)12月12日,收到鲁锋、韩伟的"物品领用单",经审核无误,进行账务处理。

(5)12月18日,收到固定资产报废单,经审核无误,进行账务处理。

(6)12月18日,收到业务员送来的"内部转账单",经审核无误,进行账务处理。

(7)12月20日,收到业务员送来的工程物资入库验收单。

(8)12月20日,报废固定资产清理完毕,根据"固定资产清理——报废清理"账户余额编制"内部转账单",结转清理损益。

(9)12月27日,收到业务员送来的材料入库验收单(留待月末汇总进行收料的账务处理)。

(10)12月28日,本月应摊销专利权30 000元,应摊销专有技术20 000元,应摊销基本生产车间固定资产大修费19 000元,据以编制"无形资产、长期待摊费用分摊表",经审核无误,进行账务处理。

(11)12月29日,收到"报废低值易耗品汇总表"及"材料入库验收单"(会计记账联),经审核无误,进行账务处理。

(12)12月29日,据前面留存的"材料入库验收单"登记"材料采购"明细账(横线登记式明细账)的贷方发生额,并计算入库材料成本差异,据此编制"本月已付款的入库材料汇总表"。

(13)12月30日本月生产产品领用包装物的计划成本汇总如下(根据领料单汇总的,因为领料单不便一一列出,故略去):

I-1 产品领用 2 300 元

I-2 产品领用 2 600 元

I-3 产品领用 2 500 元

I-4 产品领用 2 600 元

据"周转材料——包装物"与"材料成本差异——包装物"账户资料计算材料成本差异率、领用材料应分摊的差异额及领用材料实际成本,据计算结果编制"领用包装物汇总表",经审核无误,进行账务处理。

(14)12 月 30 日本月领用低值易耗品的计划成本汇总如下(根据领料单汇总的,因为领料单不便一一列出,故略去):

基本生产车间领用 8 000 元

动力车间领用 800 元

机修车间领用 1 200 元

公司管理部门领用 1 600 元

据"周转材料——低值易耗品"与"材料成本差异——低值易耗品"账户资料计算材料成本差异率、领用材料应分摊的差异额及领用材料实际成本,据计算结果编制"领用低值易耗品汇总表",经审核无误,进行账务处理。

(15)12 月 31 日,收到"车间产品耗用工时汇总表",结合"工资结算汇总表"与"奖金发放表"先编制"基本生产车间生产工人工资分配表",后编制"应付职工薪酬分配表",经审核无误,进行账务处理。

(16)12 月 31 日,收到业务员送来的"发料凭证汇总表"及"发料单"(略),根据"发料单"上所载明的用途及下列材料耗用资料编制"发料凭证分配汇总表"。据"原材料——原料用主要材料"各数量金额式明细账及"材料成本差异——原材料"账户资料计算材料成本差异率、领用材料应分摊的差异额及领用材料实际成本。

材料耗用的计划成本汇总如表 8-7 所示。

表 8-7　　　　　　　　　　材料耗用的计划成本汇总　　　　　　　　　　单位:元

产品、车间、部门		其他材料	备 注
I-1 产品		130 000	
I-2 产品		150 000	
I-3 产品		140 000	
I-4 产品		160 000	
基本生产车间一般耗用		2 000	列入物料消耗
动力车间	10 000	2 000	
机修车间	8 480	2 000	
公司管理部门		4 000	列入公司经费
销售部门		2 000	列入包装费
车间扩建工程	34 000	26 000	按 17%转出进项税额

经审核无误,进行账务处理(注:材料成本差异率精确至小数点后四位)。

(17)12月31日,原作待处理的盘亏设备净值2 500元,经批准转销,据以编制"内部转账单",经审核无误,进行账务处理。

(18)12月31日,收到"辅助生产情况表",结合"生产成本——辅助生产成本——动力车间"和"生产成本——辅助生产成本——机修车间"账户资料,采取直接分配法分配辅助生产费用,编制"辅助生产费用分配表"(分配率精确至小数点后四位),经审核无误,进行账务处理。

(19)12月31日,根据工时记录(生产I-1产品11 000工时,生产I-2产品11 000工时,生产I-3产品12 000工时,生产I-4产品11 180工时)和"制造费用——基本生产车间"账户资料编制"制造费用分配表"(分配率精确至小数点后四位),经审核无误,进行账务处理。

(20)12月31日,收到"生产情况报告表"和"产品入库汇总表",结合基本生产成本明细账资料,据以编制"生产成本计算表"(分别四种产品进行计算),单位成本保留到分,经审核无误,进行账务处理。

(21)12月31日,根据本月商品销售数量及"库存商品"明细账的加权平均单位成本,编制"产品销售汇总表",结转产品销售成本。

(22)12月31日,"交易性金融资产——股票"的公允价值为220 000元,依据"交易性金融资产——股票——成本"及"交易性金融资产——股票——公允价值变动"明细账户资料计算本期公允价值变动金额,据以填制"内部转账单",经审核无误,进行账务处理。

(23)12月31日,按应收款项百分比法计提坏账准备,提取比例为3%,依据"应收账款"、"其他应收款"、"预付账款"及"坏账准备"明细账资料分析计算本期应计提的坏账准备金,据以编制"内部转账单",经审核无误,进行账务处理。

(24)12月31日,依据"应交税费——应交增值税"明细账资料分析填写"增值税纳税申报表",计算出未缴增值税额,经审核无误,进行账务处理。

(25)12月31日,依据"其他业务收入"和"固定资产"明细账及"增值税纳税申报表"资料,计算应缴营业税、应缴房产税、应缴城市维护建设税、应缴教育费附加,编制"地方税收综合纳税(费)申报表",经审核无误,进行账务处理。

(26)12月31日,依据"持有至到期投资"明细账期初资料计算本年利息收入,并进行利息调整(按票面利率9%,实际利率6%计算),据以填制"内部转账单",经审核无误,进行账务处理(本月发生数,暂不计算利息)。

(27)12月31日,依据"应付债券"(为安装工程而发行债券)明细账期初资料计算本年利息费用,并进行利息调整(按票面利率10%,实际利率6%计算),据以填制"内部转账单",经审核无误,进行账务处理(本月发生数,暂不计算利息)。

(28)12月31日,结平"待处理财产损溢"账户。

(29)12月31日,将损益类账户的本月净发生额结转"本年利润"账户。

(30)12月31日,编制"利润表"初稿,据以编制"暂时性差异计算表"、"所得税纳税申报表"(所得税税率为33%),经审核无误,进行账务处理。

(31)12月31日,将"所得税费用"账户发生额转入"本年利润"账户。

(32)12月31日,进行利润分配。法定盈余公积按净利润("本年利润"账户年末余额)的10%分配,应付现金股利按"未分配利润"明细账期初余额加上本年净利润减去本年提取的法定盈余公积后的30%分配。

(33)12月31日,将"本年利润"、"利润分配——提取盈余公积"、"利润分配——应付现金股利"账户余额转入"利润分配——未分配利润"账户。

8.3 昌平公司财务科长岗位实操

8.3.1 开设总账

根据下列资料开设总账账户,每个账户占1页。昌平公司2014年11月30日总账期末资料如下:

账户	余额
库存现金	1 200(借)
银行存款	290 000(借)
其他货币资金	10 000(借)
交易性金融资产	300 000(借)
应收票据	330 000(借)
应收账款	290 000(借)
预付账款	
坏账准备	1 160(贷)
其他应收款	16 000(借)
材料采购	38 700(借)
原材料	568 000(借)
周转材料	70 000(借)
材料成本差异	5 980(借)
库存商品	2 350 000(借)
长期股权投资	150 000(借)
持有至到期投资	130 000(借)
固定资产	2 260 000(借)
累计折旧	600 000(贷)
工程物资	710 000(借)
在建工程	440 000(借)
固定资产清理	5 500(借)
无形资产	632 000(借)
研发支出	28 000(借)
累计摊销	
长期待摊费用	44 000(借)
待处理财产损溢	2 500(借)
递延所得税资产	
生产成本	58 300(借)
制造费用	
短期借款	1 500 000(贷)

应付票据	310 000（贷）
应付账款	320 000（贷）
应付职工薪酬	14 000（贷）
其他应付款	
应交税费	3 000（贷）
应付利息	22 000（贷）
应付股利	
长期借款	1 280 000（贷）
长期应付款	100 000（贷）
应付债券	335 000（贷）
递延所得税负债	
实收资本	2 775 020（贷）
资本公积	370 000（贷）
盈余公积	600 000（贷）
利润分配	30 000（贷）
本年利润	470 000（贷）
主营业务收入	
其他业务收入	
投资收益	
公允价值变动损益	
营业外收入	
主营业务成本	
营业税金及附加	
其他业务成本	
销售费用	
管理费用	
财务费用	
资产减值损失	
营业外支出	
所得税费用	

8.3.2　处理日常总账业务

日常总账业务如下：

(1)复核上旬会计凭证，根据审核无误的上旬记账凭证编制记账凭证汇总表，并据以登记总账，结出账户余额。与出纳员所经管的日记账核对，如有不符，查明原因，予以更正；与记账员所经管的明细账进行核对，如有不符，查明原因，予以更正。

(2)复核中旬会计凭证，根据审核无误的中旬记账凭证编制记账凭证汇总表，并据以登记总账，结出账户余额。与出纳员所经管的日记账核对，如有不符，查明原因，予以更正；与记账员所经管的明细账进行核对，如有不符，查明原因，予以更正。

(3)复核下旬会计凭证,根据审核无误的下旬记账凭证编制记账凭证汇总表,并据以登记总账,结出账户余额。与出纳员所经管的日记账核对,如有不符,查明原因,予以更正;与记账员所经管的明细账进行核对,如有不符,查明原因,予以更正。

(4)编制总账账户余额试算平衡表。

(5)办理年结。

8.3.3 编制会计报表

编制如下会计报表:

(1)编制资产负债表,以12月份月初数作为年初数。

(2)编制利润表,以12月份损益作为全年损益。

(3)编制现金流量表,以12月份月初数作为年初数,以12月份现金流量作为全年现金流量。

8.4 昌平公司业务员岗位实操

按要求填制和传递2014年12月份凭证:

(1)12月1日,熊锋出差返回公司报账,出差相关内容如下:熊锋出差联系业务推销产品,2014年11月25日从崎峰市乘轮船至南京市(当日到达)船票108元,在南京市期间住宿费160元,2014年11月27日从南京乘汽车至武汉(次日到达)车票60元,在武汉期间住宿费300元,29日从武汉乘火车回崎峰市(次日到达)火车票320元,出差补助每天18元,据以填写"旅差费报销单"(经理刘汉江在单上签字:同意报销),并持单以熊锋的名义向财务科出纳处报账(出差前已预支1 000元)。

(2)12月1日,销售给甲公司I-4商品7 000件,销售给乙公司I-4商品8 000件,销售给丙公司I-4商品9 000件,销售给丁公司I-4商品7 000件,I-4商品每件售价26元,增值税税率17%,价税款均已收讫。据以填写"增值税专用发票",款项全部存入银行,填写"进账单",送银行办理进账手续后取回"进账单"回单。将"进账单"回单连同"增值税专用发票"记账联送财务科记账员(开户行:中国工商银行崎峰市支行;账号:823653676512)。

(3)12月2日,以业务科何为国的名义填写"领款单",领款金额2 600元,领款单填好后到财务科找出纳员领款,作为业务科的备用金。

(4)12月3日,以三峡证券营业部的名义填写"三峡证券营业部成交过户交割单"1张,内容如下:本交割单系昌平公司购买股票,成交编号为13580,股东账户为53657891,股东名称为昌平公司,申请编号为680,公司代码为M237,申报时间为105020(即10点50分20秒),成交时间为105038,实收金额为133 175元,资金余额为76 825元;证券名称为635278,成交数量15 000股,成交价格8.82元,佣金400元,印花税460元,附加费15元。填好后送昌平公司出纳员。

(5)12月4日,表8-8所列材料全部入库,据以填写"材料入库验收单"。

表8-8　　　　　　　　　　入库材料相关资料

供货单位	材料名称	计量单位	数量	单位买价(元)	运杂费(元)	计划单价(元)
达昌公司	甲材料	千克	1 250	4.00	120	4.01
	乙材料	千克	2 000	3.00	130	3.05

续表

供货单位	材料名称	计量单位	数量	单位买价(元)	运杂费(元)	计划单价(元)
达亿公司	丙材料	千克	1 200	5.00	130	4.96
达亿公司	丁材料	千克	1 000	5.00	120	5.98
昌安公司	J-1 材料	千克	640	12.50	100	13.06
大兴公司	K-1 材料	千克	640	12.50	100	13.94

将填好的"材料入库验收单"记账联送本公司记账员。

(6) 12 月 5 日,以中财保险股份有限公司的名义填写"机动车辆保险单"和"保费收据"各一张,填写内容如下:被保险人为昌平公司;投保险种为车辆损失险、第三责任险、盗抢险、玻璃险、他人恶意险等;车辆型号为三菱(普);发动机号 367587;牌号为 A-35689;非营业用车;座位为 5 座;保险价值 30 万元,保险金额 30 万元;基本保费 240 元;车辆损失险费率 0.8%;第三责任险最高赔偿限额为 20 万元;第三责任险保费为 2 100 元;盗抢险保费据表计算;玻璃险保费为 50 元;他人恶意险保费为 100 元;保险期限自 2014 年 12 月 5 日 0 时起至 2017 年 12 月 5 日 24 时止。地址:十字街 58 号;电话:8666688;邮政编码:438000;总经理:刘峰。填好后将"机动车辆保险单"正本和"保费收据"发票联送昌平公司记账员。

(7) 12 月 6 日,以崎峰市第一律师事务所王宏的名义填写"崎峰市服务业发票",收取昌平公司本月律师顾问费 900 元,持发票联找昌平公司出纳员收款。

(8) 12 月 8 日,崎峰市电视台收取昌平公司广告费 22 000 元,代电视台填写"崎峰市服务业发票",持其发票联找昌平公司出纳员收款。

(9) 12 月 9 日,债券公司应向昌平公司收取债券印刷费及手续费 9 000 元,代填写"崎峰市服务业发票",持第 2 联到昌平财务科结算。

(10) 12 月 9 日,根据下述资料编制"固定资产折旧表"(采用平均年限法),编制完成后将其送昌平公司记账员。

11 月 30 日,固定资产资料如表 8-9 所示。

表 8-9　　　　　　固定资产资料(截至 2014 年 11 月 30 日)

部门	固定资产类型	固定资产原值(元)	预计净残值(元)	预计使用年限
基本车间	房屋	200 000	15 000	40
	机床加工设备	200 000	10 000	10
	专用电子设备	250 000	15 000	10
	其他专用设备	180 000	8 000	20
机修车间	房屋	100 000	5 000	40
	机床加工设备	50 000	2 500	10
	其他专用设备	10 000	500	20
动力车间	房屋	100 000	5 000	40
	内燃发电机组	100 000	5 000	20
	其他专用设备	40 000	2 000	20
管理部门	房屋	700 000	35 000	40
	不需用设备	180 000	20 000	10
出租	仓库	150 000	8 000	10

(11)12月9日,昌平公司与兴隆公司进行非货币交易,交易内容如下:昌平公司向兴隆公司销售 I-3 商品 2 525 件,每件售价 20 元;向兴隆公司购进丙材料 10 000 千克,每千克进价 5.05 元。增值税税率均为 17%,据以填写销售 I-3 商品的"增值税专用发票"和购进丙材料的"材料入库验收单"(材料已如数入库,丙材料的计划单位成本见记账员岗位的数量金额式明细账),填好后先持销售商品的"增值税专用发票"第 2、3 联到兴隆公司业务处换取购进材料的"增值税专用发票"2、3 联;后将销售商品的"增值税专用发票"记账联和购进材料的"增值税专用发票"第 2、3 联及"材料入库验收单"一并送交昌平公司记账员。

(12)12月10日,以公司职工黄川的名义填写"费用报销领款单",到财务科领取独生子女费 150 元。

(13)12月10日,代房地产管理所开具"崎峰市服务业发票",应收取昌平公司办公用房租金 800 元。制单人:张选。持发票联到昌平公司财务科结算。

(14)12月10日,以崎峰市汽车队的名义开具"崎峰市公路、内河货物运输统一发票",应收取昌平公司销货运费 7 000 元。制单人:王平。持发票联到昌平公司财务科结算。

(15)12月10日,昌平公司向保险公司缴纳职工失业保险金 1 500 元(昌平公司开户行:中国工商银行崎峰市支行;账号:823653676512。保险公司开户行:中国工商银行崎峰市支行;账号:823653998822)。以保险公司的名义开具"保险公司失业保险金收据",持发票联到昌平公司财务科结算。

(16)12月10日,业务科冯吉、洪源、叶川 3 人领取本年度烤火费,每人 100 元,经理签字:同意付款。代填写"费用报销领款单",到财务科出纳处领款。

(17)12月10日,代司法局开具"崎峰市行政事业单位收款票据",应收取昌平公司公证费用 1 000 元。收款人:游咏。持发票联到昌平公司财务科结算。

(18)12月11日,生产技术科熊锋去省城开生产技术会,经领导刘汉江同意借款 1 800 元。据以填写"借款单",持单向财务科出纳员借款。

(19)12月11日,支付生产车间扩建工程款 6 500 元,经公司经理刘汉江签字同意付款,由柳贵超统一领款,据以填写"江泽市建筑安装统一发票",持发票联到财务科出纳处办理领款,取得出纳员签发的"现金支票"到银行取款。

(20)12月12日,业务员鲁锋、韩伟各领计算器 1 个,单价 135 元,合计金额 270 元。经理刘汉江审批:同意领用,一次摊销。据以填写"物品领用单",将其送交财务科记账员。

(21)12月12日,昌平公司向证券公司购买 1 年期债券 1 000 000 元,手续费 2 000 元,以证券公司名义开出"收据",持"收据"第 2 联到昌平公司财务科结算。

(22)12月13日,根据表 8—10 所列资料编制"工资结算汇总表"(因工资结算原始资料比较复杂,实际工作中的工资发放表是根据岗位将每个人的工资计算出来加以汇总的。而下列资料直接以汇总的形式给出)。

表 8-10 工资结算资料

车间、部门、类型	职工人数	标准工资（元）	应扣工资（元） 事假	应扣工资（元） 病假	津贴（元）	代扣款项 水电费（元）	代扣款项 住房公积金（元）	代扣款项 个人所得税（元）	代扣款项 个人承担社保（元）
基本生产车间生产工人	275	250 000	1 500	210	26 000	11 920	9 000	45	1 160
基本生产车间管理人员	10	12 200			1 200	500	500	20	105
援外工程人员	2	2 300			2 000				25
在建工程人员	21	23 000		30	2 300	1 000	1 000		250
机修车间人员	6	7 010			600	300	300		55
动力车间人员	5	6 000			500	200	200		45
公司管理人员	34	40 000	160		3 600	1 200	1 200	25	350
医务人员	4	4 500		10	400	130	120		35
六个月以上长病假人员	3	3 100		600	15	90	902		5

工资结算汇总表编制好后送交财务科出纳员。

(23) 12月13日，销售给达昌公司 I-1 商品 10 000 千克，每千克售价 11.80 元，I-2 商品 10 000 件，每件售价 22.60 元，增值税税率 17%，据以填写"增值税专用发票"后持第 2、3、4 联找昌平财务科出纳员办理收款手续。

(24) 12月14日，业务科各种费用支出汇总情况如下：差旅费 310 元（18 张原始凭证）；办公费 200 元（10 张原始凭证）；其他费用 150 元（5 张原始凭证）；经核对，编制"管理费用支出汇总表"，持表到财务科报账。

(25) 12月14日，徐源等 4 名职工参加崎峰市工学院短期培训，支付学杂费 2 800 元，以工学院名义开出"收据"，持"收据"第 2 联（付款人联）找昌平财务科出纳员办理领款，取得出纳员签发的"现金支票"到银行取款。

(26) 12月15日，昌平公司职工食堂向为民日杂公司购铁锅 1 口，计 80 元；盘子 50 个，每个 2.00 元，计 100 元，合计 180 元。以为民日杂公司名义开具"为民日杂公司销售发票"，持发票联向昌平公司财务科出纳员报账（在发票备注上填写：列入职工福利）。

(27) 12月16日，昌平公司向税务局购买 20 张 5 元券印花税票，20 张 2 元券印花税票，20 张 1 元券印花税票，以税务局名义开具"市税务局印花税票发售统一发票"，持发票联向昌平公司财务科出纳员报账。

(28) 12月16日，崎峰市保险公司向昌平公司收取员工养老保险金 7 500 元，以保险公司名义开具"收据"，并持"收据"第 2 联（付款人联）向昌平公司财务科结算。

(29) 12月17日，昌平公司应付的车间扩建工程包工款 210 000 元，以新达建筑公司的名义填写"崎峰市建筑安装统一发票"，持发票联到昌平公司财务科办理结算。

(30) 12月17日，本月综合奖金结算汇总资料如表 8-11 所示。

表 8—11　　　　　　　　　　　　本月综合奖金结算汇总资料

车间、部门	奖金(元)
基本生产车间生产工人	27 500
基本生产车间管理人员	1 000
机修车间人员	600
动力车间人员	500
公司管理人员	3 400
医务人员	400

据以编制"综合奖金结算汇总表",持该表向财务科出纳员领取奖金。

(31)12月18日,昌平公司应付立新设计院产品设计费560元,以立新设计院的名义填写"崎峰市服务业发票",持发票联到昌平公司财务科办理结算。

(32)12月18日,销售给德茂公司不需用乙设备1台,原始价值50 000元,已提折旧15 000元,协商作价38 000元。据以填写"崎峰市商业普通发票",持其发票联到德茂公司财务科收款,要求德茂公司出纳员签发"转账支票",并与其一同去银行办理转账手续,取得银行盖章后"转账支票"收账通知联后,将"转账支票"收账通知联及"崎峰市商业普通发票"记账联送交本公司财务科出纳员,同时依据固定资产原始价值与已提折旧填写"内部转账单",并将其送本公司财务科记账员。

(33)12月18日,1栋仓库310平方米,预计使用28年,已使用26年,原值110 000元,已提折旧98 000元,因重建提前报废。其处理意见如下:使用部门的意见:因陈旧要求报废;技术鉴定小组意见:情况属实;固定资产管理部门意见:同意转入清理;主管部门审批意见:同意报废重建。据以填写"固定资产报废单"后将其会计记账联送财务科记账员。

(34)12月19日,向昌安公司购进丁设备1台,交易价40 000元,经验收交基本生产车间使用,据以填写"固定资产验收单",将其第2联送财务科出纳员。

(35)12月19日,熊锋12月11日去省城参加工业生产技术会,12月18日返回,往返汽车票均为41元,住宿费用700元,会议费用150元,其他费用180元,每天补助15元。以熊锋的名义填写"差旅费报销单"(经理刘汉江在单上签字:同意报销),持单向财务科出纳员报账(原借支1 800元)。

(36)12月19日,业务科与业务往来单位洽谈业务,接待、就餐、补助及接车费共计金额2 600元,单据19张。据以填写"业务招待费汇总表",经理刘汉江在单上签字:同意报销。持单向财务科出纳员报账,取得出纳员签发的"现金支票"后到银行提取现金。

(37)12月19日,报废固定资产的清理人员赵全胜等5人应领取清理费用500元,以赵全胜的名义填写"费用报销领款单"(经理刘汉江在单上签字:同意付款),持单向财务科出纳员领款。

(38)12月19日,昌平公司向崎南公司收取仓库租金4 800元,据以开出"江泽市服务业发票",收到现金4 800元,当即填写"进账单"到开户行办理进账手续,收到银行盖章后的"进账单"回单,将"崎峰市服务业发票"发票联及"进账单"回单送交本公司出纳员(本公司开户行:中国工商银行崎峰市支行,账号:823653676512)。

(39)12月20日,仓库清理残料如下:红砖70 000块,每块0.20元,计14 000元,其他材料4 650元,合计18 650元。材料全部入库作重建仓库用,据以编制"材料入库单",并将其记账联送财务科记账员。

(40)12月20日,昌平公司向为民五金公司购买灭火器6个,单价100元,计600元。灭火器购回后当即由仓库领用。先以为民五金公司名义开具"为民五金公司发票";再以仓库保管员陆明名义填写"物品领用单"(经理刘汉江在单上签字:同意领用,一次摊销);最后将"为民五金公司发票"发票联和"物品领用单"送财务科出纳员,并要求领款、领物。

(41)12月20日,向昌安公司转让技术,收取技术转让费18 000元,据以填写"崎峰市商业普通发票",持其发票联到昌安公司财务科收款,要求昌安公司出纳员签发"转账支票",并与其一同去银行办理转账手续,取得银行盖章后的"转账支票"收账通知联后,将"转账支票"收账通知联及"崎峰市普通发票"记账联送交本公司财务科出纳员。

(42)12月21日,向会计局购买《新会计准则》等书籍,付款190元,以会计局的名义填写"崎峰市文化教育、体育业发票",并持发票联到账务科报账。

(43)12月21日,昌平公司的汽车送汽车修配厂修理。具体修配项目如下:汽车补胎238元,汽车轮胎充气35元,车轮拆装50元。以汽车修配厂名义开具"崎峰市服务业发票",将"崎峰市服务业发票"发票联送交本公司出纳员。

(44)12月23日,昌平公司使用自来水厂的供水。水表记录是:本月号码为53326,上月号码为47606,实用水5 720吨,每吨单价1元。以自来水厂名义开具"自来水厂水费发票",持发票联到昌平财务科结算。

(45)12月23日,业务科用备用金开支下列各种费用:差旅费1 500元(16张原始凭证);办公费1 060元(18张原始凭证);修理费1 100元(2张原始凭证);经核对全部报销,编制"管理费用支出汇总表",持单到财务科报账。

(46)12月24日,昌平公司电表的起码是665432,止码是727032,实用电61 600度,每度单价0.50元,以电力局的名义填写"增值税专用发票"(电费增值税税率13%),持发票联到昌平公司财务科结算。

(47)12月24日,昌平公司参加本市商品展销会,应付新世界商厦的商品展位租用费900元,以新世界商厦的名义填写"崎峰市服务业发票",持发票联到昌平公司财务科结算。

(48)12月25日,物价检查所对昌平公司商品销售情况进行检查,发现部分商品违反国家价格政策,罚款1 650元,以物价检查所名义填写"罚款没收专用收据",持单到昌平公司财务科结算。

(49)12月25日,养路费征收站向昌平公司收取汽车养路费用1 100元,以养路费征收站的名义填写"交通车辆养路费收据"(2辆东风汽车为送货用车,养路费为700元,2辆小车的养路费为400元),持单到昌平公司财务科结算。

(50)12月26日,看望住院病人姚立平,从副食品商店购买2袋奶粉,每袋15元,苹果5千克,每千克4元,据以填写"副食品商店销售发票",经理刘汉江签字:在福利费列支,持发票联到昌平公司财务科结算。

(51)12月26日,通达搬运公司为昌平公司装卸货物,应收取装卸费1 500元,以通达公司的名义开具"崎峰市交通运输业发票",持发票联到昌平公司财务科结算。

(52)12月26日,熊锋出差预支差旅费1 500元,据以填写"借款单",持单向财务科出纳借款。

(53)12月26日,本公司向美国H公司购入先进设备1台,交易价4 000美元,以H公司名义填写"商业发票",以本公司设备科名义填写"固定资产验收单",设备交管理部门使用。"商业发票"与"固定资产验收单"交本公司出纳员(引进先进设备,减免关税及增值税;境内外运杂费均由供货方承担)。

(54)12月27日,昌平公司自行开发一项实用型专利开发成功,先根据下列资料填写"专利申报表":申请单位:昌平公司;专利项目:实用新型专利;技术开发费:28 000元;注册登记费:3 900元;单位意见:同意申报;专利局审批:同意注册。再以专利局名义填写"崎峰市行政事业单位收款收据",收取昌平公司专利注册登记费3 900元。最后持"专利申报表"和"崎峰市行政事业单位收款收据"到昌平公司财务科结算。

(55)12月27日,昌平公司销售给德源公司I-1商品8 000千克,每千克售价12元;销售给德茂公司I-1商品8 000千克,每千克售价12元;销售给达昌公司I-3商品10 000件,每件售价22元;增值税税率均为17%,据以分别填写"增值税专用发票"后持"增值税专用发票"2、3联到德源公司、德茂公司、达昌公司财务科结算,要求各公司出纳员根据购销合同填写"商业承兑汇票",经付款人(各购货公司)承兑后取得"商业承兑汇票"第2联,并在"商业承兑汇票"第1联的收款人盖章处盖上本公司财务专用章(由本公司出纳员盖章),在负责、经办处均签名,将"增值税专用发票"记账联和"商业承兑汇票"第2联送交昌平公司出纳员。

(56)12月27日,顺达运输公司为昌平公司运输购入的材料,应收运费7 180元。以顺达运输公司的名义开具"崎峰市公路、内河货物运输统一发票",持发票联到昌平公司财务科结算。

(57)12月27日,外购材料全部验收入库。据表8-12所列资料填写"材料入库验收单",将其记账联送财务科记账员。

表8-12　　　　　　　　　　　　外购材料相关资料

供货单位	材料名称	数量(千克)	买价(元)	运杂费(元)	计划单价(元)
大兴公司	K-1材料	5 000	70 000	500	13.94
昌安公司	J-1材料	4 800	62 400	480	13.06
达亿公司	甲材料	15 000	60 000	1 500	4.01
	乙材料	20 000	60 000	2 000	3.05
	丙材料	12 000	60 000	1 200	4.96
	丁材料	15 000	90 000	1 500	5.98

(58)12月29日,各部门报废低值易耗品(领用时均一次摊销)。本月收回残值如下:基本生产车间530元,动力车间41元,机修车间52元,行政管理部门130元。报废材料均已入库(计划价按照753元计算)。据以编制"报废低值易耗品汇总表"和"材料入库验收单",并将其送财务科记账员。

(59)12月30日,销售给达昌公司I-2商品10 000件,每件售价23元,I-3商品10 000件,每件售价22元,增值税税率17%,据以填写"增值税专用发票",将"增值税专用发票"2、3、4联送本公司出纳员。

(60)12月31日,基本生产车间生产I-1产品耗用7 000工时,生产I-2产品耗用6 800工时,生产I-3产品耗用6 900工时,生产I-4产品耗用6 729工时,据以编制"产品耗用工时汇总表",并将表送财务科记账员。

(61)12月31日,本月发出材料汇总资料如表8—13所示。

表8—13　　　　　　　　　　本月发出材料汇总

材料名称	数量(千克)	计划单价(元)	计划总价(元)
甲材料	20 000	4.01	80 200
乙材料	30 000	3.05	91 500
丙材料	26 000	4.96	128 960
丁材料	15 000	5.98	89 700
J-1材料	10 000	13.06	130 600
K-1材料	8 000	13.94	111 520
小计			632 480
其他材料			38 000

据以编制"发料凭证汇总表",并将该表送财务科记账员。

(62)12月31日,辅助生产车间本月提供劳务总量资料如表8—14所示。

表8—14　　　　　　　辅助生产车间本月提供劳务总量

项目	机修车间服务量(工时)	动力车间供电量(度)
I-1产品耗用	—	7 000
I-2产品耗用	—	7 000
I-3产品耗用	—	8 000
I-4产品耗用	—	8 000
基本生产车间耗用	2 700	1 000
行政管理部门耗用	100	2 000
车间扩建工程耗用	200	7 000
动力车间耗用	60	—
机修车间耗用	—	1 000
合计	3 060	41 000

据以编制"辅助生产情况表",并将该表送财务科记账员。

(63)12月31日,本月产品生产及入库情况如表8—15所示。

表8—15　　　　　　　　　本月产品生产及入库情况

产品名称	月初在产品	本月投产	本月完工入库	月末在产品	在产品完工程度	投料方式
I-1产品	3 300千克	34 592千克	36 000千克	1 892千克	50%	逐步投料
I-2产品	1 687件	17 213件	16 000件	2 900件	50%	逐步投料
I-3产品	2 100件	16 836件	18 000件	936件	50%	逐步投料
I-4产品	1 950件	14 846件	16 000件	796件	50%	逐步投料

代基本生产车间编制"生产情况报告表",代成品仓库编制"产品入库汇总表",将填好的两张表送财务科记账员。

昌安公司会计业务岗位实操

9.1 昌安公司出纳会计岗位实操

9.1.1 开设有关日记账

昌安公司 2014 年 11 月 30 日有关账户余额如下：
库存现金日记账　　　　　　　　　　　　　　　　　　　1 000（借）
银行存款日记账　　　　　　　　　　　　　　　　　　300 000（借）
昌安公司及往来公司相关情况如表 9—1 所示。

表 9—1　　　　　　　　　昌安公司及往来公司相关情况

| 开户行:中国工商银行江泽市支行 || 开户行:中国工商银行崎峰市支行 ||
公司名称	账号	公司名称	账号
达昌公司	1156674356327	德茂公司	823653676511
达亿公司	1156674356328	昌平公司	823653676512
		昌安公司	823653676513
		大兴公司	823653676514
		大华公司	823653676515
		兴隆公司	823653676516
		兴盛公司	823653676517

9.1.2 办理如下业务

凡出纳业务,在业务办理完毕后,编制记账凭证,据以登记库存现金和银行存款日记账,并将记账凭证连同所附原始凭证一并转交记账员记账。

(1)12 月 1 日,收到林成"旅差费报销单"(所附单据略),经审核无误,报销费用 1 066 元,按原预支额 1 100 元开出"收据",当即交回现金 34 元,并在差旅费报销单上填写"收现金 34 元"。

(2)12 月 1 日,收到业务员送来的"进账单"回单及"增值税专用发票"记账联进行账务处理。

(3)12月1日,收到开户银行转来昌平公司和德茂公司"转账支票"收账通知联。

(4)12月1日,填写"信汇"凭证1张,支付应付达昌公司账款100 000元。签发"转账支票"2张,分别支付应付大兴公司账款110 000元和应付大华公司账款90 000元;填好结算凭证后去开户银行办理相关手续,取回"转账支票"和"信汇"凭证回单,审核无误后进行账务处理。

(5)12月2日,填写"转账支票"1张,转出投资款220 000元,存入三峡证券营业部账户(三峡证券营业部开户行:中国工商银行崎峰市支行,账号:123456786789),准备用于购买股票。到银行办理转账手续,取回回单。

(6)12月2日,填写"现金支票"1张,提取现金5 000元备用,到开户银行办理支款手续。

(7)12月2日,收到业务科丰水仲的"领款单",经审核无误,当即支付现金2 800元,作为业务科的备用金(在领款单上注明"现金付讫")。

(8)12月3日,收到"三峡证券营业部成交过户交割单",购入股票划作交易性金融资产。

(9)12月3日,将专夹留存的10月3日签发的"商业承兑汇票"第2联取出(曾在10月3日发生销货业务时,已填写3份"商业承兑汇票":签发日期为2014年10月3日,承兑期2个月,应收达亿公司货款110 000元,应收德茂公司货款90 000元,应收昌平公司货款100 000元),依据到期的3张"商业承兑汇票"分别办理收款手续。

①应收昌平和德茂公司到期票据款,持"商业承兑汇票"第2联去昌平、德茂公司,要求昌平和德茂公司出纳员签发"转账支票",并到银行办理转账手续,收到开户行转回的"转账支票"收账通知联。

②应收达亿公司到期票据款,填写"委托收款"凭证后,持"委托收款凭证"和"商业承兑汇票"第2联到开户银行办理委托收款手续,银行盖章后,取回"委托收款"凭证回单。

(10)12月3日,收到大华公司(110 000元)和大兴公司(90 000元)出纳员送来的"到期商业汇票"第2联,经审核无误后分别签发"转账支票",到银行办理转账手续,取回"转账支票"回单联作账务处理。

(11)12月5日,收到开户行转来达亿公司"信汇"凭证收款通知联。

(12)12月5日,收到中财保险股份有限公司"机动车辆保险单"(正本)和"保费收据"第1联,经审核无误,据以填写转账支票(中财保险股份有限公司开户行:中国工商银行崎峰市支行;账号:823653676538),并到银行办理转账手续,经银行盖章,取回转账支票回单。

(13)12月6日,填写"中华人民共和国税收通用完税证",将未缴增值税、应缴城市维护建设税、应缴个人所得税、应缴教育费附加上缴国库,具体金额见明细分类账各该账户的月初余额。税收通用完税证填写好后,到开户行办理手续,经税务机关、银行盖章后取得完税凭证联,并据以进行账务处理。

(14)12月6日,收到律师事务所的"崎峰市服务业发票"发票联,经审核无误,以现金付讫。

(15)12月7日,收到银行转来委托收款凭证的收款通知1张,系达亿公司应收账款110 000元。

(16)12月7日,收到银行转来委托收款凭证的付款通知1张,系应付达昌公司商业汇票到期款100 000元。

(17)12月8日,收到崎峰市电视台的"崎峰市服务业发票"发票联,经审核无误,据以填写转账支票(崎峰市电视台开户行：中国工商银行崎峰市支行；账号：823655676658)，付广告费，并到银行办理转账手续，经银行盖章，取回转账支票回单。

(18)12月8日，昌安公司委托债券发行公司发行5年期债券，按面值的10%溢价发行。现债券公司已发行债券面值700 000元，实收金额770 000元，款项今日全部交来，当即送存银行。据以填写"收据"及"进账单"，到银行办理手续后据"收据"记账联及"进账单"回单进行账务处理。

(19)12月9日，收到债券公司的"崎峰市服务业发票"发票联，经审核无误，据以填写转账支票(债券公司开户行：中国工商银行崎峰市支行；账号：825533667788)，付手续费，并到银行办理转账手续，经银行盖章，取回转账支票回单。

(20)12月10日，收到本公司职工陆地"费用报销领款单"，经审核无误，以现金付讫。

(21)12月10日，收到房地产管理所的"崎峰市服务业发票"发票联，经审核无误，以现金付讫。

(22)12月10日，收到崎峰市汽车运输公司的"崎峰市公路、内河货物运输统一发票"发票联，经审核无误，据以填写"转账支票"(崎峰市汽车运输公司开户行：中国工商银行崎峰市支行；账号：823653675588)，付运费，并到银行办理转账手续，经银行盖章，取回"转账支票"回单。

(23)12月10日，收到保险公司的"保险公司失业保险金收据"，经审核无误，以现金支票付讫。

(24)12月10日，签发"现金支票"，到银行办理取款手续，提回现金4 000元备用。根据"现金支票"存根作账务处理。

(25)12月10日，收到鲁琛等3人的"费用报销领款单"，经审核无误，以现金付讫。

(26)12月10日，收到司法局的"崎峰市行政事业单位收款票据"，经审核无误，据以填写转账支票(司法局开户行：中国工商银行崎峰市支行；账号：825634221668)，付诉讼费，并到银行办理转账手续，经银行盖章，取回转账支票回单。

(27)12月11日，收到林成的"借款单"，经审核无误，以现金付讫。

(28)12月11日，收到工程队的"崎峰市建筑安装业统一发票"，经审核无误，如数签发"现金支票"，交赵强到银行取款。

(29)12月12日，收到证券公司的"收据"经审核无误，据以填写转账支票(证券公司开户行：中国工商银行崎峰市支行；账号：825634211698)，付债券及手续费，并到银行办理转账手续，经银行盖章，取回转账支票回单。

(30)12月13日，收到"工资结算汇总表"，根据实发工资总额签发"现金支票"，从银行提取现金，当即发放完毕。

(31)12月13日，收到业务员送来的"增值税专用发票"第2、3、4联，据以填写"委托收款凭证"(应收达亿公司款)，持"委托收款凭证"和"增值税专用发票"第2、3联到银行办理托收手续，经银行盖章后，将退回的"委托收款凭证"回单与"增值税专用发票"记账联一并作账务处理。

(32)12月14日，收到业务科"管理费用支出汇总表"(所附单据32张略)，经审核无误，以现金付讫。

(33)12月14日，收到崎峰市工学院的"收据"，经审核无误，开出"现金支票"付讫。

(34)12月15日，收到职工食堂购买炊具的发票，经审核无误，以现金付讫。

(35)12月16日，收到银行转来"委托收款凭证"收款通知联，系达亿公司应收款。

(36)12月16日，收到"市税务局印花税票发售统一发票"，经审核无误，以现金付讫。

(37)12月16日,收到保险公司收取员工养老保险金的"收据",经审核无误,据以填写"转账支票"(保险公司开户行:中国工商银行崎峰市支行;账号:8256342172238),付保险金,并到银行办理转账手续,经银行盖章,取回"转账支票"回单。

(38)12月17日,收到新达建筑公司"崎峰市建筑安装业发票"发票联,经审核无误,据以填写"转账支票"(新达建筑公司开户行:中国工商银行崎峰市支行;账号:825625671350),付工程款,并到银行办理转账手续,经银行盖章,取回"转账支票"回单。

(39)12月17日,根据"综合奖金结算汇总表"(实际还应有按人头的奖金发放表,此处略),签发"现金支票"提回现金,当即发放完毕。

(40)12月18日,收到立新设计院的"崎峰市服务业务发票"发票联,经审核无误,以现金付讫。

(41)12月18日,收到大兴公司出售设备的"崎峰市商业普通发票"发票联,及本公司业务员送来的"固定资产验收单",经审核无误据以填写"转账支票"付设备款,并到银行办理转账手续,经银行盖章,取回"转账支票"回单。

(42)12月19日,收到业务员送来的昌平公司"转账支票"收账通知联及本公司的固定资产销售的"崎峰市商业普通发票"会计记账联,经审核无误,进行账务处理。

(43)12月19日,收到林成的"旅差费报销单"(所附单据略)和交来的现金400元,开出"收据"收讫。收据金额按林成原借支数填写。

(44)12月19日,收到业务科的"业务招待费汇总表"及所附15张单据(单据略),经审核无误,签发"现金支票"补足其备用金。

(45)12月19日,收到周全的"费用报销领款单",经审核无误,以现金付讫。

(46)12月19日,收到业务员送来的仓库租金收入"进账单"回单及"崎峰市服务业发票"记账联。

(47)12月20日,收到业务员送来的"为民五金公司发票"和"物品领用单",经审核无误后签发"现金支票",从银行提回现金5 800元,除支付灭火器款外,其余备用。

(48)12月20日,收到昌平公司的"崎峰市商业普通发票"发票联,经审核无误,签发"转账支票"支付技术转让费。到银行办理转账手续,经银行盖章后,拿回转账支票回单。

(49)12月21日,收到购买书籍的"崎峰市文化教育、体育业发票"发票联,经审核无误,以现金付讫。

(50)12月21日,收到业务员送来的大兴公司"转账支票"收账通知联及本公司收取技术转让收入的"崎峰市商业普通发票"记账联。

(51)12月21日,收到汽车修配厂的"崎峰市商业普通发票"发票联,经审核无误,以现金付讫。

(52)12月23日,收到自来水厂发票,审核无误后,填写"转账支票"支付水费,到银行办理转账手续,经银行盖章后,拿回转账支票回单(自来水厂开户行:中国工商银行崎峰市支行;账号:865235217658)。

同时,根据定额耗用量分配本月水费。定额耗用量如下:动力车间600吨,机修车间580吨,基本生产车间2 600吨,公司管理部门1 520吨,据以编制"水费分配表"。

根据"自来水厂发票"发票联、"转账支票"存根和"水费分配表"进行账务处理。

(53)12月23日,收到业务科的"管理费用支出汇总表"及所附31张单据(单据略),经审核无误,签发"现金支票"补足其备用金。

(54)12月24日,收到电力局的"增值税专用发票"发票联,审核无误后填写"转账支票"支付电费,到银行办理转账手续,经银行盖章后,拿回转账支票回单(电力局开户行:中国工商银行崎峰市支行;账号:865235217666)。

同时,根据表9—2所列定额耗用量资料编制"外购动力费分配表"。

表9—2 定额耗用量资料

产品名称	定额耗用量	车间部门	定额耗用量
J-1产品	10 500度	动力车间	600度
J-2产品	11 000度	机修车间	800度
J-3产品	11 000度	基本生产车间	900度
J-4产品	10 000度	管理部门	8 200度

根据电力局的发票联、"转账支票"存根和"外购动力费分配表"进行账务处理。

(55)12月24日,收到新世纪商厦的"崎峰市服务业发票"发票联,经审核无误,以现金付讫。

(56)12月24日,为购进口设备,向开户行买入5 000美元,以中国人民银行公布的人民币汇率中间价作为即期汇率,当日的即期汇率为1美元=7.72元人民币,银行当日美元卖出价为为1美元=8.10元人民币。签发"转账支票"支付人民币,填写"进账单"购入美元。到银行办理相关手续,根据"转账支票"存根和"进账单"作账务处理。

(57)12月25日,签发"现金支票",到银行办理取款手续,提回现金6 800元备用。根据"现金支票"存根作账务处理。

(58)12月25日,收到物价检查所"罚款没收专用收据",以现金支付罚款。

(59)12月25日,收到养路费征收站的"交通车辆养路费收据",经审核无误,以现金付讫(2辆东风汽车为送货用车,养路费为700元,2辆小车的养路费为300元)。

(60)12月26日,收到业务员送来的"固定资产验收单"及购买进口设备的"商业发票",经审核无误后填写"信汇"凭证,到银行办理美元汇兑手续,取回"信汇"回单。当日的即期汇率为1美元=7.85元人民币。

(61)12月26日,收到"副食品商店销售发票"发票联,经审核后以现金付讫。

(62)12月26日,收到通达搬运公司的"崎峰市交通运输业发票"发票联,经审核无误,以现金付讫。

(63)12月26日,收到林成的"借款单",经审核无误,以现金付讫。

(64)12月27日,收到本公司业务员送来销售商品给德茂公司、昌平公司和达亿公司的"增值税专用发票"记账联和3张"商业承兑汇票"。

(65)12月27日,收到业务员送来的"专利申报表"和专利局的"崎峰市行政事业单位收款收据"发票联,审核无误后,填写"转账支票"支付专利注册登记费,到银行办理转账手续,经银行盖章后,拿回转账支票回单(专利局开户行:中国工商银行崎峰市支行;账号:865235367685)。

(66)12月27日,收到达昌公司、大华公司、大兴公司业务员送来的"增值税专用发票"2、3

联,经审核无误,分别填写为期2个月的"商业承兑汇票"3份,其中第1联并各收款人盖章签名后收回,在第2联的付款人盖章处盖上财务专用章,在负责经办处均签上名,填好后将第2联分别交达昌公司、大华公司、大兴公司业务员。

同时,收到顺达运输公司的"崎峰市公路、内河货物运输统一发票"发票联,经审核无误后,填写"转账支票",支付材料运费,到银行办理转账手续,经银行盖章后,拿回转账支票回单(顺达运输公司开户行:中国工商银行崎峰市支行;账号:865235367898)。

根据材料重量编制"材料采购费用分配表"。各种材料采购的重量:K-1材料4 800千克,L-1材料10 000千克,甲材料20 000千克,乙材料20 000千克,丙材料10 000千克,丁材料10 000千克。

根据"增值税专用发票"发票联、"商业汇票"留存联、"转账支票"存根联、"崎峰市公路、内河货物运输统一发票"发票联、"材料采购费用分配表",作账务处理。

(67)12月30日,收到业务员送来的"增值税专用发票"2、3、4联,合同规定销货款采用委托收款结算方式,经审核无误后,据以填写"委托收款凭证",持"委托收款凭证"和"增值税专用发票"2、3联到银行办理托收手续,经银行盖章后,将退回的"委托收款凭证"回单与"增值税专用发票"记账联一并作账务处理。

(68)12月31日,到开户行拿回贷款计息凭证,进行账务处理(已预计应付利息8 000元)。

(69)12月31日,到开户行拿回存款计息凭证,进行账务处理。

(70)12月31日,将账面价值为100 000元的"交易性金融资产——基金"全部出售,实得现金105 000元。填写"内部转账单"和"进账单",将现金送存银行(全为百元券)。

(71)12月31日的即期汇率为1美元=8.05元人民币,调整当期产生的汇兑差额。

9.2 昌安公司记账会计岗位实操

9.2.1 开设有关账户

昌安公司2014年11月30日明细账期末资料如下:

其他货币资金——外埠存款	13 000(借)
交易性金融资产——股票(成本)	120 000(借)
交易性金融资产——债券(成本)	80 000(借)
交易性金融资产——基金(成本)	100 000(借)
应收票据——德茂公司	90 000(借)
应收票据——昌平公司	100 000(借)
应收票据——达亿公司	110 000(借)
应收账款——德茂公司	110 000(借)
应收账款——昌平公司	110 000(借)
应收账款——达亿公司	90 000(借)
坏账准备	1 240(贷)
其他应收款——林成	1 100(借)
其他应收款——代扣水电费	15 000(借)

材料采购——原材料	38 600（借）
原材料——原料及主要材料	431 000（借）
原材料——其他材料	79 000（借）
周转材料——包装物	20 000（借）
周转材料——低值易耗品	55 000（借）
材料成本差异——原材料	5 100（借）
材料成本差异——包装物	200（贷）
材料成本差异——低值易耗品	550（借）
库存商品——J-1产品	180 000（借）
库存商品——J-2产品	768 000（借）
库存商品——J-3产品	680 000（借）
库存商品——J-4产品	874 000（借）
长期股权投资——股票投资（宏源公司）	180 000（借）
持有至到期投资——成本	100 000（借）
持有至到期投资——利息调整	10 000（借）
持有至到期投资——应计利息	8 000（借）
固定资产——生产用固定资产	1 350 000（借）
固定资产——非生产用固定资产	600 000（借）
固定资产——不需用固定资产	150 000（借）
固定资产——出租固定资产	150 000（借）
累计折旧	650 000（贷）
工程物资——专用材料	300 000（借）
工程物资——专用设备	350 000（借）
在建工程——机床大修工程	60 000（借）
在建工程——设备安装工程	380 000（借）
固定资产清理——报废	5 000（借）
无形资产——专利权	374 000（借）
无形资产——专有技术	380 000（借）
研发支出——资本化支出	26 000（借）
长期待摊费用——固定资产大修费用	51 500（借）
待处理财产损溢——待处理固定资产损溢	2 500（借）
生产成本——基本生产成本（J-1产品）	11 700（借）
生产成本——基本生产成本（J-2产品）	13 500（借）
生产成本——基本生产成本（J-3产品）	15 600（借）
生产成本——基本生产成本（J-4产品）	17 500（借）
短期借款——生产周转借款	1 500 000（贷）
应付票据——达昌公司	100 000（贷）
应付票据——大兴公司	90 000（贷）
应付票据——大华公司	110 000（贷）

应付账款——达昌公司	100 000（贷）
应付账款——大兴公司	110 000（贷）
应付账款——大华公司	90 000（贷）
应付职工薪酬——职工教育经费	3 600（贷）
应付职工薪酬——职工福利	800（贷）
应付职工薪酬——社会保险费	8 600（贷）
应交税费——未交增值税	50 000（贷）
应交税费——应交所得税	40 000（借）
应交税费——应交城市维护建设税	2 500（贷）
应交税费——应交个人所得税	3 000（贷）
应交税费——应交教育费附加	1 000（贷）
应付利息	20 000（贷）
长期借款——基建借款	1 280 000（贷）
长期应付款——应付设备款	90 000（贷）
应付债券——面值	300 000（贷）
应付债券——利息调整	10 000（贷）
应付债券——应计利息	18 000（贷）
实收资本——国家投资	1 600 000（贷）
实收资本——众健公司	100 000（贷）
实收资本——其他	1 297 710（贷）
资本公积——资本溢价	310 000（贷）
资本公积——其他	100 000（贷）
盈余公积——法定盈余公积	600 000（贷）
利润分配——未分配利润	30 000（贷）
本年利润	370 000（贷）

原材料明细账 2014 年 11 月 30 日期末资料如表 9—3 所示。

表 9—3　　　　　期末原材料明细（截至 2014 年 11 月 30 日）

	品名	单位	数量	计划单价（元）	金额（元）
原料及主要材料	甲材料	千克	10 000	3.91	39 100
	乙材料	千克	12 000	3.08	36 960
	丙材料	千克	11 000	4.94	54 340
	丁材料	千克	10 000	6.05	60 500
	K-1 材料	千克	10 000	13.94	139 400
	L-1 材料	千克	10 000	10.07	100 700
	小计				431 000
	其他材料				79 000
	合计				510 000

材料采购明细账 2014 年 11 月 30 日期末资料如表 9—4 所示。

表 9—4　　　　　　　　期末资料采购明细（截至 2014 年 11 月 30 日）　　　　　　　单位：元

供货单位	项目	借方			贷方			备注
		买价	运杂费	合计	计划成本	差异	合计	
达昌公司	甲材料	6 000	100	6 100				
	乙材料	6 000	100	6 100				
达亿公司	丙材料	5 000	100	5 100				
	丁材料	5 000	100	5 100				
大兴公司	K-1 材料	8 000	100	8 100				
大华公司	L-1 材料	8 000	100	8 100				
合计		38 000	600	38 600				

库存商品明细账 2014 年 11 月 30 日期末资料如表 9—5 所示。

表 9—5　　　　　　　期末库存商品明细（截至 2014 年 11 月 30 日）

商品名称	单位	数量	单位成本（元）	金额（元）
J-1 商品	千克	20 000	9	180 000
J-2 商品	件	48 000	16	768 000
J-3 商品	件	40 000	17	680 000
J-4 商品	件	46 000	19	874 000
合　计				2 502 000

生产成本明细账 2014 年 11 月 30 日期末在产品成本资料如表 9—6 所示。

表 9—6　　　　　　　期末生产成本明细（截至 2014 年 11 月 30 日）

产品名称	数量	成本项目			
		直接材料（元）	直接人工（元）	制造费用（元）	合计（元）
J-1 产品	2 600 千克	6 000	3 000	2 700	11 700
J-2 产品	1 700 件	7 000	3 500	3 000	13 500
J-3 产品	1 386 件	8 000	4 000	3 600	15 600
J-4 产品	1 842 件	9 000	4 500	4 000	17 500
合　计					58 300

9.2.2　开设明细账

按下列要求开设明细账：

（1）下列账户使用三栏式账页（有期初余额的账户结转期初余额，没有期初余额的账户设

户后待记发生额）：

　　其他货币资金——外埠存款
　　其他货币资金——存出投资款
　　交易性金融资产——股票（成本）
　　交易性金融资产——股票（公允价值变动）
　　交易性金融资产——债券（成本）
　　交易性金融资产——基金（成本）
　　应收票据——德茂公司
　　应收票据——昌平公司
　　应收票据——达亿公司
　　应收账款——德茂公司
　　应收账款——昌平公司
　　应收账款——达亿公司
　　预付账款——中财保险公司
　　坏账准备
　　其他应收款——林成
　　其他应收款——业务科
　　其他应收款——代扣水电费
　　原材料——原料及主要材料
　　原材料——其他材料
　　周转材料——包装物
　　周转材料——低值易耗品——在库
　　材料成本差异——原材料
　　材料成本差异——包装物
　　材料成本差异——低值易耗品
　　长期股权投资——股票投资（宏源公司）
　　持有至到期投资——成本
　　持有至到期投资——利息调整
　　持有至到期投资——应计利息
　　固定资产——生产用固定资产
　　固定资产——非生产用固定资产
　　固定资产——不需用固定资产
　　固定资产——出租固定资产
　　累计折旧
　　工程物资——专用材料
　　工程物资——专用设备
　　在建工程——机床大修工程
　　在建工程——设备安装工程
　　在建工程——生产车间扩建工程

固定资产清理——报废
固定资产清理——出售不需用固定资产
无形资产——专利权
无形资产——专有技术
研发支出——资本化支出
累计摊销
长期待摊费用——固定资产大修费用
待处理财产损溢——待处理固定资产损溢
递延所得税资产
短期借款——生产周转借款
应付票据——达昌公司
应付票据——大兴公司
应付票据——大华公司
应付账款——达昌公司
应付账款——大兴公司
应付账款——大华公司
应付职工薪酬——工资
应付职工薪酬——职工福利
应付职工薪酬——社会保险费
应付职工薪酬——住房公积金
应付职工薪酬——工会经费
应付职工薪酬——职工教育经费
应付职工薪酬——非货币性福利
应交税费——未交增值税
应交税费——应交营业税
应交税费——应交所得税
应交税费——应交城市维护建设税
应交税费——应交个人所得税
应交税费——应交教育费附加
应交税费——应交房产税
应付利息
应付股利
长期借款——基建借款
长期应付款——应付设备款
应付债券——面值
应付债券——利息调整
应付债券——应计利息
递延所得税负债
实收资本——国家投资

实收资本——众健公司
实收资本——其他
资本公积——资本溢价
资本公积——其他
盈余公积——法定盈余公积
利润分配——提取法定盈余公积
利润分配——应付现金股利
利润分配——未分配利润
本年利润
主营业务收入——J-1产品
主营业务收入——J-2产品
主营业务收入——J-3产品
主营业务收入——J-4产品
其他业务收入
投资收益
公允价值变动损益
营业外收入
主营业务成本——J-1产品
主营业务成本——J-2产品
主营业务成本——J-3产品
主营业务成本——J-4产品
营业税金及附加
其他业务成本
资产减值损失
营业外支出
所得税费用

(2)下列账户使用多栏式账页(有期初余额的账户结转期初余额,没有期初余额的账户设户后待记发生额):

应交税费——应交增值税
生产成本——基本生产成本(J-1产品)
生产成本——基本生产成本(J-2产品)
生产成本——基本生产成本(J-3产品)
生产成本——基本生产成本(J-4产品)
生产成本——辅助生产成本——机修车间
生产成本——辅助生产成本——动力车间
制造费用——基本生产车间
销售费用
财务费用
管理费用

(3)"材料采购——原材料"使用横线登记式账页(有期初余额的账户结转期初余额,没有期初余额的账户设户后待记发生额)。

(4)下列账户使用数量金额式账页(有期初余额的账户结转期初余额,没有期初余额的账户设户后待记发生额):

库存商品——J-1产品

库存商品——J-2产品

库存商品——J-3产品

库存商品——J-4产品

原材料——原料及主要材料——甲材料

原材料——原料及主要材料——乙材料

原材料——原料及主要材料——丙材料

原材料——原料及主要材料——丁材料

原材料——原料及主要材料——K-1材料

原材料——原料及主要材料——L-1材料

9.2.3 办理记账业务

办理如下记账业务:

(1)12月4日,收到业务员送来的"材料入库验收单"(留待月末汇总进行收料的账务处理)。

(2)2月9日,收到"固定资产折旧计算表",经审核无误,进行账务处理。

(3)12月9日,收到业务员交来本公司换出商品的"增值税专用发票"记账联,换入材料的"增值税发票"抵扣联与发票联及"材料入库验收单"会计记账联,经审核无误,进行非货币性交易的账务处理。

(4)12月12日,收到冯洋、朱海的"物品领用单",经审核无误,进行账务处理。

(5)12月18日,收到固定资产报废单,经审核无误,进行账务处理。

(6)12月19日,收到业务员送来的"内部转账单",经审核无误,进行账务处理。

(7)12月20日,收到业务员送来的"工程物资入库验收单"。

(8)12月20日,报废固定资产清理完毕,根据"固定资产清理——报废清理"账户余额编制"内部转账单",结转清理损益。

(9)12月27日,收到业务员送来的"材料入库验收单"(留待月末汇总进行收料的账务处理)。

(10)12月28日,本月应摊销专利权40 000元,应摊销专有技术20 000元,应摊销基本生产车间固定资产大修费21 000元,据以编制"无形资产、长期待摊费用分摊表",经审核无误,进行账务处理。

(11)12月29日,收到"报废低值易耗品汇总表"及"材料入库验收单"(会计记账联),经审核无误,进行账务处理。

(12)12月29日,据前面留存的"材料入库验收单"登记"材料采购"明细账(横线登记式明细账)的贷方发生额,并计算入库材料成本差异,据此编制"本月已付款的入库材料汇总表"。

(13)12月30日,本月生产产品领用包装物的计划成本汇总如下(根据领料单汇总的,因为领料单不便一一列出,故略去):

J-1产品领用2 500元

J-2 产品领用 2 000 元

J-3 产品领用 2 700 元

J-4 产品领用 2 800 元

据"周转材料——包装物"与"材料成本差异——包装物"账户资料计算材料成本差异率、领用材料应分摊的差异额及领用材料实际成本,据计算结果编制"领用包装物汇总表",经审核无误,进行账务处理。

(14)12 月 30 日,本月领用低值易耗品的计划成本汇总如下(根据领料单汇总的,因为领料单不便一一列出,故略去):

基本生产车间领用 12 000 元

动力车间领用 1 200 元

机修车间领用 1 600 元

公司管理部门领用 2 000 元

据"周转材料——低值易耗品"与"材料成本差异——低值易耗品"账户资料计算材料成本差异率、领用材料应分摊的差异额及领用材料实际成本,据计算结果编制"领用低值易耗品汇总表",经审核无误,进行账务处理。

(15)12 月 31 日,收到"车间产品耗用工时汇总表",结合"工资结算汇总表"与"奖金发放表"先编制"基本生产车间生产工人工资分配表",后编制"应付职工薪酬分配表",经审核无误,进行账务处理。

(16)12 月 31 日,收到业务员送来的"发料凭证汇总表"及"发料单"(略),根据"发料单"上所载明的用途及下列材料耗用资料编制"发料凭证分配汇总表"。据"原材料——原料用主要材料"各数量金额式明细账及"材料成本差异——原材料"账户资料,计算材料成本差异率、领用材料应分摊的差异额及领用材料实际成本。

材料耗用的计划成本汇总如表 9-7 所示。

表 9-7　　　　　　　　　材料耗用的计划成本汇总　　　　　　　　　单位:元

产品、车间、部门	主要材料	其他材料	备　注
J-1 产品	136 000		
J-2 产品	150 000		
J-3 产品	156 000		
J-4 产品	160 000		
基本生产车间一般耗用		3 000	列入物料消耗
动力车间	8 000	2 000	
机修车间	9 020	2 000	
公司管理部门		5 000	列入公司经费
销售部门		2000	列入包装费
车间扩建工程	30 000	16 000	按 17% 转出进项税额

经审核无误,进行账务处理(注:材料成本差异率精确至小数点后四位)。

(17) 12月31日,原作待处理的盘亏设备净值 2 500 元,经批准转销。据以编制"内部转账单",经审核无误,进行账务处理。

(18) 12月31日,收到"辅助生产情况表",结合"生产成本——辅助生产成本——动力车间"和"生产成本——辅助生产成本——机修车间"账户资料,采取直接分配法分配辅助生产费用,编制"辅助生产费用分配表"(分配率精确至小数点后四位),经审核无误,进行账务处理。

(19) 12月31日,根据工时记录(生产J-1产品12 000工时,生产J-2产品13 000工时,生产J-3产品14 000工时,生产J-4产品13 800工时)和"制造费用——基本生产车间"账户资料编制"制造费用分配表"(分配率精确至小数点后四位),经审核无误,进行账务处理。

(20) 12月31日,收到"生产情况报告表"和"产品入库汇总表",结合基本生产成本明细账资料,据以编制"生产成本计算表"(分别四种产品进行计算,单位成本保留到分),经审核无误,进行账务处理。

(21) 12月31日,根据本月商品销售数量及"库存商品"明细账的加权平均单位成本,编制"产品销售汇总表",结转产品销售成本。

(22) 12月31日,"交易性金融资产——股票"的公允价值为 220 000 元,依据"交易性金融资产——股票——成本"及"交易性金融资产——股票——公允价值变动"明细账户资料计算本期公允价值变动金额,据以填制"内部转账单",经审核无误,进行账务处理。

(23) 12月31日,按应收款项百分比法计提坏账准备,提取比例为3%,依据"应收账款"、"其他应收款"、"预付账款"及"坏账准备"明细账资料分析计算本期应计提的坏账准备金,据以编制"内部转账单",经审核无误,进行账务处理。

(24) 12月31日,依据"应交税费——应交增值税"明细账资料分析填写"增值税纳税申报表",计算出未缴增值税额,经审核无误,进行账务处理。

(25) 12月31日,依据"其他业务收入"和"固定资产"明细账及"增值税纳税申报表"资料,计算应缴营业税、应缴房产税、应缴城市维护建设税、应缴教育费附加,编制"地方税收综合纳税(费)申报表",经审核无误,进行账务处理。

(26) 12月31日,依据"持有至到期投资"明细账期初资料计算本年利息收入,并进行利息调整(按票面利率10%,实际利率6%计算),据以填制"内部转账单",经审核无误,进行账务处理(本月发生数,暂不计算利息)。

(27) 12月31日,依据"应付债券"(为安装工程而发行债券)明细账期初资料计算本年利息费用,并进行利息调整(按票面利率8%,实际利率6%计算),据以填制"内部转账单",经审核无误,进行账务处理(本月发生数,暂不计算利息)。

(28) 12月31日,结平"待处理财产损溢"账户。

(29) 12月31日,将损益类账户的本月净发生额结转"本年利润"账户。

(30) 12月31日,编制"利润表"初稿,据以编制"暂时性差异计算表"、"所得税纳税申报表"(所得税税率为33%),经审核无误,进行账务处理。

(31) 12月31日,将"所得税费用"账户发生额转入"本年利润"账户。

(32) 12月31日,进行利润分配。法定盈余公积按净利润("本年利润"账户年末余额)的10%分配,应付现金股利按"未分配利润"明细账期初余额加上本年净利润减去本年提取的法定盈余公积后的30%分配。

(33) 12月31日,将"本年利润"、"利润分配——提取盈余公积"、"利润分配——应付现金

股利"账户余额转入"利润分配——未分配利润"账户。

9.3 昌安公司财务科长岗位实操

9.3.1 开设总账

根据下列资料开设总账账户,每个账户占1页。昌安公司2014年11月30日总账期末资料如下:

库存现金	1 000(借)
银行存款	300 000(借)
其他货币资金	13 000(借)
交易性金融资产	300 000(借)
应收票据	300 000(借)
应收账款	310 000(借)
预付账款	
坏账准备	1 240(贷)
其他应收款	16 100(借)
材料采购	38 600(借)
原材料	510 000(借)
周转材料	75 000(借)
材料成本差异	5 450(借)
库存商品	2 502 000(借)
长期股权投资	180 000(借)
持有至到期投资	118 000(借)
固定资产	2 250 000(借)
累计折旧	650 000(贷)
工程物资	650 000(借)
在建工程	440 000(借)
固定资产清理	5 000(借)
无形资产	754 000(借)
研发支出	26 000(借)
累计摊销	
长期待摊费用	51 500(借)
待处理财产损溢	2 500(借)
递延所得税资产	
生产成本	58 300(借)
制造费用	
短期借款	1 500 000(贷)
应付票据	300 000(贷)

应付账款	300 000(贷)
应付职工薪酬	13 000(贷)
应交税费	16 500(贷)
应付利息	20 000(贷)
应付股利	
其他应付款	
长期借款	1 280 000(贷)
长期应付款	90 000(贷)
应付债券	328 000(贷)
递延所得税负债	
实收资本	2 997 710(贷)
资本公积	410 000(贷)
盈余公积	600 000(贷)
利润分配	30 000(贷)
本年利润	370 000(贷)
主营业务收入	
其他业务收入	
投资收益	
公允价值变动损益	
营业外收入	
主营业务成本	
营业税金及附加	
其他业务成本	
销售费用	
管理费用	
财务费用	
资产减值损失	
营业外支出	
所得税费用	

9.3.2 处理办理记账业务

日常总账业务如下：

(1)复核上旬会计凭证，根据审核无误的上旬记账凭证编制记账凭证汇总表，并据以登记总账，结出账户余额。与出纳员所经管的日记账核对，如有不符，查明原因，予以更正；与记账员所经管的明细账进行核对，如有不符，查明原因，予以更正。

(2)复核中旬会计凭证，根据审核无误的中旬记账凭证编制记账凭证汇总表，并据以登记总账，结出账户余额。与出纳员所经管的日记账核对，如有不符，查明原因，予以更正；与记账员所经管的明细账进行核对，如有不符，查明原因，予以更正。

(3)复核下旬会计凭证，根据审核无误的下旬记账凭证编制记账凭证汇总表，并据以登记总账,结出账户余额。与出纳员所经管的日记账核对,如有不符,查明原因,予以更正;与记账员所经管的明细账进行核对,如有不符,查明原因,予以更正。

(4)编制总账账户余额试算平衡表。

(5)办理年结。

9.3.3 编制会计报表

编制如下会计报表:

(1)编制资产负债表,以12月份月初数作为年初数。

(2)编制利润表,以12月份损益作为全年损益。

(3)编制现金流量表,以12月份月初数作为年初数,以12月份现金流量作为全年现金流量。

9.4 昌安公司业务员岗位实操

按要求填制和传递2014年12月份凭证:

(1)12月1日,林成出差返回公司报账,出差相关内容如下:林成出差联系业务推销产品,2014年11月25日从崎峰市乘轮船至南京市(当日到达)船票108元,在南京市期间住宿费160元,2014年11月27日从南京乘汽车至武汉(次日到达)车票60元,在武汉期间住宿费310元,29日从武汉乘火车回崎峰市(次日到达)火车票320元,出差补助每天18元,据以填写"旅差费报销单"(经理陈德民在单上签字:同意报销),持单以林成的名义向财务科出纳处报账(出差前已预支1 100元)。

(2)12月1日,销售给AB公司J-4商品8 000件,销售给AC公司J-4商品8 000件,销售给AD公司J-4商品8 000件,销售给AE公司J-4商品7 000件,J-4商品每件售价27元,增值税税率17%,价税款均已收讫。据以填写"增值税专用发票",款项全部存入银行,填写"进账单",送银行办理进账手续后取回"进账单"回单。将"进账单"回单连同"增值税专用发票"记账联送财务科出纳员(开户行:中国工商银行崎峰市支行;账号:823653676513)。

(3)12月2日,以业务科丰水仲的名义填写"领款单",领款金额2 800元,领款单填好后到财务科找出纳员领款,作为业务科的备用金。

(4)12月3日,以三峡证券营业部的名义填写"三峡证券营业部成交过户交割单"1张,内容如下:本交割单系昌安公司购买股票,成交编号为13581,股东账户为53657892,股东名称为昌安公司,申请编号为681,公司代码为M238,申报时间为105025(即10点50分25秒),成交时间为105040,实收金额为133 327元,资金余额为86 673元;证券名称为635278,成交数量15 000股,成交价格8.83元,佣金400元,印花税462元,附加费15元。填好后送昌安公司出纳员。

(5)12月4日,表9-8所列材料全部入库,据以填写"材料入库验收单"。

表9-8　　　　　　　　　　入库材料相关资料

供货单位	材料名称	计量单位	数量	单位买价(元)	运杂费(元)	计划单价(元)
达昌公司	甲材料	千克	1 500	4.00	100	3.91
	乙材料	千克	2 000	3.00	100	3.08

供货单位	材料名称	计量单位	数量	单位买价(元)	运杂费(元)	计划单价(元)
达亿公司	丙材料	千克	1 000	5.00	100	4.94
	丁材料	千克	1 000	5.00	100	6.05
大兴公司	K-1 材料	千克	640	12.50	100	13.94
大华公司	L-1 材料	千克	800	10.00	100	10.07

将填好的"材料入库验收单"记账联送本公司记账员。

(6)12月5日,以中财保险股份有限公司的名义填写"机动车辆保险单"和"保费收据"各1张,填写内容如下:被保险人为昌安公司;投保险种为车辆损失险、第三责任险、盗抢险、玻璃险、他人恶意险等;车辆型号为三菱(普);发动机号 3675665;牌号为 A-355667;非营业用车;座位为 5 座;保险价值 31 万元,保险金额 31 万元;基本保费 240 元;车辆损失险费率 0.8%;第三责任险最高赔偿限额为 24 万元;第三责任险保费为 2 100 元;盗抢险保费据表计算;玻璃险保费为 50 元;他人恶意险保费为 100 元;保险期限自 2014 年 12 月 5 日 0 时起至 2017 年 12 月 5 日 24 时止。地址:十字街 58 号;电话:8666688;邮政编码:438000;总经理:刘峰。填好后将"机动车辆保险单"正本和"保费收据"发票联送昌安公司记账员。

(7)12月6日,以崎峰市第一律师事务所王宏的名义填写"崎峰市服务业发票",收取昌安公司本月律师顾问费 1 100 元,持发票联找昌安公司出纳员收款。

(8)12月8日,崎峰市电视台收取昌安公司广告费 23 000 元,代电视台填写"崎峰市服务业发票",持其发票联找昌安公司出纳员收款。

(9)12月9日,债券公司应向昌安公司收取债券印刷费及手续费 7 000 元,代填写"崎峰市服务业发票",并持第 2 联到昌安财务科结算。

(10)12月9日,根据下述资料编制"固定资产折旧表"(采用平均年限法),编制完成后将其送昌安公司记账员。

11 月 30 日,固定资产资料如表 9-9 所示。

表 9-9　　　　　　　　　固定资产资料(截至 11 月 30 日)

部 门	固定资产类型	固定资产原值(元)	预计净残值(元)	预计使用年限
基本车间	房屋	200 000	15 000	40
	机床加工设备	200 000	10 000	10
	专用电子设备	350 000	15 000	10
	其他专用设备	200 000	8 000	20
机修车间	房屋	100 000	5 000	40
	机床加工设备	50 000	2 500	10
	其他专用设备	10 000	500	20
动力车间	房屋	100 000	5 000	40
	内燃发电机组	100 000	5 000	20
	其他专用设备	40 000	2 000	20
管理部门	房屋	600 000	35 000	40
	不需用设备	150 000	10 000	10
出租	仓库	150 000	8 000	10

(11)12月9日，昌安公司与兴盛公司进行非货币交易，交易内容如下：

昌安公司向兴盛公司销售J-2商品1 616件，每件售价25元；向兴盛公司购进甲材料10 000千克，每千克进价4.04元。增值税税率均为17%，据以填写销售J-2商品的"增值税专用发票"和购进甲材料的"材料入库验收单"（材料已如数入库，甲材料的计划单位成本见记账员岗位的数量金额式明细账）。填写好后先持销售商品的"增值税专用发票"第2、3联到兴盛公司业务处换取购进材料的"增值税专用发票"第2、3联；后将销售商品的"增值税专用发票"记账联和购进材料的"增值税专用发票"第2、3联及"材料入库验收单"一并送交昌安公司记账员。

(12)12月10日，以公司职工陆地的名义填写"费用报销领款单"，到财务科领取独生子女费160元。

(13)12月10日，代房地产管理所开具"崎峰市服务业发票"，应收取昌安公司办公用房租金1 100元。制单人：张选。持发票联到昌安公司财务科结算。

(14)12月10日，以崎峰市汽车队的名义开具"崎峰市公路、内河货物运输统一发票"，应收取昌安公司销货运费6 800元。制单人：王平。持发票联到昌安公司财务科结算。

(15)12月10日，昌安公司向保险公司缴纳职工失业保险金1 400元（昌安公司开户行：中国工商银行崎峰市支行；账号：823653676513。保险公司开户行：中国工商银行崎峰市支行；账号：823653998822），以保险公司的名义开具"保险公司失业保险金收据"，持发票联到昌安公司财务科结算。

(16)12月10日，业务科鲁琛、宋锦、肖敬3人领取本年度烤火费，每人90元，经理涂清源签字：同意付款。代填写"费用报销领款单"，到财务科出纳处领款。

(17)12月10日，代司法局开具"崎峰市行政事业单位收款票据"，应收取昌安公司公证费用1 200元。收款人：游咏。持发票联到昌安公司财务科结算。

(18)12月11日，生产技术科林成去省城开生产技术会，经领导陈晓勇同意借款1 600元。据以填写"借款单"，持单向财务科出纳员借款。

(19)12月11日，支付生产车间扩建工程款8 200元，经公司经理陈德民签字同意付款，由赵强统一领款，据以填写"江泽市建筑安装业统一发票"，持发票联到财务科出纳处办理领款，取得出纳员签发的"现金支票"到银行取款。

(20)12月12日，业务员马洋、朱海各领计算器1个，单价130元，合计金额260元。经理陈德民审批：同意领用，一次摊销。据以填写"物品领用单"并将其送交财务科记账员。

(21)12月12日，昌安公司向证券公司购买一年期债券900 000元，手续费1 800元，证券公司名义开出"收据"，持"收据"第2联到昌安司财务科结算。

(22)12月13日，根据表9-10所列资料编制"工资结算汇总"（因工资结算原始资料比较复杂，实际工作中的工资发放表是根据岗位将每个人的工资计算出来加以汇总的。而下列资料直接以汇总的形式给出）。

表 9—10　　　　　　　　　　　　　　工资结算汇总

车间、部门、类型	职工人数	标准工资（元）	应扣工资(元) 事假	应扣工资(元) 病假	津贴（元）	代扣款项 水电费（元）	代扣款项 住房公积金（元）	代扣款项 个人所得税（元）	代扣款项 个人承担社保（元）
基本生产车间生产工人	300	290 000	2 000	350	28 000	11 290	12 000	55	2 340
基本生产车间管理人员	12	12 500		100	1 200	500	450	20	105
援外工程人员	4	4 700			1 600				45
在建工程人员	25	24 000		30	2 600	1 000	1 100		260
机修车间人员	8	7 900			700	320	400		65
动力车间人员	5	5 100			480	200	230		40
公司管理人员	36	42 000	150	300	4 000	1 500	1 800	35	450
医务人员	3	2 900			280	120	150		20
六个月以上长病假人员	2	1 800		500	10	70	120		15

工资结算汇总表编制好后送交财务科出纳员。

(23)12月13日,销售给达亿公司J-1商品10 000千克,每千克售价12.80元,J-2商品10 000件,每件售价23.80元,增值税税率为17%,据以填写"增值税专用发票"后,将其第2、3、4联交昌安财务科出纳员办理收款手续。

(24)12月14日,业务科各种费用支出汇总情况如下:差旅费360元(12张原始凭证);办公费200元(13张原始凭证);其他费用180元(10张原始凭证);经核对,编制"管理费用支出汇总表",持表到财务科报账。

(25)12月14日,王国维等5名职工参加崎峰市工学院短期培训,支付学杂费3 500元,以工学院名义开出"收据",持第2联(付款人联)找昌安财务科出纳员办理领款,取得出纳员签发的"现金支票"到银行取款。

(26)12月15日,昌安公司职工食堂向为民日杂公司购盘子50个,每个3元,计150元。以为民日杂公司名义开具"为民日杂公司销售发票",持发票联向昌安公司财务科出纳员报账(在发票备注上填写:列入职工福利)。

(27)12月16日,昌安公司向税务局购买20张5元券印花税票,20张2元券印花税票,30张1元券印花税票,以税务局名义开具"市税务局印花税票发售统一发票",持发票联向昌安公司财务科出纳员报账。

(28)12月16日,崎峰市保险公司向昌安公司收取员工养老保险金7 200元,以保险公司名义开具"收据",并持"收据"第2联(付款人联)向昌安公司财务科结算。

(29)12月17日,昌安公司应付的车间扩建工程包工款190 000元,以新达建筑公司的名义填写"崎峰市建筑安装统一发票",持发票联到昌安公司财务科办理结算。

(30)12月17日,本月综合奖金结算汇总资料如表9—11所示。

表 9—11　　　　　　　　　　本月综合奖金结算汇总资料

车间、部门	奖金（元）
基本生产车间生产工人	30 000
基本生产车间管理人员	1 200
机修车间人员	800
动力车间人员	500
公司管理人员	3 600
医务人员	300

据以编制"综合奖金结算汇总表"，持该表向财务科出纳员领取奖金。

(31) 12月18日，昌安公司应付立新设计院产品设计费1 100元，以立新设计院的名义填写"崎峰市服务业发票"，持发票联到昌安公司财务科办理结算。

(32) 12月18日，向大兴公司购进丙设备1台，交易价53 000元，经验收交基本生产车间使用，据以填写"固定资产验收单"，将第2联送财务科出纳员。

(33) 12月18日，1栋仓库275平方米，预计使用26年，已使用25年，原值80 000元，已提折旧70 000元，因重建提前报废。其处理意见如下：使用部门的意见：因陈旧要求报废；技术鉴定小组意见：情况属实；固定资产管理部门意见：同意转入清理；主管部门审批意见：同意报废重建。据以填写"固定资产报废单"，将会计记账联送财务科记账员。

(34) 12月19日，销售给昌平公司不需用丁设备1台，原始价值55 000元，已提折旧17 000元，协商作价40 000元。据以填写"崎峰市商业普通发票"，持发票联到昌平公司财务科收款，要求昌平公司出纳员签发"转账支票"，并与其一同去银行办理转账手续，取得银行盖章后"转账支票"收账通知联后，将"转账支票"收账通知联及"崎峰市商业普通发票"记账联送交本公司财务科出纳员。同时，依据固定资产原始价值与已提折旧填写"内部转账单"，并将其送本公司财务科记账员。

(35) 12月19日，林成12月11日去省城参加工业生产技术会，12月18日返回，往返汽车票均为35元，住宿费700元，会议费用150元，其他费用160元，每天补助15元。以林成的名义填写"差旅费报销单"，经理陈德民在单上签字：同意报销。持单向财务科出纳员报账（原借支1 600元）。

(36) 12月19日，业务科与业务往来单位洽谈业务，接待、就餐、补助及接车费共计金额2 080元，单据19张。据以填写"业务招待费汇总表"，经理陈德民在单上签字：同意报销。持单向财务科出纳员报账，取得出纳员签发的"现金支票"后到银行提取现金。

(37) 12月19日，报废固定资产的清理人员周全等4人应领取清理费用380元，以周全的名义填写"费用报销领款单"，经理陈德民在单上签字：同意付款。持单向财务科出纳员领款。

(38) 12月19日，昌安公司向崎南公司收取仓库租金5 100元，据以开出"江泽市服务业发票"，收到现金5 100元，当即填写"进账单"到开户行办理进账手续，收到银行盖章后的"进账单"回单，将"崎峰市服务业发票"发票联及"进账单"回单送交本公司出纳员（本公司开户行：中国工商银行崎峰市支行，账号：823653676513）。

(39) 12月20日，仓库清理残料如下：红砖60 000块，每块0.20元，计12 000元，其他材料 4 000 元,合计 16 000 元。材料全部入库作重建仓库用,据以编制"材料入库单",并将其记账联送财务科记账员。

(40)12 月 20 日,昌安公司向为民五金公司购买灭火器 5 个,单价 100 元,计 500 元。灭火器购回后当即由仓库领用。先以为民五金公司名义开具"为民五金公司发票";再以仓库保管员汤新元名义填写"物品领用单"(经理陈德民在单上签字:同意领用,一次摊销);最后将"为民五金公司发票"发票联和"物品领用单"送财务科出纳员,并要求领款、领物。

(41)12 月 20 日,向大兴公司转让技术,收取技术转让费 17 000 元,据以填写"崎峰市商业普通发票",持其发票联到大兴公司财务科收款,要求大兴公司出纳员签发"转账支票",并与其一同去银行办理转账手续,取得银行盖章后的"转账支票"收账通知联后,将"转账支票"收账通知联及"崎峰市普通发票"记账联送交本公司财务科出纳员。

(42)12 月 21 日,向会计局购买《新会计准则》等书籍,付款 180 元,以会计局的名义填写"崎峰市文化教育、体育业发票",持发票联到账务科报账。

(43)12 月 21 日,昌安公司的汽车送汽车修配厂修理。具体修配项目如下:汽车补胎 285 元,汽车轮胎充气 40 元,车轮拆装 55 元。以汽车修配厂名义开具"崎峰市服务业发票",将"崎峰市服务业发票"发票联送交本公司出纳员。

(44)12 月 23 日,昌安公司使用自来水厂的供水。水表记录是:本月号码为 12356,上月号码为 6526,实用水 5 830 吨,每吨单价 1 元。以自来水厂名义开具"自来水厂水费发票",持发票联到昌安公司财务科结算。

(45)12 月 23 日,业务科用备用金开支下列各种费用:差旅费 950 元(15 张原始凭证);办公费 1 000 元(12 张原始凭证);修理费 1 300 元(4 张原始凭证);经核对全部报销,编制"管理费用支出汇总表",持单到财务科报账。

(46)12 月 24 日,昌安公司电表的起码是 256726,止码是 315026,实用电 58300 度,每度单价 0.50 元,以电力局的名义填写"增值税专用发票"(电费增值税税率 13%),持发票联到昌安公司财务科结算。

(47)12 月 24 日,昌安公司参加本市商品展销会,应付新世界商厦的商品展位租用费 1 100 元,以新世界商厦的名义填写"崎峰市服务业发票"(增值税税率 13%),持发票联到昌安公司财务科结算。

(48)12 月 25 日,物价检查所对昌安公司商品销售情况进行检查,发现部分商品违反国家价格政策,罚款 1 800 元,以物价检查所名义填写"罚款没收专用收据",持单到昌安公司财务科结算。

(49)12 月 25 日,养路费征收站向昌安公司收取汽车养路费用 1 000 元,以养路费征收站的名义填写"交通车辆养路费收据"(2 辆东风汽车为送货用车,养路费为 700 元,2 辆小车的养路费为 300 元),持单到昌安公司财务科结算。

(50)12 月 26 日,看望住院职工李学锋,从副食品商店购买 2 袋奶粉,每袋 15 元,苹果 4 千克,每千克 4 元,据以填写"副食品商店销售发票",经理陈德民签字:在福利费列支,持发票联到昌安公司财务科结算。

(51)12 月 26 日,通达搬运公司为昌安公司装卸货物,应收取装卸费 1 200 元,以通达公司的名义开具"崎峰市交通运输业发票",持发票联到昌安公司财务科结算。

(52)12 月 26 日,林成出差预支差旅费 1 600 元,据以填写"借款单",持单向财务科出纳借款。

(53)12月26日,本公司向美国H公司购入先进设备1台,交易价4 000美元,以H公司名义填写"商业发票",以本公司设备科名义填写"固定资产验收单"(设备交管理部门使用)。"商业发票"与"固定资产验收单"交本公司出纳员(引进先进设备,减免关税及增值税;境内外运杂费均由供货方承担)

(54)12月27日,昌安公司自行开发一项实用型专利开发成功,先根据下列资料填写"专利申报表":申请单位:昌安公司;专利项目:实用新型专利;技术开发费:26 000元;注册登记费:3 800元;单位意见:同意申报;专利局审批:同意注册。再以专利局名义填写"崎峰市行政事业单位收款收据"收取昌安公司专利注册登记费3 800元,最后持"专利申报表"和"崎峰市行政事业单位收款收据"到昌安公司财务科结算。

(55)12月27日,昌安公司销售给德茂公司J-1商品5 000千克,每千克售价13元;销售给昌平公司J-1商品4 800千克,每千克售价13元;销售给达亿公司J-2商品10 000件,每件售价23元;增值税税率均为17%,据以分别3个公司填写"增值税专用发票"后持"增值税专用发票"第2、3联到昌平、德茂、达亿公司财务科结算,要求各公司出纳员根据购销合同填写"商业承兑汇票",经付款人(各购货公司)承兑后取得"商业承兑汇票"第2联,并在"商业承兑汇票"第1联的收款人盖章处盖上本公司财务专用章(由本公司出纳员盖章),在负责、经办处均签名,将"增值税专用发票"的记账联和"商业承兑汇票"第2联送交昌安公司出纳员。

(56)12月27日,顺达运输公司为昌安公司运输购入的材料,应收运费7 480元。以顺达运输公司的名义开具"崎峰市公路、内河货物运输统一发票",持发票联到昌安公司财务科结算。

(57)12月27日,外购材料全部验收入库。据表9-12所列资料填写"材料入库验收单",将其记账联送财务科记账员。

表9—12　　　　　　　　　　外购材料相关资料

供货单位	材料名称	数量(千克)	买价(元)	运杂费(元)	计划单价(元)
大兴公司	K-1材料	4 800	67 200	480	13.94
大华公司	L-1材料	10 000	100 000	1 000	10.07
达昌公司	甲材料	20 000	80 000	2 000	3.91
	乙材料	20 000	60 000	2 000	3.08
	丙材料	10 000	50 000	1 000	4.94
	丁材料	10 000	60 000	1 000	6.05

(58)12月29日,各部门报废低值易耗品(领用时均一次摊销)。本月收回残值如下:基本生产车间480元,动力车间57元,机修车间63元,行政管理部门120元。报废材料均已入库(计划价按照720元计算)。据以编制"报废低值易耗品汇总表"和"材料入库验收单",将其送财务科记账员。

(59)12月30日,销售给达亿公司J-2商品10 000件,每件售价23元,J-3商品10 000件,每件售价24元,增值税税率17%,据以填写"增值税专用发票",将"增值税专用发票"第2、3、4联送本公司出纳员。

(60)12月31日,基本生产车间生产J-1产品耗用7 500工时,生产J-2产品耗用7 000工时,生产J-3产品耗用8 100工时,生产J-4产品耗用8 256工时,据以编制"产品耗用工时汇总表",并将表送财务科记账员。

(61)12月31日,本月发出材料汇总资料如表9—13所示。

表9—13　　　　　　　　　　　　本月发出材料汇总资料

材料名称	数量(千克)	计划单价(元)	计划总价(元)
甲材料	35 000	3.91	136 850
乙材料	30 000	3.08	92 400
丙材料	18 000	4.94	88 920
丁材料	15 000	6.05	90 750
K-1材料	10 000	13.94	139 400
L-1材料	10 000	10.07	100 700
小计			649 020
其他材料			30000

据以编制"发料凭证汇总表",并将该表送财务科记账员。

(62)12月31日,辅助生产车间本月提供劳务总量资料如表9—14所示。

表9—14　　　　　　　　　　辅助生产车间本月提供劳务总量资料

项　目	机修车间服务量(工时)	动力车间供电量(度)
J-1产品耗用	—	8 000
J-2产品耗用	—	10 000
J-3产品耗用	—	10 000
J-4产品耗用	—	11 000
基本生产车间耗用	1 620	1 000
行政管理部门耗用	200	3 000
车间扩建工程耗用	180	7 000
动力车间耗用	100	—
机修车间耗用	—	1 000
合　计	2 100	51 000

据以编制"辅助生产情况表",并将该表送财务科记账员。

(63)12月31日,本月产品生产及入库情况如表9—15所示。

表9—15　　　　　　　　　　　　本月产品生产及入库情况

产品名称	月初在产品	本月投产	本月完工入库	月末在产品	在产品完工程度	投料方式
J-1产品	2 600千克	28 732千克	29 000千克	2 332千克	50%	逐步投料
J-2产品	1 700件	18 124件	17 000件	2 824件	50%	逐步投料
J-3产品	1 386件	17 818件	17 000件	2 204件	50%	逐步投料
J-4产品	1 842件	15 152件	16 000件	994件	50%	逐步投料

代基本生产车间编制"生产情况报告表",代成品仓库编制"产品入库汇总表",将填好的两张表送财务科记账员。

丰润公司会计业务岗位实操

10.1 丰润公司出纳会计岗位实操

10.1.1 开设有关日记账

丰润公司 2014 年 11 月 30 日有关账户余额如下：

库存现金日记账　　　　　　　　　　　　　　　　　　　　　1 200（借）
银行存款日记账　　　　　　　　　　　　　　　　　　　　　300 000（借）

丰润公司及往来公司相关情况如表 10—1 所示。

表 10—1　　　　　　　　　丰润公司及往来公司相关情况

开户行：中国工商银行江泽市支行		开户行：中国工商银行崎峰市支行	
公司名称	账号	公司名称	账号
丰润公司	1156674356321	兴隆公司	823653676516
丰利公司	1156674356322	兴盛公司	823653676517
众生公司	1156674356323	大兴公司	823653676514
达昌公司	1156674356327	大华公司	823653676515
达亿公司	1156674356328		

10.1.2 办理如下业务

凡出纳业务，在业务办理完毕后，编制记账凭证，据以登记库存现金和银行存款日记账，并将记账凭证连同所附原始凭证一并转交记账员记账。

(1)12 月 1 日，收到李军"差旅费报销单"(所附单据略)，经审核无误，报销费用 2 086 元，按原预支额 2 000 元开出"收据"，超支 86 元当即补付现金，并在"差旅费报销单"上填写"付现 86 元"。

(2)12 月 1 日，收到业务员送来的"进账单"回单及"增值税专用发票"记账联进行账务处理。

(3)12 月 1 日，填写"转账支票"2 张，分别支付应付丰利公司账款 100 000 元和应付众生公司账款 110 000 元；填写"信汇"凭证 1 张，支付应付兴盛公司账款 90 000 元。填好结算凭证后去开户银行办理相关手续,取回"转账支票"回单和"信汇"凭证回单,审核无误后,进行账务处理。

(4)12月2日,填写"转账支票"1张,转出投资款200 000元,存入亚洲证券营业部账户(亚洲证券营业部开户行:中国工商银行江泽市支行,账号:235673625588),准备用于购买股票。到银行办理转账手续,取回回单。

(5)12月2日,填写"现金支票"1张,提取现金5 000元备用,到开户银行办理支款手续。

(6)12月2日,收到业务科张丰的"领款单",经审核无误,当即支付现金3 000元,作为业务科的备用金(在领款单上注明"现金付讫")。

(7)12月3日,收到"亚洲证券营业部成交过户交割单",购入股票划作交易性金融资产。

(8)12月3日,将专夹留存的10月3日签发的"商业承兑汇票"第2联取出(曾在10月3日发生销货业务时,已填写3份"商业承兑汇票":签发日期为2014年10月3日,承兑期2个月,应收大兴公司货款200 000元,应收大华公司货款150 000元,应收兴隆公司货款160 000元),依据到期的3张"商业承兑汇票"分别填写"委托收款"凭证后,到开户银行办理委托收款手续,取回"委托收款"凭证回单。

(9)12月3日,收到丰利公司和众生公司出纳员送来的到期"商业承兑汇票"第2联,经审核无误,分别据以填写"转账支票",到银行办理转账手续。

(10)12月5日,收到开户行转来大兴公司、大华公司和兴隆公司"信汇"凭证收款通知。

(11)12月5日,收到中财保险股份有限公司"机动车辆保险单"(正本)和"保费收据"第1联,经审核无误,据以填写转账支票(中财保险股份有限公司开户行:中国工商银行江泽市支行;账号:115675368955),并到银行办理转账手续,经银行盖章,取回转账支票回单。

(12)12月6日,填写"中华人民共和国税收通用完税证",将未缴增值税、应缴城市维护建设税、应缴个人所得税、应缴教育费附加上缴国库,具体金额见明细分类账各该账户的月初余额。税收通用完税证填好后,到开户行办理手续,经税务机关、银行盖章后取得完税凭证联,并据以进行账务处理。

(13)12月6日,收到律师事务所的"江泽市服务业发票"发票联,经审核无误,以现金付讫。

(14)12月7日,收到银行转来"委托收款凭证"的收款通知3张,系大华公司、大兴公司和兴隆公司的应收款。

(15)12月7日,收到银行转来"委托收款凭证"的付款通知1张,系应付兴盛公司的商业汇票到期款。

(16)12月8日,收到江泽市电视台的"江泽市服务业发票"发票联,经审核无误,据以填写"转账支票"(江泽市电视台开户行:中国工商银行江泽市支行;账号:115674356672),付广告费,并到银行办理转账手续,经银行盖章,取回转账支票回单。

(17)12月8日,本(丰润公司)公司委托债券发行公司发行5年期债券,按面值的10%溢价发行。现债券公司已发行债券面值1 000 000元,实收金额1 100 000元,款项今日全部交来,当即送存银行。据以填写"收据"及"进账单",到银行办理手续后据"收据"记账联及"进账单"回单进行账务处理。

(18)12月9日,收到债券公司的"江泽市服务业发票"发票联,经审核无误,据以填写转账支票(债券公司开户行:中国工商银行江泽市支行;账号:115676283355),付手续费,并到银行办理转账手续,经银行盖章,取回转账支票回单。

(19)12月10日,收到金林"费用报销领款单",经审核无误,以现金付讫。

(20)12月10日,收到房地产管理所的"江泽市服务业发票"发票联,经审核无误,以现金付讫。

(21)12月10日,收到江泽市汽车运输公司的"江泽市公路、内河货物运输统一发票"发票联,经审核无误,据以填写转账支票(江泽市汽车运输公司开户行:中国工商银行江泽市支行;账号:115674356698),付运费,并到银行办理转账手续,经银行盖章,取回转账支票回单。

(22)12月10日,收到保险公司的"保险公司失业保险金收据",签发"现金支票"付款,到银行办理手续,根据"现金支票"存根作账务处理。

(23)12月10日,签发"现金支票",到银行办理取款手续,提回现金3 000元备用。根据"现金支票"存根作账务处理。

(24)12月10日,收到张兴人的"费用报销领款单",经审核无误,以现金付讫。

(25)12月10日,收到司法局的"江泽市行政事业单位收款票据",经审核无误,据以填写转账支票(司法局开户行:中国工商银行江泽市支行;账号:115674356989),付诉讼费,并到银行办理转账手续,经银行盖章,取回转账支票回单。

(26)12月11日,收到李军的"借款单",经审核无误,以现金付讫。

(27)12月11日,收到工程队的"江泽市建筑安装业统一发票",经审核无误,如数签发"现金支票",交李强到银行取款。

(28)12月12日,收到证券公司的"收据",经审核无误,据以填写转账支票(证券公司开户行:中国工商银行江泽市支行;账号:115674356719),付债券及手续费,并到银行办理转账手续,经银行盖章,取回转账支票回单。

(29)12月13日,收到"工资结算汇总表",根据实发工资总额签发"现金支票",从银行提取现金,当即发放完毕。

(30)12月13日,收到业务员送来的"增值税专用发票"2、3、4联,据以填写"委托收款凭证",持"委托收款凭证"和"增值税专用发票"2、3联到银行办理托收手续,经银行盖章后,将退回的"委托收款凭证"回单与"增值税专用发票"记账联一并作账务处理。

(31)12月14日,收到业务科"管理费用支出汇总表"(所附单据54张略),经审核无误,以现金付讫。

(32)12月14日,收到江泽市工学院的"收据",经审核无误,开出"现金支票"付讫。

(33)12月15日,收到职工食堂购买炊具发票,经审核无误,以现金付讫。

(34)12月16日,收到银行转来委托收款凭证的收款通知1张,系兴隆公司应收款。

(35)12月16日,收到"市税务局印花税票发售统一发票",经审核无误,以现金付讫。

(36)12月16日,收到保险公司收取员工养老保险金的"收据",经审核无误,据以填写转账支票(保险公司开户行:中国工商银行江泽市支行;账号:115674363789),付保险金,并到银行办理转账手续,经银行盖章,取回转账支票回单。

(37)12月17日,收到长丰建筑公司"江泽市建筑安装业发票"发票联,经审核无误,据以填写"转账支票"(建筑公司开户行:中国工商银行江泽市支行;账号:115672785567),付工程款,并到银行办理转账手续,经银行盖章,取回转账支票回单。

(38)12月17日,根据"综合奖金结算汇总表"(实际还应有按人头的奖金发放表,此处略),签发"现金支票"提回现金,当即发放完毕。

(39)12月18日,收到新卫设计院的"江泽市服务业发票"发票联,经审核无误,以现金付讫。

(40)12月18日,收到业务员送来的达亿公司转账支票的收账通知联及本公司的固定资产销售的"江泽市商业普通发票"会计记账联,经审核无误,进行账务处理。

(41)12月19日,收到丰利公司出售设备的"江泽市商业普通发票"发票联及本公司业务员送来的"固定资产验收单",经审核无误,据以填写"转账支票"付设备款,并到银行办理转账手续,经银行盖章,取回转账支票回单。

(42)12月19日,收到李军的"差旅费报销单"(所附单据略)和交来的现金378元,开出"收据"收讫。收据金额按李军原借支数填写。

(43)12月19日,收到业务科的"业务招待费汇总表"及所附23张单据(单据略),经审核无误后,当即签发"现金支票"补足其备用金。

(44)12月19日,收到周强的"费用报销领款单",经审核无误,以现金付讫。

(45)12月19日,收到业务员送来的仓库租金收入"进账单"回单及"江泽市服务业发票"记账联。

(46)12月20日,收到业务员送来的"为民五金公司发票"和"物品领用单",经审核无误,签发"现金支票",从银行提回现金5 000元,除支付灭火器款外,其余备用。

(47)12月20日,收到业务员送来的丰利公司"转账支票"收账通知联及本公司收取技术转让收入的"江泽市商业普通发票"记账联。

(48)12月21日,收到购买书籍的"江泽市文化教育、体育业发票"发票联,经审核无误以现金付讫。

(49)12月21日,收到达亿公司的"江泽市商业普通发票"发票联,经审核无误,签发"转账支票"支付技术转让费。到银行办理转账手续,经银行盖章后,拿回转账支票回单。

(50)12月21日,收到汽车修配厂的"江泽市商业普通发票"发票联,经审核无误,以现金付讫。

(51)12月23日,收到自来水厂发票,审核无误后,填写"转账支票"支付水费,到银行办理转账手续,经银行盖章后,拿回转账支票回单(自来水厂开户行:中国工商银行江泽市支行;账号:115674351125)。

同时,根据定额耗用量分配本月水费。定额耗用量如下:动力车间500吨,机修车间600吨,基本生产车间1 800吨,公司管理部门1 100吨,据以编制"水费分配表"。

根据"自来水厂发票"发票联、"转账支票"存根和"水费分配表"进行账务处理。

(52)12月23日,收到业务科的"管理费用支出汇总表"及所附48张单据(单据略),经审核无误后,即签发"现金支票"补足其备用金。

(53)12月24日,收到电力局的"增值税专用发票"发票联,审核无误后,填写"转账支票"支付电费,到银行办理转账手续,经银行盖章后,拿回转账支票回单(电力局开户行:中国工商银行江泽市支行;账号:115674356211)。

同时,根据表10-2所列定额耗用量资料编制"外购动力费分配表"。

表 10—2　　　　　　　　　　　定额耗用量资料

产品名称	定额耗用量	车间部门	定额耗用量
A-1 产品	10 200 度	动力车间	800 度
A-2 产品	11 000 度	机修车间	900 度
A-3 产品	9 000 度	基本生产车间	700 度
A-4 产品	9 800 度	管理部门	7 600 度

根据电力局的发票联、"转账支票"存根和"外购动力费分配表"进行账务处理。

(54)12月24日，收到大世界市场的"江泽市服务业发票"发票联，经审核无误，以现金付讫。

(55)12月24日，为购进口设备，向开户行买入5 000美元，以中国人民银行公布的人民币汇率中间价作为即期汇率，当日的即期汇率为1美元＝7.72元人民币，银行当日美元卖出价为1美元＝8.10元人民币。签发"转账支票"支付人民币，填写"进账单"购入美元。到银行办理相关手续，根据"转账支票"存根和"进账单"作账务处理。

(56)12月25日，签发"现金支票"，到银行办理取款手续，提回现金6 000元备用。根据"现金支票"存根作账务处理。

(57)12月25日，收到物价检查所"罚款没收专用收据"，以现金支付罚款。

(58)12月25日，收到养路费征收站的"交通车辆养路费收据"，经审核无误，以现金付讫。(2辆东风汽车为送货用车，养路费为600元，1辆小车的养路费用为200元)。

(59)12月26日，收到业务员送来的"固定资产验收单"及购买进口设备的"商业发票"，经审核无误后填写"信汇"凭证，到银行办理美元汇兑手续，取回"信汇"回单。当日的即期汇率为1美元＝7.85元人民币。

(60)12月26日，收到"副食品商店销售发票"发票联，经审核无误，以现金付讫。

(61)12月26日，收到迅达搬运公司的"江泽市交通运输业发票"发票联，经审核无误，以现金付讫。

(62)12月26日，收到李军的"借款单"，经审核无误，以现金付讫。

(63)12月27日，收到本公司业务员送来销售商品给大兴公司、大华公司和兴隆公司的3张"增值税专用发票"记账联和3张"商业承兑汇票"。

(64)12月27日，收到业务员送来的"专利申报表"和专利局的"江泽市行政事业单位收款收据"发票联，审核无误后，填写"转账支票"支付专利注册登记费，到银行办理转账手续，经银行盖章后，拿回转账支票回单(专利局开户行：中国工商银行江泽市支行；账号：115675363286)。

(65)12月27日，收到丰利公司、众生公司、兴盛公司业务员送来的"增值税专用发票"2、3联，经审核无误后分别填写为期2个月的"商业承兑汇票"3份，其中第1联并各收款人盖章签名后收回，在第2联的付款人盖章处盖上财务专用章，在负责经办处签名，填好后将第2联分别交丰利公司、众生公司、兴盛公司业务员。

同时收到四通运输公司的"江泽市公路、内河货物运输统一发票"发票联，经审核无误，填写"转账支票"支付材料运费，到银行办理转账手续，经银行盖章后，拿回转账支票回单(四通运输公司开户行:中国工商银行江泽市支行;账号:115675363298)。

根据材料重量编制"材料采购费用分配表"。各种材料采购的重量:B-1材料9 000千克,C-1材料8 000千克,甲材料15 000千克,乙材料15 000千克,丙材料16 000千克,丁材料15 000千克。

根据"增值税专用发票"发票联、"商业汇票"留存联、"转账支票"存根联、"江泽市公路、内河货物运输统一发票"发票联、"材料采购费用分配表",作账务处理。

(66)12月30日,收到业务员送来的"增值税专用发票"第2、3、4联,合同规定销货款采用委托收款结算方式,经审核无误后,据以填写"委托收款凭证",持"委托收款凭证"和"增值税专用发票"第2、3联到银行办理托收手续,经银行盖章后,将退回的"委托收款凭证"回单与"增值税专用发票"记账联一并作账务处理。

(67)12月31日,到开户行拿回贷款计息凭证,进行账务处理(已预计应付利息9 000元)。

(68)12月31日,到开户行拿回存款计息凭证,进行账务处理。

(69)12月31日,将账面价值为100 000元的"交易性金融资产——基金"全部出售,实得现金105 000元。填写"内部转账单"和"进账单",将现金送存银行(全为百元券)。

(70)12月31日的即期汇率为1美元＝8.05元人民币,调整当期产生的汇兑差额。

10.2　丰润公司记账会计岗位实操

10.2.1　开设有关账户

丰润公司2014年11月30日明细账期末资料如下:

其他货币资金——外埠存款	10 000(借)
交易性金融资产——股票(成本)	100 000(借)
交易性金融资产——债券(成本)	100 000(借)
交易性金融资产——基金(成本)	100 000(借)
应收票据——大兴公司	200 000(借)
应收票据——大华公司	150 000(借)
应收票据——兴隆公司	160 000(借)
应收账款——大兴公司	100 000(借)
应收账款——大华公司	180 000(借)
应收账款——兴隆公司	200 000(借)
坏账准备	14 400(贷)
其他应收款——李军	2 000(借)
其他应收款——代扣水电费	20 000(借)
材料采购——原材料	35 500(借)
原材料——原料及主要材料	410 000(借)
原材料——其他材料	90 000(借)
周转材料——包装物	20 000(借)
周转材料——低值易耗品	60 000(借)

材料成本差异——原材料	5 000（借）
材料成本差异——包装物	200（贷）
材料成本差异——低值易耗品	600（借）
库存商品——A-1 产品	100 000（借）
库存商品——A-2 产品	160 000（借）
库存商品——A-3 产品	2 200 000（借）
库存商品——A-4 产品	250 000（借）
长期股权投资——股票投资（德源公司）	100 000（借）
持有至到期投资——成本	100 000（借）
持有至到期投资——利息调整	10 000（借）
持有至到期投资——应计利息	10 000（借）
固定资产——生产用固定资产	1 250 000（借）
固定资产——非生产用固定资产	600 000（借）
固定资产——不需用固定资产	200 000（借）
固定资产——出租固定资产	250 000（借）
累计折旧	500 000（贷）
工程物资——专用材料	300 000（借）
工程物资——专用设备	500 000（借）
在建工程——机床大修工程	40 000（借）
在建工程——设备安装工程	500 000（借）
固定资产清理——报废	5 000（借）
无形资产——专利权	500 000（借）
无形资产——专有技术	450 000（借）
研发支出——资本化支出	30 000（借）
长期待摊费用——固定资产大修费用	79 000（借）
待处理财产损溢——待处理固定资产损溢	2 000（借）
生产成本——基本生产成本（A-1 产品）	7 500（借）
生产成本——基本生产成本（A-2 产品）	12 000（借）
生产成本——基本生产成本（A-3 产品）	14 000（借）
生产成本——基本生产成本（A-4 产品）	20 000（借）
短期借款——生产周转借款	1 600 000（贷）
应付票据——丰利公司	200 000（贷）
应付票据——众生公司	300 000（贷）
应付票据——兴盛公司	250 000（贷）
应付账款——丰利公司	100 000（贷）
应付账款——众生公司	110 000（贷）
应付账款——兴盛公司	90 000（贷）
应付职工薪酬——职工教育经费	5 000（贷）
应付职工薪酬——职工福利	1 400（贷）

应付职工薪酬——社会保险费	9 600（贷）
应交税费——未交增值税	30 000（贷）
应交税费——应交所得税	50 000（借）
应交税费——应交城市维护建设税	2 100（贷）
应交税费——应交个人所得税	3 000（贷）
应交税费——应交教育费附加	600（贷）
应付利息	25 000（贷）
长期借款——基建借款	1 300 000（贷）
长期应付款——应付设备款	100 000（贷）
应付债券——面值	200 000（贷）
应付债券——利息调整	20 000（贷）
应付债券——应计利息	10 000（贷）
实收资本——国家投资	2 112 500（贷）
实收资本——兴盛公司	200 000（贷）
实收资本——其他	1 000 000（贷）
资本公积——资本溢价	500 000（贷）
资本公积——其他	100 000（贷）
盈余公积——法定盈余公积	600 000（贷）
利润分配——未分配利润	200 000（贷）
本年利润	400 000（贷）

原材料明细账 2014 年 11 月 30 日期末资料如表 10—3 所示。

表 10—3　　　　　　　　　期末原材料明细（截至 2014 年 11 月 30 日）　　　　　　　　单位：元

	品名	单位	数量	计划单价（元）	金额（元）
原料及主要材料	甲材料	千克	10 000	4.12	41 200
	乙材料	千克	10 000	3.14	31 400
	丙材料	千克	10 000	5.13	51 300
	丁材料	千克	10 000	6.09	60 900
	B-1 材料	千克	10 000	7.5	75 000
	C-1 材料	千克	10 000	15.02	150 200
	小计				410 000
其他材料					90 000
合计					500 000

材料采购明细账 2014 年 11 月 30 日期末资料如表 10—4 所示。

表 10—4　　　　　　期末材料采购明细（截至 2014 年 11 月 30 日）

供货单位	项目	借方（元）			贷方（元）			备注
		买价	运杂费	合计	计划成本	差异	合计	
兴隆公司	甲材料	5 600	150	5 750				
	乙材料	5 800	150	5 950				
兴盛公司	丙材料	5 900	150	6 050				
	丁材料	5 600	150	5 750				
丰利公司	B-1 材料	5 800	150	5 950				
众生公司	C-1 材料	5 900	150	6 050				
合计		34 600	900	35 500				

库存商品明细账 2014 年 11 月 30 日期末资料如表 10—5 所示。

表 10—5　　　　　　期末库存商品明细（截至 2014 年 11 月 30 日）

商品名称	单位	数量	单位成本（元）	金额（元）
A-1 商品	千克	14 286	7	100 000
A-2 商品	件	10 000	16	160 000
A-3 商品	件	110 000	20	2 200 000
A-4 商品	件	10 000	25	250 000
合　计				2 710 000

生产成本明细账 2014 年 11 月 30 日期末在产品成本资料如表 10—6 所示。

表 10—6　　　　　　期末生产成本明细（截至 2014 年 11 月 30 日）

产品名称	数量	成本项目（元）			
		直接材料	直接人工	制造费用	合计
A-1 产品	2 000 千克	3 750	2 500	1 250	7 500
A-2 产品	1 200 件	6 000	4 000	2 000	12 000
A-3 产品	1 400 件	7 000	4 500	2 500	14 000
A-4 产品	1 600 件	10 000	6 500	3 500	20 000
合计					53 500

10.2.2　开设明细账

按下列要求开设明细账：

（1）下列账户使用三栏式账页（有期初余额的账户结转期初余额，没有期初余额的账户设户后待记发生额）：

其他货币资金——外埠存款
其他货币资金——存出投资款
交易性金融资产——股票（成本）
交易性金融资产——股票（公允价值变动）
交易性金融资产——债券（成本）
交易性金融资产——基金（成本）
应收票据——大兴公司
应收票据——大华公司
应收票据——兴隆公司
应收账款——大兴公司
应收账款——大华公司
应收账款——兴隆公司
预付账款——中财保险公司
坏账准备
其他应收款——李军
其他应收款——业务科
其他应收款——代扣水电费
原材料——原料及主要材料
原材料——其他材料
周转材料——包装物
周转材料——低值易耗品
材料成本差异——原材料
材料成本差异——包装物
材料成本差异——低值易耗品
长期股权投资——股票投资（德源公司）
持有至到期投资——成本
持有至到期投资——利息调整
持有至到期投资——应计利息
固定资产——生产用固定资产
固定资产——非生产用固定资产
固定资产——不需用固定资产
固定资产——出租固定资产
累计折旧
工程物资——专用材料
工程物资——专用设备
在建工程——机床大修工程
在建工程——设备安装工程
在建工程——生产车间扩建工程
固定资产清理——报废

固定资产清理——出售不需用固定资产
无形资产——专利权
无形资产——专有技术
研发支出——资本化支出
累计摊销
长期待摊费用——固定资产大修费用
待处理财产损溢——待处理固定资产损溢
递延所得税资产
短期借款——生产周转借款
应付票据——丰利公司
应付票据——众生公司
应付票据——兴盛公司
应付账款——丰利公司
应付账款——众生公司
应付账款——兴盛公司
应付职工薪酬——工资
应付职工薪酬——职工福利
应付职工薪酬——社会保险费
应付职工薪酬——住房公积金
应付职工薪酬——工会经费
应付职工薪酬——职工教育经费
应付职工薪酬——非货币性福利
应交税费——未交增值税
应交税费——应交营业税
应交税费——应交所得税
应交税费——应交城市维护建设税
应交税费——应交个人所得税
应交税费——应交房产税
应交税费——应交教育费附加
应付利息
应付股利
长期借款——基建借款
长期应付款——应付设备款
应付债券——面值
应付债券——利息调整
应付债券——应计利息
递延所得税负债
实收资本——国家投资
实收资本——兴盛公司

实收资本——其他
资本公积——资本溢价
资本公积——其他
盈余公积——法定盈余公积
利润分配——提取法定盈余公积
利润分配——应付现金股利
利润分配——未分配利润
本年利润
主营业务收入——A-1 产品
主营业务收入——A-2 产品
主营业务收入——A-3 产品
主营业务收入——A-4 产品
其他业务收入
投资收益
公允价值变动损益
营业外收入
主营业务成本——A-1 产品
主营业务成本——A-2 产品
主营业务成本——A-3 产品
主营业务成本——A-4 产品
营业税金及附加
其他业务成本
资产减值损失
营业外支出
所得税费用

(2) 下列账户使用多栏式账页(有期初余额的账户结转期初余额,没有期初余额的账户设户后待记发生额):

应交税费——应交增值税
生产成本——基本生产成本(A-1 产品)
生产成本——基本生产成本(A-2 产品)
生产成本——基本生产成本(A-3 产品)
生产成本——基本生产成本(A-4 产品)
生产成本——辅助生产成本——机修车间
生产成本——辅助生产成本——动力车间
制造费用——基本生产车间
销售费用
财务费用
管理费用

(3)"材料采购——原材料"使用横线登记式账页(有期初余额的账户结转期初余额,没有

期初余额的账户设户后待记发生额)。

(4)下列账户使用数量金额式账页(有期初余额的账户结转期初余额,没有期初余额的账户设户后待记发生额):

库存商品——A-1产品

库存商品——A-2产品

库存商品——A-3产品

库存商品——A-4产品

原材料——原料及主要材料——甲材料

原材料——原料及主要材料——乙材料

原材料——原料及主要材料——丙材料

原材料——原料及主要材料——丁材料

原材料——原料及主要材料——B-1材料

原材料——原料及主要材料——C-1材料

10.2.3 办理记账业务

办理如下记账业务:

(1)12月4日,收到业务员送来的"材料入库验收单"(留待月末汇总进行收料的账务处理)。

(2)2月9日,收到"固定资产折旧计算表",经审核无误,进行账务处理。

(3)12月9日,收到业务员交来本公司换出商品的"增值税专用发票"记账联,换入材料的"增值税专用发票"抵扣联与发票联及"材料入库验收单"会计记账联,经审核无误,进行非货币性交易的账务处理。

(4)12月12日,收到毕长胜、赵三平的"物品领用单",经审核无误,进行账务处理。

(5)12月18日,收到固定资产报废单,经审核无误,进行账务处理。

(6)12月18日,收到业务员送来的"内部转账单",经审核无误,进行账务处理。

(7)12月20日,收到业务员送来的"工程物资入库验收单"。

(8)12月20日,报废固定资产清理完毕,根据"固定资产清理——报废清理"账户余额编制"内部转账单",结转清理损益。

(9)12月27日,收到业务员送来的"材料入库验收单"(留待月末汇总进行收料的账务处理)。

(10)12月28日,本月应摊销专利权50 000元,应摊销专有技术40 000元,应摊销基本生产车间固定资产大修费16 000元,据以编制"无形资产、长期待摊费用分摊表",经审核无误,进行账务处理。

(11)12月29日,收到"报废低值易耗品汇总表"及"材料入库验收单"(会计记账联),经审核无误,进行账务处理。

(12)12月29日,据前面留存的"材料入库验收单"登记"材料采购"明细账(横线登记式明细账)的贷方发生额,并计算入库材料成本差异,据此编制"本月已付款的入库材料汇总表"。

(13)12月30日,本月生产产品领用包装物的计划成本汇总如下(根据领料单汇总的,因为领料单不便——列出,故略去):

A-1 产品领用 2 000 元

A-2 产品领用 2 600 元

A-3 产品领用 2 700 元

A-4 产品领用 2 700 元

据"周转材料——包装物"与"材料成本差异——包装物"账户资料计算材料成本差异率、领用材料应分摊的差异额及领用材料实际成本,据计算结果编制"领用包装物汇总表",经审核无误,进行账务处理。

(14)12 月 30 日,本月领用低值易耗品的计划成本汇总如下(根据领料单汇总的,因为领料单不便一一列出,故略去):

基本生产车间领用 10 000 元

动力车间领用 1 000 元

机修车间领用 2 000 元

公司管理部门领用 5 000 元

据"周转材料——低值易耗品"与"材料成本差异——低值易耗品"账户资料计算材料成本差异率、领用材料应分摊的差异额及领用材料实际成本,据计算结果编制"领用低值易耗品汇总表",经审核无误,进行账务处理。

(15)12 月 31 日,收到"车间产品耗用工时汇总表",结合"工资结算汇总表"与"奖金发放表"先编制"基本生产车间生产工人工资分配表",后编制"应付职工薪酬分配表",经审核无误,进行账务处理。

(16)12 月 31 日,收到业务员送来的"发料凭证汇总表"及其"发料单"(略),根据"发料单"上所载明的用途及下列材料耗用资料编制"发料凭证分配汇总表"。据"原材料——原料用主要材料"各数量金额式明细账及"材料成本差异——原材料"账户资料计算材料成本差异率、领用材料应分摊的差异额及领用材料实际成本。

材料耗用资料如下:

生产 A-1 产品耗用主要材料 130 000 元

生产 A-2 产品耗用主要材料 140 000 元

生产 A-3 产品耗用主要材料 160 000 元

生产 A-4 产品耗用主要材料 150 000 元

基本生产车间一般耗用其他材料 3 000 元(列入物料消耗项目)

动力车间耗用主要材料 18 000 元,耗用其他材料 2 000 元

机修车间耗用主要材料 11 000 元,耗用其他材料 2 000 元

管理部门领用其他材料 2 000 元(列入公司经费项目)

销售部门领用其他材料 2 000 元(列入包装费项目)

车间扩建工程耗用主要材料 27 000 元,耗用其他材料 9 000 元(按 17% 转出进项税额)。

经审核无误,进行账务处理(注:材料成本差异率精确至小数点后四位)。

(17)12 月 31 日,原作待处理的盘亏设备净值 2 000 元,经批准转销。据以编制"内部转账单",经审核无误,进行账务处理。

(18)12 月 31 日,收到"辅助生产情况表",结合"生产成本——辅助生产成本——动力车间"和"生产成本——辅助生产成本——机修车间"账户资料,采取直接分配法分配辅助生产

费用,编制"辅助生产费用分配表"(分配率精确至小数点后四位)。经审核无误,进行账务处理。

(19)12月31日,根据工时记录(生产A-1产品10 000工时,生产A-2产品11 000工时,生产A-3产品12 000工时,生产A-4产品10 800工时)和"制造费用——基本生产车间"账户资料编制"制造费用分配表"(分配率精确至小数点后四位),经审核无误,进行账务处理。

(20)12月31日,收到"生产情况报告表"和"产品入库汇总表",结合基本生产成本明细账资料,据以编制"生产成本计算表"(分别四种产品进行计算),单位成本保留到分。经审核无误,进行账务处理。

(21)12月31日,根据本月商品销售数量及"库存商品"明细账的加权平均单位成本,编制"产品销售汇总表",结转产品销售成本。

(22)12月31日,"交易性金融资产——股票"的公允价值为220 000元,依据"交易性金融资产——股票——成本"及"交易性金融资产——股票——公允价值变动"明细账户资料计算本期公允价值变动金额,据以填制"内部转账单",经审核无误,进行账务处理。

(23)12月31日,按应收款项百分比法计提坏账准备,提取比例为3‰,依据"应收账款"、"其他应收款"、"预付账款"及"坏账准备"明细账资料分析计算本期应计提的坏账准备金,据以编制"内部转账单",经审核无误,进行账务处理。

(24)12月31日,依据"应交税费——应交增值税"明细账资料分析填写"增值税纳税申报表",计算出未缴增值税额,经审核无误,进行账务处理。

(25)12月31日,依据"其他业务收入"和"固定资产"明细账及"增值税纳税申报表"资料,计算应缴营业税、应缴房产税、应缴城市维护建设税、应缴教育费附加,编制"地方税收综合纳税(费)申报表",经审核无误,进行账务处理。

(26)12月31日,依据"持有至到期投资"明细账期初资料计算本年利息收入,并进行利息调整(按票面利率10%,实际利率6%计算),据以填制"内部转账单",经审核无误,进行账务处理(本月发生数,暂不计算利息)。

(27)12月31日,依据"应付债券"(为安装工程而发行债券)明细账期初资料计算本年利息费用,并进行利息调整(按票面利率10%,实际利率6%计算),据以填制"内部转账单",经审核无误,进行账务处理(本月发生数,暂不计算利息)。

(28)12月31日,结平"待处理财产损溢"账户。

(29)12月31日,将损益类账户的本月净发生额结转"本年利润"账户。

(30)12月31日,编制"利润表"初稿,据以编制"暂时性差异计算表"、"所得税纳税申报表"(所得税税率为33%),经审核无误,进行账务处理。

(31)12月31日,将"所得税费用"账户发生额转入"本年利润"账户。

(32)12月31日,进行利润分配。法定盈余公积按净利润("本年利润"账户年末余额)的10%分配,应付现金股利按"未分配利润"明细账期初余额加上本年净利润减去本年提取的法定盈余公积后的30%分配。

(33)12月31日,将"本年利润"、"利润分配——提取盈余公积"、"利润分配——应付现金股利"账户余额转入"利润分配——未分配利润"账户。

10.3　丰润公司财务科长岗位实操

10.3.1　开设总账

根据下列资料开设总账账户,每个账户占 1 页。丰润公司 2014 年 11 月 30 日总账期末资料如下:

库存现金	1 200(借)
银行存款	300 000(借)
其他货币资金	10 000(借)
交易性金融资产	300 000(借)
应收票据	510 000(借)
应收账款	480 000(借)
预付账款	
坏账准备	14 400(贷)
其他应收款	22 000(借)
材料采购	35 500(借)
原材料	500 000(借)
周转材料	80 000(借)
材料成本差异	5 400(借)
库存商品	2 710 000(借)
长期股权投资	100 000(借)
持有至到期投资	120 000(借)
固定资产	2 300 000(借)
累计折旧	500 000(贷)
工程物资	800 000(借)
在建工程	540 000(借)
固定资产清理	5 000(借)
无形资产	950 000(借)
研发支出	30 000(借)
累计摊销	
长期待摊费用	79 000(借)
待处理财产损溢	2 000(借)
递延所得税资产	
生产成本	53 500(借)
制造费用	
短期借款	1 600 000(贷)
应付票据	750 000(贷)
应付账款	300 000(贷)

应付职工薪酬　　　　　　　　　　　　　　　　16 000(贷)
其他应付款
应交税费　　　　　　　　　　　　　　　　　　14 300(借)
应付利息　　　　　　　　　　　　　　　　　　25 000(贷)
应付股利
长期借款　　　　　　　　　　　　　　　　1 300 000(贷)
长期应付款　　　　　　　　　　　　　　　 100 000(贷)
应付债券　　　　　　　　　　　　　　　　 230 000(贷)
递延所得税负债
实收资本　　　　　　　　　　　　　　　　3 312 500(贷)
资本公积　　　　　　　　　　　　　　　　 600 000(贷)
盈余公积　　　　　　　　　　　　　　　　 600 000(贷)
利润分配　　　　　　　　　　　　　　　　 200 000(贷)
本年利润　　　　　　　　　　　　　　　　 400 000(贷)
主营业务收入
其他业务收入
投资收益
公允价值变动损益
营业外收入
主营业务成本
营业税金及附加
其他业务成本
销售费用
管理费用
财务费用
资产减值损失
营业外支出
所得税费用

10.3.2　处理日常总账业务

日常总账业务如下：

(1)复核上旬会计凭证,根据审核无误的上旬记账凭证编制记账凭证汇总表,并据以登记总账,结出账户余额。与出纳员所经管的日记账核对,如有不符,查明原因,予以更正；与记账员所经管的明细账进行核对,如有不符,查明原因,予以更正。

(2)复核中旬会计凭证,根据审核无误的中旬记账凭证编制记账凭证汇总表,并据以登记总账,结出账户余额。与出纳员所经管的日记账核对,如有不符,查明原因,予以更正；与记账员所经管的明细账进行核对,如有不符,查明原因,予以更正。

(3)复核下旬会计凭证,根据审核无误的下旬记账凭证编制记账凭证汇总表,并据以登记总账,结出账户余额。与出纳员所经管的日记账核对,如有不符,查明原因,予以更正；与记账员所经管的明细账进行核对,如有不符,查明原因,予以更正。

(4)编制总账账户余额试算平衡表。

(5)办理年结。

10.3.3 编制会计报表

编制如下会计报表:

(1)编制资产负债表,以12月份月初数作为年初数。

(2)编制利润表,以12月份损益作为全年损益。

(3)编制现金流量表,以12月份月初数作为年初数,以12月份现金流量作为全年现金流量。

10.4 丰润公司业务员岗位实操

按要求填制和传递2014年12月份凭证:

(1)12月1日,李军出差返回公司报账,出差相关内容如下:李军出差联系业务推销产品2014年11月20日从江泽市乘火车至北京(当日到达)火车票180元,在北京期间住宿费300元,2014年11月23日从北京乘火车至哈尔滨(次日到达)火车票408元,在哈尔滨期间住宿费500元,2014年11月29日从哈尔滨乘火车回江泽市(次日到达)火车票500元,出差补助每天18元,据以填写"差旅费报销单"(厂长姜斌在单上签字:同意报销),并持单以李军的名义向财务科出纳处报账(出差前已预支2 000元)。

(2)12月1日,销售给甲公司A-3商品5 000件,销售给乙公司A-3商品5 000件,销售给丙公司A-3商品10 000件,销售给丁公司A-3商品10 000件,A-3商品每件售价29元,增值税税率17%,价税款均已收讫。据以填写"增值税专用发票",款项全部存入银行,填写"进账单",送银行办理进账手续后取回"进账单"回单。将"进账单"回单连同"增值税专用发票"记账联送财务科记账员(丰润公司开户行:中国工商银行江泽市支行;账号:1156674356321)。

(3)12月2日,以业务科张丰的名义填写"领款单",领款金额3 000元,"领款单"填好后到财务科找出纳员领款,作为业务科的备用金。

(4)12月3日,以亚洲证券营业部的名义填写"亚洲证券营业部成交过户交割单"1张,内容如下:本交割单系丰润公司购买股票,成交编号为12688,股东账户为33665688,股东名称为丰润公司,申请编号为685,公司代码为M118,申报时间为095230(即9点52分30秒),成交时间为095300,实收金额为82 625元,资金余额为117 375元;证券名称为500232,成交数量10 000股,成交价格8.2元,佣金287元,印花税328元,附加费10元。

(5)12月4日,表10-7所列材料全部入库,据以填写"材料入库验收单"。

表10—7　　　　　　　　　　　入库材料相关资料

供货单位	材料名称	计量单位	数量	单位买价(元)	运杂费(元)	计划单价(元)
兴隆公司	甲材料	千克	1 400	4	150	4.12
兴隆公司	乙材料	千克	2 000	2.90	150	3.14
兴盛公司	丙材料	千克	1 180	5	150	5.13

续表

供货单位	材料名称	计量单位	数量	单位买价(元)	运杂费(元)	计划单价(元)
兴盛公司	丁材料	千克	1 000	5.60	150	6.09
丰利公司	B-1 材料	千克	800	7.25	150	7.50
众生公司	C-1 材料	千克	400	14.75	150	15.02

将填好的"材料入库验收单"记账联送本公司记账员。

(6)12月5日,以中财保险股份有限公司的名义填写"机动车辆保险单"和"保费收据"各1张,填写内容如下:被保险人为丰润公司;投保险种为车辆损失险、第三责任险、盗抢险、玻璃险、他人恶意险等;车辆型号为皇冠(普);发动机号为358658;牌号为A-35629;非营业用车;座位为5座;保险价值36万元,保险金额36万元;基本保费260元;车辆损失险费率0.8%;第三责任险最高赔偿限额为25万元;第三责任险保费为2 300元;盗抢险保费据表计算;玻璃险保费为50元;他人恶意险保费为100元;保险期限自2014年12月5日0时起至2017年12月5日24时止。地址:十字街58号;电话:8666688;邮政编码:438000;总经理:洪源。填好后将"机动车辆保险单"正本和"保费收据"发票联送丰润公司记账员。

(7)12月6日,以江泽市第一律师事务所陈海的名义填写"江泽市服务业发票",收取丰润公司本月律师顾问费用1 000元,持其发票联找丰润公司出纳员收款。

(8)12月8日,江泽市电视台收取丰润公司广告费20 000元,代电视台填写"江泽市服务业发票",持其发票联找丰润公司出纳员收款。

(9)12月9日,债券公司应向丰润公司收取债券印刷费及手续费10 000元,代填写"江泽市服务业发票",并持其第2联到丰润财务科结算。

(10)12月9日,根据下述资料编制"固定资产折旧表"(采用平均年限法),编制完成后将其送交丰润公司记账员。

11月30日,固定资产资料如表10-8所示。

表10-8　　　　　　　　　固定资产资料(截至11月30日)

部　门	固定资产类型	固定资产原值(元)	预计净残值(元)	预计使用年限
基本车间	房屋	250 000	15 000	40
	机床加工设备	200 000	10 000	10
	专用电子设备	300 000	15 000	10
	其他专用设备	100 000	10 000	20
机修车间	房屋	100 000	5 000	40
	机床加工设备	50 000	2 500	10
	其他专用设备	10 000	500	20
动力车间	房屋	100 000	5 000	40
	内燃发电机组	100 000	5 000	20
	其他专用设备	40 000	2 000	20
管理部门	房屋	600 000	30 000	40
	不需用设备	200 000	20 000	10
出租	仓库	250 000	10 000	10

(11)12月9日,丰润公司与达昌公司进行非货币交易,交易内容如下:

丰润公司向达昌公司销售 A-3 商品 2 000 件,每件售价 27 元;向达昌公司购进甲材料 14 400 千克,每千克进价 3.75 元。增值税税率均为 17%,据以填写销售 A-3 商品的"增值税专用发票"和购进甲材料的"材料入库验收单"(材料已如数入库,甲材料的计划单位成本 4.12 元),填好后先持销售商品的"增值税专用发票"2、3 联到达昌公司业务处换取购进材料的"增值税专用发票"2、3 联;后将销售商品的"增值税专用发票"的记账联和购进材料的"增值税专用发票"2、3 联及"材料入库验收单"一并送交丰润公司记账员。

(12)12月10日,以公司职工金林的名义填写"费用报销领款单",到财务科领取独生子女费 160 元。

(13)12月10日,代房地产管理所开具"江泽市服务业发票",应收取丰润公司办公用房租金 1 000 元。制单人:李风。持发票联到丰润公司财务科结算。

(14)12月10日,以江泽市汽车队的名义开具"江泽市公路、内河货物运输统一发票",应收取丰润公司销货运费 5 600 元。制单人:何春明。持发票联到丰润公司财务科结算。

(15)12月10日,丰润公司向保险公司缴纳职工失业保险金 1 600 元(丰润公司开户行:中国工商银行江泽市支行,账号:1156674356321;保险公司开户行:中国工商银行江泽市支行,账号:115674353366),以保险公司的名义开具"保险公司失业保险金收据",持发票联到丰润公司财务科结算。

(16)12月10日,业务科张兴、李源、童伟 3 人领取本年度烤火费,每人 80 元,经理赵胜签字:同意付款。代填写"费用报销领款单",到财务科出纳处领款。

(17)12月10日,代司法局开具"江泽市行政事业单位收款票据",应收取丰润公司公证费用 1 600 元。收款人:王波。持发票联到丰润公司财务科结算。

(18)12月11日,生产技术科李军去省城开生产技术会,经领导同意借款 1 500 元。据以填写"借款单",持单向财务科出纳员借款。

(19)12月11日,支付生产车间扩建工程款 5 000 元,经公司经理签字同意付款,由李强统一领款,据以填写"江泽市建筑安装统一发票",持发票联到财务科出纳处办理领款,取得出纳员签发的"现金支票"到银行取款。

(20)12月12日,业务员毕长胜、赵三平各领计算器 1 个,单价 110 元,合计金额 220 元。经理洪生审批:同意领用,一次摊销。据以填写"物品领用单"并将其送交财务科记账员。

(21)12月12日,丰润公司向证券公司购买一年期债券 1 000 000 元,手续费 2 000 元,以证券公司名义开出"收据",持"收据"第 2 联到丰润公司财务科结算。

(22)12月13日,根据表 10-9 所列资料编制"工资结算汇总表"(因工资结算原始资料比较复杂,实际工作中的工资发放表是根据岗位将每个人的工资计算出来加以汇总的。而下列资料直接以汇总的形式给出)。

表 10—9　　　　　　　　　　　工资结算汇总资料

车间、部门、类型	职工人数	标准工资（元）	应扣工资（元） 事假	应扣工资（元） 病假	津贴（元）	水电费（元）	住房公积金（元）	个人所得税（元）	个人承担社保（元）
基本生产车间生产工人	280	252 000	1 210	1 350	26 770	12 460	9 200	120	1 150
基本生产车间管理人员	11	13 210	310	470	550	1 310	780	45	152
援外工程人员	2	3 600			2 200	80	100		65
在建工程人员	20	23 000	750	200	3 050	2 310	805		160
机修车间人员	6	7 010	340	70	570	640	240		25
动力车间人员	5	6 020	270	80	570	540	200		20
公司管理人员	34	41 000	750	350	1 700	1 980	1 360	300	260
医务人员	4	4 510	120	80	200	430	120		36
六个月以上长病假人员	3	3 430		1 000	15	330	69		24

工资结算汇总表编制好后送交财务科出纳员。

(23)12 月 13 日，销售给兴隆公司 A-2 商品 5 000 件，每件售价 23.80 元，A-4 商品 5 000 件，每件售价 35.80 元，增值税税率 17%，据以填写"增值税专用发票"，将第 2、3、4 联送丰润财务科出纳员办理收款手续。

(24)12 月 14 日，业务科各种费用支出汇总情况如下：差旅费 350 元（26 张原始凭证）；办公费 189 元（23 张原始凭证）；其他费用 41 元（5 张原始凭证）；经核对，编制"管理费用支出汇总表"，持表到财务科报账。

(25)12 月 14 日，刘清等五名职工参加江泽市工学院短期培训，支付学杂费 3 000 元，以工学院名义开出"收据"，持第 2 联（付款人联）找丰润财务科出纳员办理领款，取得出纳员签发的"现金支票"到银行取款。

(26)12 月 15 日，丰润公司职工食堂向为民日杂公司购买铁锅 1 口，计 68 元；菜刀 2 把，单价 10 元，计 20 元；合计 88 元。以为民日杂公司名义开具"为民日杂公司销售发票"，持发票联向丰润公司财务科出纳员报账（在发票备注上填写：列入职工福利）。

(27)12 月 16 日，丰润公司向税务局购买 20 张 5 元券印花税票，20 张 2 元券印花税票，20 张 1 元券印花税票，以税务局名义开具"市税务局印花税票发售统一发票"，持发票联向丰润公司财务科出纳员报账。

(28)12 月 16 日，江泽市保险公司向丰润公司收取员工养老保险金 8 000 元，以保险公司名义开具"收据"，并持"收据"第 2 联（付款人联）向丰润公司财务科结算。

(29)12 月 17 日，丰润公司应付的车间扩建工程包工款 200 000 元，以长丰建筑公司的名义填写"江泽市建筑安装业统一发票"，持发票联到丰润公司财务科办理结算。

(30)12 月 17 日，本月综合奖金结算汇总资料如表 10—10 所示。

表10—10　　　　　　　　　　本月综合奖金结算汇总资料

车间、部门	奖金
基本生产车间生产工人	33 600
基本生产车间管理人员	1 320
机修车间人员	720
动力车间人员	600
公司管理人员	4 080
医务人员	480

据以编制"综合奖金结算汇总表",持表向财务科出纳员领取奖金。

(31)12月18日,丰润公司应付新卫设计院产品设计费400元,以新卫设计院的名义填写"江泽市服务业发票",持发票联到丰润公司财务科办理结算。

(32)12月18日,销售给达亿公司甲设备1台,原始价值5万元,已提折旧15 000元,协商作价38 000元。据以填写"江泽市商业普通发票",持发票联到达亿公司财务科收款,要求达亿公司出纳员签发"转账支票",并与其一同去银行办理转账手续,取得银行盖章后"转账支票"收账通知联后,将"转账支票"收账通知联及"江泽市商业普通发票"记账联送交丰润公司财务科出纳员。同时依据固定资产原始价值与已提折旧填写"内部转账单",并将其送本公司财务科记账员。

(33)12月18日,一栋仓库300平方米,预计使用30年,已使用28年,原值100 000元,已提折旧80 000元,因重建提前报废。其处理意见如下:使用部门的意见:因陈旧要求报废;技术鉴定小组意见:情况属实;固定资产管理部门意见:同意转入清理;主管部门审批意见:同意报废重建。据以填写"固定资产报废单",将其会计记账联送财务科记账员。

(34)12月19日,向丰利公司购进乙设备1台,交易价43 000元,经验收交基本生产车间使用,据以填写"固定资产验收单",将第2联送财务科出纳员。

(35)12月19日,李军12月11日去省城参加工业生产技术会,12月18日返回,往返汽车票均为36元,住宿费用700元,会议费用150元,其他费用80元,每天补助15元。以李军的名义填写"差旅费报销单",经理洪生在单上签字:同意报销。持单向财务科出纳员报账(原借支1 500元)。

(36)12月19日,业务科与业务往来单位洽谈业务,接待、就餐、补助及接送车费共计金额1 586元,单据23张。据以填写"业务招待费汇总表"(经理洪生在单上签字:同意报销)。持单向财务科出纳员报账,取得出纳员签发的"现金支票"后到银行提取现金。

(37)12月19日,报废固定资产的清理人员周强等人应领取清理费用300元,以周强的名义填写"费用报销领款单",经理洪生在单上签字:同意付款。持单向财务科出纳员领款。

(38)12月19日,丰润公司向江泽商场收取仓库租金4 000元,据以开出"江泽市服务业发票",收到现金4 000元,当即填写"进账单"到开户行办理进账手续,收到银行盖章后的"进账单"回单,将"江泽市服务业发票"发票联及"进账单"回单送交本公司出纳员(本公司开户行:中国工商银行江泽市支行,账号:115674356321)。

(39)12月20日,仓库清理残料如下:红砖100 000块,每块0.20元,计20 000元,其他材料6 000元,合计26 000元。材料全部入库作重建仓库用,据以编制"材料入库单",并将其记账联送财务科记账员。

（40）12月20日，丰润公司向为民五金公司购买灭火器5个，单价100元，计500元。灭火器购回后当即由仓库领用。先以为民五金公司名义开具"为民五金公司发票"；再以仓库保管员余仲兴名义填写"物品领用单"（经理洪生在单上签字：同意领用，一次摊销）；最后将"为民五金公司发票"发票联和"物品领用单"送财务科出纳员，并要求领款、领物。

（41）12月20日，向丰利公司转让技术，收取技术转让费15 000元，据以填写"江泽市商业普通发票"，持其发票联到丰利公司财务科收款，要求丰利公司出纳员签发"转账支票"，并与其一同去银行办理转账手续，取得银行盖章后的"转账支票"收账通知联后，将"转账支票"收账通知联及"江泽市普通发票"记账联送交丰润公司财务科出纳员。

（42）12月21日，向会计局购买《新会计准则》等书籍，付款150元，以会计局的名义填写"江泽市文化教育、体育业发票"，并持发票联到账务科报账。

（43）12月21日，丰润公司的汽车送汽车修配厂修理。具体修配项目如下：汽车补胎225元，汽车轮胎充气20元，车轮拆装35元。以汽车修配厂名义开具"江泽市服务业发票"，将"江泽市服务业发票"发票联送交本公司出纳员。

（44）12月23日，丰润公司使用自来水厂的供水。水表记录是：本月号码为368535，上月号码为363535，实用水5 000吨，每吨单价1元。以自来水厂名义开具"自来水厂水费发票"，持其发票联到丰润财务科结算。

（45）12月23日，业务科用备用金开支下列各种费用：差旅费850元（16张原始凭证）；办公费1 150元（30张原始凭证）；修理费1 200元（2张原始凭证）；经核对全部报销，编制"管理费用支出汇总表"，持表到财务科报账。

（46）12月24日，丰润公司电表的起码是636758，止码是691758，实用电55 000度，每度单价0.50元，以电力局的名义填写"增值税专用发票"（电费增值税税率为13%），持发票联到丰润公司财务科结算。

（47）12月24日，丰润公司参加本市商品展销会，应付大世界商场的商品展位租用费600元，以大世界市场的名义填写"江泽市服务业发票"，持发票联到丰润公司财务科结算。

（48）12月25日，物价检查所对丰润公司商品销售情况进行检查，发现部分商品违反国家价格政策，罚款1 600元，以物价检查所名义填写"罚款没收专用收据"，持单到丰润公司财务科结算。

（49）12月25日，养路费征收站向丰润公司收取汽车养路费用800元，以养路费征收站的名义填写"交通车辆养路费收据"（2辆东风汽车为送货用车，养路费为600元，1辆小车的养路费为200元），持单到丰润公司财务科结算。

（50）12月26日，看望住院病人李立平，从副食品商店购买2袋奶粉，每袋12元，苹果3千克，每千克3元，据以填写"副食品商店销售发票"，经理洪生签字：在福利费列支，持发票联到丰润公司财务科结算。

（51）12月26日，迅达搬运公司为丰润公司装卸货物，应收取装卸费1 500元，以迅达公司的名义开具"江泽市交通运输业发票"，持发票联到丰润公司财务科结算。

（52）12月26日，李军出差预支差旅费1 000元，据以填写"借款单"，持单向财务科出纳借款。

（53）12月26日，本公司向美国H公司购入先进设备1台，交易价4 000美元，以H公司名义填写"商业发票"，以本公司设备科名义填写"固定资产验收单"（设备交管理部门使用）。

"商业发票"与"固定资产验收单"交本公司出纳员(引进先进设备,减免关税及增值税;境内外运杂费均由供货方承担)。

(54)12月27日,丰润公司自行开发一项实用型专利开发成功,先根据下列资料填写"专利申报表":申请单位:丰润公司;专利项目:实用新型专利;技术开发费:30 000元;注册登记费:3 000元;单位意见:同意申报;专利局审批:同意注册。再以专利局名义填写"江泽市行政事业单位收款收据",收取丰润公司专利注册登记费3 000元,然后持"专利申报表"和"江泽市行政事业单位收款收据"到丰润公司财务科结算。

(55)12月27日,丰润公司销售给大兴公司A-1商品6 000千克,每千克售价10元;销售给大华公司A-1商品6 000千克,每千克售价10元;销售给兴隆公司A-3商品10 000件,每件售价29元;增值税税率均为17%,据以分别填写"增值税专用发票"后持"增值税专用发票"2、3联到大兴公司、大华公司、兴隆公司财务科结算,要求各公司出纳员根据购销合同填写"商业承兑汇票",经付款人(各购货公司)承兑后取得"商业承兑汇票"第2联,并在"商业承兑汇票"第1联的收款人盖章处盖上本公司财务专用章(由本公司出纳员盖章),在负责、经办处签名,将"增值税专用发票"记账联和"商业承兑汇票"第2联送交丰润公司出纳员。

(56)12月27日,四通运输公司为丰润公司运输购入的材料,应收运费7 800元。以四通运输公司的名义开具"江泽市公路、内河货物运输统一发票",持发票联到丰润公司财务科结算。

(57)12月27日,外购材料全部验收入库。据表10-11所列资料填写"材料入库验收单",将其记账联送财务科记账员。

表10-11　　　　　　　　　　　外购材料相关资料

供货单位	材料名称	数量(千克)	买价(元)	运杂费(元)	计划单价(元)
丰利公司	B-1材料	9 000	72 000	900	7.50
众生公司	C-1材料	8 000	120 000	800	15.02
众建公司	甲材料	15 000	60 000	1 500	4.12
	乙材料	15 000	45 000	1 500	3.14
	丙材料	16 000	80 000	1 600	5.13
	丁材料	15 000	90 000	1 500	6.09

(58)12月29日,各部门报废低值易耗品(领用时均一次摊销),本月收回残值如下:基本生产车间500元,动力车间50元,机修车间60元,行政管理部门90元。报废材料均已入库(计划价按照700元计算)。据以编制"报废低值易耗品汇总表"和"材料入库验收单",并将其送财务科记账员。

(59)12月30日,销售给兴隆公司A-2商品3 000件,每价售价24元,A-3商品20 000件,每件售价29元,增值税税率17%,据以填写"增值税专用发票",将"增值税专用发票"2、3、4联送本公司出纳员。

(60)12月31日,基本生产车间生产A-1产品耗用6 800工时,生产A-2产品耗用6 900工时,生产A-3产品耗用6 960工时,生产A-4产品耗用6 961工时,据以编制"产品耗用工时汇总表",并将表送财务科记账员。

(61)12月31日,本月发出材料汇总资料如表10-12所示。

表 10—12　　　　　　　　　　　　本月发出材料汇总资料

材料名称	数量（千克）	计划单价（元）	计划总价（元）
甲材料	30 000	4.12	123 600
乙材料	20 000	3.14	62 800
丙材料	20 000	5.13	102 600
丁材料	20 000	6.09	121 800
B-1 材料	10 000	7.5	75 000
C-1 材料	10 000	15.02	150 200
其他材料			20 000
合计			656 000

据以编制"发料凭证汇总表"，并将该表送财务科记账员。

(62)12 月 31 日，辅助生产车间本月提供劳务总量资料如表 10—13 所示。

表 10—13　　　　　　　　辅助生产车间本月提供劳务总量资料

项　目	机修车间服务量（工时）	动力车间供电量（度）
A-1 产品耗用	—	8 000
A-2 产品耗用	—	10 000
A-3 产品耗用	—	9 000
A-4 产品耗用	—	11 000
基本生产车间耗用	1 660	500
行政管理部门耗用	100	1 000
车间扩建工程耗用	240	10 500
动力车间耗用	100	—
机修车间耗用	—	1 000
合　计	2 100	51 000

据以编制"辅助生产情况表"，并将该表送财务科记账员。

(63)12 月 31 日，本月产品生产及入库情况如表 10—14 所示。

表 10—14　　　　　　　　　　本月产品生产及入库情况

产品名称	月初在产品	本月投产	本月完工入库	月末在产品	在产品完工程度	投料方式
A-1 产品	2 000 千克	35 500 千克	34 500 千克	3 000 千克	50%	逐步投料
A-2 产品	1 200 件	16 600 件	16 000 件	1 800 件	50%	逐步投料
A-3 产品	1 400 件	14 200 件	13 800 件	1 800 件	50%	逐步投料
A-4 产品	1 600 件	10 500 件	11 000 件	1 100 件	50%	逐步投料

代基本生产车间编制"生产情况报告表"，代成品仓库编制"产品入库汇总表"，将填好的两张表送财务科记账员。

丰利公司会计业务岗位实操

11.1 丰利公司出纳会计岗位实操

11.1.1 开设有关日记账

丰利公司 2014 年 11 月 30 日有关账户余额如下：
库存现金日记账   1 050(借)
银行存款日记账   301 000(借)
丰利公司及往来公司相关情况如表 11—1 所示。

表 11—1   丰利公司及往来公司相关情况

开户行:中国工商银行江泽市支行		开户行:中国工商银行崎峰市支行	
公司名称	账 号	公司名称	账 号
丰利公司	1156674356322	兴隆公司	823653676516
丰润公司	1156674356321	兴盛公司	823653676517
众生公司	1156674356323	大兴公司	823653676514
众健公司	1156674356324	大华公司	823653676515
达昌公司	1156674356327		
达亿公司	1156674356328		

11.1.2 办理如下业务

凡出纳业务,在业务办理完毕后,编制记账凭证,据以登记库存现金和银行存款日记账,并将记账凭证连同所附原始凭证一并转交记账员记账。

(1)12 月 1 日,收到张兵"差旅费报销单"(所附单据略),经审核无误,报销费用 1 138 元,按原预支额 1 500 元开出"收据",当即收回多余现金。

(2)12 月 1 日,收到业务员送来的"进账单"回单及"增值税专用发票"的记账联进行账务处理。

(3)12 月 1 日,收到开户银行转来丰润公司的"转账支票"收账通知联。

(4)12 月 1 日,填写"转账支票"2 张,分别支付应付众生公司账款 100 000 元和应付众健公司账款120 000元；填写"信汇"凭证1张，支付应付兴盛公司账款150 000元。填好结算凭证后去开户银行办理相关手续，取回"转账支票"回单和"信汇"凭证回单，审核无误后，进行账务处理。

(5)12月2日，填写"转账支票"1张，转出投资款180 000元，存入亚洲证券营业部账户（亚洲证券营业部开户行：中国工商银行江泽市支行，账号：235673625588），准备用于购买股票。到银行办理转账手续，取回回单。

(6)12月2日，填写"现金支票"1张，提取现金4 000元备用，到开户银行办理支款手续。

(7)12月2日，收到业务科李伟的"领款单"，经审核无误，当即支付现金2 500元，作为业务科的备用金（在领款单上注明"现金付讫"）。

(8)12月3日，收到"亚洲证券营业部成交过户交割单"，购入股票划作交易性金融资产。

(9)12月3日，将专夹留存的10月3日签发的"商业承兑汇票"第2联取出（曾在10月3日发生销货业务时，已填写3份"商业承兑汇票"：签发日期为2014年10月3日，承兑期2个月，应收丰润公司货款200 000元，应收大华公司货款100 000元，应收兴隆公司货款100 000元），依据到期的3张"商业汇票"分别办理收款手续。

①应收丰润公司的200 000元，持其商业承兑汇票第2联去丰润公司，要求其出纳员签发"转账支票"，并到银行办理转账手续，收到银行转来丰润公司"转账支票"的收款通知联。

②应收大华公司和兴隆公司的到期票据款各100 000元，分别填写"委托收款"凭证后，持"委托收款凭证"和"商业承兑汇票"第2联到开户银行办理委托收款手续，银行盖章后，取回"委托收款"凭证回单。

(10)12月3日，收到众健公司和众生公司出纳员送来的到期"商业承兑汇票"第2联，经审核无误，据以分别填写"转账支票"，到银行办理转账手续。

(11)12月5日，收到开户行转来大华公司和兴隆公司"信汇"凭证收款通知。

(12)12月5日，收到中财保险股份有限公司"机动车辆保险单"（正本）和"保费收据"第1联，经审核无误，据以填写转账支票（中财保险股份有限公司开户行：中国工商银行江泽市支行；账号：115675368955），并到银行办理转账手续，经银行盖章，取回转账支票回单。

(13)12月6日，填写"中华人民共和国税收通用完税证"，将未缴增值税、应缴城市维护建设税、应缴个人所得税、应缴教育费附加上缴国库，具体金额见明细分类账各该账户的月初余额。税收通用完税证填写好后，到开户行办理手续，经税务机关、银行盖章后取得完税凭证联，并据以进行账务处理。

(14)12月6日，收到律师事务所的"江泽市服务业发票"发票联，经审核无误，以现金付讫。

(15)12月7日，收到银行转来委托收款凭证的收款通知2张，系大华公司和兴隆公司应收款。

(16)12月7日，收到银行转来委托收款凭证的付款通知1张，系应付兴盛公司的商业汇票到期款。

(17)12月8日，收到江泽市电视台的"江泽市服务业发票"发票联，经审核无误，据以填写转账支票（江泽市电视台开户行：中国工商银行江泽市支行；账号：115674356672），付广告费，并到银行办理转账手续，经银行盖章，取回转账支票回单。

(18)12月8日，本（丰利公司）公司委托债券发行公司发行5年期债券，按面值的10%溢价发行。现债券公司已发行债券面值900 000元,实收金额990 000元,款项今日全部交来,当即送存银行。据以填写"收据"及"进账单",到银行办理手续后据"收据"记账联及"进账单"回单进行账务处理。

(19)12月9日,收到债券公司的"江泽市服务业发票"发票联,经审核无误,据以填写转账支票(债券公司开户行:中国工商银行江泽市支行;账号:115676283355),付手续费,并到银行办理转账手续,经银行盖章,取回转账支票回单。

(20)12月10日,收到张悦"费用报销领款单",经审核无误,以现金付讫。

(21)12月10日,收到房地产管理所的"江泽市服务业发票"发票联,经审核无误,以现金付讫。

(22)12月10日,收到江泽市汽车运输公司的"江泽市公路、内河货物运输统一发票"发票联,经审核无误,据以填写转账支票(江泽市汽车运输公司开户行:中国工商银行江泽市支行;账号:115674356698),付运费,并到银行办理转账手续,经银行盖章,取回转账支票回单。

(23)12月10日,收到保险公司的"保险公司失业保险金收据",经审核无误,以现金支票付讫。

(24)12月10日,签发"现金支票",到银行办理取款手续,提回现金4 000元备用。根据"现金支票"存根作账务处理。

(25)12月10日,收到张悦等三人的"费用报销领款单",经审核无误,以现金付讫。

(26)12月10日,收到司法局的"江泽市行政事业单位收款票据",经审核无误,据以填写转账支票(司法局开户行:中国工商银行江泽市支行;账号:115674356989),付诉讼费,并到银行办理转账手续,经银行盖章,取回转账支票回单。

(27)12月11日,收到张兵的"借款单",经审核无误,以现金付讫。

(28)12月11日,收到工程队的"江泽市建筑安装业统一发票",经审核无误,签发"现金支票",交到银行取款。

(29)12月12日,收到证券公司的"收据",经审核无误,据以填写转账支票(证券公司开户行:中国工商银行江泽市支行;账号:115674356719),付债券及手续费,并到银行办理转账手续,经银行盖章,取回转账支票回单。

(30)12月13日,收到"工资结算汇总表",根据实发工资总额签发"现金支票",从银行提取现金,当即发放完毕。

(31)12月13日,收到业务员送来的"增值税专用发票"2、3、4联,据以填写"委托收款凭证"(应收兴隆公司款),持"委托收款凭证"和"增值税专用发票"2、3联到银行办理托收手续,经银行盖章后,将退回的"委托收款凭证"回单与"增值税专用发票"记账联一并作账务处理。

(32)12月14日,收到业务科"管理费用支出汇总表"(所附单据57张略),经审核无误,以现金付讫。

(33)12月14日,收到江泽市工学院的"收据",经审核无误,开出"现金支票"付讫。

(34)12月15日,收到职工食堂购买铁锅的发票,经审核无误,以现金付讫。

(35)12月16日,收到银行转来委托收款凭证的收款通知联1张,系兴隆公司应收款。

(36)12月16日,收到"市税务局印花税票发售统一发票",经审核无误,以现金付讫。

(37)12月16日,收到养老保险"收据",签发转账支票付讫。

(38)12月17日,收到长丰建筑公司"江泽市建筑安装业发票"的发票联,经审核无误,据以填写转账支票(建筑公司开户行:中国工商银行江泽市支行;账号:115672785567),付工程款,并到银行办理转账手续,经银行盖章,取回转账支票回单。

(39)12月17日,根据"综合奖金结算汇总表"(实际还应有按人头的奖金发放表,此处略),签发"现金支票"提回现金,当即发放完毕。

(40)12月18日,收到新卫设计院的"江泽市服业务发票"发票联,经审核无误,以现金付讫。

(41)12月18日,收到众生公司出售设备的"江泽市商业普通发票"发票联,及本公司业务员送来的"固定资产验收单",经审核无误据以填写"转账支票"付设备款,并到银行办理转账手续,经银行盖章,取回转账支票回单。

(42)12月19日,收到业务员送来的丰润公司转账支票的收账通知联及本公司的固定资产销售的"江泽市商业普通发票"的会计记账联,经审核无误,进行账务处理。

(43)12月19日,收到张兵的"差旅费报销单"(所附单据略)和交来的现金464元,开出"收据"收讫。收账金额按张兵原借支数填写。

(44)12月19日,收到业务科的"业务招待费汇总表"及所附20张单据(单据略),经审核无误,签发"现金支票"补足其备用金。

(45)12月19日,收到李民的"费用报销领款单",经审核无误,以现金付讫。

(46)12月19日,收到业务员送来的仓库租金收入"进账单"回单及"江泽市服务业发票"记账联。

(47)12月20日,收到业务员送来的"为民五金公司发票"和"物品领用单",经审核无误,签发"现金支票",从银行提回现金5 600元,除支付灭火器款外,其余备用。

(48)12月20日,收到丰润公司的"江泽市商业普通发票"发票联,经审核无误,签发"转账支票"支付技术转让费。到银行办理转账手续,经银行盖章后,拿回转账支票回单。

(49)12月21日,收到购买书籍的"江泽市文化教育、体育业发票"发票联,经审核无误,以现金付讫。

(50)12月21日,收到业务员送来的众生公司"转账支票"的收账通知联,及本公司收取技术转让收入的"江泽市商业普通发票"记账联。

(51)12月21日,收到汽车修配厂的"江泽市商业普通发票"发票联,经审核无误,以现金付讫。

(52)12月23日,收到自来水厂发票,审核无误后,填写"转账支票"支付水费,到银行办理转账手续,经银行盖章后,拿回转账支票回单(自来水厂开户行:中国工商银行江泽市支行;账号:115674351125)。

同时,根据定额耗用量分配本月水费。定额耗用量如下:动力车间500吨,机修车间600吨,基本生产车间2 500吨,公司管理部门1 400吨,据以编制"水费分配表"。

根据"自来水厂发票"发票联、"转账支票"存根和"水费分配表"进行账务处理。

(53)12月23日,收到业务科的"管理费用支出汇总表"及所附49张单据(单据略),经审核无误,签发"现金支票"补足其备用金。

(54)12月24日,收到电力局的"增值税专用发票"发票联,审核无误后,填写"转账支票"支付电费,到银行办理转账手续,经银行盖章后,拿回转账支票回单(电力局开户行:中国工商银行江泽市支行;账号:115674356211)。

同时根据表11-2所列定额耗用量资料编制"外购动力费分配表"。

表11-2　　　　　　　　　　　定额耗用量资料

产品名称	定额耗用量	车间部门	定额耗用量
B-1产品	11 000度	动力车间	1 000度
B-2产品	12 000度	机修车间	1 100度
B-3产品	12 500度	基本生产车间	900度
B-4产品	13 500度	管理部门	8 000度

根据电力局的发票联、"转账支票"存根和"外购动力费分配表"进行账务处理。

(55)12月24日,收到大世界市场的"江泽市服务业发票"发票联,经审核无误,以现金付讫。

(56)12月24日,为购进口设备,向开户行买入5 000美元,以中国人民银行公布的人民币汇率中间价作为即期汇率,当日的即期汇率1美元＝7.72元人民币,银行当日美元卖出价为1美元＝8.10元人民币。签发"转账支票"支付人民币,填写"进账单"购入美元。到银行办理相关手续,根据"转账支票"存根和"进账单"作账务处理。

(57)12月25日,签发"现金支票",到银行办理取款手续,提回现金6 500元备用。根据"现金支票"存根作账务处理。

(58)12月25日,收到物价检查所"罚款没收专用收据",以现金支付罚款。

(59)12月25日,收到养路费征收站的"交通车辆养路费收据",经审核无误,以现金付讫(2辆东风汽车为送货用车,养路费为600元,2辆小车的养路费用400元)。

(60)12月26日,收到"副食品商店销售发票"发票联,经审核无误,以现金付讫。

(61)12月26日,收到迅达搬运公司的"江泽市交通运输业发票"发票联,经审核无误,以现金付讫。

(62)12月26日,收到张兵的"借款单",经审核无误,以现金付讫。

(63)12月26日,收到业务员送来的"固定资产验收单"及购买进口设备的"商业发票",经审核无误后填写"信汇"凭证,到银行办理美元汇兑手续,取回"信汇"回单。当日的即期汇率1美元＝7.85元人民币。

(64)12月27日,收到本公司业务员送来销售商品给丰润公司、大华公司和兴隆公司的"增值税专用发票"记账联和3张"商业承兑汇票"。

(65)12月27日,收到业务员送来的"专利申报表"和专利局的"江泽市行政事业单位收款收据"发票联,经审核无误后填写"转账支票"支付专利注册登记费,到银行办理转账手续,经银行盖章后,拿回转账支票回单(专利局开户行:中国工商银行江泽市支行;账号:115675363286)。

(66)12月27日,收到众健公司、众生公司、兴盛公司业务员送来的"增值税专用发票"2、3联,经审核无误,分别填写为期2个月的"商业承兑汇票"3份,其中第1联经各收款人盖章并签名后收回,在第2联的付款人盖章处盖上财务专用章,在负责经办处签名,填好后将第2联分别交众健公司、众生公司、兴盛公司业务员。

同时,收到四通运输公司的"江泽市公路、内河货物运输统一发票"发票联,经审核无误,填写"转账支票"支付材料运费,到银行办理转账手续,经银行盖章后,拿回转账支票回单。(四通运输公司开户行:中国工商银行江泽市支行;账号:115675363298)。

根据材料重量编制"材料采购费用分配表"。各种材料采购的重量:C-1材料8 000千克,D-1材料7 000千克,甲材料20 000千克,乙材料20 000千克,丙材料10 000千克,丁材料10 000千克。

根据"增值税专用发票"发票联、"商业汇票"留存联、"转账支票"存根联、"江泽市公路、内河货物运输统一发票"发票联、"材料采购费用分配表",进行账务处理。

(67)12月30日,收到业务员送来的"增值税专用发票"的2、3、4联,合同规定销货款采用委托收款结算方式,审核无误后,据以填写"委托收款凭证",持"委托收款凭证"和"增值税专用发票"2、3联到银行办理托收手续,经银行盖章后,将退回的"委托收款凭证"回单与"增值税专用发票"的记账联一并作账务处理。

(68)12月31日,到开户行拿回贷款计息凭证,进行账务处理(已预计应付利息10 000元)。

(69)12月31日,到开户行拿回存款计息凭证,进行账务处理。

(70)12月31日,将账面价值为90 000元的"交易性金融资产——基金"全部出售,实得现金94 500元。填写"内部转账单"和"进账单",将现金送存银行(全为百元券)。

(71)12月31日的即期汇率1美元=8.05元人民币,调整当期产生的汇兑差额。

11.2 丰利公司记账会计岗位实操

11.2.1 开设有关账户

丰利公司2014年11月30日明细账期末资料如下:

其他货币资金——外埠存款	11 000(借)
交易性金融资产——股票(成本)	110 000(借)
交易性金融资产——债券(成本)	80 000(借)
交易性金融资产——基金(成本)	90 000(借)
应收票据——丰润公司	200 000(借)
应收票据——大华公司	100 000(借)
应收票据——兴隆公司	100 000(借)
应收账款——丰润公司	100 000(借)
应收账款——大华公司	120 000(借)
应收账款——兴隆公司	90 000(借)
坏账准备	1 230(贷)
其他应收款——张兵	1 500(借)
其他应收款——代扣水电费	16 000(借)
材料采购——原材料	38 880(借)
原材料——原料及主要材料	442 000(借)
原材料——其他材料	80 000(借)

周转材料——包装物	18 000（借）
周转材料——低值易耗品	58 000（借）
材料成本差异——原材料	4 420（借）
材料成本差异——包装物	180（贷）
材料成本差异——低值易耗品	580（借）
库存商品——B-1 产品	140 000（借）
库存商品——B-2 产品	750 000（借）
库存商品——B-3 产品	540 000（借）
库存商品——B-4 产品	1 100 000（借）
长期股权投资——股票投资（德茂公司）	100 000（借）
持有至到期投资——成本	90 000（借）
持有至到期投资——利息调整	5 000（借）
持有至到期投资——应计利息	600（借）
固定资产——生产用固定资产	1 360 000（借）
固定资产——非生产用固定资产	650 000（借）
固定资产——不需用固定资产	150 000（借）
固定资产——出租固定资产	200 000（借）
累计折旧	600 000（贷）
工程物资——专用材料	280 000（借）
工程物资——专用设备	480 000（借）
在建工程——机床大修工程	50 000（借）
在建工程——设备安装工程	400 000（借）
固定资产清理——报废	5 600（借）
无形资产——专利权	372 000（借）
无形资产——专有技术	380 000（借）
研发支出——资本化支出	28 000（借）
长期待摊费用——固定资产大修费用	58 500（借）
待处理财产损溢——待处理固定资产损溢	2 000（借）
生产成本——基本生产成本(B-1 产品)	10 000（借）
生产成本——基本生产成本(B-2 产品)	12 000（借）
生产成本——基本生产成本(B-3 产品)	14 000（借）
生产成本——基本生产成本(B-4 产品)	16 000（借）
短期借款——生产周转借款	1 600 000（贷）
应付票据——众健公司	120 000（贷）
应付票据——众生公司	150 000（贷）
应付票据——兴盛公司	100 000（贷）
应付账款——众健公司	120 000（贷）
应付账款——众生公司	100 000（贷）
应付账款——兴盛公司	150 000（贷）

应付职工薪酬——职工教育经费	4 000(贷)
应付职工薪酬——职工福利	1 000(贷)
应付职工薪酬——社会保险费	9 000(贷)
应交税费——未交增值税	30 000(贷)
应交税费——应交所得税	48 000(借)
应交税费——应交城市维护建设税	2 000(贷)
应交税费——应交个人所得税	2 600(贷)
应交税费——应交教育费附加	700(贷)
应付利息	25 000(贷)
长期借款——基建借款	1 290 000(贷)
长期应付款——应付设备款	90 000(贷)
应付债券——面值	300 000(贷)
应付债券——利息调整	20 000(贷)
应付债券——应计利息	15 000(贷)
实收资本——国家投资	1 600 000(贷)
实收资本——兴隆公司	200 000(贷)
实收资本——其他	1 213 420(贷)
资本公积——资本溢价	300 000(贷)
资本公积——其他	80 000(贷)
盈余公积——法定盈余公积	580 000(贷)
利润分配——未分配利润	100 000(贷)
本年利润	400 000(贷)

原材料明细账2014年11月30日期末资料如表11—3所示。

表11—3　　　　　　　期末原材料明细(截至2014年11月30日)

	品名	单位	数量	计划单价(元)	金额(元)
原料及主要材料	甲材料	千克	11 000	4.06	44 660
	乙材料	千克	11 000	2.96	32 560
	丙材料	千克	11 000	5.08	55 880
	丁材料	千克	10 000	5.94	59 400
	C-1材料	千克	10 000	14.88	148 800
	D-1材料	千克	10 000	10.07	100 700
	小计				442 000
其他材料					80 000
合计					522 000

材料采购明细账2014年11月30日期末资料如表11—4所示。

表11-4　　　　　　　　期末材料采购明细账（截至2014年11月30日）

供货单位	项目	借方			贷方			备注
		买价（元）	运杂费（元）	合计（元）	计划成本（元）	差异（元）	合计（元）	
兴隆公司	甲材料	7 000	160	7 160				
	乙材料	6 000	150	6 150				
兴盛公司	丙材料	5 000	150	5 150				
	丁材料	10 000	200	10 200				
众生公司	C-1材料	5 000	120	5 120				
众健公司	D-1材料	5 000	100	5 100				
合　计		38 000	880	38 880				

库存商品明细账2014年11月30日期末资料如表11-5所示。

表11-5　　　　　　　　期末库存商品明细（截至2014年11月30日）

商品名称	单位	数量	单位成本（元）	金额（元）
B-1商品	千克	25 000	5.6	140 000
B-2商品	件	50 000	15	750 000
B-3商品	件	30 000	18	540 000
B-4商品	件	55 000	20	1 100 000
合　计				2 530 000

生产成本明细账2014年11月30日期末在产品成本资料如表11-6所示。

表11-6　　　　　　　　期末生产成本明细（截至2014年11月30日）

产品名称	数量	成本项目			
		直接材料（元）	直接人工（元）	制造费用（元）	合计（元）
B-1产品	4 000千克	5 000	3 000	2 000	10 000
B-2产品	1 600件	6 000	3 600	2 400	12 000
B-3产品	1 600件	7 000	4 200	2 800	14 000
B-4产品	1 600件	8 000	4 800	3 200	16 000
合　计					52 000

11.2.2　开设明细账

按下列要求开设明细账：

(1)下列账户使用三栏式账页(有期初余额的账户结转期初余额，没有期初余额的账户设户后待记发生额)：

其他货币资金——外埠存款

其他货币资金——存出投资款

交易性金融资产——股票(成本)

交易性金融资产——股票（公允价值变动）
交易性金融资产——债券（成本）
交易性金融资产——基金（成本）
应收票据——丰润公司
应收票据——大华公司
应收票据——兴隆公司
应收账款——丰润公司
应收账款——大华公司
预付账款——中财保险公司
应收账款——兴隆公司
坏账准备
其他应收款——张兵
其他应收款——业务科
其他应收款——代扣水电费
原材料——原料及主要材料
原材料——其他材料
周转材料——包装物
周转材料——低值易耗品
材料成本差异——原材料
材料成本差异——包装物
材料成本差异——低值易耗品
长期股权投资——股票投资（德茂公司）
持有至到期投资——成本
持有至到期投资——利息调整
持有至到期投资——应计利息
固定资产——生产用固定资产
固定资产——非生产用固定资产
固定资产——不需用固定资产
固定资产——出租固定资产
累计折旧
工程物资——专用材料
工程物资——专用设备
在建工程——机床大修工程
在建工程——设备安装工程
在建工程——生产车间扩建工程
固定资产清理——报废
固定资产清理——出售不需用固定资产
无形资产——专利权
无形资产——专有技术

研发支出——资本化支出
累计摊销
长期待摊费用——固定资产大修费用
待处理财产损溢——待处理固定资产损溢
递延所得税资产
短期借款——生产周转借款
应付票据——众健公司
应付票据——众生公司
应付票据——兴盛公司
应付账款——众健公司
应付账款——众生公司
应付账款——兴盛公司
应付职工薪酬——工资
应付职工薪酬——职工福利
应付职工薪酬——社会保险费
应付职工薪酬——住房公积金
应付职工薪酬——工会经费
应付职工薪酬——职工教育经费
应付职工薪酬——非货币性福利
应交税费——未交增值税
应交税费——应交营业税
应交税费——应交所得税
应交税费——应交城市维护建设税
应交税费——应交个人所得税
应交税费——应交房产税
应交税费——应交教育费附加
应付利息
应付股利
长期借款——基建借款
长期应付款——应付设备款
应付债券——面值
应付债券——利息调整
应付债券——应计利息
递延所得税负债
实收资本——国家投资
实收资本——兴隆公司
实收资本——其他
资本公积——资本溢价
资本公积——其他

盈余公积——法定盈余公积
利润分配——提取法定盈余公积
利润分配——应付现金股利
利润分配——未分配利润
本年利润
主营业务收入——B-1 产品
主营业务收入——B-2 产品
主营业务收入——B-3 产品
主营业务收入——B-4 产品
其他业务收入
投资收益
公允价值变动损益
营业外收入
主营业务成本——B-1 产品
主营业务成本——B-2 产品
主营业务成本——B-3 产品
主营业务成本——B-4 产品
营业税金及附加
其他业务成本
资产减值损失
营业外支出
所得税费用

(2) 下列账户使用多栏式账页（有期初余额的账户结转期初余额，没有期初余额的账户设户后待记发生额）：

应交税费——应交增值税
生产成本——基本生产成本（B-1 产品）
生产成本——基本生产成本（B-2 产品）
生产成本——基本生产成本（B-3 产品）
生产成本——基本生产成本（B-4 产品）
生产成本——辅助生产成本——机修车间
生产成本——辅助生产成本——动力车间
制造费用——基本生产车间
销售费用
财务费用
管理费用

(3) "材料采购——原材料"使用横线登记式账页（有期初余额的账户结转期初余额，没有期初余额的账户设户后待记发生额）。

(4) 下列账户使用数量金额式账页（有期初余额的账户结转期初余额，没有期初余额的账户设户后待记发生额）：

库存商品——B-1产品
库存商品——B-2产品
库存商品——B-3产品
库存商品——B-4产品
原材料——原料及主要材料——甲材料
原材料——原料及主要材料——乙材料
原材料——原料及主要材料——丙材料
原材料——原料及主要材料——丁材料
原材料——原料及主要材料——C-1材料
原材料——原料及主要材料——D-1材料

11.2.3 办理记账业务

办理以下记账业务：

(1) 2月4日，收到业务员送来的"材料入库验收单"(留待月末汇总进行收料的账务处)。

(2) 2月9日，收到"固定资产折旧计算表"，经审核无误，进行账务处理。

(3) 12月9日，收到业务员交来本公司换出商品的"增值税专用发票"记账联，换入材料的"增值税专用发票"抵扣联与发票联及"材料入库验收单"会计记账联，经审核无误，进行非货币性交易的账务处理。

(4) 12月12日，收到候川、周橙的"物品领用单"，经审核无误，进行账务处理。

(5) 12月18日，收到固定资产报废单，经审核无误，进行账务处理。

(6) 12月19日，收到业务员送来的"内部转账单"，经审核无误，进行账务处理。

(7) 12月20日，收到业务员送来的工程物资入库验收单。

(8) 12月20日，报废固定资产清理完毕，根据"固定资产清理——报废清理"账户余额编制"内部转账单"，结转清理损益。

(9) 12月27日，收到业务员送来的材料入库验收单(留待月末汇总进行收料的账务处理)。

(10) 12月28日，本月应摊销专利权40 000元，应摊销专有技术30 000元，应摊销基本生产车间固定资产大修费18 000元，据以编制"无形资产、长期待摊费用分摊表"，经审核无误，进行账务处理。

(11) 12月29日，收到"报废低值易耗品汇总表"及"材料入库验收单"(会计记账联)经审核无误，进行账务处理。

(12) 12月29日，根据前面留存的"材料入库验收单"登记"材料采购"明细账(横线登记式明细账)的贷方发生额，并计算入库材料成本差异，据此编制"本月已付款的入库材料汇总表"。

(13) 12月30日，本月生产产品领用包装物的计划成本汇总如下(根据领料单汇总的，因为领料单不便——列出，故略去)：

B-1产品领用2 000元
B-2产品领用2 200元
B-3产品领用2 500元
B-4产品领用2 300元

根据"周转材料——包装物"与"材料成本差异——包装物"账户资料计算材料成本差异

率、领用材料应分摊的差异额及领用材料实际成本,根据计算结果编制"领用包装物汇总表",经审核无误,进行账务处理。

(14)12月30日,本月领用低值易耗品的计划成本汇总如下(根据领料单汇总的,因为领料单不便一一列出,故略去):

　　基本生产车间领用 8 000 元
　　动力车间领用 1 200 元
　　机修车间领用 1 600 元
　　公司管理部门领用 2 000 元

根据"周转材料——低值易耗品"与"材料成本差异——低值易耗品"账户资料计算材料成本差异率、领用材料应分摊的差异额及领用材料实际成本,根据计算结果编制"领用低值易耗品汇总表",经审核无误,进行账务处理。

(15)12月31日,收到"车间产品耗用工时汇总表",结合"工资结算汇总表"与"奖金发放表"先编制"基本生产车间生产工人工资分配表",后编制"应付职工薪酬分配表",经审核无误,进行账务处理。

(16)12月31日,收到业务员送来的"发料凭证汇总表"及其"发料单"(略),根据"发料单"上所载明的用途及下列材料耗用资料编制"发料凭证分配汇总表"。根据"原材料——原料用主要材料"各数量金额式明细账及"材料成本差异——原材料"账户资料计算材料成本差异率、领用材料应分摊的差异额及领用材料实际成本。

材料耗用的计划成本汇总如表 11-7 所示。

表 11-7　　　　　　　　材料耗用的计划成本汇总　　　　　　　　单位:元

产品、车间、部门	主要材料	其他材料	备　注
B-1 产品	125 000		
B-2 产品	135 000		
B-3 产品	165 000		
B-4 产品	150 000		
基本生产车间一般耗用		4 000	列入物料消耗
动力车间	12 000	3 000	
机修车间	6 000	7 000	
公司管理部门		3 000	列入公司经费
销售部门		3 000	列入包装费
车间扩建工程	26 460	10 000	按 17% 转出进项税额

经审核无误,进行账务处理(注:材料成本差异率精确至小数点后四位)。

(17)12月31日,原作待处理的盘亏设备净值 2 000 元,经批准转销。据以编制"内部转账单",经审核无误,进行账务处理。

(18)12月31日,收到"辅助生产情况表",结合"生产成本——辅助生产成本——动力车间"和"生产成本——辅助生产成本——机修车间"账户资料,采取直接分配法分配辅助生产费用,编制"辅助生产费用分配表"(分配率精确至小数点后四位),经审核无误,进行账务处理。

(19)12月31日,根据工时记录(生产 B-1 产品 10 000 工时,生产 B-2 产品 11 000 工时,生产 B-3 产品 11 500 工时,生产 B-4 产品 12 000 工时)和"制造费用——基本生产车间"账户资料编制"制造费用分配表"(分配率精确至小数点后四位),经审核无误,进行账务处理。

(20)12月31日,收到"生产情况报告表"和"产品入库汇总表",结合基本生产成本明细账资料,据以编制"生产成本计算表"(分别四种产品进行计算),单位成本保留到分。经审核无误,进行账务处理。

(21)12月31日,根据本月商品销售数量及"库存商品"明细账的加权平均单位成本,编制"产品销售汇总表",结转产品销售成本。

(22)12月31日,"交易性金融资产——股票"的公允价值为220 000元,依据"交易性金融资产——股票——成本"及"交易性金融资产——股票——公允价值变动"明细账户资料计算本期公允价值变动金额,据以填制"内部转账单",经审核无误,进行账务处理。

(23)12月31日,按应收款项百分比法计提坏账准备,提取比例为3%,依据"应收账款"、"其他应收款"、"预付账款"及"坏账准备"明细账分析计算本期应计提的坏账准备金,据以编制"内部转账单",经审核无误,进行账务处理。

(24)12月31日,依据"应交税费——应交增值税"明细账资料分析填写"增值税纳税申报表",计算出未缴增值税额,经审核无误,进行账务处理。

(25)12月31日,依据"其他业务收入"和"固定资产"明细账及"增值税纳税申报表"资料,计算应缴营业税、应缴房产税、应缴城市维护建设税、应缴教育费附加,编制"地方税收综合纳税(费)申报表",经审核无误,进行账务处理。

(26)12月31日,依据"持有至到期投资"明细账期初资料计算本年利息收入,并进行利息调整(按票面利率6%、实际利率4%计算),据以填制"内部转账单",经审核无误,进行账务处理(本月发生数,暂不计算利息)。

(27)12月31日,依据"应付债券"(为安装工程而发行债券)明细账期初资料计算本年利息费用,并进行利息调整(按票面利率5%、实际利率4%计算),据以填制"内部转账单",经审核无误,进行账务处理(本月发生数,暂不计算利息)。

(28)12月31日,结平"待处理财产损溢"账户。

(29)12月31日,将损益类账户的本月净发生额结转"本年利润"账户。

(30)12月31日,编制"利润表"初稿,据以编制"暂时性差异计算表"、"所得税纳税申报表"(所得税税率为33%),经审核无误,进行账务处理。

(31)12月31日,将"所得税费用"账户发生额转入"本年利润"账户。

(32)12月31日,进行利润分配。法定盈余公积按净利润("本年利润"账户年末余额)的10%分配,应付现金股利按"未分配利润"明细账期初余额加上本年净利润减去本年提取的法定盈余公积后的30%分配。

(33)12月31日,将"本年利润"、"利润分配——提取盈余公积"、"利润分配——应付现金股利"账户余额转入"利润分配——未分配利润"账户。

11.3 丰利公司财务科长岗位实操

11.3.1 开设总账

根据下列资料开设总账账户,每个账户占一页。丰利公司2014年11月30日总账期末资

料如下：

库存现金	1 050（借）
银行存款	301 000（借）
其他货币资金	11 000（借）
交易性金融资产	280 000（借）
应收票据	400 000（借）
应收账款	310 000（借）
预付账款	
坏账准备	1 230（贷）
其他应收款	17 500（借）
材料采购	38 880（借）
原材料	522 000（借）
周转材料	76 000（借）
材料成本差异	4 820（借）
库存商品	2 530 000（借）
长期股权投资	100 000（借）
持有至到期投资	95 600（借）
固定资产	2 360 000（借）
累计折旧	600 000（贷）
工程物资	760 000（借）
在建工程	450 000（借）
固定资产清理	5 600（借）
无形资产	752 000（借）
研发支出	28 000（借）
累计摊销	
长期待摊费用	58 500（借）
待处理财产损溢	2 000（借）
递延所得税资产	
生产成本	52 000（借）
制造费用	
短期借款	1 600 000（贷）
应付票据	370 000（贷）
应付账款	370 000（贷）
应付职工薪酬	14 000（贷）
其他应付款	
应交税费	12 700（借）
应付利息	25 000（贷）
应付股利	
长期借款	1 290 000（贷）

长期应付款	90 000(贷)
应付债券	335 000(贷)
递延所得税负债	
实收资本	3 013 420(贷)
资本公积	380 000(贷)
盈余公积	580 000(贷)
利润分配	100 000(贷)
本年利润	400 000(贷)
主营业务收入	
其他业务收入	
投资收益	
公允价值变动损益	
营业外收入	
主营业务成本	
营业税金及附加	
其他业务成本	
销售费用	
管理费用	
财务费用	
资产减值损失	
营业外支出	
所得税费用	

11.3.2 处理日常总账业务

日常总账业务如下：

(1)复核上旬会计凭证，根据审核无误的上旬记账凭证编制记账凭证汇总表，并据以登记总账，结出账户余额。与出纳员所经管的日记账核对，如有不符，查明原因，予以更正；与记账员所经管的明细账进行核对，如有不符，查明原因，予以更正。

(2)复核中旬会计凭证，根据审核无误的中旬记账凭证编制记账凭证汇总表，并据以登记总账，结出账户余额。与出纳员所经管的日记账核对，如有不符，查明原因，予以更正；与记账员所经管的明细账进行核对，如有不符，查明原因，予以更正。

(3)复核下旬会计凭证，根据审核无误的下旬记账凭证编制记账凭证汇总表，并据以登记总账，结出账户余额。与出纳员所经管的日记账核对，如有不符，查明原因，予以更正；与记账员所经管的明细账进行核对，如有不符，查明原因，予以更正。

(4)编制总账账户余额试算平衡表。

(5)办理年结。

11.3.3 编制会计报表

编制如下会计报表：

(1)编制资产负债表,以 12 月份月初数作为年初数。
(2)编制利润表,以 12 月份损益作为全年损益。
(3)编制现金流量表,以 12 月份月初数作为年初数,以 12 月份现金流量作为全年现金流量。

11.4 丰利公司业务员岗位实操

按要求填制和传递 2014 年 12 月份凭证:

(1)12 月 1 日,张兵出差返回公司报账,出差相关内容如下:张兵出差联系业务推销产品,2014 年 11 月 25 日从江泽市乘火车至郑州市(当日到达)火车票 200 元,在郑州期间住宿费 150 元,2014 年 11 月 27 日从郑州乘火车至武汉(次日到达)火车票 120 元,在武汉期间住宿费 300 元,2014 年 11 月 29 日从武汉乘火车回江泽市(次日到达)火车票 260 元,出差补助每天 18 元,据以填写"差旅费报销单"(厂长洪放在单上签字:同意报销),并持单以张兵的名义向财务科出纳处报账(出差前已预支 1 500 元)。

(2)12 月 1 日,销售给 MN 公司 B-4 商品 10 000 件,销售给 AC 公司 B-4 商品 6 000 件,销售给 DV 公司 B-4 商品 5 000 件,销售给 BC 公司 B-4 商品 8 000 件,B-4 商品每件售价 29 元,增值税税率 17%,价税款均已收讫。据以填写"增值税专用发票",款项全部存入银行,填写"进账单",送银行办理进账手续后取回"进账单"回单。将"进账单"回单连同"增值税专用发票"的记账联送财务科记账员(开户行:中国工商银行江泽市支行;账号:1156674356322)。

(3)12 月 2 日,以业务科李伟的名义填写"领款单",领款金额 2 500 元,领款单填写好后到财务科找出纳员领款,作为业务科的备用金。

(4)12 月 3 日,以亚洲证券营业部的名义填写"亚洲证券营业部成交过户交割单"1 张。内容如下:本交割单系丰利公司购买股票,成交编号为 12689,股东账户为 33665689,股东名称为丰利公司,申请编号为 686,公司代码为 M119,申报时间为 095230(即 9 点 52 分 30 秒),成交时间为 095300,实收金额为 90 631 元,资金余额为 89 369 元;证券名称为 500232,成交数量 11 000 股,成交价格 8.18 元,佣金 290 元,印花税 350 元,附加费 11 元。

(5)12 月 4 日,表 11-8 所列材料全部入库,据以填写"材料入库验收单"。

表 11-8　　　　　　　　　　入库材料相关资料

供货单位	材料名称	计量单位	数量	单位买价(元)	运杂费(元)	计划单价(元)
兴隆公司	甲材料	千克	2 000	3.50	160	见本公司记账员数量金额式明细账
兴隆公司	乙材料	千克	2 000	3.00	150	见本公司记账员数量金额式明细账
兴盛公司	丙材料	千克	1 000	5.00	150	见本公司记账员数量金额式明细账
兴盛公司	丁材料	千克	2 000	5.00	200	见本公司记账员数量金额式明细账
众健公司	D-1 材料	千克	500	10.00	100	见本公司记账员数量金额式明细账
众生公司	C-1 材料	千克	250	20.00	120	见本公司记账员数量金额式明细账

将填写好的"材料入库验收单"记账联送本公司记账员。

(6)12 月 5 日,以中财保险股份有限公司的名义填写"机动车辆保险单"和"保费收据"各 1 张。填写内容如下:被保险人为丰利公司;投保险种为车辆损失险、第三责任险、盗抢险、玻璃险、他人恶意险等;车辆型号为皇冠(普);发动机号为358650;牌号为A-35620;非营业用车;座位为5座;保险价值40万元,保险金额40万元;基本保费280元;车辆损失险费率0.8%;第三责任险最高赔偿限额为28万元;第三责任险保费为2 500元;盗抢险保费据表计算;玻璃险保费为60元;他人恶意险保费100元;保险期限自2014年12月5日0时起至2017年12月5日24时止。地址:十字街58号;电话:8666688;邮政编码:438000;总经理:洪源。填好后将"机动车辆保险单"正本和"保费收据"发票联送丰利公司记账员。

(7)12月6日,以江泽市第一律师事务所陈海的名义填写"江泽市服务业发票",收取丰利公司本月律师顾问费用900元,持其发票联找丰利公司出纳员收款。

(8)12月8日,江泽市电视台收取丰利公司广告费22 000元,代电视台填写"江泽市服务业发票",持其发票联找丰利公司出纳员收款。

(9)12月9日,债券公司应向丰利公司收取债券印刷费及手续费9 000元,代填写"江泽市服务业发票",并持第2联到丰利财务科结算。

(10)12月9日,根据下述资料编制"固定资产折旧表"(采用平均年限法),编制完成后将其送交丰利公司记账员。

11月30日,固定资产资料如表11-9所示。

表11-9　　　　　　　　　　固定资产资料(截至11月30日)

部　门	固定资产类型	固定资产原值(元)	预计净残值(元)	预计使用年限
基本车间	房屋	200 000	15 000	40
	机床加工设备	260 000	13 000	10
	专用电子设备	300 000	20 000	10
	其他专用设备	200 000	10 000	20
机修车间	房屋	100 000	5 000	40
	机床加工设备	50 000	2 500	10
	其他专用设备	10 000	500	20
动力车间	房屋	100 000	5 000	40
	内燃发电机组	100 000	5 000	20
	其他专用设备	40 000	2 000	20
管理部门	房屋	650 000	32 000	40
	不需用设备	150 000	10 000	10
出租	仓库	200 000	10 000	10

(11)12月9日,丰利公司与达昌公司进行非货币交易,交易内容如下:

丰利公司向达昌公司销售B-3商品2 520件,每件售价25元;向达昌公司购进乙材料20 000千克,每千克进价3.15元。增值税税率均为17%,据以填写销售B-3商品的"增值税专用发票"和购进乙材料的"材料入库验收单"(材料已如数入库,乙材料的计划单位成本见记账员岗位的数量金额式明细账),填好后先持销售商品的增值税专用发票2、3联到达昌公司业务处换取购进材料的增值税专用发票第2、3联;后将销售商品的"增值税专用发票"记账联和购进材料的"增值税专用发票"第2、3联及"材料入库验收单"一并送交丰利公司记账员。

(12)12月10日,以公司职工张悦的名义填写"费用报销领款单",到财务科领取独生子女费160元。

(13)12月10日,代房地产管理所开具"江泽市服务业发票",应收取丰利公司办公用房租金1 200元。制单人:李凤。持发票联到丰利公司财务科结算。

(14)12月10日,以江泽市汽车队的名义开具"江泽市公路、内河货物运输统一发票",应收取丰利公司销货运费6 000元。制单人:何春明。持发票联到丰利公司财务科结算。

(15)12月10日,丰利公司向保险公司缴纳职工失业保险金1 500元(丰利公司开户行:中国工商银行江泽市支行;账号:1156674356322。保险公司开户行:中国工商银行江泽市支行;账号:115674353366),以保险公司的名义开具"保险公司失业保险金收据",持发票联到丰利公司财务科结算。

(16)12月10日,业务科张悦、王华、韦利3人领取本年度烤火费,每人80元,经理张凡签字:同意付款。代填写"费用报销领款单",到财务科出纳处领款。

(17)12月10日,代司法局开具"江泽市行政事业单位收款票据",应收取丰利公司公证费用1 800元。收款人:王波。持发票联到丰利公司财务科结算。

(18)12月11日,生产技术科张兵去省城开生产技术会,经领导张凡同意借款1 600元。据以填写"借款单",持单向财务科出纳员借款。

(19)12月11日,支付生产车间扩建工程款6 000元,经公司经理张凡签字同意付款,由向东统一领款,据以填写"江泽市建筑安装业统一发票",持发票联到财务科出纳处办理领款,取得出纳员签发的"现金支票"到银行取款。

(20)12月12日,业务员侯川、周橙各领计算器1个,单价120元,合计金额240元。经理张凡审批:同意领用,一次摊销。据以填写"物品领用单"并将其送交财务科记账员。

(21)12月12日,丰利公司向证券公司购买1年期债券1 000 000元,手续费2 000元,以证券公司名义开出"收据",持"收据"第2联到丰利公司财务科结算。

(22)12月13日,根据表11—10所列资料编制"工资结算汇总表"(因工资结算原始资料比较复杂,实际工作中的工资发放表是根据岗位将每个人的工资计算出来加以汇总的。下列资料直接以汇总的形式给出)。

表11—10　　　　　　　　　　工资结算汇总资料

车间、部门、类型	职工人数	标准工资(元)	应扣工资(元)		津贴(元)	代扣款项			
			事假	病假		水电费(元)	住房公积金(元)	个人所得税(元)	个人承担社保(元)
基本生产车间生产工人	270	250 000	1 120	1 050	25 000	12 185	16 000	300	1 200
基本生产车间管理人员	10	12 100	280	410	500	450	580	20	180
援外工程人员	3	4 900			3 000	135	88	15	145
在建工程人员	22	24 000	700	180	3 100	990	900		101
机修车间人员	5	6 010	300	70	580	230	200		52
动力车间人员	4	4 700	200	60	490	180	160		26
公司管理人员	35	42 000	700	360	1 800	1 500	1 300	50	210
医务人员	5	5 600	120	90	250	240	160		60
六个月以上长病假人员	2	2 500		1 000	10	90	62		25

工资结算汇总表编制好后送交财务科出纳员。

(23)12月13日,销售给兴隆公司B-1商品5 000千克,每千克售价7.80元,B-2商品5 000件,每件售价21.80元,增值税税率17%,据以填写"增值税专用发票"后将第2、3、4联送丰利财务科出纳员办理收款手续。

(24)12月14日,业务科各种费用支出汇总情况如下:差旅费480元(30张原始凭证);办公费200元(22张原始凭证);其他费用58元(3张原始凭证)。经核对无误后,编制"管理费用支出汇总表",持表到财务科报账。

(25)12月14日,张敏等6名职工参加江泽市工学院短期培训,支付学杂费3 600元,以工学院名义开出"收据",持第2联(付款人联)找丰利财务科出纳员办理领款,取得出纳员签发的"现金支票"到银行取款。

(26)12月15日,丰利公司职工食堂向为民日杂公司购买铁锅2口,计136元。以为民日杂公司名义开具"为民日杂公司销售发票",持发票联向丰利公司财务科出纳员报账(在发票备注上填写:列入职工福利)。

(27)12月16日,丰利公司向税务局购买20张5元券印花税票,20张2元券印花税票,30张1元券印花税票,以税务局名义开具"市税务局印花税票发售统一发票",持发票联向丰利公司财务科出纳员报账。

(28)12月16日,江泽市保险公司向丰利公司收取职工养老保险金7 500元,以保险公司名义开具"收据",并持"收据"(付款人联)向丰利公司财务科结算。

(29)12月17日,丰利公司应付的车间扩建工程包工款180 000元,以长丰建筑公司的名义填写"江泽市建筑安装业统一发票",持发票联到丰利公司财务科办理结算。

(30)12月17日,本月综合奖金结算汇总资料如表11-11所示。

表11-11　　　　　　　　　　本月综合奖金结算汇总资料

车间、部门	奖金(元)
基本生产车间生产工人	27 000
基本生产车间管理人员	1 000
机修车间人员	500
动力车间人员	400
公司管理人员	3 500
医务人员	500

据此编制"综合奖金结算汇总表",持表向财务科出纳员领取奖金。

(31)12月18日,丰利公司应付新卫设计院产品设计费1 000元,以新卫设计院的名义填写"江泽市服务业发票",持发票联到丰利公司财务科办理结算。

(32)12月18日,向众生公司购进甲设备1台,交易价42 000元,经验收交基本生产车间使用,据以填写"固定资产验收单",将第2联送财务科出纳员。

(33)12月18日,一栋仓库260平方米,预计使用28年,已使用26年,原值80 000元,已提折旧70 000元,因重建提前报废。其处理意见如下:使用部门的意见:因陈旧要求报废;技术鉴定小组意见:情况属实;固定资产管理部门意见:同意转入清理;主管部门审批意见:同意报废重建。据以填写"固定资产报废单"后将其会计记账联送财务科记账员。

(34)12月19日,销售给丰润公司不需用乙设备1台,原始价值60 000元,已提折旧20 000元,协商作价43 000元。据以填写"江泽市商业普通发票",持发票联到丰润公司财务科收款,要求丰润公司出纳员签发"转账支票",并与其一同去银行办理转账手续,取得银行盖章后"转账支票"的收账通知联后,将"转账支票"的收账通知联及"江泽市商业普通发票"记账联送交本公司财务科出纳员。同时,依据固定资产原始价值与已提折旧填写"内部转账单",并将其送本公司财务科记账员。

(35)12月19日,张兵12月11日去省城参加工业生产技术会,12月18日返回,往返汽车票均为38元,住宿费用700元,会议费用150元,其他费用90元,每天补助15元。以张兵的名义填写"差旅费报销单",经理张凡在单上签字:同意报销。持单向财务科出纳员报账(原借支1 600元)。

(36)12月19日,业务科与业务往来单位洽谈业务,接待、就餐、补助及接送车费共计金额2 184元,单据26张。据以填写"业务招待费汇总表",经理张凡在单上签字:同意报销。持单向财务科出纳员报账,取得出纳员签发的"现金支票"后到银行提取现金。

(37)12月19日,报废固定资产的清理人员李民等6人应领取清理费用530元,以李民的名义填写"费用报销领款单",经理张凡在单上签字:同意付款。持单向财务科出纳员领款。

(38)12月19日,丰利公司向江泽商场收取仓库租金4 200元,据此开出"江泽市服务业发票",收到现金4 200元,当即填写"进账单"到开户行办理进账手续,收到银行盖章后的"进账单"回单,将"江泽市服务业发票"的发票联及"进账单"回单送交本公司出纳员(本公司开户行:中国工商行江泽市支行;账号:115674356322)。

(39)12月20日,仓库清理残料如下:红砖60 000块,每块0.20元,计12 000元,其他材料5 000元,合计17 000元。材料全部入库作重建仓库用,据以编制"材料入库单",并将其记账联送财务科记账员。

(40)12月20日,丰利公司向为民五金公司购买灭火器6个,单价100元,计600元。灭火器购回后当即由仓库领用。先以为民五金公司名义开具"为民五金公司发票";再以仓库保管员张帅名义填写"物品领用单"(经理张凡在单上签字:同意领用,一次摊销)。最后将"为民五金公司发票"的发票联和"物品领用单"送财务科出纳员,并要求领款、领物。

(41)12月20日,向众生公司转让技术,收取技术转让费18 000元,据以填写"江泽市商业普通发票",持其发票联到众生公司财务科收款,要求众生公司出纳员签发"转账支票",并与其一同去银行办理转账手续,取得银行盖章后的"转账支票"的收账通知联后,将"转账支票"的收账通知联及"江泽市普通发票"记账联送交本公司财务科出纳员。

(42)12月21日,向会计局购买《新会计准则》等书籍,付款160元,以会计局的名义填写"江泽市文化教育、体育业发票",持发票联到账务科报账。

(43)12月21日,丰利公司的汽车送汽车修配厂修理。具体修配项目如下:汽车补胎300元,汽车轮胎充气30元,车轮拆装30元。以汽车修配厂名义开具"江泽市服务业发票",将"江泽市服务业发票"的发票联 送交本公司出纳员。

(44)12月23日,丰利公司使用自来水厂的供水。水表记录是:本月号码为378656,上月号码为372656,实用水6 000吨,每吨单价1元。以自来水厂名义开具"自来水厂水费发票",持发票联到丰利公司财务科结算。

(45)12月23日,业务科用备用金开支下列各种费用:差旅费870元(19张原始凭证);办公费950元(25张原始凭证);修理费1 180元(4张原始凭证)。经核对无误后全部报销,编制"管理费用支出汇总表",持表到财务科报账。

(46)12月24日,丰利公司电表的起码是580567,止码是646576,实用电66 000度,每度单价0.50元,以电力局的名义填写"增值税专用发票"(电费增值税税率为13%),持发票联到丰利公司财务科结算。

(47)12月24日,丰利公司参加本市商品展销会,应付大世界商场的商品展位租用费1 000元,以大世界市场的名义填写"江泽市服务业发票",持发票联到丰利公司财务科结算。

(48)12月25日,物价检查所对丰利公司商品销售情况进行检查,发现部分商品违反国家价格政策,罚款1 500元,以物价检查所名义填写"罚款没收专用收据",持单到丰利公司财务科结算。

(49)12月25日,养路费征收站向丰利公司收取汽车养路费用1 000元,以养路费征收站的名义填写"交通车辆养路费收据"(2辆东风汽车为送货用车,养路费为600元,2辆小车的养路费400元),持单到丰利公司财务科结算。

(50)12月26日,看望住院病人张胜,从副食品商店购买3袋奶粉,每袋12元,苹果4千克,每千克3元,据此填写"副食品商店销售发票"(经理张凡签字:在福利费列支),持发票联到丰利公司财务科结算。

(51)12月26日,迅达搬运公司为丰利公司装卸货物,应收取装卸费1 600元,以迅达公司的名义开具"江泽市交通运输业发票",持发票联到丰利公司财务科结算。

(52)12月26日,张兵出差预支差旅费1 600元,据以填写"借款单",持单向财务科出纳借款。

(53)12月26日,本公司向美国H公司购入先进设备1台,交易价4 000美元,以H公司名义填写"商业发票",以本公司设备科名义填写"固定资产验收单"(设备交管理部门使用)。"商业发票"与"固定资产验收单"交本公司出纳员(引进先进设备,减免关税及增值税;境内外运杂费均由供货方承担)。

(54)12月27日,丰利公司自行开发一项实用型专利开发成功。先根据下列资料填写"专利申报表":申请单位:丰利公司;专利项目:实用新型专利;技术开发费:28 000元;注册登记费:3 100元;单位意见:同意申报;专利局审批:同意注册。再以专利局名义填写"江泽市行政事业单位收款收据"收取丰利公司专利注册登记费3 100元,然后持"专利申报表"和"江泽市行政事业单位收款收据"到丰利公司财务科结算。

(55)12月27日,丰利公司销售给丰润公司B-1商品9 000千克,每千克售价8元;销售给大华公司B-1商品9 000千克,每千克售价8元;销售给兴隆公司B-2商品10 000件,每件售价22元;增值税税率均为17%,据以分别3个公司填写"增值税专用发票",持"增值税专用发票"2、3联到丰润公司、大华公司和兴隆公司财务科结算,要求各公司出纳员根据购销合同填写"商业承兑汇票",经付款人(各购货公司)承兑后取得"商业承兑汇票"第2联,并在"商业承兑汇票"第1联的收款人盖章处盖上本公司财务专用章(由本公司出纳员盖章),在负责、经办处均签名,将"增值税专用发票"的记账联和"商业承兑汇票"第2联送交丰利公司出纳员。

(56)12月27日,四通运输公司为丰利公司运输购入的材料,应收运费7 500元。以四通运输公司的名义开具"江泽市公路、内河货物运输统一发票",持发票联到丰利公司财务科结算。

(57)12月27日,外购材料全部验收入库。根据表11—12所列资料填写"材料入库验收单",将其记账联送财务科记账员。

表11—12 外购材料入库资料

供货单位	材料名称	数量(千克)	买价(元)	运杂费(元)	计划单价(元)
众健公司	D-1材料	7 000	70 000	700	见本公司记账员数量金额式明细账资料
众生公司	C-1材料	8 000	120 000	800	
兴盛公司	甲材料	20 000	80 000	2 000	
	乙材料	20 000	60 000	2 000	
	丙材料	10 000	50 000	1000	
	丁材料	10 000	60 000	1 000	

(58)12月29日,各部门报废低值易耗品(领用时均一次摊销),本月收回残值如下:基本生产车间380元,动力车间60元,机修车间65元,行政管理部门75元。报废材料均已入库(计划价按照580元计算)。据以编制"报废低值易耗品汇总表"和"材料入库验收单",并将其送财务科记账员。

(59)12月30日,销售给兴隆公司B-2商品10 000件,每件售价22元,B-3商品10 000件,每件售价26元,增值税税率17%,据以填写"增值税专用发票",将"增值税专用发票"2、3、4联送本公司出纳员。

(60)12月31日,基本生产车间生产B-1产品耗用6 600工时,生产B-2产品耗用7 000工时,生产B-3产品耗用7100工时,生产B-4产品耗用6 580工时,据以编制"产品耗用工时汇总表",并将该表送财务科记账员。

(61)12月31日,本月发出材料汇总资料如表11—13所示。

表11—13 本月发出材料汇总资料

材料名称	数量(千克)	计划总价(元)	计划单价(元)
甲材料	25 000	101 500	4.06
乙材料	40 000	118 400	2.96
丙材料	12 000	60 960	5.08
丁材料	15 000	89 100	5.94
C-1材料	10 000	148 800	14.88
D-1材料	10 000	100 700	10.07
小计		620 000	
其他材料		30 000	

据以编制"发料凭证汇总表",并将该表送财务科记账员。

(62)12月31日,辅助生产车间本月提供劳务总量资料如表11—14所示。

表 11—14 辅助生产车间本月提供劳务总量资料

项　目	机修车间服务量(工时)	动力车间供电量(度)
B-1 产品耗用	—	10 000
B-2 产品耗用	—	9 000
B-3 产品耗用	—	10 000
B-4 产品耗用	—	9 000
基本生产车间耗用	1 748	400
行政管理部门耗用	100	1 000
车间扩建工程耗用	652	10 600
动力车间耗用	80	—
机修车间耗用	—	2 000
合　计	2 580	52 000

据以编制"辅助生产情况表",并将该表送财务科记账员。

(63)12 月 31 日,本月产品生产及入库情况如表 11—15 所示。

表 11—15 本月产品生产及入库情况

产品名称	月初在产品	本月投产	本月完工入库	月末在产品	在产品完工程度	投料方式
B-1 产品	4 000 千克	41 400 千克	42 000 千克	3 400 千克	50%	逐步投料
B-2 产品	1 600 件	16 600 件	17 000 件	1 200 件	50%	逐步投料
B-3 产品	1 600 件	15 600 件	16 000 件	1 200 件	50%	逐步投料
B-4 产品	1 600 件	13 440 件	13 000 件	2 040 件	50%	逐步投料

代基本生产车间编制"生产情况报告表",代成品仓库编制"产品入库汇总表",将填写好的 2 张表送财务科记账员。

众生公司会计业务岗位实操

12.1 众生公司出纳会计岗位实操

12.1.1 开设有关日记账

众生公司 2014 年 11 月 30 日有关账户余额如下：
库存现金日记账   980（借）
银行存款日记账   298 000（借）
众生公司及往来公司相关情况如表 12—1 所示。

表 12—1　　　　　　　　　众生公司及往来公司相关情况

开户行：中国工商银行江泽市支行		开户行：中国工商银行崎峰市支行	
公司名称	账　号	公司名称	账　号
众生公司	1156674356323	兴隆公司	823653676516
丰润公司	1156674356321	兴盛公司	823653676517
丰利公司	1156674356322		
众健公司	1156674356324		
宏源公司	1156674356325		
达昌公司	1156674356327		
达亿公司	1156674356328		

12.1.2 办理如下业务

凡出纳业务，在业务办理完毕后，编制记账凭证，据以登记库存现金和银行存款日记账，并将记账凭证连同所附原始凭证一并转交记账员记账。

(1)12 月 1 日，收到李红"差旅费报销单"（所附单据略），经审核无误，报销费用 1 572 元，按原预支额 1 800 元开出"收据"，当即收回多余现金 228 元。

(2)12 月 1 日，收到业务员送来的"进账单"回单及"增值税专用发票"的记账联进行账务处理。

(3)12 月 1 日，收到开户银行转来丰润公司和丰利公司的"转账支票"收账通知联。

(4)12月1日,填写"转账支票"2张,分别支付应付众健公司账款90 000元和应付宏源公司账款100 000元;填写"信汇"凭证1张,支付应付兴盛公司账款110 000元。填好结算凭证后去开户银行办理相关手续,取回"转账支票"回单和"信汇"凭证回单,审核无误后,进行账务处理。

(5)12月2日,填写"转账支票"1张,转出投资款200 000元,存入亚洲证券营业部账户(亚洲证券营业部开户行:中国工商银行江泽市支行;账号:235673625588),准备用于购买股票。到银行办理转账手续,取回回单。

(6)12月2日,填写"现金支票"1张,提取现金5 000元备用,到开户银行办理支款手续。

(7)12月2日,收到业务科鲁冈的"领款单",经审核无误,当即支付现金3 000元,作为业务科的备用金(在领款单上注明"现金付讫")。

(8)12月3日,收到"亚洲证券营业部成交过户交割单",购入股票划作交易性金融资产。

(9)12月3日,将专夹留存的10月3日签发的"商业承兑汇票"第2联取出(曾在10月3日发生销货业务时,已填写3份"商业承兑汇票":签发日期为2014年10月3日,承兑期2个月,应收丰润公司货款300 000元,应收丰利公司货款150 000元,应收兴隆公司货款100 000元),依据到期的3张"商业承兑汇票"分别办理收款手续。

①应收丰润公司300 000元和丰利公司150 000元,持其"商业承兑汇票"第2联去丰润公司、丰利公司,要求其出纳员签发"转账支票",并到银行办理转账手续,收到银行转来丰润丰利公司"转账支票"的收款通知联。

②应收兴隆公司的到期票据款100 000元,填写"委托收款凭证"后,持"委托收款凭证"和"商业承兑汇票"第2联到开户银行办理委托收款手续,银行盖章后,取回"委托收款凭证"回单。

(10)12月3日,收到众健公司和宏源公司出纳员送来的到期"商业承兑汇票"第2联,经审核无误,据以分别填写"转账支票",到银行办理转账手续。

(11)12月5日,收到开户行转来兴隆公司"信汇"凭证收款通知联。

(12)12月5日,收到中财保险股份有限公司"机动车辆保险单"(正本)和"保费收据"第1联,经审核无误,据以填写转账支票(中财保险股份有限公司开户行:中国工商银行江泽市支行;账号:115675368955),并到银行办理转账手续,经银行盖章,取回转账支票回单。

(13)12月6日,填写"中华人民共和国税收通用完税证",将未缴增值税、应缴城市维护建设税、应缴个人所得税、应缴教育费附加上缴国库,具体金额见明细分类账各该账户的月初余额。税收通用完税证填写好后,到开户行办理手续,经税务机关、银行盖章后取得完税凭证联,并据以进行账务处理。

(14)12月6日,收到律师事务所的"江泽市服务业发票"发票联,经审核无误,以现金付讫。

(15)12月7日,收到银行转来委托收款凭证的收款通知1张,系兴隆公司应收账款。

(16)12月7日,收到银行转来委托收款凭证的付款通知1张,系应付兴盛公司的商业汇票到期款。

(17)12月8日,收到江泽市电视台的"江泽市服务业发票"发票联,经审核无误,据以填写转账支票(江泽市电视台开户行:中国工商银行江泽市支行;账号:115674356672),付广告费,并到银行办理转账手续,经银行盖章,取回转账支票回单。

(18)12月8日,众生公司委托债券发行公司发行5年期债券,按面值的10%溢价发行。现债券公司已发行债券面值800 000元,实收金额880 000元,款项今日全部交来,当即送存银行。据以填写"收据"及"进账单",到银行办理手续后根据"收据"记账联及"进账单"回单进行账务处理。

(19)12月9日,收到债券公司的"江泽市服务业发票"发票联,经审核无误,据以填写转账支票(债券公司开户行:中国工商银行江泽市支行;账号:115676283355),付手续费,并到银行办理转账手续,经银行盖章,取回转账支票回单。

(20)12月10日,收到张平"费用报销领款单",经审核无误,以现金付讫。

(21)12月10日,收到房地产管理所的"江泽市服务业发票"发票联,经审核无误,以现金付讫。

(22)12月10日,收到江泽市汽车运输公司的"江泽市公路、内河货物运输统一发票"发票联,经审核无误,据以填写转账支票(江泽市汽车运输公司开户行:中国工商银行江泽市支行;账号:115674356698),付运费,并到银行办理转账手续,经银行盖章,取回转账支票回单。

(23)12月10日,收到保险公司的"保险公司失业保险金收据",经审核无误,以现金支票付讫。

(24)12月10日,签发"现金支票",到银行办理取款手续,提回现金3 500元备用。根据"现金支票"存根作账务处理。

(25)12月10日,收到王兰等3人的"费用报销领款单",经审核无误,以现金付讫。

(26)12月10日,收到司法局的"江泽市行政事业单位收款票据",经审核无误,据以填写转账支票(司法局开户行:中国工商银行江泽市支行;账号:115674356989),付诉讼费,并到银行办理转账手续,经银行盖章,取回转账支票回单。

(27)12月11日,收到李红的"借款单",经审核无误,以现金付讫。

(28)12月11日,收到工程队的"江泽市建筑安装业统一发票",经审核无误,签发"现金支票",交冯列到银行取款。

(29)12月12日,收到证券公司的"收据",经审核无误,据以填写转账支票(证券公司开户行:中国工商银行江泽市支行;账号:115674356719),付债券及手续费,并到银行办理转账手续,经银行盖章,取回转账支票回单。

(30)12月13日,收到"工资结算汇总表",根据实发工资总额签发"现金支票",从银行提取现金,当即发放完毕。

(31)12月13日,收到业务员送来的"增值税专用发票"2、3、4联,据以填写"委托收款凭证"(应收兴隆公司款),持"委托收款凭证"和"增值税专用发票"2、3联到银行办理托收手续,经银行盖章后,将退回的"委托收款凭证"回单与"增值税专用发票"记账联一并作账务处理。

(32)12月14日,收到业务科"管理费用支出汇总表"(所附单据50张略),经审核无误,以现金付讫。

(33)12月14日,收到江泽市工学院的"收据",经审核无误,开出"现金支票"付讫。

(34)12月15日,收到职工食堂购买铁锅的发票,经审核无误,以现金付讫。

(35)12月16日,收到银行转来"委托收款凭证"的收款通知联,系兴隆公司应收款。

(36)12月16日,收到"市税务局印花税票发售统一发票",经审核无误,以现金付讫。

(37)12月16日,收到保险公司收取员工养老保险金的"收据",经审核无误,据以填写转账支票(保险公司开户行:中国工商银行江泽市支行;账号:115674363789),付保险金,并到银行办理转账手续,经银行盖章,取回转账支票回单。

(38)12月17日,收到长丰建筑公司"江泽市建筑安装业发票"的发票联,经审核无误,据以填写转账支票(建筑公司开户行:中国工商银行江泽市支行;账号:115672785567),付工程款,并到银行办理转账手续,经银行盖章,取回转账支票回单。

(39)12月17日,根据"综合奖金结算汇总表"(实际还应有按人头的奖金发放表,此处略),签发"现金支票"提回现金,当即发放完毕。

(40)12月18日,收到新卫设计院的"江泽市服务业发票"发票联,经审核无误,以现金付讫。

(41)12月18日,收到业务员送来的丰利公司转账支票的收账通知联及本公司的固定资产销售的"江泽市商业普通发票"的会计记账联,经审核无误,进行账务处理。

(42)12月19日,收到众健公司出售设备的"江泽市商业普通发票"发票联,及本公司业务员送来的"固定资产验收单",经审核无误,据以填写"转账支票"付设备款,并到银行办理转账手续,经银行盖章,取回转账支票回单。

(43)12月19日,收到李红的"差旅费报销单"(所附单据略)和交来的现金590元,开出"收据"收讫。收据金额按原借支数填写。

(44)12月19日,收到业务科的"业务招待费汇总表"及所附20张单据(单据略),经审核无误,签发"现金支票"补足其备用金。

(45)12月19日,收到张虎的"费用报销领款单",经审核无误,以现金付讫。

(46)12月19日,收到业务员送来的仓库租金收入"进账单"回单及"江泽市服务业发票"记账联。

(47)12月20日,收到业务员送来的"为民五金公司发票"和"物品领用单",经审核无误,签发"现金支票",从银行提回现金6 000元,除支付灭火器款外,其余备用。

(48)12月20日,收到业务员送来的众健公司"转账支票"的收账通知联,及本公司收取技术转让收入的"江泽市商业普通发票"记账联。

(49)12月21日,收到购买书籍的"江泽市文化教育、体育业发票"发票联,经审核无误,以现金付讫。

(50)12月21日,收到丰利公司的"江泽市商业普通发票"发票联,经审核无误,签发"转账支票"支付技术转让费。到银行办理转账手续,经银行盖章后,拿回转账支票回单。

(51)12月21日,收到汽车修配厂的"江泽市商业普通发票"发票联,经审核无误,以现金付讫。

(52)12月23日,收到自来水厂发票,审核无误后填写"转账支票"支付水费,到银行办理转账手续,经银行盖章后,拿回转账支票回单(自来水厂开户行:中国工商银行江泽市支行;账号:115674351125)。

同时,根据定额耗用量分配本月水费。定额耗用量如下:动力车间400吨,机修车间550吨,基本生产车间2 000吨,公司管理部门1 300吨,据以编制"水费分配表"。

根据"自来水厂发票"发票联、"转账支票"存根和"水费分配表"进行账务处理。

(53)12月23日,收到业务科的"管理费用支出汇总表"及所附52张单据(单据略),经审核无误,签发"现金支票"补足其备用金。

(54)12月24日,收到电力局的"增值税专用发票"发票联,审核无误后填写"转账支票"支付电费,到银行办理转账手续,经银行盖章后,拿回转账支票回单(电力局开户行:中国工商银行江泽市支行;账号:115674356211)。

同时,根据表12—2所列定额耗用量资料编制"外购动力费分配表"。

表12—2　　　　　　　　　　　定额耗用量资料

产品名称	定额耗用量	车间部门	定额耗用量
C-1产品	11 000度	动力车间	700度
C-2产品	12 000度	机修车间	1 000度
C-3产品	10 000度	基本生产车间	800度
C-4产品	11 000度	管理部门	8 500度

根据电力局的发票联、"转账支票"存根和"外购动力费分配表"进行账务处理。

(55)12月24日,收到大世界市场的"江泽市服务业发票"发票联,经审核无误,以现金付讫。

(56)12月24日,为购进口设备,向开户行买入5 000美元,以中国人民银行公布的人民币汇率中间价作为即期汇率,当日的即期汇率1美元=7.72元人民币,银行当日美元卖出价为1美元=8.10元人民币。签发"转账支票"支付人民币,填写"进账单"购入美元。到银行办理相关手续,根据"转账支票"存根和"进账单"作账务处理。

(57)12月25日,签发"现金支票",到银行办理取款手续,提回现金7 000元备用。根据"现金支票"存根作账务处理。

(58)12月25日,收到物价检查所"罚款没收专用收据",以现金支付罚款。

(59)12月25日,收到养路费征收站的"交通车辆养路费收据",经审核无误,以现金付讫(2辆东风汽车为送货用车,养路费为600元,2辆小车的养路费用300元)。

(60)12月26日,收到业务员送来的"固定资产验收单"及购买进口设备的"商业发票",经审核无误后填写"信汇"凭证,到银行办理美元汇兑手续,取回"信汇"回单。当日的即期汇率1美元=7.85元人民币。

(61)12月26日,收到"副食品商店销售发票"发票联,经审核无误,以现金付讫。

(62)12月26日,收到迅达搬运公司的"江泽市交通运输业发票"发票联,经审核无误,以现金付讫。

(63)12月26日,收到李红的"借款单",经审核无误,以现金付讫。

(64)12月27日,收到本公司业务员送来销售商品给丰润公司、丰利公司和兴隆公司的"增值税专用发票"记账联和3张"商业承兑汇票"。

(65)12月27日,收到业务员送来的"专利申报表"和专利局的"江泽市行政事业单位收款收据"发票联,经审核无误,填写"转账支票"支付专利注册登记费,到银行办理转账手续,经银行盖章后,拿回转账支票回单(专利局开户行:中国工商银行江泽市支行;账号:115675363286)。

(66)12月27日,收到众健公司、宏源公司、兴盛公司业务员送来的增值税专用发票2、3联,经审核无误,分别填写为期2个月的"商业承兑汇票"3份,其中第1联并各收款人盖章签名后收回,在第 2 联的付款人盖章处盖上财务专用章,在负责经办处均签上名,填好后将第 2 联分别交众健公司、宏源公司、兴盛公司业务员。

同时,收到四通运输公司的"江泽市公路、内河货物运输统一发票"发票联,经审核无误后填写"转账支票"支付材料运费,到银行办理转账手续,经银行盖章后,拿回转账支票回单(四通运输公司开户行:中国工商银行江泽市支行;账号:115675363298)。

根据材料重量编制"材料采购费用分配表"。各种材料采购的重量:D-1 材料 7 000 千克,E-1 材料 7 000 千克,甲材料 15 000 千克,乙材料 15 000 千克,丙材料 14 000 千克,丁材料 15 000千克。

根据增值税专用发票的发票联、商业汇票的留存联、转账支票存根联、"江泽市公路、内河货物运输统一发票"发票联、"材料采购费用分配表",作账务处理。

(67)12 月 30 日,收到业务员送来的"增值税专用发票"第 2、3、4 联,合同规定销货款采用委托收款结算方式,经审核无误后,据以填写"委托收款凭证",持"委托收款凭证"和"增值税专用发票"第 2、3 联到银行办理托收手续,经银行盖章后,将退回的"委托收款凭证"回单与"增值税专用发票"的记账联一并作账务处理。

(68)12 月 31 日,到开户行拿回贷款计息凭证,进行账务处理(已预计应付利息 10 000 元)。

(69)12 月 31 日,到开户行拿回存款计息凭证,进行账务处理。

(70)12 月 31 日,将账面价值为 100 000 元的"交易性金融资产——基金"全部出售,实得现金105 100元。填写"内部转账单"和"进账单",将现金送存银行(全为百元券)。

(71)12 月 31 日的即期汇率 1 美元=8.05 元人民币,调整当期产生的汇兑差额。

12.2　众生公司记账会计岗位实操

12.2.1　开设有关账户

众生公司 2014 年 11 月 30 日明细账期末资料如下:

其他货币资金——外埠存款	10 900(借)
交易性金融资产——股票(成本)	109 000(借)
交易性金融资产——债券(成本)	80 000(借)
交易性金融资产——基金(成本)	100 000(借)
应收票据——丰润公司	300 000(借)
应收票据——丰利公司	150 000(借)
应收票据——兴隆公司	100 000(借)
应收账款——丰润公司	110 000(借)
应收账款——丰利公司	100 000(借)
应收账款——兴隆公司	90 000(借)
坏账准备	1 900(贷)
其他应收款——李红	1 800(借)
其他应收款——代扣水电费	18 000(借)

材料采购——原材料	39 750（借）
原材料——原料及主要材料	428 000（借）
原材料——其他材料	78 000（借）
周转材料——包装物	19 000（借）
周转材料——低值易耗品	50 000（借）
材料成本差异——原材料	4 280（借）
材料成本差异——包装物	190（贷）
材料成本差异——低值易耗品	500（借）
库存商品——C-1产品	180 000（借）
库存商品——C-2产品	640 000（借）
库存商品——C-3产品	480 000（借）
库存商品——C-4产品	1 080 000（借）
长期股权投资——股票投资（昌平公司）	100 000（借）
持有至到期投资——成本	100 000（借）
持有至到期投资——利息调整	8 000（借）
持有至到期投资——应计利息	2 000（借）
固定资产——生产用固定资产	1 280 000（借）
固定资产——非生产用固定资产	600 000（借）
固定资产——不需用固定资产	180 000（借）
固定资产——出租固定资产	200 000（借）
累计折旧	580 000（贷）
工程物资——专用材料	270 000（借）
工程物资——专用设备	430 000（借）
在建工程——机床大修工程	60 000（借）
在建工程——设备安装工程	340 000（借）
固定资产清理——报废	5 000（借）
无形资产——专利权	334 000（借）
无形资产——专有技术	340 000（借）
研发支出——资本化支出	26 000（借）
长期待摊费用——固定资产大修费用	53 800（借）
待处理财产损溢——待处理固定资产损溢	1 800（借）
生产成本——基本生产成本（C-1产品）	10 000（借）
生产成本——基本生产成本（C-2产品）	14 000（借）
生产成本——基本生产成本（C-3产品）	16 000（借）
生产成本——基本生产成本（C-4产品）	18 000（借）
短期借款——生产周转借款	1 200 000（贷）
应付票据——众健公司	100 000（贷）
应付票据——宏源公司	110 000（贷）
应付票据——兴盛公司	100 000（贷）

应付账款——众健公司	90 000（贷）
应付账款——宏源公司	100 000（贷）
应付账款——兴盛公司	110 000（贷）
应付职工薪酬——职工教育经费	2 840（贷）
应付职工薪酬——职工福利	1 000（贷）
应付职工薪酬——社会保险费	8 160（贷）
应交税费——未交增值税	36 000（贷）
应交税费——应交所得税	40 000（借）
应交税费——应交城市维护建设税	3 000（贷）
应交税费——应交个人所得税	2 500（贷）
应交税费——应交教育费附加	700（贷）
应付利息	25 000（贷）
长期借款——基建借款	1 250 000（贷）
长期应付款——应付设备款	100 000（贷）
应付债券——面值	310 000（贷）
应付债券——利息调整	10 000（贷）
应付债券——应计利息	30 000（贷）
实收资本——国家投资	1 800 000（贷）
实收资本——兴隆公司	200 000（贷）
实收资本——其他	1 185 520（贷）
资本公积——资本溢价	250 000（贷）
资本公积——其他	90 000（贷）
盈余公积——法定盈余公积	700 000（贷）
利润分配——未分配利润	90 000（贷）
本年利润	410 000（贷）

原材料明细账 2014 年 11 月 30 日期末资料如表 12—3 所示。

表 12—3　　　　　　　　期末原材料明细（截至 2014 年 11 月 30 日）

	品名	单位	数量	计划单价（元）	金额（元）
原料及主要材料	甲材料	千克	10 000	3.85	38 500
	乙材料	千克	10 000	3.06	30 600
	丙材料	千克	12 000	5.07	60 840
	丁材料	千克	11 000	5.86	64 460
	D-1 材料	千克	10 000	10.38	103 800
	E-1 材料	千克	11 000	11.80	129 800
	小计				428 000
其他材料					78 000
合　计					506 000

材料采购明细账 2014 年 11 月 30 日期末资料如表 12—4 所示。

表 12—4　　　　　　　期末材料采购明细(截至 2014 年 11 月 30 日)

供货单位	项目	借方(元)			贷方(元)			备注
		买价	运杂费	合计	计划成本	差异	合计	
兴隆公司	甲材料	8 000	150	8 150				
	乙材料	5 000	100	5 100				
兴盛公司	丙材料	6 000	120	6 120				
	丁材料	9 000	180	9 180				
众健公司	D-1 材料	6 000	100	6 100				
宏源公司	E-1 材料	5 000	100	5 100				
合　计		39 000	750	39 750				

库存商品明细账 2014 年 11 月 30 日期末资料如表 12—5 所示。

表 12—5　　　　　　　期末库存商品明细(截至 2014 年 11 月 30 日)

商品名称	单位	数量	单位成本(元)	金额(元)
C-1 商品	千克	20 000	9	180 000
C-2 商品	件	40 000	16	640 000
C-3 商品	件	32 000	15	480 000
C-4 商品	件	60 000	18	1 080 000
合　计				2 380 000

生产成本明细账 2014 年 11 月 30 日期末资料如表 12—6 所示。

表 12—6　　　　　　　生产成本明细账(截至 2014 年 11 月 30 日)

产品名称	数量	成本项目			
		直接材料(元)	直接人工(元)	制造费用(元)	合计(元)
C-1 产品	2 000 千克	5 000	3 000	2 000	10 000
C-2 产品	2 000 件	7 000	4 200	2 800	14 000
C-3 产品	2 100 件	8 000	4 800	3 200	16 000
C-4 产品	2 000 件	9 000	5 400	3 600	18 000
合　计					58 000

12.2.2　开设明细账

按下列要求开设明细账:

(1)下列账户使用三栏式账页(有期初余额的账户结转期初余额,没有期初余额的账户设户后待记发生额):

其他货币资金——外埠存款
其他货币资金——存出投资款
交易性金融资产——股票(成本)
交易性金融资产——股票(公允价值变动)
交易性金融资产——债券(成本)
交易性金融资产——基金(成本)
应收票据——丰润公司
应收票据——丰利公司
应收票据——兴隆公司
应收账款——丰润公司
应收账款——丰利公司
应收账款——兴隆公司
预付账款——中财保险公司
坏账准备
其他应收款——李红
其他应收款——业务科
其他应收款——代扣水电费
原材料——原料及主要材料
原材料——其他材料
周转材料——包装物
周转材料——低值易耗品
材料成本差异——原材料
材料成本差异——包装物
材料成本差异——低值易耗品
长期股权投资——股票投资(昌平公司)
持有至到期投资——成本
持有至到期投资——利息调整
持有至到期投资——应计利息
固定资产——生产用固定资产
固定资产——非生产用固定资产
固定资产——不需用固定资产
固定资产——出租固定资产
累计折旧
工程物资——专用材料
工程物资——专用设备
在建工程——机床大修工程
在建工程——设备安装工程

在建工程——生产车间扩建工程
固定资产清理——报废
固定资产清理——出售不需用固定资产
无形资产——专利权
无形资产——专有技术
研发支出——资本化支出
累计摊销
长期待摊费用——固定资产大修费用
待处理财产损溢——待处理固定资产损溢
递延所得税资产
短期借款——生产周转借款
应付票据——众健公司
应付票据——宏源公司
应付票据——兴盛公司
应付账款——众健公司
应付账款——宏源公司
应付账款——兴盛公司
应付职工薪酬——工资
应付职工薪酬——职工福利
应付职工薪酬——社会保险费
应付职工薪酬——住房公积金
应付职工薪酬——工会经费
应付职工薪酬——职工教育经费
应付职工薪酬——非货币性福利
应交税费——未交增值税
应交税费——应交营业税
应交税费——应交所得税
应交税费——应交城市维护建设税
应交税费——应交个人所得税
应交税费——应交教育费附加
应交税费——应交房产税
应付利息
应付股利
长期借款——基建借款
长期应付款——应付设备款
应付债券——面值
应付债券——利息调整
应付债券——应计利息
递延所得税负债

实收资本——国家投资
实收资本——兴隆公司
实收资本——其他
资本公积——资本溢价
资本公积——其他
盈余公积——法定盈余公积
利润分配——提取法定盈余公积
利润分配——应付现金股利
利润分配——未分配利润
本年利润
主营业务收入——C-1产品
主营业务收入——C-2产品
主营业务收入——C-3产品
主营业务收入——C-4产品
其他业务收入
投资收益
公允价值变动损益
营业外收入
主营业务成本——C-1产品
主营业务成本——C-2产品
主营业务成本——C-3产品
主营业务成本——C-4产品
营业税金及附加
其他业务成本
资产减值损失
营业外支出
所得税费用

(2)下列账户使用多栏式账页(有期初余额的账户结转期初余额,没有期初余额的账户设户后待记发生额):

应交税费——应交增值税
生产成本——基本生产成本(C-1产品)
生产成本——基本生产成本(C-2产品)
生产成本——基本生产成本(C-3产品)
生产成本——基本生产成本(C-4产品)
生产成本——辅助生产成本——机修车间
生产成本——辅助生产成本——动力车间
制造费用——基本生产车间
销售费用
财务费用

管理费用

(3)"材料采购——原材料"使用横线登记式账页(有期初余额的账户结转期初余额,没有期初余额的账户设户后待记发生额)。

(4)下列账户使用数量金额式账页(有期初余额的账户结转期初余额,没有期初余额的账户设户后待记发生额):

库存商品——C-1产品

库存商品——C-2产品

库存商品——C-3产品

库存商品——C-4产品

原材料——原料及主要材料——甲材料

原材料——原料及主要材料——乙材料

原材料——原料及主要材料——丙材料

原材料——原料及主要材料——丁材料

原材料——原料及主要材料——E-1材料

原材料——原料及主要材料——D-1材料

12.2.3 办理记账业务

办理如下记账业务:

(1)12月4日,收到业务员送来的材料入库验收单(留待月末汇总进行收料的账务处理)。

(2)12月9日,收到固定资产折旧计算表,经审核无误,进行账务处理。

(3)12月9日,收到业务员交来本公司换出商品的增值税专用发票的记账联,换入材料的增值税发票的抵扣联与发票联及材料入库验收单的会计记账联,经审核无误,进行非货币性交易的账务处理。

(4)12月12日,收到毕贺圣、黄平的"物品领用单",经审核无误,进行账务处理。

(5)12月18日,收到固定资产报废单,经审核无误,进行账务处理。

(6)12月18日,收到业务员送来的"内部转账单",经审核无误,进行账务处理。

(7)12月20日,收到业务员送来的工程物资入库验收单。

(8)12月20日,报废固定资产清理完毕,根据"固定资产清理——报废清理"账户余额编制"内部转账单",结转清理损益。

(9)12月27日,收到业务员送来的材料入库验收单(留待月末汇总进行收料的账务处理)。

(10)12月28日,本月应摊销专利权39 000元,应摊销专有技术34 000元,应摊销基本生产车间固定资产大修费19 000元,据以编制"无形资产、长期待摊费用分摊表",经审核无误,进行账务处理。

(11)12月29日,收到"报废低值易耗品汇总表"及"材料入库验收单"(会计记账联),经审核无误,进行账务处理。

(12)12月29日,根据前面留存的"材料入库验收单"登记"材料采购"明细账(横线登记式明细账)的贷方发生额,并计算入库材料成本差异,据此编制"本月已付款的入库材料汇总表"。

(13)12月30日,本月生产产品领用包装物的计划成本汇总如下(根据领料单汇总的,因为领料单不便一一列出,故略去):

C-1产品领用 2 100 元

C-2产品领用 2 300 元

C-3产品领用 2 800 元

C-4产品领用 2 800 元

根据"周转材料——包装物"与"材料成本差异——包装物"账户资料计算材料成本差异率、领用材料应分摊的差异额及领用材料实际成本,据计算结果编制"领用包装物汇总表",经审核无误,进行账务处理。

(14)12月30日,本月领用低值易耗品的计划成本汇总如下(根据领料单汇总的,因为领料单不便——列出,故略去):

基本生产车间领用 10 000 元

动力车间领用 800 元

机修车间领用 1 200 元

公司管理部门领用 1 600 元

根据"周转材料——低值易耗品"与"材料成本差异——低值易耗品"账户资料计算材料成本差异率、领用材料应分摊的差异额及领用材料实际成本,根据计算结果编制"领用低值易耗品汇总表",经审核无误,进行账务处理。

(15)12月31日,收到"车间产品耗用工时汇总表",结合"工资结算汇总表"与"奖金发放表"先编制"基本生产车间生产工人工资分配表",后编制"应付职工薪酬分配表",经审核无误,进行账务处理。

(16)12月31日,收到业务员送来的"发料凭证汇总表"及其"发料单"(略),根据"发料单"上所载明的用途及下列材料耗用资料编制"发料凭证分配汇总表"。根据"原材料——原料用主要材料"各数量金额式明细账及"材料成本差异——原材料"账户资料计算材料成本差异率、领用材料应分摊的差异额及领用材料实际成本。

材料耗用的计划成本汇总如表12-7所示。

表12-7　　　　　　　　　　　　材料耗用的计划成本汇总表　　　　　　　　　　单位:元

产品、车间、部门	主要材料	其他材料	备 注
C-1产品	120 000		
C-2产品	150 000		
C-3产品	130 000		
C-4产品	150 000		
基本生产车间一般耗用		5 000	列入物料消耗
动力车间	8 000	5 000	
机修车间	10 640	3 000	
公司管理部门		5 000	列入公司经费
销售部门		3 000	列入包装费
车间扩建工程	32 000	19 000	按17%转出进项税额

经审核无误,进行账务处理(注:材料成本差异率精确至小数点后四位)。

(17)12月31日,原作待处理的盘亏设备净值1 800元,经批准转销。据以编制"内部转账单",经审核无误,进行账务处理。

(18)12月31日,收到"辅助生产情况表",结合"生产成本——辅助生产成本——动力车间"和"生产成本——辅助生产成本——机修车间"账户资料,采取直接分配法分配辅助生产费用,编制"辅助生产费用分配表"(分配率精确至小数点后四位),经审核无误,进行账务处理。

(19)12月31日,根据工时记录(生产C-1产品10 000工时,生产C-2产品11 000工时,生产C-3产品12 000工时,生产C-4产品12 500工时)和"制造费用——基本生产车间"账户资料编制"制造费用分配表"(分配率精确至小数点后四位),经审核无误,进行账务处理。

(20)12月31日,收到"生产情况报告表"和"产品入库汇总表",结合基本生产成本明细账资料,据以编制"生产成本计算表"(分别四种产品进行计算),单位成本保留到分。经审核无误,进行账务处理。

(21)12月31日,根据本月商品销售数量及"库存商品"明细账的加权平均单位成本,编制"产品销售汇总表",结转产品销售成本。

(22)12月31日,"交易性金融资产——股票"的公允价值为220 000元,依据"交易性金融资产——股票——成本"及"交易性金融资产——股票——公允价值变动"明细账户资料计算本期公允价值变动金额,据以填制"内部转账单",经审核无误,进行账务处理。

(23)12月31日,按应收款项百分比法计提坏账准备,提取比例为3%,依据"应收账款"、"其他应收款"、"预付账款"及"坏账准备"明细账资料分析计算本期应计提的坏账准备金,据以编制"内部转账单",经审核无误,进行账务处理。

(24)12月31日,依据"应交税费——应交增值税"明细账资料分析填写"增值税纳税申报表",计算出未交增值税额,经审核无误,进行账务处理。

(25)12月31日,依据"其他业务收入"和"固定资产"明细账及"增值税纳税申报表"资料,计算应缴营业税、应缴房产税、应缴城市维护建设税、应缴教育费附加,编制"地方税收综合纳税(费)申报表",经审核无误,进行账务处理。

(26)12月31日,依据"持有至到期投资"明细账期初资料计算本年利息收入,并进行利息调整(按票面利率9%、实际利率8%计算),据以填制"内部转账单",经审核无误,进行账务处理(本月发生数,暂不计算利息)。

(27)12月31日,依据"应付债券"(为安装工程而发行债券)明细账期初资料计算本年利息费用,并进行利息调整(按票面利率10%、实际利率8%计算),据以填制"内部转账单",经审核无误,进行账务处理(本月发生数,暂不计算利息)。

(28)12月31日,结平"待处理财产损溢"账户。

(29)12月31日,将损益类账户的本月净发生额结转"本年利润"账户。

(30)12月31日,编制"利润表"初稿,据以编制"暂时性差异计算表"、"所得税纳税申报表"(所得税税率为33%),经审核无误,进行账务处理。

(31)12月31日,将"所得税费用"账户发生额转入"本年利润"账户。

(32)12月31日,进行利润分配。法定盈余公积按净利润("本年利润"账户年末余额)的10%分配,应付现金股利按"未分配利润"明细账期初余额加上本年净利润减去本年提取的法定盈余公积后的30%分配。

(33)12月31日,将"本年利润"、"利润分配——提取盈余公积"、"利润分配——应付现金股利"账户余额转入"利润分配——未分配利润"账户。

12.3 众生公司财务科长岗位实操

12.3.1 开设总账

根据下列资料开设总账账户,每个账户占1页。众生公司2014年11月30日总账期末资料如下:

科目	金额
库存现金	980(借)
银行存款	298 000(借)
其他货币资金	10 900(借)
交易性金融资产	289 000(借)
应收票据	550 000(借)
应收账款	300 000(借)
预付账款	
坏账准备	1 900(贷)
其他应收款	19 800(借)
材料采购	39 750(借)
原材料	506 000(借)
周转材料	69 000(借)
材料成本差异	4 590(借)
库存商品	2 380 000(借)
长期股权投资	100 000(借)
持有至到期投资	110 000(借)
固定资产	2 260 000(借)
累计折旧	580 000(贷)
工程物资	700 000(借)
在建工程	400 000(借)
固定资产清理	5 000(借)
无形资产	674 000(借)
研发支出	26 000(借)
累计摊销	
长期待摊费用	53 800(借)
待处理财产损溢	1 800(借)
递延所得税资产	
生产成本	58 000(借)
制造费用	
短期借款	1 200 000(贷)

应付票据	310 000（贷）
应付账款	300 000（贷）
应付职工薪酬	12 000（贷）
应交税费	2 200（贷）
应付利息	25 000（贷）
应付股利	
其他应付款	
长期借款	1 250 000（贷）
长期应付款	100 000（贷）
应付债券	350 000（贷）
递延所得税负债	
实收资本	3 185 520（贷）
资本公积	340 000（贷）
盈余公积	700 000（贷）
利润分配	90 000（贷）
本年利润	410 000（贷）
主营业务收入	
其他业务收入	
投资收益	
公允价值变动损益	
营业外收入	
主营业务成本	
营业税金及附加	
其他业务成本	
销售费用	
管理费用	
财务费用	
资产减值损失	
营业外支出	
所得税费用	

12.3.2　处理日常总账业务

日常总账业务如下：

（1）复核上旬会计凭证，根据审核无误的上旬记账凭证编制记账凭证汇总表，并据以登记总账，结出账户余额。与出纳员所经管的日记账核对，如有不符，查明原因，予以更正；与记账员所经管的明细账进行核对，如有不符，查明原因，予以更正。

（2）复核中旬会计凭证，根据审核无误的中旬记账凭证编制记账凭证汇总表，并据以登记总账，结出账户余额。与出纳员所经管的日记账核对，如有不符，查明原因，予以更正；与记账员所经管的明细账进行核对，如有不符，查明原因，予以更正。

(3)复核下旬会计凭证,根据审核无误的下旬记账凭证编制记账凭证汇总表,并据以登记总账,结出账户余额。与出纳员所经管的日记账核对,如有不符,查明原因,予以更正;与记账员所经管的明细账进行核对,如有不符,查明原因,予以更正。

(4)编制总账账户余额试算平衡表。

(5)办理年结。

12.3.3 编制会计报表

编制如下会计报表:

(1)编制资产负债表,以12月份月初数作为年初数。

(2)编制利润表,以12月份损益作为全年损益。

(3)编制现金流量表,以12月份月初数作为年初数,以12月份现金流量作为全年现金流量。

12.4 众生公司业务员岗位实操

按要求填制和传递2014年12月份凭证:

(1)12月1日,李红出差返回公司报账,出差相关内容如下:李红出差联系业务推销产品,2014年11月23日从江泽市乘火车至北京市(当日到达)火车票180元,在北京期间住宿费200元,2014年11月25日从北京乘火车至大连(次日到达)火车票398元,在大连期间住宿费350元,2014年11月29日从大连乘客轮回江泽市(次日到达)船票300元,出差补助每天18元,据以填写"差旅费报销单"(厂长张胜德在单上签字:同意报销),持单以李红的名义向财务科出纳处报账(出差前已预支1 800元)。

(2)12月1日,销售给MA公司C-4商品10 000件,销售给MB公司C-4商品8 000件,销售给MC公司C-4商品7 000件,销售给MD公司C-4商品6 000件,C-4商品每件售价26元,增值税税率17%,价税款均已收讫。据以填写"增值税专用发票",款项全部存入银行,填写"进账单",送银行办理进账手续后取回"进账单"回单。将"进账单"回单连同"增值税专用发票"的记账联送财务科记账员(开户行:中国工商银行江泽市支行;账号:115674356323)。

(3)12月2日,以业务科鲁冈的名义填写"领款单",领款金额3 000元,领款单填写好后到财务科找出纳员领款,作为业务科的备用金。

(4)12月3日,以亚洲证券营业部的名义填写"亚洲证券营业部成交过户交割单"1张,内容如下:本交割单系众生公司购买股票,成交编号为12690,股东账户为33665690,股东名称为众生公司,申请编号为687,公司代码为M120,申报时间为095240(即9点52分40秒),成交时间为095310,实收金额为123 475元,资金余额为76 525元;证券名称为500232,成交数量15 000股,成交价格8.17元,佣金430元,印花税480元,附加费15元。填好后送众生公司出纳员。

(5)12月4日,表12-8所列材料全部入库,据以填写"材料入库验收单":

表12-8　　　　　　　　　　材料入库相关资料

供货单位	材料名称	计量单位	数量	单位买价(元)	运杂费(元)	计划单价(元)
兴隆公司	甲材料	千克	2 000	4.00	150	3.85
	乙材料	千克	2 000	2.50	100	3.06

续表

供货单位	材料名称	计量单位	数量	单位买价(元)	运杂费(元)	计划单价(元)
兴盛公司	丙材料	千克	1 200	5.00	120	5.07
	丁材料	千克	1 500	6.00	180	5.86
众健公司	D-1 材料	千克	600	10.00	100	10.38
宏源公司	E-1 材料	千克	500	10.00	100	11.80

将填写好的"材料入库验收单"记账联送本公司记账员。

(6)12月5日,以中财保险股份有限公司的名义填写"机动车辆保险单"和"保费收据"各1张。填写内容如下:被保险人为众生公司;投保险种为车辆损失险、第三责任险、盗抢险、玻璃险、他人恶意险等;车辆型号为红旗(豪);发动机号358769;牌号为A-42563;非营业用车;座位为5座;保险价值38万元,保险金额38万元;基本保费270元;车辆损失险费率0.8%;第三责任险最高赔偿限额为26万元;第三责任险保费为2 500元;盗抢险保费据表计算;玻璃险保费为50元;他人恶意险保费为100元;保险期限自2014年12月5日0时起至2017年12月5日24时止。地址:十字街58号;电话:8666688;邮政编码:438000;总经理:洪源。填好后将"机动车辆保险单"正本和"保费收据"发票联送众生公司记账员。

(7)12月6日,以江泽市第一律师事务所陈海的名义填写"江泽市服务业发票",收取众生公司本月律师顾问费1 100元,持发票联找众生公司出纳员收款。

(8)12月8日,江泽市电视台收取众生公司广告费21 000元,代电视台填写"江泽市服务业发票",持发票联找众生公司出纳员收款。

(9)12月9日,债券公司应向众生公司收取债券印刷费及手续费8 000元,代填写"江泽市服务业发票",持第2联到众生公司财务科结算。

(10)12月9日,根据下述资料编制"固定资产折旧表"(采用平均年限法),编制完成后将其送交众生公司记账员。

11月30日,固定资产资料如表12-9所示。

表12-9　　　　　　　　　　固定资产资料(截至11月30日)

部　门	固定资产类型	固定资产原值(元)	预计净残值(元)	预计使用年限
基本车间	房屋	200 000	15 000	40
	机床加工设备	200 000	10 000	10
	专用电子设备	300 000	20 000	10
	其他专用设备	200 000	10 000	20
机修车间	房屋	100 000	5 000	40
	机床加工设备	50 000	2 500	10
	其他专用设备	10 000	500	20
动力车间	房屋	100 000	5 000	40
	内燃发电机组	100 000	5 000	20
	其他专用设备	20 000	2 000	20
管理部门	房屋	600 000	30 000	40
	不需用设备	180 000	20 000	10
出租	仓库	200 000	10 000	10

(11)12月9日,众生公司与达昌公司进行非货币交易,交易内容如下:

众生公司向达昌公司销售C-3商品4 900件,每件售价20元;向达昌公司购进丙材料20 000千克,每千克进价4.90元。增值税税率均为17%,据以填写销售C-3商品的"增值税专用发票"和购进丙材料的"材料入库验收单"(材料已如数入库,丙材料的计划单位成本见记账员岗位的数量金额式明细账),填写好后先持销售商品的"增值税专用发票"第2、3联到达昌公司业务处换取购进材料的"增值税专用发票"第2、3联;后将销售商品的"增值税专用发票"记账联和购进材料的"增值税专用发票"第2、3联及"材料入库验收单"一并送交众生公司记账员。

(12)12月10日,以公司职工张平的名义填写"费用报销领款单",到财务科领取独生子女费170元。

(13)12月10日,代房地产管理所开具"江泽市服务业发票",应收取众生公司办公用房租金1 100元。制单人:李风。持发票联到众生公司财务科结算。

(14)12月10日,以江泽市汽车队的名义开具"江泽市公路、内河货物运输统一发票",应收取众生公司销货运费5 800元。制单人:何春明。持发票联到众生公司财务科结算。

(15)12月10日,众生公司向保险公司缴纳职工失业保险金1 360元(众生公司开户行:中国工商银行江泽市支行;账号:1156674356323。保险公司开户行:中国工商银行江泽市支行;账号:115674353366),以保险公司的名义开具"保险公司失业保险金收据",持发票联到众生公司财务科结算。

(16)12月10日,业务科王兰、徐政、邱新3人领取本年度烤火费,每人80元,经理陈凯签字:同意付款。代填写"费用报销领款单",持单到财务科出纳处领款。

(17)12月10日,代司法局开具"江泽市行政事业单位收款票据",应收取众生公司公证费用1 000元。收款人:王波。持发票联到众生公司财务科结算。

(18)12月11日,生产技术科李红去省城开生产技术会,经领导陈凯同意借款2 000元。据以填写"借款单",持单向财务科出纳员借款。

(19)12月11日,支付生产车间扩建工程款6 800元,经公司经理陈凯签字同意付款,由冯列统一领款,据以填写"江泽市建筑安装业统一发票",持发票联到财务科出纳处办理领款,取得出纳员签发的"现金支票"到银行取款。

(20)12月12日,业务员贺圣、黄平各领计算器1个,单价115元,合计金额230元。经理陈凯审批:同意领用,一次摊销。据以填写"物品领用单"并将其送交财务科记账员。

(21)12月12日,众生公司向证券公司购买1年期债券900 000元,手续费1 800元,以证券公司名义开出"收据",持"收据"第2联到众生公司财务科结算。

(22)12月13日,根据表12-10所列资料编制"工资结算汇总表"(因工资结算原始资料比较复杂,实际工作中的工资发放表是根据岗位将每个人的工资计算出来加以汇总的。下列资料直接以汇总的形式给出)。

表 12－10　　　　　　　　　　　　　工资结算汇总资料

车间、部门、类型	职工人数	标准工资（元）	应扣工资（元）		津贴（元）	代扣款项			
			事假	病假		水电费（元）	住房公积金（元）	个人所得税（元）	个人承担社保（元）
基本生产车间生产工人	290	261 000	1 300	1 500	28 000	14 680	10 600	300	1 080
基本生产车间管理人员	12	13 300	300	150	600	700	600	20	180
援外工程人员	4	6 000			4 000		90		320
在建工程人员	25	28 000	700	200	1 600	130	1 050		265
机修车间人员	6	7 020	300	100	300	250	300		106
动力车间人员	4	6 000	100		200	200	210		65
公司管理人员	35	45 000	350	150	1 600	1 700	1 500	80	720
医务人员	5	5 600		100	260	240	200		80
六个月以上长病假人员	2	2 800		800	10	100	42		45

工资结算汇总表编制好后送交财务科出纳员。

(23) 12 月 13 日，销售给兴隆公司 C-1 商品 2 000 千克，每千克售价 14.80 元，C-2 商品 3 000 件，每件售价 22.60 元，增值税税率 17%，据以填写"增值税专用发票"后将其第 2、3、4 联送众生财务科出纳员办理收款手续。

(24) 12 月 14 日，业务科各种费用支出汇总情况如下：差旅费 280 元（31 张原始凭证）；办公费 170 元（13 张原始凭证）；其他费用 50 元（6 张原始凭证）。经核对无误，编制"管理费用支出汇总表"，持表到财务科报账。

(25) 12 月 14 日，赵华等 4 名职工参加江泽市工学院短期培训，支付学杂费 2 400 元，以工学院名义开出"收据"，持第 2 联（付款人联）找众生财务科出纳员办理领款，取得出纳员签发的"现金支票"到银行取款。

(26) 12 月 15 日，众生公司职工食堂向为民日杂公司购买铁锅 1 口，计 70 元，铁铲 2 把计 30 元，合计 100 元。以为民日杂公司名义开具"为民日杂公司销售发票"，持发票联向众生公司财务科出纳员报账（在发票备注上填写：列入职工福利）。

(27) 12 月 16 日，众生公司向税务局购买 20 张 5 元券印花税票，30 张 2 元券印花税票，20 张 1 元券印花税票，以税务局名义开具"市税务局印花税票发售统一发票"，持发票联向众生公司财务科出纳员报账。

(28) 12 月 16 日，江泽市保险公司向众生公司收取员工养老保险金 6 800 元，以保险公司名义开具"收据"，并持"收据"（付款人联）向众生公司财务科结算。

(29) 12 月 17 日，众生公司应付的车间扩建工程包工款 210 000 元，以长丰建筑公司的名义填写"江泽市建筑安装业统一发票"，持发票联到众生公司财务科办理结算。

(30) 12 月 17 日，本月综合奖金结算汇总资料如表 12－11 所示。

表12—11　　　　　　　　　　　　本月综合奖金结算汇总资料

车间、部门	奖金(元)
基本生产车间生产工人	29 000
基本生产车间管理人员	1 200
机修车间人员	600
动力车间人员	400
公司管理人员	3 500
医务人员	500

据以编制"综合奖金结算汇总表",持表向财务科出纳员领取奖金。

(31)12月18日,众生公司应付新卫设计院产品设计费500元,以新卫设计院的名义填写"江泽市服务业发票",持发票联到众生公司财务科办理结算。

(32)12月18日,销售给丰利公司不需用甲设备1台,原始价值60 000元,已提折旧20 000元,协商作价42 000元。据以填写"江泽市商业普通发票",持其发票联到丰利公司财务科收款,要求丰利公司出纳员签发"转账支票",并与其一同去银行办理转账手续,取得银行盖章后"转账支票"的收账通知联后,将"转账支票"的收账通知联及"江泽市商业普通发票"记账联送交本公司财务科出纳员。同时依据固定资产原始价值与已提折旧填写"内部转账单",并将其送本公司财务科记账员。

(33)12月18日,1栋仓库280平方米,预计使用30年,已使用28年,原值95 000元,已提折旧80 000元,因重建提前报废。其处理意见如下:使用部门的意见:因陈旧要求报废;技术鉴定小组意见:情况属实;固定资产管理部门意见:同意转入清理;主管部门审批意见:同意报废重建。据以填写"固定资产报废单",将会计记账联送财务科记账员。

(34)12月19日,向众健公司购进丙设备1台,交易价37 000元,经验收交基本生产使用,据以填写"固定资产验收单",将第2联送财务科出纳员。

(35)12月19日,李红12月11日去省城参加工业生产技术会,12月18日返回,往返汽车票均为40元,住宿费用700元,会议费用150元,其他费用360元,每天补助15元。以李红的名义填写"差旅费报销单",经理陈凯在单上签字:同意报销。持单向财务科出纳员报账(原借支2 000元)。

(36)12月19日,业务科与业务往来单位洽谈业务,接待、就餐、补助及接送车费共计金额2 086元,单据20张。据以填写"业务招待费汇总表",经理陈凯在单上签字:同意报销。持单向财务科出纳员报账,取得出纳员签发的"现金支票"后到银行提取现金。

(37)12月19日,报废固定资产的清理人员张虎等5人应领取清理费用500元,以张虎的名义填写"费用报销领款单",经理陈凯在单上签字:同意付款。持单向财务科出纳员领款。

(38)12月19日,众生公司向江泽商场收取仓库租金4 600元,据以开出"江泽市服务业发票",收到现金4 600元,当即填写"进账单"到开户行办理进账手续,收到银行盖章后的"进账单"回单,将"江泽市服务业发票"的发票联及"进账单"回单送交本公司出纳员(本公司开户行:中国工商银行江泽市支行;账号:115674356323)。

(39)12月20日,仓库清理残料如下:红砖80 000块,每块0.20元,计16 000元,其他材料5 200元,合计21 200元。材料全部入库作重建仓库用,据以编制"材料入库单",并将其记账联送财务科记账员。

(40)12月20日,众生公司向为民五金公司购买灭火器5个,单价100元,计500元。灭火器购回后当即由仓库领用。先以为民五金公司名义开具"为民五金公司发票";再以仓库保管员李兴名义填写"物品领用单"(经理陈凯在单上签字:同意领用,一次摊销),最后将"为民五金公司发票"的发票联和"物品领用单"送财务科出纳员,并要求领款、领物。

(41)12月20日,向众健公司转让技术,收取技术转让费16 000元,据以填写"江泽市商业普通发票",持其发票联到众健公司财务科收款,要求众健公司出纳员签发"转账支票",并与其一同去银行办理转账手续,取得银行盖章后的"转账支票"的收账通知联后,将"转账支票"的收账通知联及"江泽市普通发票"记账联送交本公司财务科出纳员。

(42)12月21日,向会计局购买《新会计准则》等书籍,付款156元,以会计局的名义填写"江泽市文化教育、体育业发票",并持发票联到账务科报账。

(43)12月21日,众生公司的汽车送汽车修配厂修理。具体修配项目如下:汽车补胎280元,汽车轮胎充气35元,车轮拆装45元。以汽车修配厂名义开具"江泽市服务业发票",将"江泽市服务业发票"发票联送交本公司出纳员。

(44)12月23日,众生公司使用自来水厂的供水。水表记录是:本月号码为357356,上月号码为352256,实用水5 100吨,每吨单价1元。以自来水厂名义开具"自来水厂水费发票",持发票联到众生公司财务科结算。

(45)12月23日,业务科用备用金开支下列各种费用:差旅费1 300元(21张原始凭证);办公费1 200元(23张原始凭证);修理费1 100元(4张原始凭证)。经核对无误后全部报销,编制"管理费用支出汇总表",持表到财务科报账。

(46)12月24日,众生公司电表的起码是325631,止码是386131,实用电60 500度,每度单价0.50元,以电力局的名义填写"增值税专用发票"(电费增值税税率为13%),持发票联到众生公司财务科结算。

(47)12月24日,众生公司参加本市商品展销会,应付江泽大世界商场的商品展位租用费900元,以大世界市场的名义填写"江泽市服务业发票",持发票联到众生公司财务科结算。

(48)12月25日,物价检查所对众生公司商品销售情况进行检查,发现部分商品违反国家价格政策,罚款1 700元,以物价检查所名义填写"罚款没收专用收据",持单到众生公司财务科结算。

(49)12月25日,养路费征收站向众生公司收取汽车养路费用1 000元,以养路费征收站的名义填写"交通车辆养路费收据"(2辆东风汽车为送货用车,养路费为600元,2辆小车的养路费400元),持单到众生公司财务科结算。

(50)12月26日,看望住院病人赵全胜,从副食品商店购买三袋奶粉,每袋15元,苹果3千克,每千克3元,据以填写"副食品商店销售发票"(经理陈凯签字:在福利费列支),持发票联到众生公司财务科结算。

(51)12月26日,迅达搬运公司为众生公司装卸货物,应收取装卸费1 700元,以迅达公司的名义开具"江泽市交通运输业发票",持发票联到众生公司财务科结算。

(52)12月26日,李红出差预支差旅费1 500元,据以填写"借款单",持单向财务科出纳借款。

(53)12月26日,本公司向美国H公司购入先进设备1台,交易价4 000美元,以H公司名义填写"商业发票",以本公司设备科名义填写"固定资产验收单"(设备交管理部门使用)。"商业发票"与"固定资产验收单"交本公司出纳员(引进先进设备,减免关税及增值税;境内外运杂费均由供货方承担)。

(54)12月27日,众生公司自行开发一项实用型专利开发成功,先根据下列资料填写"专利申报表":申请单位:众生公司;专利项目:实用新型专利;技术开发费:26 000元;注册登记费:3 500元;单位意见:同意申报;专利局审批:同意注册。再以专利局名义填写"江泽市行政事业单位收款收据"收取众生公司专利注册登记费3 500元,然后持"专利申报表"和"江泽市行政事业单位收款收据"到众生公司财务科结算。

(55)12月27日,众生公司销售给丰润公司C-1商品8 000千克,每千克售价15元;销售给丰利公司C-1商品8 000千克,每千克售价15元;销售给兴隆公司C-2商品10 000件,每件售价23元;增值税税率均为17%,据以分别填写"增值税专用发票"后持"增值税专用发票"第2、3联到丰润公司、丰利公司、兴隆公司财务科结算,要求各公司出纳员根据购销合同填写"商业承兑汇票",经付款人(各购货公司)承兑后取得"商业承兑汇票"第2联,并在商业承兑汇票第1联的收款人盖章处盖上本公司财务专用章(由本公司出纳员盖章),在负责、经办处均签名,将"增值税专用发票"记账联和"商业承兑汇票"第2联送交众生公司出纳员。

(56)12月27日,四通运输公司为众生公司运输购入的材料,应收运费7 300元。以四通运输公司的名义开具"江泽市公路、内河货物运输统一发票",持发票联到众生公司财务科结算。

(57)12月27日,外购材料全部验收入库。根据表12-12所列资料填写"材料入库验收单",将其记账联送财务科记账员。

表12-12　　　　　　　　　　　外购材料入库资料

供货单位	材料名称	数量(千克)	买价(元)	运杂费(元)	计划单价(元)
众健公司	D-1材料	7 000	70 000	700	10.38
宏源公司	E-1材料	7 000	84 000	70	11.80
兴盛公司	甲材料	15 000	60 000	1 500	3.85
	乙材料	15 000	45 000	1 500	3.06
	丙材料	14 000	70 000	1 400	5.07
	丁材料	15 000	90 000	1 500	5.86

(58)12月29日,各部门报废低值易耗品(领用时均一次摊销),本月收回残值如下:基本生产车间430元,动力车间46元,机修车间52元,行政管理部门72元。报废材料均已入库(计划价按照600元计算)。据以编制"报废低值易耗品汇总表"和"材料入库验收单",并将其送财务科记账员。

(59)12月30日,销售给兴隆公司C-2商品10 000件,每件售价23元,C-3商品10 000件,每件售价22元,C-4商品4 000件,每件售价26元,增值税税率17%,据以填写"增值税专用发票",将"增值税专用发票"第2、3、4联送本公司出纳员。

(60)12月31日,基本生产车间生产C-1产品耗用7 000工时,生产C-2产品耗用7 150工时,生产C-3产品耗用7 200工时,生产C-4产品耗用7 270工时,据以编制"产品耗用工时汇总表",并将表送财务科记账员。

(61)12月31日,本月发出材料汇总资料如表12—13所示。

表12—13　　　　　　　　　　本月发出材料汇总资料

材料名称	数量(千克)	计划单价(元)	计划总价(元)
甲材料	20 000	3.85	77 000
乙材料	20 000	3.06	61 200
丙材料	40 000	5.07	202 800
丁材料	10 000	5.86	58 600
D-1材料	8 000	10.38	83 040
E-1材料	10 000	11.80	118 000
小　计			600 640
其他材料			40 000

据以编制"发料凭证汇总表",并将该表送财务科记账员。

(62)12月31日,辅助生产车间本月提供劳务总量资料如表12—14所示。

表12—14　　　　　　　　辅助生产车间本月提供劳务总量资料

项　目	机修车间服务量(工时)	动力车间供电量(度)
C-1产品耗用	—	8 000
C-2产品耗用	—	9 000
C-3产品耗用	—	10 000
C-4产品耗用	—	9 000
基本生产车间耗用	3 100	1 000
行政管理部门耗用	100	2 000
车间扩建工程耗用	800	11 000
动力车间耗用	80	—
机修车间耗用	—	800
合　计	4 080	50 800

据以编制"辅助生产情况表",并将该表送财务科记账员。

(63)12月31日,本月产品生产及入库情况如表12—15所示。

表 12－15　　　　　　　　　　　本月产品生产及入库情况

产品名称	月初在产品	本月投产	本月完工入库	月末在产品	在产品完工程度	投料方式
C-1 产品	2 000 千克	26 300 千克	26 000 千克	2 860 千克	50%	逐步投料
C-2 产品	2 000 件	16 760 件	16 500 件	2 300 件	50%	逐步投料
C-3 产品	2 100 件	17 200 件	16 200 件	3 400 件	50%	逐步投料
C-4 产品	2 000 件	15 200 件	15 000 件	2 200 件	50%	逐步投料

代基本生产车间编制"生产情况报告表",代成品仓库编制"产品入库汇总表",将填好的 2 张表送财务科记账员。

众健公司会计业务岗位实操

13.1 众健公司出纳会计岗位实操

13.1.1 开设有关日记账

众健公司 2014 年 11 月 30 日有关账户余额如下：

库存现金日记账　　　　　　　　　　　　　　　　　　　　　1 000（借）

银行存款日记账　　　　　　　　　　　　　　　　　　　　　306 000（借）

众健公司及往来公司相关情况如表 13—1 所示。

表 13—1　　　　　　　众健公司及往来公司相关情况

开户行:中国工商银行江泽市支行		开户行:中国工商银行崎峰市支行	
公司名称	账　号	公司名称	账　号
众健公司	1156674356324	兴隆公司	823653676516
众生公司	1156674356323	兴盛公司	823653676517
宏源公司	1156674356325		
宏盛公司	1156674356326		
达昌公司	1156674356327		
达亿公司	1156674356328		

13.1.2 办理如下业务

凡出纳业务,在业务办理完毕后,编制记账凭证,据以登记库存现金和银行存款日记账,并将记账凭证连同所附原始凭证一并转交记账员记账。

(1)12 月 1 日,收到陈锋"差旅费报销单"(所附单据略),经审核无误,报销费用 1 696 元,按原预支额 1 400 元开出"收据",当即补付现金 296 元。

(2)12 月 1 日,收到业务员送来的"进账单"回单及"增值税专用发票"的记账联进行账务处理。

(3)12 月 1 日,收到开户银行转来众生公司和丰利公司的"转账支票"收账通知联。

(4)12 月 1 日,填写"转账支票"两张,分别支付应付宏盛公司账款 100 000 元和应付宏源公司账款 120 000 元;填写"信汇"凭证 1 张,支付应付兴隆公司账款 90 000 元。填好结算凭证后去开户银行办理相关手续,取回"转账支票"回单和"信汇"凭证回单,经审核无误,进行账务处理。

(5)12 月 2 日,填写"转账支票"1 张,转出投资款 220 000 元,存入亚洲证券营业部账户(亚洲证券营业部开户行:中国工商银行江泽市支行;账号:235673625588),准备用于购买股票。到银行办理转账手续,取回回单。

(6)12 月 2 日,填写"现金支票"1 张,提取现金 6 000 元备用,到开户银行办理支款手续。

(7)12 月 2 日,收到业务科刘正涛的"领款单",经审核无误,支付现金 3 200 元,作为业务科的备用金(在领款单上注明"现金付讫")。

(8)12 月 3 日,收到"亚洲证券营业部成交过户交割单",购入股票划作交易性金融资产。

(9)12 月 3 日,将专夹留存的 10 月 3 日签发的"商业承兑汇票"第 2 联取出(曾在 10 月 3 日发生销货业务时,已填写 3 份"商业承兑汇票":签发日期为 2014 年 10 月 3 日,承兑期 2 个月,应收丰利公司货款 120 000 元,应收众生公司货款 100 000 元,应收兴盛公司货款 110 000 元),依据到期的 3 张"商业承兑汇票"分别办理收款手续。

①应收丰利公司 120 000 元和众生公司 100 000 元,持"商业承兑汇票"第 2 联去丰利公司、众生公司,要求其出纳员签发"转账支票",并到银行办理转账手续,收到银行转来众生公司、丰利公司"转账支票"的收款通知联。

②应收兴盛公司的到期票据款 110 000 元,填写"委托收款"凭证后,持"委托收款凭证"和"商业承兑汇票"第 2 联到开户银行办理委托收款手续,银行盖章后,取回"委托收款"凭证回单。

(10)12 月 3 日,收到宏盛公司和宏源公司出纳员送来的到期"商业承兑汇票"第 2 联,经审核无误,据以分别填写"转账支票",到银行办理转账手续。

(11)12 月 5 日,收到开户行转来兴盛公司"信汇"凭证收款通知联。

(12)12 月 5 日,收到中财保险股份有限公司"机动车辆保险单"(正本)和"保费收据"第 1 联,经审核无误,据以填写转账支票(中财保险股份有限公司开户行:中国工商银行江泽市支行;账号:115675368955),并到银行办理转账手续,经银行盖章,取回转账支票回单。

(13)12 月 6 日,填写"中华人民共和国税收通用完税证",将未缴增值税、应缴城市维护建设税、应缴个人所得税、应缴教育费附加上缴国库,具体金额见明细分类账各该账户的月初余额。税收通用完税证填写好后,到开户行办理手续,经税务机关、银行盖章后取得完税凭证联,并据以进行账务处理。

(14)12 月 6 日,收到律师事务所的"江泽市服务业发票"发票联,经审核无误,以现金付讫。

(15)12 月 7 日,收到银行转来委托收款凭证的收款通知 1 张,系兴盛公司应收账款 110 000 元。

(16)12 月 7 日,收到银行转来委托收款凭证的付款通知 1 张,系应付兴隆公司的商业汇票到期款 100 000 元。

(17)12 月 8 日,收到江泽市电视台的"江泽市服务业发票"发票联,经审核无误,据以填写转账支票(江泽市电视台开户行:中国工商银行江泽市支行;账号:115674356672),付广告费,并到银行办理转账手续,经银行盖章,取回转账支票回单。

(18)12 月 8 日,众健公司委托债券发行公司发行 5 年期债券,按面值的 10%溢价发行。

现债券公司已发行债券面值1 000 000元,实收金额1 100 000元,款项今日全部交来,当即送存银行。据以填写"收据"及"进账单",到银行办理手续后据"收据"记账联及"进账单"回单进行账务处理。

(19)12月9日,收到债券公司的"江泽市服务业发票"发票联,经审核无误,据以填写转账支票(债券公司开户行:中国工商银行江泽市支行;账号:115676283355),付手续费,并到银行办理转账手续,经银行盖章,取回转账支票回单。

(20)12月10日,收到李兰"费用报销领款单",经审核无误,以现金付讫。

(21)12月10日,收到房地产管理所的"江泽市服务业发票"发票联,经审核无误,以现金付讫。

(22)12月10日,收到江泽市汽车运输公司的"江泽市公路、内河货物运输统一发票"发票联,经审核无误,据以填写转账支票(江泽市汽车运输公司开户行:中国工商银行江泽市支行;账号:115674356698),付运费,并到银行办理转账手续,经银行盖章,取回转账支票回单。

(23)12月10日,收到保险公司的"保险公司失业保险金收据",经审核无误,以现金支票付讫。

(24)12月10日,签发"现金支票",到银行办理取款手续,提回现金3 600元备用。根据"现金支票"存根作账务处理。

(25)12月10日,收到李伟等四人的"费用报销领款单",经审核无误,以现金付讫。

(26)12月10日,收到司法局的"江泽市行政事业单位收款票据",经审核无误,据以填写转账支票(司法局开户行:中国工商银行江泽市支行;账号:115674356989),付诉讼费,并到银行办理转账手续,经银行盖章,取回转账支票回单。

(27)12月11日,收到陈锋的"借款单",经审核无误,以现金付讫。

(28)12月11日,收到工程队的"江泽市建筑安装业统一发票",经审核无误,签发"现金支票",交余致到银行取款。

(29)12月12日,收到证券公司的"收据",经审核无误,据以填写转账支票(证券公司开户行:中国工商银行江泽市支行;账号:115674356719),付债券及手续费,并到银行办理转账手续,经银行盖章,取回转账支票回单。

(30)12月13日,收到"工资结算汇总表",根据实发工资总额签发"现金支票",从银行提取现金,当即发放完毕。

(31)12月13日,收到业务员送来的增值税专用发票第2、3、4联,据以填写"委托收款凭证"(应收兴盛公司款),持委托收款凭证和增值税专用发票第2、3联到银行办理托收手续,经银行盖章后,将退回的"委托收款凭证"回单与"增值税专用发票"记账联一并作账务处理。

(32)12月14日,收到业务科"管理费用支出汇总表"(所附单据47张略),经审核无误,以现金付讫。

(33)12月14日,收到江泽市工学院的"收据",经审核无误,开出"现金支票"付讫。

(34)12月15日,收到职工食堂购买炊具的发票,经审核无误,以现金付讫。

(35)12月16日,收到银行转来"委托收款凭证"的收款通知联,系兴盛公司应收款。

(36)12月16日,收到"市税务局印花税票发售统一发票",经审核无误,以现金付讫。

(37)12月16日,收到保险公司收取员工养老保险金的"收据",经审核无误,据以填写转账支票(保险公司开户行:中国工商银行江泽市支行;账号:115674363789),付保险金,并到银行办理转账手续,经银行盖章,取回转账支票回单。

(38)12月17日,收到长丰建筑公司"江泽市建筑安装业发票"的发票联,经审核无误,据以填写转账支票(建筑公司开户行:中国工商银行江泽市支行;账号:115672785567),付工程款,并到银行办理转账手续,经银行盖章,取回转账支票回单。

(39)12月17日,根据"综合奖金结算汇总表"(实际还应有按人头的奖金发放表,此处略),签发"现金支票"提回现金,当即发放完毕。

(40)12月18日,收到新卫设计院的"江泽市服务业发票"发票联,经审核无误,以现金付讫。

(41)12月19日,收到业务员送来的众生公司转账支票的收账通知联及本公司的固定资产销售的"江泽市商业普通发票"的会计记账联,经审核无误,进行账务处理。

(42)12月19日,收到宏源公司出售设备的"江泽市商业普通发票"发票联,及本公司业务员送来的"固定资产验收单",经审核无误,据以填写"转账支票"付设备款,并到银行办理转账手续,经银行盖章,取回转账支票回单。

(43)12月19日,收到陈锋的"差旅费报销单"(所附单据略)和交来的现金364元,开出"收据"收讫。收据金额按陈锋原借支数填写。

(44)12月19日,收到业务科的"业务招待费汇总表"及所附26张单据(单据略),经审核无误,签发"现金支票"补足其备用金。

(45)12月19日,收到刘正的"费用报销领款单",经审核无误,以现金付讫。

(46)12月19日,收到业务员送来的仓库租金收入"进账单"回单及"江泽市服务业发票"记账联。

(47)12月20日,收到业务员送来的"为民五金公司发票"和"物品领用单",经审核无误,签发"现金支票",从银行提回现金5 800元,除支付灭火器款外,其余备用。

(48)12月20日,收到众生公司的"江泽市商业普通发票"发票联,经审核无误,签发"转账支票"支付技术转让费。到银行办理转账手续,经银行盖章后,拿回转账支票回单。

(49)12月21日,收到购买书籍的"江泽市文化教育、体育业发票"发票联,经审核无误,以现金付讫。

(50)12月21日,收到业务员送来的宏源公司"转账支票"的收账通知联,及本公司收取技术转让收入的"江泽市商业普通发票"记账联。

(51)12月21日,收到汽车修配厂的"江泽市商业普通发票"发票联,经审核无误,以现金付讫。

(52)12月23日,收到自来水厂发票,审核无误后填写"转账支票"支付水费,到银行办理转账手续,经银行盖章后,拿回转账支票回单(自来水厂开户行:中国工商银行江泽市支行;账号:115674351125)。

同时根据定额耗用量分配本月水费。定额耗用量如下:动力车间510吨,机修车间550吨,基本生产车间2 500吨,公司管理部门1 640吨,据以编制"水费分配表"。

根据"自来水厂发票"发票联、"转账支票"存根和"水费分配表"进行账务处理。

(53)12月23日,收到业务科的"管理费用支出汇总表"及所附38张单据(单据略),经审核无误,签发"现金支票"补足其备用金。

(54)12月24日,收到电力局的"增值税专用发票"发票联,审核无误后,填写"转账支票"

支付电费,到银行办理转账手续,经银行盖章后,拿回转账支票回单(电力局开户行:中国工商银行江泽市支行;账号:115674356211)。

同时根据表13-2所列定额耗用量资料编制"外购动力费分配表"。

表13-2　　　　　　　　　　定额耗用量资料

产品名称	定额耗用量	车间部门	定额耗用量
D-1产品	10 500度	动力车间	800度
D-2产品	11 000度	机修车间	1 000度
D-3产品	10 000度	基本生产车间	800度
D-4产品	11 500度	管理部门	7 400度

根据电力局的发票联、"转账支票"存根和"外购动力费分配表"进行账务处理。

(55)12月24日,收到大世界市场的"江泽市服务业发票"发票联,经审核无误,以现金付讫。

(56)12月24日,为购进口设备,向开户行买入5 000美元,以中国人民银行公布的人民币汇率中间价作为即期汇率,当日的即期汇率1美元=7.72元人民币,银行当日美元卖出价为1美元=8.10元人民币。签发"转账支票"支付人民币,填写"进账单"购入美元。到银行办理相关手续,根据"转账支票"存根和"进账单"作账务处理。

(57)12月25日,签发"现金支票",到银行办理取款手续,提回现金5 600元备用。根据"现金支票"存根作账务处理。

(58)12月25日,收到物价检查所"罚款没收专用收据",以现金支付罚款。

(59)12月25日,收到养路费征收站的"交通车辆养路费收据",经审核无误,以现金付讫(2辆东风汽车为送货用车,养路费为600元,2辆小车的养路费用400元)。

(60)12月26日,收到"副食品商店销售发票"发票联,经审核无误,以现金付讫。

(61)12月26日,收到迅达搬运公司的"江泽市交通运输业发票"发票联,经审核无误,以现金付讫。

(62)12月26日,收到陈锋的"借款单",经审核无误,以现金付讫。

(63)12月26日,收到业务员送来的"固定资产验收单"及购买进口设备的"商业发票",经审核无误后填写"信汇"凭证,到银行办理美元汇兑手续,取回"信汇"回单。当日的即期汇率1美元=7.85元人民币。

(64)12月27日,收到本公司业务员送来销售商品给丰利公司、众生公司和兴盛公司的"增值税专用发票"记账联和3张"商业承兑汇票"。

(65)12月27日,收到业务员送来的"专利申报表"和专利局的"江泽市行政事业单位收款收据"发票联,经审核无误,填写"转账支票"支付专利注册登记费,到银行办理转账手续,经银行盖章后,拿回转账支票回单(专利局开户行:中国工商银行江泽市支行;账号:115675363286)。

(66)12月27日,收到宏源公司、宏盛公司、兴隆公司业务员送来的"增值税专用发票"第2、3联,经审核无误后,分别填写为期2个月的"商业承兑汇票"3份,其中第1联经各收款人盖章并签名后收回,在第2联的付款人盖章处盖上财务专用章,在负责经办处签名,填好后将第

2联分别交宏源公司、宏盛公司、兴隆公司业务员。

同时,收到四通运输公司的"江泽市公路、内河货物运输统一发票"发票联,经审核无误后填写"转账支票"支付材料运费,到银行办理转账手续,经银行盖章后,拿回转账支票回单(四通运输公司开户行:中国工商银行江泽市支行;账号:115675363298)。

根据材料重量编制"材料采购费用分配表"。各种材料采购的重量:E-1材料7 000千克,F-1材料7 000千克,甲材料20 000千克,乙材料20 000千克,丙材料11 000千克,丁材料10 000千克。

根据增值税专用发票的发票联、商业汇票的留存联、转账支票存根联、"江泽市公路、内河货物运输统一发票"发票联、"材料采购费用分配表",作账务处理。

(67)12月30日,收到业务员送来的"增值税专用发票"第2、3、4联,合同规定销货款采用委托收款结算方式,经审核无误,填写"委托收款凭证",持"委托收款凭证"和"增值税专用发票"第2、3联到银行办理托收手续,经银行盖章后,将退回的"委托收款凭证"回单与"增值税专用发票"的记账联一并作账务处理。

(68)12月31日,到开户行拿回贷款计息凭证,进行账务处理(已预计应付利息12 000元)。

(69)12月31日,到开户行拿回存款计息凭证,进行账务处理。

(70)12月31日,将账面价值为80 000元的"交易性金融资产——基金"全部出售,实得现金84 000元。填写"内部转账单"和"进账单",将现金送存银行(全为百元券)。

(71)12月31日的即期汇率1美元=8.05元人民币,调整当期产生的汇兑差额。

13.2 众健公司记账会计岗位实操

13.2.1 开设有关账户

众健公司2014年11月30日明细账期末资料如下:

其他货币资金——外埠存款	10 000(借)
交易性金融资产——股票(成本)	100 000(借)
交易性金融资产——债券(成本)	90 000(借)
交易性金融资产——基金(成本)	80 000(借)
应收票据——丰利公司	120 000(借)
应收票据——众生公司	100 000(借)
应收票据——兴盛公司	110 000(借)
应收账款——丰利公司	120 000(借)
应收账款——众生公司	90 000(借)
应收账款——兴盛公司	120 000(借)
坏账准备	1 320(贷)
其他应收款——陈峰	1 400(借)
其他应收款——代扣水电费	15 000(借)
材料采购——原材料	42 880(借)

科目	金额
原材料——原料及主要材料	443 000（借）
原材料——其他材料	143 000（借）
周转材料——包装物	15 000（借）
周转材料——低值易耗品	55 000（借）
材料成本差异——原材料	5 860（借）
材料成本差异——包装物	150（贷）
材料成本差异——低值易耗品	550（借）
库存商品——D-1产品	140 000（借）
库存商品——D-2产品	640 000（借）
库存商品——D-3产品	680 000（借）
库存商品——D-4产品	950 000（借）
长期股权投资——股票投资（昌安公司）	100 000（借）
持有至到期投资——成本	100 000（借）
持有至到期投资——利息调整	6 000（借）
持有至到期投资——应计利息	8 000（借）
固定资产——生产用固定资产	1 300 000（借）
固定资产——非生产用固定资产	600 000（借）
固定资产——不需用固定资产	150 000（借）
固定资产——出租固定资产	200 000（借）
累计折旧	550 000（贷）
工程物资——专用材料	270 000（借）
工程物资——专用设备	430 000（借）
在建工程——机床大修工程	50 000（借）
在建工程——设备安装工程	350 000（借）
固定资产清理——报废	5 000（借）
无形资产——专利权	355 000（借）
无形资产——专有技术	320 000（借）
研发支出——资本化支出	25 000（借）
长期待摊费用——固定资产大修费用	52 000（借）
待处理财产损溢——待处理固定资产损溢	3 000（借）
生产成本——基本生产成本（D-1产品）	12 000（借）
生产成本——基本生产成本（D-2产品）	10 000（借）
生产成本——基本生产成本（D-3产品）	16 000（借）
生产成本——基本生产成本（D-4产品）	20 000（借）
短期借款——生产周转借款	1 500 000（贷）
应付票据——宏源公司	100 000（贷）
应付票据——宏盛公司	110 000（贷）
应付票据——兴隆公司	100 000（贷）
应付账款——宏源公司	120 000（贷）

应付账款——宏盛公司	100 000（贷）
应付账款——兴隆公司	90 000（贷）
应付职工薪酬——职工教育经费	5 000（贷）
应付职工薪酬——职工福利	1 600（贷）
应付职工薪酬——社会保险费	8 400（贷）
应交税费——未交增值税	30 000（贷）
应交税费——应交所得税	40 000（借）
应交税费——应交城市维护建设税	3 000（贷）
应交税费——应交个人所得税	2 500（贷）
应交税费——应交教育费附加	800（贷）
应付利息	27 000（贷）
长期借款——基建借款	1 300 000（贷）
长期应付款——应付设备款	80 000（贷）
应付债券——面值	300 000（贷）
应付债券——利息调整	15 000（贷）
应付债券——应计利息	20 000（贷）
实收资本——国家投资	1 500 000（贷）
实收资本——大兴公司	150 000（贷）
实收资本——其他	1 185 920（贷）
资本公积——资本溢价	320 000（贷）
资本公积——其他	80 000（贷）
盈余公积——法定盈余公积	550 000（贷）
利润分配——未分配利润	50 000（贷）
本年利润	500 000（贷）

原材料明细账 2014 年 11 月 30 日期末资料如表 13-3 所示。

表 13-3 期末原材料明细（截至 2014 年 11 月 30 日）

	品名	单位	数量	计划单价（元）	金额（元）
原料及主要材料	甲材料	千克	10 000	4.08	40 800
	乙材料	千克	11 000	2.90	31 900
	丙材料	千克	12 000	5.60	67 200
	丁材料	千克	10 000	6.60	66 000
	E-1 材料	千克	10 000	11.50	115 000
	F-1 材料	千克	10 000	12.21	122 100
	小计				443 000
其他材料					143 000
合 计					586 000

材料采购明细账 2014 年 11 月 30 日期末资料如表 13－4 所示。

表 13－4　　　　　　　　期末材料采购明细（截至 2014 年 11 月 30 日）

供货单位	项目	借方（元）			贷方（元）			备注
		买价	运杂费	合计	计划成本	差异	合计	
兴隆公司	甲材料	8 000	170	8 170				
	乙材料	7 000	160	7 160				
兴盛公司	丙材料	5 000	150	5 150				
	丁材料	10 000	200	10 200				
宏源公司	E-1 材料	6 000	100	6 100				
宏盛公司	F-1 材料	6 000	100	6 100				
合　计		42 000	880	42 880				

库存商品明细账 2014 年 11 月 30 日期末资料如表 13－5 所示。

表 13－5　　　　　　　期末库存商品明细（截至 2014 年 11 月 30 日）

商品名称	单位	数量	单位成本（元）	金额（元）
D-1 商品	千克	20 000	7	140 000
D-2 商品	件	40 000	16	640 000
D-3 商品	件	40 000	17	680 000
D-4 商品	件	50 000	19	950 000
合　计				2 410 000

生产成本明细账 2014 年 11 月 30 日期末在产品成本资料如表 13－6 所示。

表 13－6　　　　　　　期末生产成本明细（截至 2014 年 11 月 30 日）

产品名称	数量	成本项目			
		直接材料（元）	直接人工（元）	制造费用（元）	合计（元）
D-1 产品	3 400 千克	6 000	3 600	2 400	12 000
D-2 产品	1 500 件	5 000	3 000	2 000	10 000
D-3 产品	2 000 件	8 000	4 800	3 200	16 000
D-4 产品	1 700 件	10 000	6 000	4 000	20 000
合　计					58 000

13.2.2　开设明细账

按下列要求开设明细账：

（1）下列账户使用三栏式账页（有期初余额的账户结转期初余额，没有期初余额的账户设

户后待记发生额）：

  其他货币资金——外埠存款
  其他货币资金——存出投资款
  交易性金融资产——股票（成本）
  交易性金融资产——股票（公允价值变动）
  交易性金融资产——债券（成本）
  交易性金融资产——基金（成本）
  应收票据——丰利公司
  应收票据——众生公司
  应收票据——兴盛公司
  应收账款——丰利公司
  应收账款——众生公司
  应收账款——兴盛公司
  预付账款——中财保险公司
  坏账准备
  其他应收款——陈峰
  其他应收款——业务科
  其他应收款——代扣水电费
  原材料——原料及主要材料
  原材料——其他材料
  周转材料——包装物
  周转材料——低值易耗品
  材料成本差异——原材料
  材料成本差异——包装物
  材料成本差异——低值易耗品
  长期股权投资——股票投资（昌安公司）
  持有至到期投资——成本
  持有至到期投资——利息调整
  持有至到期投资——应计利息
  固定资产——生产用固定资产
  固定资产——非生产用固定资产
  固定资产——不需用固定资产
  固定资产——出租固定资产
  累计折旧
  工程物资——专用材料
  工程物资——专用设备
  在建工程——机床大修工程
  在建工程——设备安装工程
  在建工程——生产车间扩建工程

固定资产清理——报废
固定资产清理——出售不需用固定资产
无形资产——专利权
无形资产——专有技术
研发支出——资本化支出
累计摊销
长期待摊费用——固定资产大修费用
待处理财产损溢——待处理固定资产损溢
递延所得税资产
短期借款——生产周转借款
应付票据——宏盛公司
应付票据——宏源公司
应付票据——兴隆公司
应付账款——宏盛公司
应付账款——宏源公司
应付账款——兴隆公司
应付职工薪酬——工资
应付职工薪酬——职工福利
应付职工薪酬——社会保险费
应付职工薪酬——住房公积金
应付职工薪酬——工会经费
应付职工薪酬——职工教育经费
应付职工薪酬——非货币性福利
应交税费——未交增值税
应交税费——应交营业税
应交税费——应交所得税
应交税费——应交城市维护建设税
应交税费——应交个人所得税
应交税费——应交教育费附加
应交税费——应交房产税
应付利息
应付股利
长期借款——基建借款
长期应付款——应付设备款
应付债券——面值
应付债券——利息调整
应付债券——应计利息
递延所得税负债
实收资本——国家投资

实收资本——大兴公司
实收资本——其他
资本公积——资本溢价
资本公积——其他
盈余公积——法定盈余公积
利润分配——提取法定盈余公积
利润分配——应付现金股利
利润分配——未分配利润
本年利润
主营业务收入——D-1产品
主营业务收入——D-2产品
主营业务收入——D-3产品
主营业务收入——D-4产品
其他业务收入
投资收益
公允价值变动损益
营业外收入
主营业务成本——D-1产品
主营业务成本——D-2产品
主营业务成本——D-3产品
主营业务成本——D-4产品
营业税金及附加
其他业务成本
资产减值损失
营业外支出
所得税费用

(2)下列账户使用多栏式账页(有期初余额的账户结转期初余额,没有期初余额的账户设户后待记发生额):

应交税费——应交增值税
生产成本——基本生产成本(D-1产品)
生产成本——基本生产成本(D-2产品)
生产成本——基本生产成本(D-3产品)
生产成本——基本生产成本(D-4产品)
生产成本——辅助生产成本——机修车间
生产成本——辅助生产成本——动力车间
制造费用——基本生产车间
销售费用
财务费用
管理费用

(3)"材料采购——原材料"使用横线登记式账页(有期初余额的账户结转期初余额,没有期初余额的账户设户后待记发生额)。

(4)下列账户使用数量金额式账页(有期初余额的账户结转期初余额,没有期初余额的账户设户后待记发生额):

库存商品——D-1产品

库存商品——D-2产品

库存商品——D-3产品

库存商品——D-4产品

原材料——原料及主要材料——甲材料

原材料——原料及主要材料——乙材料

原材料——原料及主要材料——丙材料

原材料——原料及主要材料——丁材料

原材料——原料及主要材料——E-1材料

原材料——原料及主要材料——F-1材料

13.2.3 办理记账业务

办理如下记账业务:

(1)12月4日,收到业务员送来的材料入库验收单(留待月末汇总进行收料的账务处理)。

(2)12月9日,收到固定资产折旧计算表,经审核无误,进行账务处理。

(3)12月9日,收到业务员交来本公司换出商品的增值税专用发票的记账联,换入材料的增值税发票的抵扣联与发票联及材料入库验收单的会计记账联,经审核无误,进行非货币性交易的账务处理。

(4)12月12日,收到姚祥、白云的"物品领用单",经审核无误,进行账务处理。

(5)12月18日,收到固定资产报废单,经审核无误,进行账务处理。

(6)12月19日,收到业务员送来的"内部转账单",经审核无误,进行账务处理。

(7)12月20日,收到业务员送来的工程物资入库验收单。

(8)12月20日,报废固定资产清理完毕,根据"固定资产清理——报废清理"账户余额编制"内部转账单",结转清理损益。

(9)12月27日,收到业务员送来的材料入库验收单(留待月末汇总进行收料的账务处理)。

(10)12月28日,本月应摊销专利权40 000元,应摊销专有技术32 000元,应摊销基本生产车间固定资产大修费18 500元,据以编制"无形资产、长期待摊费用分摊表",经审核无误,进行账务处理。

(11)12月29日,收到"报废低值易耗品汇总表"及"材料入库验收单"(会计记账联),经审核无误,进行账务处理。

(12)12月29日,根据前面留存的"材料入库验收单"登记"材料采购"明细账(横线登记式明细账)的贷方发生额,并计算入库材料成本差异,据此编制"本月已付款的入库材料汇总表"。

(13)12月30日,本月生产产品领用包装物的计划成本汇总如下(根据领料单汇总的,因为领料单不便一一列出,故略去):

D-1产品领用2 100元

D-2 产品领用 2 300 元

D-3 产品领用 2 800 元

D-4 产品领用 2 800 元

根据"周转材料——包装物"与"材料成本差异——包装物"账户资料计算材料成本差异率、领用材料应分摊的差异额及领用材料实际成本,根据计算结果编制"领用包装物汇总表",经审核无误,进行账务处理。

(14)12 月 30 日,本月领用低值易耗品的计划成本汇总如下(根据领料单汇总的,因为领料单不便——列出,故略去):

基本生产车间领用 12 000 元

动力车间领用 1 200 元

机修车间领用 1 600 元

公司管理部门领用 2 000 元

根据"周转材料——低值易耗品"与"材料成本差异——低值易耗品"账户资料计算材料成本差异率、领用材料应分摊的差异额及领用材料实际成本,根据计算结果编制"领用低值易耗品汇总表",经审核无误,进行账务处理。

(15)12 月 31 日,收到"车间产品耗用工时汇总表",结合"工资结算汇总表"与"奖金发放表"先编制"基本生产车间生产工人工资分配表",后编制"应付职工薪酬分配表",经审核无误,进行账务处理。

(16)12 月 31 日,收到业务员送来的"发料凭证汇总表"及其"发料单"(略),根据"发料单"上所载明的用途及下列材料耗用资料编制"发料凭证分配汇总表"。根据"原材料——原料用主要材料"各数量金额式明细账及"材料成本差异——原材料"账户资料计算材料成本差异率、领用材料应分摊的差异额及领用材料实际成本。

材料耗用的计划成本汇总如表 13-7 所示。

表 13-7　　　　　　　　　　材料耗用的计划成本汇总　　　　　　　　　　单位:元

产品、车间、部门	主要材料	其他材料	备　注
D-1 产品	130 000		
D-2 产品	135 000		
D-3 产品	150 000		
D-4 产品	156 000		
基本生产车间一般耗用		3 000	列入物料消耗
动力车间	12 000	3 000	
机修车间	21 600	2 000	
公司管理部门		2000	列入公司经费
销售部门		3 000	列入包装费
车间扩建工程	31 000	13 000	按 17%转出进项税额

经审核无误,进行账务处理(注:材料成本差异率精确至小数点后四位)。

(17)12 月 31 日,原作待处理的盘亏设备净值 3 000 元,经批准转销。据以编制"内部转账

单",经审核无误,进行账务处理。

(18)12月31日,收到"辅助生产情况表",结合"生产成本——辅助生产成本——动力车间"和"生产成本——辅助生产成本——机修车间"账户资料,采取直接分配法分配辅助生产费用,编制"辅助生产费用分配表"(分配率精确至小数点后四位),经审核无误,进行账务处理。

(19)12月31日,根据工时记录(生产D-1产品8 000工时,生产D-2产品12 000工时,生产D-3产品13 000工时,生产D-4产品13 000工时)和"制造费用——基本生产车间"账户资料编制"制造费用分配表"(分配率精确至小数点后四位),经审核无误,进行账务处理。

(20)12月31日,收到"生产情况报告表"和"产品入库汇总表",结合基本生产成本明细账资料,据以编制"生产成本计算表"(分别四种产品进行计算),单位成本保留到分。经审核无误,进行账务处理。

(21)12月31日,根据本月商品销售数量及"库存商品"明细账的加权平均单位成本,编制"产品销售汇总表",结转产品销售成本。

(22)12月31日,"交易性金融资产——股票"的公允价值为210 000元,依据"交易性金融资产——股票——成本"及"交易性金融资产——股票——公允价值变动"明细账户资料计算本期公允价值变动金额,据以填制"内部转账单",经审核无误,进行账务处理。

(23)12月31日,按应收款项百分比法计提坏账准备,提取比例为3%,依据"应收账款"、"其他应收款"、"预付账款"及"坏账准备"明细账资料分析计算本期应计提的坏账准备金,据以编制"内部转账单",经审核无误,进行账务处理。

(24)12月31日,依据"应交税费——应交增值税"明细账资料分析填写"增值税纳税申报表",计算出未交增值税额,经审核无误,进行账务处理。

(25)12月31日,依据"其他业务收入"和"固定资产"明细账及"增值税纳税申报表"资料,计算应缴营业税、应缴房产税、应缴城市维护建设税、应缴教育费附加,编制"地方税收综合纳税(费)申报表",经审核无误,进行账务处理。

(26)12月31日,依据"持有至到期投资"明细账期初资料计算本年利息收入,并进行利息调整(按票面利率9%、实际利率8%计算),据以填制"内部转账单",经审核无误,进行账务处理(本月发生数,暂不计算利息)。

(27)12月31日,依据"应付债券"明细账期初资料计算本年利息费用,并进行利息调整(按票面利率10%、实际利率8%计算),为安装工程而发行债券,据以填制"内部转账单",经审核无误,进行账务处理(本月发生数,暂不计算利息)。

(28)12月31日,结平"待处理财产损溢"账户。

(29)12月31日,将损益类账户的本月净发生额结转"本年利润"账户。

(30)12月31日,编制"利润表"初稿,据以编制"暂时性差异计算表"、"所得税纳税申报表"(所得税税率为33%),经审核无误,进行账务处理。

(31)12月31日,将"所得税费用"账户发生额转入"本年利润"账户。

(32)12月31日,进行利润分配。法定盈余公积按净利润("本年利润"账户年末余额)的10%分配,应付现金股利按"未分配利润"明细账期初余额加上本年净利润减去本年提取的法定盈余公积后的30%分配。

(33)12月31日,将"本年利润"、"利润分配——提取盈余公积"、"利润分配——应付现金股利"账户余额转入"利润分配——未分配利润"账户。

13.3 众健公司财务科长岗位实操

13.3.1 开设总账

根据下列资料开设总账账户,每个账户占一页。众健公司 2014 年 11 月 30 日总账期末资料如下:

库存现金	1 000(借)
银行存款	306 000(借)
其他货币资金	10 000(借)
交易性金融资产	270 000(借)
应收票据	330 000(借)
应收账款	330 000(借)
预付账款	
坏账准备	1 320(贷)
其他应收款	16 400(借)
材料采购	42 880(借)
原材料	586 000(借)
周转材料	70 000(借)
材料成本差异	6 260(借)
库存商品	2 410 000(借)
长期股权投资	100 000(借)
持有至到期投资	114 000(借)
固定资产	2 250 000(借)
累计折旧	550 000(贷)
工程物资	700 000(借)
在建工程	400 000(借)
固定资产清理	5 000(借)
无形资产	675 000(借)
研发支出	25 000(借)
累计摊销	
长期待摊费用	52 000(借)
待处理财产损溢	3 000(借)
递延所得税资产	
生产成本	58 000(借)
制造费用	
短期借款	1 500 000(贷)
应付票据	310 000(贷)
应付账款	310 000(贷)

应付职工薪酬　　　　　　　　　　　　　　　　15 000(贷)
其他应付款
应交税费　　　　　　　　　　　　　　　　　　3 700(借)
应付利息　　　　　　　　　　　　　　　　　　27 000(贷)
应付股利
长期借款　　　　　　　　　　　　　　　　1 300 000(贷)
长期应付款　　　　　　　　　　　　　　　　80 000(贷)
应付债券　　　　　　　　　　　　　　　　335 000(贷)
递延所得税负债
实收资本　　　　　　　　　　　　　　　2 835 920(贷)
资本公积　　　　　　　　　　　　　　　　400 000(贷)
盈余公积　　　　　　　　　　　　　　　　550 000(贷)
利润分配　　　　　　　　　　　　　　　　　50 000(贷)
本年利润　　　　　　　　　　　　　　　　500 000(贷)
主营业务收入
其他业务收入
投资收益
公允价值变动损益
营业外收入
主营业务成本
营业税金及附加
其他业务成本
销售费用
管理费用
财务费用
资产减值损失
营业外支出
所得税费用

13.3.2　处理日常总账业务

日常总账业务如下：

(1)复核上旬会计凭证,根据审核无误的上旬记账凭证编制记账凭证汇总表,并据以登记总账,结出账户余额。与出纳员所经管的日记账核对,如有不符,查明原因,予以更正；与记账员所经管的明细账进行核对,如有不符,查明原因,予以更正。

(2)复核中旬会计凭证,根据审核无误的中旬记账凭证编制记账凭证汇总表,并据以登记总账,结出账户余额。与出纳员所经管的日记账核对,如有不符,查明原因,予以更正；与记账员所经管的明细账进行核对,如有不符,查明原因,予以更正。

(3)复核下旬会计凭证,根据审核无误的下旬记账凭证编制记账凭证汇总表,并据以登记总账,结出账户余额。与出纳员所经管的日记账核对,如有不符,查明原因,予以更正；与记账员所经管的明细账进行核对,如有不符,查明原因,予以更正。

(4)编制总账账户余额试算平衡表。

(5)办理年结。

13.3.3 编制会计报表

编制如下会计报表:

(1)编制资产负债表,以12月份月初数作为年初数。

(2)编制利润表,以12月份损益作为全年损益。

(3)编制现金流量表,以12月份月初数作为年初数,以12月份现金流量作为全年现金流量。

13.4 众健公司业务员岗位实操

按要求填制和传递2014年12月份凭证:

(1)12月1日,陈锋出差返回公司报账,出差相关内容如下:陈锋出差联系业务推销产品,2014年11月23日从江泽市乘火车至哈尔滨市(当日到达)火车票560元,在哈尔滨期间住宿费450元,2014年11月29日从哈尔滨乘火车回江泽市(当日到达)火车票560元,出差补助每天18元,据以填写"差旅费报销单"(厂长金星在单上签字:同意报销),并持单以陈锋的名义向财务科出纳处报账(出差前已预支1 400元)。

(2)12月1日,销售给ME公司D-4商品9 000件,销售给MG公司D-4商品8 000件,销售给MH公司D-4商品8 000件,销售给MF公司D-4商品6 000件,D-4商品每件售价27元,增值税税率17%,价税款均已收讫。据以填写"增值税专用发票",款项全部存入银行,填写"进账单",送银行办理进账手续后取回"进账单"回单。将"进账单"回单连同"增值税专用发票"的记账联送财务科记账员(开户行:中国工商银行江泽市支行;账号:1156674356324)。

(3)12月2日,以业务科刘正涛的名义填写"领款单",领款金额3 200元,领款单填写好后到财务科找出纳员领款,作为业务科的备用金。

(4)12月3日,以亚洲证券营业部的名义填写"亚洲证券营业部成交过户交割单"1张,内容如下:本交割单系众健公司购买股票,成交编号为12691,股东账户为33665691,股东名称为众健公司,申请编号为688,公司代码为M121,申报时间为095245(即9点52分45秒),成交时间为095315,实收金额为131 696元,资金余额为88 304元;证券名称为500232,成交数量16 000股,成交价格8.17元,佣金450元,印花税510元,附加费16元,填好后送众健公司出纳员。

(5)12月4日,表13-8所列材料全部入库,据以填写"材料入库验收单"。

表13-8　　　　　　　　　　入库材料相关资料

供货单位	材料名称	计量单位	数量	单位买价(元)	运杂费(元)	计划单价(元)
兴隆公司	甲材料	千克	2 000	4.00	170	4.08
	乙材料	千克	2 000	3.50	160	2.90
兴盛公司	丙材料	千克	1 000	5.00	150	5.60
	丁材料	千克	2 000	5.00	200	6.60

续表

供货单位	材料名称	计量单位	数量	单位买价(元)	运杂费(元)	计划单价(元)
宏盛公司	F-1材料	千克	500	12.00	100	12.21
宏源公司	E-1材料	千克	600	10.00	100	11.50

将填写好的"材料入库验收单"记账联送本公司记账员。

(6)12月5日,以中财保险股份有限公司的名义填写"机动车辆保险单"和"保费收据"各1张。填写内容如下:被保险人为众健公司;投保险种为车辆损失险、第三责任险、盗抢险、玻璃险、他人恶意险等;车辆型号为红旗(豪);发动机号558867;牌号为A-45663;非营业用车;座位为5座;保险价值39万元,保险金额39万元;基本保费280元;车辆损失险费率0.8%;第三责任险最高赔偿限额为26万元;第三责任险保费为2 350元;盗抢险保费据表计算;玻璃险保费为50元;他人恶意险保费为100元;保险期限自2014年12月5日0时起至2017年12月5日24时止。地址:十字街58号;电话:8666688;邮政编码:438000;总经理:洪源。填好后将"机动车辆保险单"正本和"保费收据"发票联送众健公司记账员。

(7)12月6日,以江泽市第一律师事务所陈海的名义填写"江泽市服务业发票",收取众健公司本月律师顾问费1 200元,持其发票联找众健公司出纳员收款。

(8)12月8日,江泽市电视台收取众健公司广告费23 000元,代电视台填写"江泽市服务业发票",持发票联找众健公司出纳员收款。

(9)12月9日,债券公司应向众健公司收取债券印刷费及手续费10 000元,代填写"江泽市服务业发票",持第2联到众健公司财务科结算。

(10)12月9日,根据下述资料编制"固定资产折旧表"(采用平均年限法),编制完成后将其送交众健公司记账员。

11月30日,固定资产资料如表13-9所示。

表13-9　　　　　　　　固定资产资料(截至11月30日)

部门	固定资产类型	固定资产原值(元)	预计净残值(元)	预计使用年限
基本车间	房屋	200 000	15 000	40
	机床加工设备	200 000	10 000	10
	专用电子设备	300 000	20 000	10
	其他专用设备	200 000	10 000	20
机修车间	房屋	100 000	5 000	40
	机床加工设备	50 000	2 500	10
	其他专用设备	10 000	500	20
动力车间	房屋	100 000	5 000	40
	内燃发电机组	100 000	5 000	20
	其他专用设备	40 000	2 000	20
管理部门	房屋	600 000	30 000	40
	不需用设备	150 000	10 000	10
出租	仓库	200 000	10 000	10

(11)12月9日,众健公司与达亿公司进行非货币交易,交易内容如下:

众健公司向达亿公司销售 D-2 商品 2 500 件,每件售价 20 元;向达亿公司购进丁材料 10 000 千克,每千克进价 5 元。增值税税率均为 17%,据以填写销售 D-2 商品的"增值税专用发票"和购进丁材料的"材料入库验收单"(材料已如数入库,丁材料的计划单位成本见记账员岗位的数量金额式明细账),填写好后先持销售商品的"增值税专用发票"第 2、3 联到达亿公司业务处换取购进材料的"增值税专用发票"第 2、3 联;后将销售商品的"增值税专用发票"记账联和购进材料的"增值税专用发票"第 2、3 联及"材料入库验收单"一并送交众健公司记账员。

(12)12 月 10 日,以公司职工李兰的名义填写"费用报销领款单",到财务科领取独生子女费 180 元。

(13)12 月 10 日,代房地产管理所开具"江泽市服务业发票",应收取众健公司办公用房租金 1 100 元。制单人:李风。持发票联到众健公司财务科结算。

(14)12 月 10 日,以江泽市汽车队的名义开具"江泽市公路、内河货物运输统一发票",应收取众健公司销货运费 6 100 元。制单人:何春明。持发票联到众健公司财务科结算。

(15)12 月 10 日,众健公司向保险公司缴纳职工失业保险金 1 400 元(众健公司开户行:中国工商银行江泽市支行;账号:1156674356324。保险公司开户行:中国工商银行江泽市支行;账号:115674353366)。以保险公司的名义开具"保险公司失业保险金收据",持发票联到众健公司财务科结算。

(16)12 月 10 日,业务科李伟、赵宝胜、孙国平、钱途 4 人领取本年度烤火费,每人 80 元,经理贺胜签字:同意付款。代填写"费用报销领款单",到财务科出纳处领款。

(17)12 月 10 日,代司法局开具"江泽市行政事业单位收款票据",应收取众健公司公证费用 1 100 元。收款人:王波。持发票联到众健公司财务科结算。

(18)12 月 11 日,生产技术科陈锋去省城开生产技术会,经领导贺胜同意借款 1 500 元。据以填写"借款单",持单向财务科出纳员借款。

(19)12 月 11 日,支付生产车间扩建工程款 5 800 元,经公司经理贺胜签字同意付款,由段兴统一领款,据以填写"江泽市建筑安装业统一发票",持发票联到财务科出纳处办理领款,取得出纳员签发的"现金支票"到银行取款。

(20)12 月 12 日,业务员姚祥、白云各领计算器 1 个,单价 125 元,合计金额 250 元。经理贺胜审批:同意领用,一次摊销。据以填写"物品领用单"并将其送交财务科记账员。

(21)12 月 12 日,众健公司向证券公司购买 1 年期债券 1 100 000 元,手续费 2 200 元,以证券公司名义开出"收据",持"收据"第 2 联到众健公司财务科结算。

(22)12 月 13 日,根据表 13—10 所列资料编制"工资结算汇总表"(因工资结算原始资料比较复杂,实际工作中的工资发放表是根据岗位将每个人的工资计算出来加以汇总的。而下列资料直接以汇总的形式给出)。

表 13—10　　　　　　　　　　　　　工资结算汇总资料

车间、部门、类型	职工人数	标准工资(元)	应扣工资(元) 事假	应扣工资(元) 病假	津贴(元)	代扣款项 水电费(元)	代扣款项 住房公积金(元)	代扣款项 个人所得税(元)	代扣款项 个人承担社保(元)
基本生产车间生产工人	270	261 000	1 300	1 100	27 000	10 400	9 600	80	1 240

续表

车间、部门、类型	职工人数	标准工资（元）	应扣工资（元） 事假	应扣工资（元） 病假	津贴（元）	代扣款项 水电费（元）	代扣款项 住房公积金（元）	代扣款项 个人所得税（元）	代扣款项 个人承担社保（元）
基本生产车间管理人员	10	11 000	300	50	1 100	500	460	20	85
援外工程人员	4	4 600			3 000		150		265
在建工程人员	24	23 000		150	2 500	960	700		450
机修车间人员	6	5 800	300		500	240	160		85
动力车间人员	4	4 100	150		300	260	120		65
公司管理人员	35	36 000		300	3 100	2 400	1 200	50	450
医务人员	4	3 800			310	160	160		85
六个月以上长病假人员	2	2 100		500	10	80	60		40

工资结算汇总表编制好后送交财务科出纳员。

(23)12月13日，销售给兴盛公司D-1商品5 000千克，每千克售价9.80元，D-2商品5 000件，每件售价23.80元，增值税税率17%，据以填写"增值税专用发票"，将第2、3、4联送众健公司财务科出纳员办理收款手续。

(24)12月14日，业务科各种费用支出汇总情况如下：差旅费310元（30张原始凭证）；办公费280元（15张原始凭证）；其他费用110元（9张原始凭证）；经核对，编制"管理费用支出汇总表"，持表到财务科报账。

(25)12月14日，张清等7名职工参加江泽市工学院短期培训，支付学杂费4 200元，以工学院名义开出"收据"，持第2联（付款人联）找众健公司财务科出纳员办理领款，取得出纳员签发的"现金支票"到银行取款。

(26)12月15日，众健公司职工食堂向为民日杂公司购买铁锅1口，计85元，刀2把，每把单价15元，计30元，盘子10个，每个单价3元，计30元，合计145元。以为民日杂公司名义开具"为民日杂公司销售发票"，持发票联向众健公司财务科出纳员报账（在发票备注上填写：列入职工福利）。

(27)12月16日，众健公司向税务局购买20张5元券印花税票，25张2元券印花税票，30张1元券印花税票，以税务局名义开具"市税务局印花税票发售统一发票"，持发票联向众健公司财务科出纳员报账。

(28)12月16日，江泽市保险公司向众健公司收取员工养老保险金7 000元，以保险公司名义开具"收据"，并持"收据"（付款人联）向众健公司财务科结算。

(29)12月17日，众健公司应付的车间扩建工程包工款220 000元，以长丰建筑公司的名义填写"江泽市建筑安装业统一发票"，持发票联到众健公司财务科办理结算。

(30)12月17日，本月综合奖金结算汇总资料如表13—11所示。

表 13－11　　　　　　　　　　　本月综合奖金结算汇总资料

车间、部门	奖金（元）
基本生产车间生产工人	27 000
基本生产车间管理人员	1 000
机修车间人员	600
动力车间人员	400
公司管理人员	3 500
医务人员	400

据以编制"综合奖金结算汇总表"，持表向财务科出纳员领取奖金。

(31)12月18日，众健公司应付新卫设计院产品设计费700元，以新卫设计院的名义填写"江泽市服务业发票"，持发票联到众健公司财务科办理结算。

(32)12月18日，向宏源公司购进乙设备1台，交易价40 000元，经验收交基本生产车间使用，据以填写"固定资产验收单"，将其第2联送财务科出纳员。

(33)12月18日，1栋仓库320平方米，预计使用28年，已使用26年，原值110 000元，已提折旧90 000元，因重建提前报废。其处理意见如下：使用部门的意见：因陈旧要求报废；技术鉴定小组意见：情况属实；固定资产管理部门意见：同意转入清理；主管部门审批意见：同意报废重建。据以填写"固定资产报废单"，将会计记账联送财务科记账员。

(34)12月19日，销售给众生公司不需用丙设备1台，原始价值5万元，已提折旧15 000元，协商作价37 000元。据以填写"江泽市商业普通发票"，持发票联到众生公司财务科收款，要求众生公司出纳员签发"转账支票"，并与其一同去银行办理转账手续，取得银行盖章后"转账支票"的收账通知联后，将"转账支票"的收账通知联及"江泽市商业普通发票"记账联送交本公司财务科出纳员。同时，依据固定资产原始价值与已提折旧填写"内部转账单"，并将其送本公司财务科记账员。

(35)12月19日，陈锋12月11日去省城参加工业生产技术会，12月18日返回，往返汽车票均为38元，住宿费用700元，会议费用150元，其他费用90元，每天补助15元。以陈锋的名义填写"差旅费报销单"，经理贺胜在单上签字：同意报销。持单向财务科出纳员报账（原借支1 500元）。

(36)12月19日，业务科与业务往来单位洽谈业务，接待、就餐、补助及接车费共计金额1 680元，单据28张。据以填写"业务招待费汇总表"，经理贺胜在单上签字：同意报销。持单向财务科出纳员报账，取得出纳员签发的"现金支票"后到银行提取现金。

(37)12月19日，报废固定资产的清理人员刘正等4人应领取清理费用320元，以刘正的名义填写"费用报销领款单"，经理贺胜在单上签字：同意付款。持单向财务科出纳员领款。

(38)12月19日，众健公司向江泽商场收取仓库租金4 800元，据以开出"江泽市服务业发票"，收到现金4 800元，当即填写"进账单"到开户行办理进账手续，收到银行盖章后的"进账单"回单，将"江泽市服务业发票"的发票联及"进账单"回单送交本公司出纳员（本公司开户行：中国工商银行江泽市支行；账号：115674356324）。

(39)12月20日，仓库清理残料如下：红砖100 000块，每块0.20元，计20 000元，其他材料6 000元，合计26 000元。材料全部入库作重建仓库用，据以编制"材料入库单"，将记账联送财务科记账员。

(40)12月20日,众健公司向为民五金公司购买灭火器6个,单价100元,计600元。灭火器购回后当即由仓库领用。先以为民五金公司名义开具"为民五金公司发票";再以仓库保管员张军名义填写"物品领用单"(经理贺胜在单上签字:同意领用,一次摊销),最后将"为民五金公司发票"的发票联和"物品领用单"送财务科出纳员,并要求领款、领物。

(41)12月20日,向宏源公司转让技术,收取技术转让费16 000元,据以填写"江泽市商业普通发票",持其发票联到宏源公司财务科收款,要求宏源公司出纳员签发"转账支票",并与其一同去银行办理转账手续,取得银行盖章后的"转账支票"的收账通知联后,将"转账支票"的收账通知联及"江泽市普通发票"记账联送交本公司财务科出纳员。

(42)12月21日,向会计局购买《新会计准则》等书籍,付款170元,以会计局的名义填写"江泽市文化教育、体育业发票",并持其发票联到账务科报账。

(43)12月21日,众健公司的汽车送汽车修配厂修理。具体修配项目如下:汽车补胎260元,汽车轮胎充气38元,车轮拆装58元。以汽车修配厂名义开具"江泽市服务业发票",将"江泽市服务业发票"发票联送交本公司出纳员。

(44)12月23日,众健公司使用自来水厂的供水,水表记录是:本月号码为3698566,上月号码3692846,实用水5 720吨,每吨单价1元。以自来水厂名义开具"自来水厂水费发票",持发票联到众健公司财务科结算。

(45)12月23日,业务科用备用金开支下列各种费用:差旅费1 300元(11张原始凭证);办公费1 100元(21张原始凭证);修理费800元(2张原始凭证)。经核对无误后全部报销,编制"管理费用支出汇总表",持表到财务科报账。

(46)12月24日,众健公司电表的起码是257636,止码是315936,实用电58 300度,每度单价0.50元,以电力局的名义填写"增值税专用发票"(电费增值税税率13%),持发票联到众健公司财务科结算。

(47)12月24日,众健公司参加本市商品展销会,应付江泽大世界商场的商品展位租用费1 000元,以大世界市场的名义填写"江泽市服务业发票",持发票联到众健公司财务科结算。

(48)12月25日,物价检查所对众健公司商品销售情况进行检查,发现部分商品违反国家价格政策,罚款1 800元,以物价检查所名义填写"罚款没收专用收据",持单到众健公司财务科结算。

(49)12月25日,养路费征收站向众健公司收取汽车养路费用1 000元,以养路费征收站的名义填写"交通车辆养路费收据"(2辆东风汽车为送货用车,养路费为600元,2辆小车的养路费400元),持单到众健公司财务科结算。

(50)12月26日,看望住院病人钱木,从副食品商店购买2袋奶粉,每袋16元,苹果4千克,每千克3元,据以填写"副食品商店销售发票"(经理贺胜签字:在福利费列支),持发票联到众健公司财务科结算。

(51)12月26日,迅达搬运公司为众健公司装卸货物,应收取装卸费1 000元,以迅达公司的名义开具"江泽市交通运输业发票",持发票联到众健公司财务科结算。

(52)12月26日,陈锋出差预支差旅费1 000元,据以填写"借款单",持单向财务科出纳借款。

(53)12月26日,本公司向美国H公司购入先进设备1台,交易价4 000美元,以H公司

名义填写"商业发票",以本公司设备科名义填写"固定资产验收单"(设备交管理部门使用)。"商业发票"与"固定资产验收单"交本公司出纳员(引进先进设备,减免关税及增值税;境内外运杂费均由供货方承担)。

(54)12月27日,众健公司自行开发一项实用型专利开发成功,先根据下列资料填写"专利申报表":申请单位:众健公司;专利项目:实用新型专利;技术开发费:25 000元;注册登记费:3 800元;单位意见:同意申报;专利局审批:同意注册。再以专利局名义填写"江泽市行政事业单位收款收据"收取众健公司专利注册登记费3 800元,然后持"专利申报表"和"江泽市行政事业单位收款收据"到众健公司财务科结算。

(55)12月27日,众健公司销售给丰利公司D-1商品7 000千克,每千克售价10元;销售给众生公司D-1商品7 000千克,每千克售价10元;销售给兴盛公司D-2商品10 000件,每件售价23元;增值税税率均为17%,据以分别填写"增值税专用发票"后持"增值税专用发票"第2、3联到众生公司、丰利公司、兴盛公司财务科结算,要求各公司出纳员根据购销合同填写"商业承兑汇票",经付款人(各购货公司)承兑后取得"商业承兑汇票"第2联,并在商业承兑汇票第1联的收款人盖章处盖上本公司财务专用章(由本公司出纳员盖章),在负责、经办处均签名,将"增值税专用发票"记账联和"商业承兑汇票"第2联送交众健公司出纳员。

(56)12月27日,四通运输公司为众健公司运输购入的材料,应收运费7 500元。以四通运输公司的名义开具"江泽市公路、内河货物运输统一发票",持发票联到众健公司财务科结算。

(57)12月27日,外购材料全部验收入库。根据表13-12所列资料填写"材料入库验收单",将其记账联送财务科记账员。

表13-12　　　　　　　　　　外购材料入库相关资料

供货单位	材料名称	数量(千克)	买价(元)	运杂费(元)	计划单价(元)
宏盛公司	F-1材料	7 000	91 000	700	12.21
宏源公司	E-1材料	7 000	84 000	700	11.50
兴隆公司	甲材料	20 000	80 000	2 000	4.08
兴隆公司	乙材料	20 000	60 000	2 000	2.90
兴隆公司	丙材料	11 000	55 000	1 100	5.60
兴隆公司	丁材料	10 000	60 000	1 000	6.60

(58)12月29日,各部门报废低值易耗品(领用时均一次摊销),本月收回残值如下:基本生产车间520元,动力车间70元,机修车间80元,行政管理部门130元。报废材料均已入库(计划价按照800元计算)。据以编制"报废低值易耗品汇总表"和"材料入库验收单",将其送财务科记账员。

(59)12月30日,销售给兴盛公司D-2商品10 000件,每件售价23元,D-3商品10 000件,每件售价24元,增值税税率17%,据以填写"增值税专用发票",将"增值税专用发票"第2、3、4联送本公司出纳员。

(60)12月31日,基本生产车间生产D-1产品耗用7 100工时,生产D-2产品耗用7 080工时,生产D-3产品耗用7 200工时,生产D-4产品耗用7 180工时,据以编制"产品耗用工时汇总表",将该表送财务科记账员。

(61)12月31日,本月发出材料汇总资料如表13—13所示。

表13—13　　　　　　　　　　　本月发出材料汇总资料

材料名称	数量(千克)	计划单价(元)	计划总价(元)
甲材料	25 000	4.08	102 000
乙材料	30 000	2.90	87 000
丙材料	20 000	5.60	112 000
丁材料	20 000	6.60	132 000
E-1材料	7 000	11.50	80 500
F-1材料	10 000	12.21	122 100
小计			635 600
其他材料			26 000

据以编制"发料凭证汇总表",并将该表送财务科记账员。

(62)12月31日,辅助生产车间本月提供劳务总量资料如表13—14所示。

表13—14　　　　　　　　辅助生产车间本月提供劳务总量资料

项　目	机修车间服务量(工时)	动力车间供电量(度)
D-1产品耗用	—	8 000
D-2产品耗用	—	9 000
D-3产品耗用	—	8 000
D-4产品耗用	—	10 000
基本生产车间耗用	4 100	1 000
行政管理部门耗用	200	4 000
车间扩建工程耗用	700	9 000
动力车间耗用	100	—
机修车间耗用	—	2 000
合　计	5 100	51 000

据以编制"辅助生产情况表",并将该表送财务科记账员。

(63)12月31日,本月产品生产及入库情况如表13—15所示。

表13—15　　　　　　　　　　本月产品生产及入库情况

产品名称	月初在产品	本月投产	本月完工入库	月末在产品	在产品完工程度	投料方式
D-1产品	3 400千克	35 600千克	35 000千克	4 000千克	50%	逐步投料
D-2产品	1 500件	15 300件	16 000件	800件	50%	逐步投料
D-3产品	2 000件	15 600件	16 000件	1 600件	50%	逐步投料
D-4产品	1 700件	14 900件	15 000件	1 600件	50%	逐步投料

代基本生产车间编制"生产情况报告表",代成品仓库编制"产品入库汇总表",将填好的2张表送财务科记账员。

宏源公司会计业务岗位实操

14.1 宏源公司出纳会计岗位实操

14.1.1 开设有关日记账

宏源公司 2014 年 11 月 30 日有关账户余额如下：

库存现金日记账　　　　　　　　　　　　　　　　　　1 000(借)
银行存款日记账　　　　　　　　　　　　　　　　　310 000(借)

宏源公司及往来公司相关情况如表 14—1 所示。

表 14—1　　　　　　　　宏源公司及往来公司相关情况

开户行:中国工商银行江泽市支行		开户行:中国工商银行崎峰市支行	
公司名称	账　号	公司名称	账　号
众健公司	1156674356324	兴隆公司	823653676516
众生公司	1156674356323	兴盛公司	823653676517
宏源公司	1156674356325		
宏盛公司	1156674356326		
达昌公司	1156674356327		
达亿公司	1156674356328		

14.1.2 办理如下业务

凡出纳业务,在业务办理完毕后,编制记账凭证,据以登记库存现金和银行存款日记账,并将记账凭证连同所附原始凭证一并转交记账员记账。

(1)12 月 1 日,收到陈鹏"差旅费报销单"(所附单据略),经审核无误,报销费用 1 384 元,按原预支额 1 300 元开出"收据",当即支付现金 84 元,并在差旅费报销单上填写"付现 84 元"。

(2)12 月 1 日,收到业务员送来的"进账单"回单及"增值税专用发票"的记账联进行账务处理。

(3)12 月 1 日,收到开户银行转来众生公司和众健公司的"转账支票"收账通知联。

(4)12月1日,填写"转账支票"1张,支付应付宏盛公司账款100 000元;填写"信汇"凭证2张,分别支付应付德源公司账款110 000元和应付兴隆公司账款120 000元。填好结算凭证后去开户银行办理相关手续,取回"转账支票"回单和"信汇"凭证回单,审核无误后,进行账务处理。

(5)12月2日,填写"转账支票"1张,转出投资款190 000元,存入亚洲证券营业部账户(亚洲证券营业部开户行:中国工商银行江泽市支行,账号:235673625588),准备用于购买股票。到银行办理转账手续,取回回单。

(6)12月2日,填写"现金支票"1张,提取现金5 000元备用,到开户银行办理支款手续。

(7)12月2日,收到业务科陆源的"领款单",经审核无误,当即支付现金2 800元,作为业务科的备用金(在领款单上注明"现金付讫")。

(8)12月3日,收到"亚洲证券营业部成交过户交割单",购入股票划作交易性金融资产。

(9)12月3日,将专夹留存的10月3日签发的"商业承兑汇票"第2联取出(曾在10月3日发生销货业务时,已填写3份"商业承兑汇票":签发日期为2014年10月3日,承兑期2个月,应收众生公司货款110 000元,应收众健公司货款100 000元,应收兴盛公司货款120 000元),依据到期的3张"商业承兑汇票"分别办理收款手续。

①应收众生公司110 000元和众健公司100 000元,持其"商业承兑汇票"第2联去众健公司、众生公司,要求其出纳员签发"转账支票",并到银行办理转账手续,收到银行转来众生公司、众健公司"转账支票"的收款通知联。

②应收兴盛公司的到期票据款120 000元,填写"委托收款凭证"后,持"委托收款凭证"和"商业承兑汇票"第2联到开户银行办理委托收款手续,银行盖章后,取回"委托收款凭证"回单。

(10)12月3日,收到宏盛公司出纳员送来的到期"商业承兑汇票"第2联,经审核无误,据以填写"转账支票",到银行办理转账手续。

(11)12月5日,收到开户行转来兴盛公司"信汇"凭证收款通知联。

(12)12月5日,收到中财保险股份有限公司机动车辆保险单(正本)和保费收据第1联,经审核无误,据以填写转账支票(中财保险股份有限公司开户行:中国工商银行江泽市支行;账号:115675368955),并到银行办理转账手续,经银行盖章,取回转账支票回单。

(13)12月6日,填写"中华人民共和国税收通用完税证",将未缴增值税、应缴城市维护建设税、应缴个人所得税、应缴教育费附加上缴国库,具体金额见明细分类账各该账户的月初余额。税收通用完税证填写好后,到开户行办理手续,经税务机关、银行盖章后取得完税凭证联,并据以进行账务处理。

(14)12月6日,收到律师事务所的"江泽市服务业发票"发票联,经审核无误,以现金付讫。

(15)12月7日,收到银行转来委托收款凭证的收款通知1张,系兴盛公司应收账款120 000元。

(16)12月7日,收到银行转来委托收款凭证的付款通知2张,系应付兴隆公司的商业汇票到期款100 000元和德源公司的商业汇票到期款110 000元。

(17)12月8日,收到江泽市电视台的"江泽市服务业发票"发票联,经审核无误,据以填写转账支票(江泽市电视台开户行:中国工商银行江泽市支行;账号:115674356672),付广告费,并到银行办理转账手续,经银行盖章,取回转账支票回单。

(18)12月8日,宏源公司委托债券发行公司发行5年期债券,按面值的10%溢价发行。现债券公司已发行债券面值950 000元,实收金额1 045 000元,款项今日全部交来,当即送存银行。据以填写"收据"及"进账单",到银行办理手续后,根据"收据"记账联及"进账单"回单进行账务处理。

(19)12月9日,收到债券公司的"江泽市服务业发票"发票联,经审核无误,据以填写转账支票(债券公司开户行:中国工商银行江泽市支行;账号:115676283355),付手续费,并到银行办理转账手续,经银行盖章,取回转账支票回单。

(20)12月10日,收到本公司职工许源"费用报销领款单",经审核无误,以现金付讫。

(21)12月10日,收到房地产管理所的"江泽市服务业发票"发票联,经审核无误,以现金付讫。

(22)12月10日,收到江泽市汽车运输公司的"江泽市公路、内河货物运输统一发票"发票联,经审核无误,据以填写转账支票(江泽市汽车运输公司开户行:中国工商银行江泽市支行;账号:115674356698),付运费,并到银行办理转账手续,经银行盖章,取回转账支票回单。

(23)12月10日,收到保险公司的"保险公司失业保险金收据",经审核无误,以现金支票付讫。

(24)12月10日,签发"现金支票",到银行办理取款手续,提回现金4 100元备用。根据"现金支票"存根作账务处理。

(25)12月10日,收到孙立等3人的"费用报销领款单",经审核无误,以现金付讫。

(26)12月10日,收到司法局的"江泽市行政事业单位收款票据",经审核无误,据以填写转账支票(司法局开户行:中国工商银行江泽市支行;账号:115674356989),付诉讼费,并到银行办理转账手续,经银行盖章,取回转账支票回单。

(27)12月11日,收到陈鹏的"借款单",经审核无误,以现金付讫。

(28)12月11日,收到工程队的"江泽市建筑安装业统一发票",经审核无误,签发"现金支票",交张扬到银行取款。

(29)12月12日,收到证券公司的"收据",经审核无误,据以填写转账支票(证券公司开户行:中国工商银行江泽市支行;账号:115674356719),付债券及手续费,并到银行办理转账手续,经银行盖章,取回转账支票回单。

(30)12月13日,收到"工资结算汇总表",根据实发工资总额签发"现金支票",从银行提取现金,当即发放完毕。

(31)12月13日,收到业务员送来的"增值税专用发票"第2、3、4联,据以填写"委托收款凭证"(应收兴盛公司款),持"委托收款凭证"和"增值税专用发票"第2、3联到银行办理托收手续,经银行盖章后,将退回的"委托收款凭证"回单与"增值税专用发票"记账联一并作账务处理。

(32)12月14日,收到业务科"管理费用支出汇总表"(所附单据47张略),经审核无误,以现金付讫。

(33)12月14日,收到江泽市工学院的"收据",经审核无误,开出"现金支票"付讫。

(34)12月15日,收到职工食堂购买炊具的发票,经审核无误,以现金付讫。

(35)12月16日,收到银行转来"委托收款凭证"的收款通知联,系兴盛公司应收款。

(36)12月16日,收到"市税务局印花税票发售统一发票",经审核无误,以现金付讫。

(37)12月16日,收到保险公司收取员工养老保险金的"收据",经审核无误,据以填写转账支票(保险公司开户行:中国工商银行江泽市支行;账号:115674363789),付保险金,并到银行办理转账手续,经银行盖章,取回转账支票回单。

(38)12月17日,收到长丰建筑公司"江泽市建筑安装业发票"的发票联,经审核无误,据以填写转账支票(建筑公司开户行:中国工商银行江泽市支行;账号:115672785567),付工程款,并到银行办理转账手续,经银行盖章,取回转账支票回单。

(39)12月17日,根据"综合奖金结算汇总表"(实际还应有按人头的奖金发放表,此处略),签发"现金支票"提回现金,当即发放完毕。

(40)12月18日,收到新卫设计院的"江泽市服务业发票"发票联,经审核无误,以现金付讫。

(41)12月18日,收到业务员送来的众健公司转账支票的收账通知联及本公司的固定资产销售的"江泽市商业普通发票"的会计记账联,经审核无误,进行账务处理。

(42)12月19日,收到宏盛公司出售设备的"江泽市商业普通发票"发票联,及本公司业务员送来的"固定资产验收单",经审核无误,据以填写"转账支票"付设备款,并到银行办理转账手续,经银行盖章,取回转账支票回单。

(43)12月19日,收到陈鹏的"差旅费报销单"(所附单据略)和交来的现金620元,开出"收据"收讫。收据金额按陈鹏原借支数填写。

(44)12月19日,收到业务科的"业务招待费汇总表"及所附21张单据(单据略),经审核无误后,签发"现金支票"补足其备用金。

(45)12月19日,收到韩金的"费用报销领款单",经审核无误,以现金付讫。

(46)12月19日,收到业务员送来的仓库租金收入"进账单"回单及"江泽市服务业发票"记账联。

(47)12月20日,收到业务员送来的"为民五金公司发票"和"物品领用单",经审核无误后签发"现金支票",从银行提回现金5 000元,除支付灭火器款外,其余备用。

(48)12月20日,收到业务员送来的达昌公司"转账支票"的收账通知联,及本公司收取技术转让收入的"江泽市商业普通发票"记账联。

(49)12月21日,收到购买书籍的"江泽市文化教育、体育业发票"发票联,经审核无误,以现金付讫。

(50)12月21日,收到众健公司的"江泽市商业普通发票"发票联,经审核无误,签发"转账支票"支付技术转让费。到银行办理转账手续,经银行盖章后,拿回转账支票回单。

(51)12月21日,收到汽车修配厂的"江泽市商业普通发票"发票联,经审核无误,以现金付讫。

(52)12月23日,收到自来水厂发票,审核无误后填写"转账支票"支付水费,到银行办理转账手续,经银行盖章后,拿回转账支票回单(自来水厂开户行:中国工商银行江泽市支行;账号:115674351125)。

同时,根据定额耗用量分配本月水费。定额耗用量如下:动力车间500吨,机修车间560吨,基本生产车间2 100吨,公司管理部门1 740吨,据以编制"水费分配表"。

根据"自来水厂发票"发票联、"转账支票"存根和"水费分配表"进行账务处理。

(53)12月23日,收到业务科的"管理费用支出汇总表"及所附31张单据(单据略),经审核无误,签发"现金支票"补足其备用金。

(54)12月24日,收到电力局的"增值税专用发票"发票联,审核无误后填写"转账支票"支付电费,到银行办理转账手续,经银行盖章后,拿回转账支票回单(电力局开户行:中国工商银行江泽市支行;账号:115674356211)。

同时,根据表14-2所列定额耗用量资料编制"外购动力费分配表"。

表14-2　　　　　　　　　　　　定额耗用量资料

产品名称	定额耗用量	车间部门	定额耗用量
E-1产品	11 200度	动力车间	800度
E-2产品	12 100度	机修车间	1 200度
E-3产品	10 000度	基本生产车间	1 000度
E-4产品	12 000度	管理部门	7 700度

根据电力局的发票联、"转账支票"存根和"外购动力费分配表"进行账务处理。

(55)12月24日,收到大世界市场的"江泽市服务业发票"发票联,经审核无误,以现金付讫。

(56)12月24日,为购进口设备,向开户行买入5 000美元,以中国人民银行公布的人民币汇率中间价作为即期汇率,当日的即期汇率1美元=7.72元人民币,银行当日美元卖出价为1美元=8.10元人民币。签发"转账支票"支付人民币,填写"进账单"购入美元。到银行办理相关手续,根据"转账支票"存根和"进账单"作账务处理。

(57)12月25日,签发"现金支票",到银行办理取款手续,提回现金5 800元备用。根据"现金支票"存根作账务处理。

(58)12月25日,收到物价检查所"罚款没收专用收据",以现金支付罚款。

(59)12月25日,收到养路费征收站的"交通车辆养路费收据",经审核无误,以现金付讫(2辆东风汽车为送货用车,养路费为600元,2辆小车的养路费用400元)。

(60)12月26日,收到"副食品商店销售发票"发票联,经审核无误,以现金付讫。

(61)12月26日,收到迅达搬运公司的"江泽市交通运输业发票"发票联,经审核无误,以现金付讫。

(62)12月26日,收到业务员送来的"固定资产验收单"及购买进口设备的"商业发票",经审核无误后填写"信汇"凭证,到银行办理美元汇兑手续,取回"信汇"回单。当日的即期汇率1美元=7.85元人民币。

(63)12月26日,收到陈鹏的"借款单"经审核无误,以现金付讫。

(64)12月27日,收到本公司业务员送来销售商品给众健公司、众生公司和兴盛公司的"增值税专用发票"记账联和3张"商业承兑汇票"。

(65)12月27日,收到业务员送来的"专利申报表"和专利局的"江泽市行政事业单位收款收据"发票联,审核无误后填写"转账支票"支付专利注册登记费,到银行办理转账手续,经银行盖章后,拿回转账支票回单(专利局开户行:中国工商银行江泽市支行;账号:115675363286)。

(66)12月27日,收到德源公司、宏盛公司、兴隆公司业务员送来的"增值税专用发票"第2、3联,经审核无误后分别填写为期2个月的"商业承兑汇票"3份,其中第1联经各收款人盖章并签名后收回,在第 2 联的付款人盖章处盖上财务专用章,在负责经办处签名,填好后将第 2 联分别交德源公司、宏盛公司、兴隆公司业务员。

同时收到四通运输公司的"江泽市公路、内河货物运输统一发票"发票联,经审核无误,填写"转账支票"支付材料运费,到银行办理转账手续,经银行盖章后,拿回转账支票回单(四通运输公司开户行:中国工商银行江泽市支行;账号:115675363298)。

根据材料重量编制"材料采购费用分配表"。各种材料采购的重量:F-1 材料 7 000 千克,G-1 材料 5 000 千克,甲材料 20 000 千克,乙材料 20 000 千克,丙材料 10 000 千克,丁材料 10 000 千克。

根据增值税专用发票的发票联、商业承兑汇票的留存联、转账支票存根联、"江泽市公路、内河货物运输统一发票"发票联、"材料采购费用分配表",作账务处理。

(67)12 月 30 日,收到业务员送来的"增值税专用发票"第 2、3、4 联,合同规定销货款采用委托收款结算方式,经审核无误,据以填写"委托收款凭证",持"委托收款凭证"和"增值税专用发票"第 2、3 联到银行办理托收手续,经银行盖章后,将退回的"委托收款凭证"回单与"增值税专用发票"的记账联一并作账务处理。

(68)12 月 31 日,到开户行拿回贷款计息凭证,进行账务处理(已预计应付利息 12 000 元)。

(69)12 月 31 日,到开户行拿回存款计息凭证,进行账务处理。

(70)12 月 31 日,将账面价值为 80 000 元的"交易性金融资产——基金"全部出售,实得现金 84 000 元。填写"内部转账单"和"进账单",将现金送存银行(全为百元券)。

(71)12 月 31 日的即期汇率 1 美元=8.05 元人民币,调整当期产生的汇兑差额。

14.2　宏源公司记账会计岗位实操

14.2.1　开设有关账户

宏源公司 2014 年 11 月 30 日明细账期末资料如下:

其他货币资金——外埠存款	10 000(借)
交易性金融资产——股票(成本)	100 000(借)
交易性金融资产——债券(成本)	90 000(借)
交易性金融资产——基金(成本)	80 000(借)
应收票据——众生公司	110 000(借)
应收票据——众健公司	100 000(借)
应收票据——兴盛公司	120 000(借)
应收账款——众生公司	100 000(借)
应收账款——众健公司	120 000(借)
应收账款——兴盛公司	110 000(借)
坏账准备	1 320(贷)
其他应收款——陈鹏	1 300(借)
其他应收款——代扣水电费	15 000(借)

材料采购——原材料	37 840（借）
原材料——原料及主要材料	410 000（借）
原材料——其他材料	70 000（借）
周转材料——包装物	16 000（借）
周转材料——低值易耗品	50 000（借）
材料成本差异——原材料	4 800（借）
材料成本差异——包装物	160（贷）
材料成本差异——低值易耗品	500（借）
库存商品——E-1产品	160 000（借）
库存商品——E-2产品	600 000（借）
库存商品——E-3产品	640 000（借）
库存商品——E-4产品	1 000 000（借）
长期股权投资——股票投资（大兴公司）	100 000（借）
持有至到期投资——成本	100 000（借）
持有至到期投资——利息调整	6 000（借）
持有至到期投资——应计利息	5 000（借）
固定资产——生产用固定资产	1 200 000（借）
固定资产——非生产用固定资产	600 000（借）
固定资产——不需用固定资产	200 000（借）
固定资产——出租固定资产	200 000（借）
累计折旧	800 000（贷）
工程物资——专用材料	200 000（借）
工程物资——专用设备	400 000（借）
在建工程——机床大修工程	60 000（借）
在建工程——设备安装工程	300 000（借）
固定资产清理——报废	6 000（借）
无形资产——专利权	273 000（借）
无形资产——专有技术	350 000（借）
研发支出——资本化支出	27 000（借）
长期待摊费用——固定资产大修费用	49 000（借）
待处理财产损溢——待处理固定资产损溢	3 000（借）
生产成本——基本生产成本（E-1产品）	7 000（借）
生产成本——基本生产成本（E-2产品）	13 000（借）
生产成本——基本生产成本（E-3产品）	13 500（借）
生产成本——基本生产成本（E-4产品）	14 500（借）
短期借款——生产周转借款	1 500 000（贷）
应付票据——宏盛公司	120 000（贷）
应付票据——德源公司	110 000（贷）
应付票据——兴隆公司	100 000（贷）

应付账款——宏盛公司	100 000（贷）
应付账款——德源公司	110 000（贷）
应付账款——兴隆公司	120 000（贷）
应付职工薪酬——职工教育经费	3 400（贷）
应付职工薪酬——职工福利	1 100（贷）
应付职工薪酬——社会保险费	8 500（贷）
应交税费——未交增值税	40 000（贷）
应交税费——应交所得税	45 000（借）
应交税费——应交城市维护建设税	2 000（贷）
应交税费——应交个人所得税	2 500（贷）
应交税费——应交教育费附加	800（贷）
应付利息	25 000（贷）
长期借款——基建借款	1 280 000（贷）
长期应付款——应付设备款	100 000（贷）
应付债券——面值	360 000（贷）
应付债券——利息调整	30 000（贷）
应付债券——应计利息	20 000（贷）
实收资本——国家投资	1 500 000（贷）
实收资本——昌安公司	180 000（贷）
实收资本——其他	473 660（贷）
资本公积——资本溢价	280 000（贷）
资本公积——其他	90 000（贷）
盈余公积——法定盈余公积	670 000（贷）
利润分配——未分配利润	40 000（贷）
本年利润	360 000（贷）

原材料明细账2014年11月30日期末资料如表14—3所示。

表14—3　　　　　　　　期末原材料明细（截至2014年11月30日）

	品名	单位	数量	计划单价(元)	金额(元)
原料及主要材料	甲材料	千克	10 000	4.20	42 000
	乙材料	千克	10 000	2.80	28 000
	丙材料	千克	10 000	4.80	48 000
	丁材料	千克	10 000	6.20	62 000
	F-1材料	千克	10 000	13.20	132 000
	G-1材料	千克	10 000	9.80	98 000
	小计				410 000
其他材料					70 000
合　计					480 000

材料采购明细账 2014 年 11 月 30 日期末资料如表 14－4 所示。

表 14－4　　　　　　　　期末材料采购明细（截至 2014 年 11 月 30 日）

供货单位	项目	借方（元）			贷方（元）			备注
		买价	运杂费	合计	计划成本	差异	合计	
兴隆公司	甲材料	8 000	160	8 160				
	乙材料	6 000	150	6 150				
兴盛公司	丙材料	5 000	150	5 150				
	丁材料	8 000	160	8 160				
宏盛公司	F-1 材料	5 000	120	5 120				
德源公司	G-1 材料	5 000	100	5 100				
合　计		37 000	840	37 840				

库存商品明细账 2014 年 11 月 30 日期末资料如表 14－5 所示。

表 14－5　　　　　　　　期末库存商品明细（截至 2014 年 11 月 30 日）

商品名称	单位	数量	单位成本（元）	金额（元）
E-1 商品	千克	20 000	8	160 000
E-2 商品	件	40 000	15	600 000
E-3 商品	件	40 000	16	640 000
E-4 商品	件	50 000	20	1 000 000
合　计				2 400 000

生产成本明细账 2014 年 11 月 30 日期末在产品成本资料如表 14－6 所示。

表 14－6　　　　　　　　期末生产成本明细（截至 2014 年 11 月 30 日）

产品名称	数量	成本项目			
		直接材料（元）	直接人工（元）	制造费用（元）	合计（元）
E-1 产品	1 750 千克	4 000	2 000	1 000	7 000
E-2 产品	1 500 件	7 000	4 000	2 000	13 000
E-3 产品	1 700 件	7 500	4 000	2 000	13 500
E-4 产品	1 460 件	8 000	4 000	2 500	14 500
合　计					48 000

14.2.2　开设明细账

按下列要求开设明细账：

（1）下列账户使用三栏式账页（有期初余额的账户结转期初余额，没有期初余额的账户设

户后待记发生额）：
　　其他货币资金——外埠存款
　　其他货币资金——存出投资款
　　交易性金融资产——股票（成本）
　　交易性金融资产——股票（公允价值变动）
　　交易性金融资产——债券（成本）
　　交易性金融资产——基金（成本）
　　应收票据——众健公司
　　应收票据——众生公司
　　应收票据——兴盛公司
　　应收账款——众生公司
　　应收账款——众健公司
　　应收账款——兴盛公司
　　预付账款——中财保险公司
　　坏账准备
　　其他应收款——陈鹏
　　其他应收款——业务科
　　其他应收款——代扣水电费
　　原材料——原料及主要材料
　　原材料——其他材料
　　周转材料——包装物
　　周转材料——低值易耗品
　　材料成本差异——原材料
　　材料成本差异——包装物
　　材料成本差异——低值易耗品
　　长期股权投资——股票投资（大兴公司）
　　持有至到期投资——成本
　　持有至到期投资——利息调整
　　持有至到期投资——应计利息
　　固定资产——生产用固定资产
　　固定资产——非生产用固定资产
　　固定资产——不需用固定资产
　　固定资产——出租固定资产
　　累计折旧
　　工程物资——专用材料
　　工程物资——专用设备
　　在建工程——机床大修工程
　　在建工程——设备安装工程
　　在建工程——生产车间扩建工程

固定资产清理——报废
固定资产清理——出售不需用固定资产
无形资产——专利权
无形资产——专有技术
研发支出——资本化支出
累计摊销
长期待摊费用——固定资产大修费用
待处理财产损溢——待处理固定资产损溢
递延所得税资产
短期借款——生产周转借款
应付票据——宏盛公司
应付票据——德源公司
应付票据——兴隆公司
应付账款——宏盛公司
应付账款——德源公司
应付账款——兴隆公司
应付职工薪酬——工资
应付职工薪酬——职工福利
应付职工薪酬——社会保险费
应付职工薪酬——住房公积金
应付职工薪酬——工会经费
应付职工薪酬——职工教育经费
应付职工薪酬——非货币性福利
应交税费——未交增值税
应交税费——应交营业税
应交税费——应交所得税
应交税费——应交城市维护建设税
应交税费——应交个人所得税
应交税费——应交教育费附加
应交税费——应交房产税
应付利息
应付股利
长期借款——基建借款
长期应付款——应付设备款
应付债券——面值
应付债券——利息调整
应付债券——应计利息
递延所得税负债
实收资本——国家投资

实收资本——昌安公司
实收资本——其他
资本公积——资本溢价
资本公积——其他
盈余公积——法定盈余公积
利润分配——提取法定盈余公积
利润分配——应付现金股利
利润分配——未分配利润
本年利润
主营业务收入——E-1产品
主营业务收入——E-2产品
主营业务收入——E-3产品
主营业务收入——E-4产品
其他业务收入
投资收益
公允价值变动损益
营业外收入
主营业务成本——E-1产品
主营业务成本——E-2产品
主营业务成本——E-3产品
主营业务成本——E-4产品
营业税金及附加
其他业务成本
资产减值损失
营业外支出
所得税费用

(2)下列账户使用多栏式账页(有期初余额的账户结转期初余额,没有期初余额的账户设户后待记发生额):

应交税费——应交增值税
生产成本——基本生产成本(E-1产品)
生产成本——基本生产成本(E-2产品)
生产成本——基本生产成本(E-3产品)
生产成本——基本生产成本(E-4产品)
生产成本——辅助生产成本——机修车间
生产成本——辅助生产成本——动力车间
制造费用——基本生产车间
销售费用
财务费用
管理费用

(3)"材料采购——原材料"使用横线登记式账页(有期初余额的账户结转期初余额,没有期初余额的账户设户后待记发生额)。

(4)下列账户使用数量金额式账页(有期初余额的账户结转期初余额,没有期初余额的账户设户后待记发生额):

库存商品——E-1产品

库存商品——E-2产品

库存商品——E-3产品

库存商品——E-4产品

原材料——原料及主要材料——甲材料

原材料——原料及主要材料——乙材料

原材料——原料及主要材料——丙材料

原材料——原料及主要材料——丁材料

原材料——原料及主要材料——G-1材料

原材料——原料及主要材料——F-1材料

14.2.3 办理记账业务

办理如下记账业务:

(1)12月4日,收到业务员送来的"材料入库验收单"(留待月末汇总进行收料的账务处理)。

(2)12月9日,收到"固定资产折旧计算表",经审核无误,进行账务处理。

(3)12月9日,收到业务员交来本公司换出商品的"增值税专用发票"记账联,换入材料的"增值税专用发票"抵扣联与发票联及"材料入库验收单"会计记账联,经审核无误,进行非货币性交易的账务处理。

(4)12月12日,收到雷声、乐飞的"物品领用单",经审核无误,进行账务处理。

(5)12月18日,收到固定资产报废单,经审核无误,进行账务处理。

(6)12月18日,收到业务员送来的"内部转账单",经审核无误,进行账务处理。

(7)12月20日,收到业务员送来的工程物资入库验收单。

(8)12月20日,报废固定资产清理完毕,根据"固定资产清理——报废清理"账户余额编制"内部转账单",结转清理损益。

(9)12月27日,收到业务员送来的材料入库验收单(留待月末汇总进行收料的账务处理)。

(10)12月28日,本月应摊销专利权40 000元,应摊销专有技术35 000元,应摊销基本生产车间固定资产大修费20 000元,据以编制"无形资产、长期待摊费用分摊表",经审核无误,进行账务处理。

(11)12月29日,收到"报废低值易耗品汇总表"及"材料入库验收单"(会计记账联),经审核无误,进行账务处理。

(12)12月29日,根据前面留存的"材料入库验收单"登记"材料采购"明细账(横线登记式明细账)的贷方发生额,并计算入库材料成本差异,据此编制"本月已付款的入库材料汇总表"

(13)12月30日,本月生产产品领用包装物的计划成本汇总如下(根据领料单汇总的,因为领料单不便一一列出,故略去):

E-1 产品领用 2 100 元

E-2 产品领用 2 300 元

E-3 产品领用 2 500 元

E-4 产品领用 2 000 元

根据"周转材料——包装物"与"材料成本差异——包装物"账户资料计算材料成本差异率、领用材料应分摊的差异额及领用材料实际成本，根据计算结果编制"领用包装物汇总表"，经审核无误，进行账务处理。

(14)12 月 30 日，本月领用低值易耗品的计划成本汇总如下（根据领料单汇总的，因为领料单不便一一列出，故略去）：

基本生产车间领用 8 000 元

动力车间领用 800 元

机修车间领用 1 200 元

公司管理部门领用 1 600 元

根据"周转材料——低值易耗品"与"材料成本差异——低值易耗品"账户资料计算材料成本差异率、领用材料应分摊的差异额及领用材料实际成本，根据计算结果编制"领用低值易耗品汇总表"，经审核无误，进行账务处理。

(15)12 月 31 日，收到"车间产品耗用工时汇总表"，结合"工资结算汇总表"与"奖金发放表"先编制"基本生产车间生产工人工资分配表"，后编制"应付职工薪酬分配表"，经审核无误，进行账务处理。

(16)12 月 31 日，收到业务员送来的"发料凭证汇总表"及其"发料单"（略），根据"发料单"上所载明的用途及下列材料耗用资料编制"发料凭证分配汇总表"。根据"原材料——原料用主要材料"各数量金额式明细账及"材料成本差异——原材料"账户资料计算材料成本差异率、领用材料应分摊的差异额及领用材料实际成本。

材料耗用的计划成本汇总如表 14—7 所示。

表 14—7　　　　　　　　材料耗用的计划成本汇总　　　　　　　　单位：元

产品、车间、部门	主要材料	其他材料	备　注
E-1 产品	140 000		
E-2 产品	150 000		
E-3 产品	146 000		
E-4 产品	152 000		
基本生产车间一般耗用		4 000	列入物料消耗
动力车间	9 000	3 000	
机修车间	7 000	2 000	
公司管理部门		3 000	列入公司经费
销售部门		3 000	列入包装费
车间扩建工程	25 000	15 000	按 17% 转出进项税额

经审核无误,进行账务处理(注:材料成本差异率精确至小数点后四位)。

(17)12月31日,原作待处理的盘亏设备净值3 000元,经批准转销。据以编制"内部转账单",经审核无误,进行账务处理。

(18)12月31日,收到"辅助生产情况表",结合"生产成本——辅助生产成本——动力车间"和"生产成本——辅助生产成本——机修车间"账户资料,采取直接分配法分配辅助生产费用,编制"辅助生产费用分配表"(分配率精确至小数点后四位),经审核无误,进行账务处理。

(19)12月31日,根据工时记录(生产E-1产品10 000工时,生产E-2产品12 000工时,生产E-3产品12 000工时,生产E-4产品12 100工时)和"制造费用——基本生产车间"账户资料编制"制造费用分配表"(分配率精确至小数点后四位)。经审核无误,进行账务处理。

(20)12月31日,收到"生产情况报告表"和"产品入库汇总表",结合基本生产成本明细账资料,据以编制"生产成本计算表"(分别四种产品进行计算),单位成本保留到分。经审核无误,进行账务处理。

(21)12月31日,根据本月商品销售数量及"库存商品"明细账的加权平均单位成本,编制"产品销售汇总表",结转产品销售成本。

(22)12月31日,"交易性金融资产——股票"的公允价值为210 000元,依"交易性金融资产——股票——成本"及"交易性金融资产——股票——公允价值变动"明细账户资料计算本期公允价值变动金额,据以填制"内部转账单",经审核无误,进行账务处理。

(23)12月31日,按应收款项百分比法计提坏账准备,提取比例为3%,依据"应收账款"、"其他应收款"、"预付账款"及"坏账准备"明细账资料分析计算本期应计提的坏账准备金,据以编制"内部转账单",经审核无误,进行账务处理。

(24)12月31日,依据"应交税费——应交增值税"明细账资料分析填写"增值税纳税申报表",计算出未缴增值税额,经审核无误,进行账务处理。

(25)12月31日,依据"其他业务收入"和"固定资产"明细账及"增值税纳税申报表"资料,计算应缴营业税、应缴房产税、应缴城市维护建设税、应缴教育费附加,编制"地方税收综合纳税(费)申报表",经审核无误,进行账务处理。

(26)12月31日,依据"持有至到期投资"明细账期初资料计算本年利息收入,并进行利息调整(按票面利率6%、实际利率5%计算),据以填制"内部转账单",经审核无误,进行账务处理(本月发生数,暂不计算利息)。

(27)12月31日,依据"应付债券"明细账期初资料计算本年利息费用,并进行利息调整(按票面利率8%、实际利率5%计算),为安装工程而发行债券,据以填制"内部转账单",经审核无误,进行账务处理(本月发生数,暂不计算利息)。

(28)12月31日,结平"待处理财产损溢"账户。

(29)12月31日,将损益类账户的本月净发生额结转"本年利润"账户。

(30)12月31日,编制"利润表"初稿,据以编制"暂时性差异计算表"、"所得税纳税申报表"(所得税税率为33%),经审核无误,进行账务处理。

(31)12月31日,将"所得税费用"账户发生额转入"本年利润"账户。

(32)12月31日,进行利润分配。法定盈余公积按净利润("本年利润"账户年末余额)的10%分配,应付现金股利按"未分配利润"明细账期初余额加上本年净利润减去本年提取的法定盈余公积后的30%分配。

(33)12月31日,将"本年利润"、"利润分配——提取盈余公积"、"利润分配——应付现金股利"账户余额转入"利润分配——未分配利润"账户。

14.3 宏源公司财务科长岗位实操

14.3.1 开设总账

根据下列资料开设总账账户,每个账户占1页。宏源公司2014年11月30总账期末资料如下:

库存现金	1 000(借)
银行存款	310 000(借)
其他货币资金	10 000(借)
交易性金融资产	270 000(借)
应收票据	330 000(借)
应收账款	330 000(借)
预付账款	
坏账准备	1 320(贷)
其他应收款	16 300(借)
材料采购	37 840(借)
原材料	480 000(借)
周转材料	66 000(借)
材料成本差异	5 140(借)
库存商品	2 400 000(借)
长期股权投资	100 000(借)
持有至到期投资	111 000(借)
固定资产	2 200 000(借)
累计折旧	800 000(贷)
工程物资	600 000(借)
在建工程	360 000(借)
固定资产清理	6 000(借)
无形资产	623 000(借)
研发支出	27 000(借)
累计摊销	
长期待摊费用	49 000(借)
待处理财产损溢	3 000(借)
递延所得税资产	
生产成本	48 000(借)
制造费用	
短期借款	1 500 000(贷)

应付票据	330 000（贷）
应付账款	330 000（贷）
应付职工薪酬	13 000（贷）
应交税费	300（贷）
应付利息	25 000（贷）
应付股利	
其他应付款	
长期借款	1 280 000（贷）
长期应付款	100 000（贷）
应付债券	410 000（贷）
递延所得税负债	
实收资本	2 153 660（贷）
资本公积	370 000（贷）
盈余公积	670 000（贷）
利润分配	40 000（贷）
本年利润	360 000（贷）
主营业务收入	
其他业务收入	
投资收益	
公允价值变动损益	
营业外收入	
主营业务成本	
营业税金及附加	
其他业务成本	
销售费用	
管理费用	
财务费用	
资产减值损失	
营业外支出	
所得税费用	

14.3.2 处理日常总账业务

日常总账业务如下：

（1）复核上旬会计凭证，根据审核无误的上旬记账凭证编制记账凭证汇总表，并据以登记总账，结出账户余额。与出纳员所经管的日记账核对，如有不符，查明原因，予以更正；与记账员所经管的明细账进行核对，如有不符，查明原因，予以更正。

（2）复核中旬会计凭证，根据审核无误的中旬记账凭证编制记账凭证汇总表，并据以登记总账，结出账户余额。与出纳员所经管的日记账核对，如有不符，查明原因，予以更正；与记账员所经管的明细账进行核对，如有不符，查明原因，予以更正。

(3)复核下旬会计凭证,根据审核无误的下旬记账凭证编制记账凭证汇总表,并据以登记总账,结出账户余额。与出纳员所经管的日记账核对,如有不符,查明原因,予以更正;与记账员所经管的明细账进行核对,如有不符,查明原因,予以更正。

(4)编制总账账户余额试算平衡表。

(5)办理年结。

14.3.3 编制会计报表

编制如下会计报表:

(1)编制资产负债表,以12月份月初数作为年初数。

(2)编制利润表,以12月份损益作为全年损益。

(3)编制现金流量表,以12月份月初数作为年初数,以12月份现金流量作为全年现金流量。

14.4 宏源公司业务员岗位实操

按要求填制和传递2014年12月份凭证:

(1)12月1日,陈鹏出差返回公司报账,出差相关内容如下:陈鹏出差联系业务推销产品,2014年11月25日从江泽市乘火车至大连市(当日到达)火车票408元,在大连期间住宿费460元,2014年11月29日从大连乘火车回江泽市(次日到达)火车票408元,出差补助每天18元,据以填写"差旅费报销单"(经理丰收在单上签字:同意报销),并持单以陈鹏的名义向财务科出纳处报账(出差前已预支1 300元)。

(2)12月1日,销售给AB公司E-4商品10 000件,销售给AC公司E-4商品8 000件,销售给AD公司E-4商品6 000件,销售给AE公司E-4商品6 000件,E-4商品每件售价29元,增值税税率17%,价税款均已收讫。据以填写"增值税专用发票",款项全部存入银行,填写"进账单",送银行办理进账手续后取回"进账单"回单。将"进账单"回单连同"增值税专用发票"的记账联送财务科记账员(开户行:中国工商银行江泽市支行;账号:115674356325)。

(3)12月2日,以业务科陆源的名义填写"领款单",领款金额2 800元,领款单填写好后到财务科找出纳员领款,作为业务科的备用金。

(4)12月3日,以亚洲证券营业部的名义填写"亚洲证券营业部成交过户交割单"1张。内容如下:本交割单系宏源公司购买股票,成交编号为12692,股东账户为33665692,股东名称为宏源公司,申请编号为689,公司代码为M122,申报时间为095245(即9点52分45秒),成交时间为095315,实收金额为98 772元,资金余额为91 228元;证券名称为500232,成交数量12 000股,成交价格8.17元,佣金340元,印花税380元,附加费12元。填好后送宏源公司出纳员。

(5)12月4日,表14-8所列材料全部入库,据以填写"材料入库验收单"。

表14-8　　　　　　　　　　　　入库材料相关资料

供货单位	材料名称	计量单位	数量	单位买价(元)	运杂费(元)	计划单价(元)
兴隆公司	甲材料	千克	2 000	4.00	160	4.20
	乙材料	千克	2 000	3.00	150	2.80

续表

供货单位	材料名称	计量单位	数量	单位买价(元)	运杂费(元)	计划单价(元)
兴盛公司	丙材料	千克	1 000	5.00	150	4.80
	丁材料	千克	1 600	5.00	160	6.20
宏盛公司	F-1 材料	千克	400	12.50	120	13.20
德源公司	G-1 材料	千克	500	10.00	100	9.80

将填好的"材料入库验收单"记账联送本公司记账员。

(6)12月5日,以中财保险股份有限公司的名义填写"机动车辆保险单"和"保费收据"各1张。填写内容如下:被保险人为宏源公司;投保险种为车辆损失险、第三责任险、盗抢险、玻璃险、他人恶意险等;车辆型号为三菱(普);发动机号367586;牌号为A-35688;非营业用车;座位为5座;保险价值30万元,保险金额30万元;基本保费250元;车辆损失险费率0.8%;第三责任险最高赔偿限额为20万元;第三责任险保费为1 800元;盗抢险保费据表计算;玻璃险保费为50元;他人恶意险保费为100元;保险期限自2014年12月5日0时起至2017年12月5日24时止。地址:十字街58号;电话:8666688;邮政编码:438000;总经理:洪源。填好后将"机动车辆保险单"正本和"保费收据"发票联送宏源公司记账员。

(7)12月6日,以江泽市第一律师事务所陈海的名义填写"江泽市服务业发票",收取宏源公司本月律师顾问费用1 000元,持其发票联找宏源公司出纳员收款。

(8)12月8日,江泽市电视台收取宏源公司广告费18 000元,代电视台填写"江泽市服务业发票",持发票联找宏源公司出纳员收款。

(9)12月9日,债券公司应向宏源公司收取债券印刷费及手续费9 500元。代填写"江泽市服务业发票",并持第2联到宏源公司财务科结算。

(10)12月9日,根据下述资料编制"固定资产折旧表"(采用平均年限法),编制完成后将其送宏源盛公司记账员。

11月30日,固定资产资料如表14—9所示。

表14—9   固定资产资料(截至11月30日)

部 门	固定资产类型	固定资产原值(元)	预计净残值(元)	预计使用年限
基本车间	房屋	250 000	15 000	40
	机床加工设备	200 000	10 000	10
	专用电子设备	300 000	20 000	10
	其他专用设备	100 000	5 000	20
机修车间	房屋	100 000	5 000	40
	机床加工设备	50 000	2 500	10
	其他专用设备	10 000	500	20
动力车间	房屋	100 000	5 000	40
	内燃发电机组	100 000	5 000	20
	其他专用设备	40 000	2 000	20
管理部门	房屋	600 000	30 000	40
	不需用设备	200 000	20 000	10
出租	仓库	200 000	8 000	10

(11)12月9日,宏源公司与达亿公司进行非货币交易,交易内容如下:

宏源公司向达亿公司销售E-2商品2 005件,每件售价20元;向达亿公司购进甲材料10 000千克,每千克进价4.01元。增值税税率均为17%,据以填写销售E-2商品的"增值税专用发票"和购进甲材料的"材料入库验收单"(材料已如数入库,甲材料的计划单位成本见记账员岗位的数量金额式明细账)。填写好后先持销售商品的"增值税专用发票"第2、3联到达亿公司业务处换取购进材料的"增值税专用发票"第2、3联;后将销售商品的"增值税专用发票"的记账联和购进材料的"增值税专用发票"第2、3联及"材料入库验收单"一并送交宏源公司记账员。

(12)12月10日,以公司职工许源的名义填写"费用报销领款单",到财务科领取独生子女费150元。

(13)12月10日,代房地产管理所开具"江泽市服务业发票",应收取宏源公司办公用房租金980元。制单人:李凤。持发票联到宏源公司财务科结算。

(14)12月10日,以江泽市汽车队的名义开具"江泽市公路、内河货物运输统一发票",应收取宏源公司销货运费6 200元。制单人:何春明。持发票联到宏源公司财务科结算。

(15)12月10日,宏源公司向保险公司缴纳职工失业保险金1 500元(宏源公司开户行:中国工商银行江泽市支行;账号:1156674356325。保险公司开户行:中国工商银行江泽市支行;账号:115674353366)。以保险公司的名义开具"保险公司失业保险金收据",持发票联到宏源公司财务科结算。

(16)12月10日,业务科孙立、陆平、秦伟3人领取本年度烤火费,每人90元(经理孙勇签字:同意付款)。代填写"费用报销领款单",到财务科出纳处领款。

(17)12月10日,代司法局开具"江泽市行政事业单位收款票据",应收取宏源公司公证费用1 000元。收款人:王波。持发票联到宏源公司财务科结算。

(18)12月11日,生产技术科陈鹏去省城开生产技术会,经领导孙勇同意借款1 800元。据以填写"借款单",持单向财务科出纳员借款。

(19)12月11日,支付生产车间扩建工程款7 000元,经公司经理丰收签字同意付款,由张杨统一领款,据以填写"江泽市建筑安装统一发票",持发票联到财务科出纳处办理领款,取得出纳员签发的"现金支票"到银行取款。

(20)12月12日,业务员雷声、乐飞各领计算器1个,单价130元,合计金额260元。经理丰收审批:同意领用,一次摊销。据以填写"物品领用单"并将其送交财务科记账员。

(21)12月12日,宏源公司向证券公司购买1年期债券1000 000元,手续费2 000元,以证券公司名义开出"收据",持"收据"第2联到宏源公司财务科结算。

(22)12月13日,根据表14—10所列资料编制"工资结算汇总表"(因工资结算原始资料比较复杂,实际工作中的工资发放表是根据岗位将每个人的工资计算出来加以汇总的。下列资料直接以汇总的形式给出)。

表 14—10　　　　　　　　　　　　　工资结算汇总资料

车间、部门、类型	职工人数	标准工资（元）	应扣工资（元） 事假	应扣工资（元） 病假	津贴（元）	代扣款项 水电费（元）	代扣款项 住房公积金（元）	代扣款项 个人所得税（元）	代扣款项 个人承担社保（元）
基本生产车间生产工人	281	252 000	1 210	1 350	26 770	11 260	8 500	30	1 160
基本生产车间管理人员	11	13 210	310	470	550	700	480	20	150
援外工程人员	2	3 600			2 200				125
在建工程人员	21	23 000	750	200	3 050	1 000	805		165
机修车间人员	6	7 010	340	70	570	350	240		75
动力车间人员	5	6 020	270	80	570	300	200		60
公司管理人员	35	41 000	750	350	1 700	1 200	1 360	30	850
医务人员	4	4 510	120	80	200	130	180		115
六个月以上长病假人员	3	3 400		1 000	15	60	120		80

工资结算汇总表编制好后送交财务科出纳员。

(23)12月13日,销售给兴盛公司 E-1 商品 5 000 千克,每千克售价 11.80 元,E-3 商品 5 000 件,每件售价 22.80 元,增值税税率 17%,据以填写"增值税专用发票",将第2、3、4联送宏源公司财务科出纳员办理收款手续。

(24)12月14日,业务科各种费用支出汇总情况如下:差旅费 410 元(32 张原始凭证);办公费 230 元(12 张原始凭证);其他费用 120 元(4 张原始凭证)。经核对无误后,编制"管理费用支出汇总表",持表到财务科报账。

(25)12月14日,陆明等 5 名职工参加江泽市工学院短期培训,支付学杂费 3 000 元,以工学院名义开出"收据",持第2联(付款人联)找宏源财务科出纳员办理领款,取得出纳员签发的"现金支票"到银行取款。

(26)12月15日,宏源公司职工食堂向为民日杂公司购买碗 30 个,单价 3 元,计 90 元;盘子 30 个,每个 2.50 元,计 75 元,合计 165 元。以为民日杂公司名义开具"为民日杂公司销售发票",持发票联向宏源公司财务科出纳员报账(在发票备注上填写:列入职工福利)。

(27)12月16日,宏源公司向税务局购买 20 张 5 元券印花税票,30 张 2 元券印花税票,30 张 1 元券印花税票,以税务局名义开具"市税务局印花税票发售统一发票",持发票联向宏源公司财务科出纳员报账。

(28)12月16日,江泽市保险公司向宏源公司收取员工养老保险金 7 500 元,以保险公司名义开具"收据",持"收据"(付款人联)向宏源公司财务科结算。

(29)12月17日,宏源公司应付的车间扩建工程包工款 200 000 元,以长丰建筑公司的名义填写"江泽市建筑安装统一发票",持发票联到宏源公司财务科办理结算。

(30)12月17日,本月综合奖金结算汇总资料如表 14—11 所示。

表 14—11　　　　　　　　　　本月综合奖金结算汇总资料　　　　　　　　　　单位:元

车间、部门	奖　金
基本生产车间生产工人	27 100
基本生产车间管理人员	1 100
机修车间人员	600
动力车间人员	500
公司管理人员	3 500
医务人员	400

据以编制"综合奖金结算汇总表",持表向财务科出纳员领取奖金。

(31)12月18日,宏源公司应付新卫设计院产品设计费1 000元,以新卫设计院的名义填写"江泽市服务业发票",持发票联到宏源公司财务科办理结算。

(32)12月18日,销售给众健公司不需用乙设备1台,原始价值55 000元,已提折旧16 000元,协商作价40 000元。据以填写"江泽市商业普通发票",持发票联到众健公司财务科收款,要求众健公司出纳员签发"转账支票",并与其一同去银行办理转账手续,取得银行盖章后"转账支票"的收账通知联后,将"转账支票"的收账通知联及"江泽市商业普通发票"记账联送交本公司财务科出纳员。同时,依据固定资产原始价值与已提折旧填写"内部转账单",并将其送本公司财务科记账员。

(33)12月18日,1栋仓库290平方米,预计使用30年,已使用28年,原值98 000元,已提折旧80 000元,因重建提前报废。其处理意见如下:使用部门的意见:因陈旧要求报废;技术鉴定小组意见:情况属实;固定资产管理部门意见:同意转入清理;主管部门审批意见:同意报废重建。据以填写"固定资产报废单",将会计记账联送财务科记账员。

(34)12月19日,向宏盛公司购进丁设备1台,交易价42 000元,经验收交基本生产车间使用,据以填写"固定资产验收单",将第2联送财务科出纳员。

(35)12月19日,陈鹏12月11日去省城参加工业生产技术会,12月18日返回,往返汽车票均为45元,住宿费用700元,会议费用150元,其他费用120元,每天补助15元。以陈鹏的名义填写"差旅费报销单"(经理丰收在单上签字:同意报销),持单向财务科出纳员报账(原借支1 800元)。

(36)12月19日,业务科与业务往来单位洽谈业务,接待、就餐、补助及接车费共计金额2 250元,单据28张。据以填写"业务招待费汇总表",经理丰收在单上签字:同意报销。持单向财务科出纳员报账,取得出纳员签发的"现金支票"后到银行提取现金。

(37)12月19日,报废固定资产的清理人员韩金等5人应领取清理费用500元,以韩金的名义填写"费用报销领款单",经理丰收在单上签字:同意付款。持单向财务科出纳员领款。

(38)12月19日,宏源公司向江泽商场收取仓库租金5 000元,据以开出"江泽市服务业发票",收到现金5 000元,当即填写"进账单"到开户行办理进账手续,收到银行盖章后的"进账单"回单,将"江泽市服务业发票"的发票联及"进账单"回单送交本公司出纳员(本公司开户行:中国工商银行江泽市支行;账号:115674356325)。

(39)12月20日,仓库清理残料如下:红砖100 000块,每块0.20元,计20 000元,其他材

料 5 100 元,合计 25 100 元。材料全部入库作重建仓库用,据以编制"材料入库单",并将记账联送财务科记账员。

(40)12 月 20 日,宏源公司向为民五金公司购买灭火器 5 个,单价 100 元,计 500 元。灭火器购回后当即由仓库领用。先以为民五金公司名义开具"为民五金公司发票";再以仓库保管员王丰名义填写"物品领用单"(经理丰收在单上签字:同意领用,一次摊销);最后将"为民五金公司发票"的发票联和"物品领用单"送财务科出纳员,并要求领款、领物。

(41)12 月 20 日,向达昌公司转让技术,收取技术转让费 18 000 元,据以填写"江泽市商业普通发票",持其发票联到达昌公司财务科收款,要求达昌公司出纳员签发"转账支票",并与其一同去银行办理转账手续,取得银行盖章后的"转账支票"的收账通知联后,将"转账支票"的收账通知联及"江泽市普通发票"记账联送交本公司财务科出纳员。

(42)12 月 21 日,向会计局购买《新会计准则》等书籍,付款 188 元,以会计局的名义填写"江泽市文化教育、体育业发票",持发票联到账务科报账。

(43)12 月 21 日,宏源公司的汽车送汽车修配厂修理。具体修配项目如下:汽车补胎 320 元,汽车轮胎充气 50 元,车轮拆装 28 元。以汽车修配厂名义开具"江泽市服务业发票",将"江泽市服务业发票"发票联送交本公司出纳员。

(44)12 月 23 日,宏源公司使用自来水厂的供水。水表记录是:本月号码为 568756,上月号码为 563366,实用水 5 390 吨,每吨单价 1 元。以自来水厂名义开具"自来水厂水费发票",持发票联到宏源公司财务科结算。

(45)12 月 23 日,业务科用备用金开支下列各种费用:差旅费 1 250 元(12 张原始凭证);办公费 1 050 元(22 张原始凭证);修理费 900 元(3 张原始凭证)。经核对无误后全部报销,编制"管理费用支出汇总表",持单到财务科报账。

(46)12 月 24 日,宏源公司电表的起码是 563327,止码是 624927,实用电 61 600 度,每度单价 0.50 元,以电力局的名义填写"增值税专用发票"(电费增值税税率 13%),持发票联到宏源公司财务科结算。

(47)12 月 24 日,宏源公司参加本市商品展销会,应付大世界商场的商品展位租用费 600 元,以大世界市场的名义填写"江泽市服务业发票",持发票联到宏源公司财务科结算。

(48)12 月 25 日,物价检查所对宏源公司商品销售情况进行检查,发现部分商品违反国家价格政策,罚款 1 500 元,以物价检查所名义填写"罚款没收专用收据",持单到宏源公司财务科结算。

(49)12 月 25 日,养路费征收站向宏源公司收取汽车养路费用 1 000 元,以养路费征收站的名义填写"交通车辆养路费收据"(2 辆东风汽车为送货用车,养路费为 600 元,2 辆小车的养路费 400 元),持单到宏源公司财务科结算。

(50)12 月 26 日,看望住院病人刘兰菊,从副食品商店购买 2 袋奶粉,每袋 15 元,苹果 3 千克,每千克 3 元,据以填写"副食品商店销售发票"(经理丰收签字:在福利费列支),持发票联到宏源公司财务科结算。

(51)12 月 26 日,迅达搬运公司为宏源公司装卸货物,应收取装卸费 1 200 元,以迅达公司的名义开具"江泽市交通运输业发票",持发票联到宏源公司财务科结算。

(52)12 月 26 日,陈鹏出差预支差旅费 900 元,据以填写"借款单",持单向财务科出纳借款。

(53)12月26日,本公司向美国H公司购入先进设备1台,交易价4 000美元,以H公司名义填写"商业发票",以本公司设备科名义填写"固定资产验收单"(设备交管理部门使用)。"商业发票"与"固定资产验收单"交本公司出纳员(引进先进设备,减免关税及增值税;境内外运杂费均由供货方承担)。

(54)12月27日,宏源公司自行开发一项实用型专利开发成功,先根据下列资料填写"专利申报表":申请单位:宏源公司;专利项目:实用新型专利;技术开发费:27 000元;注册登记费:3 200元;单位意见:同意申报;专利局审批:同意注册。再以专利局名义填写"江泽市行政事业单位收款收据"收取宏源公司专利注册登记费3 200元,然后持"专利申报表"和"江泽市行政事业单位收款收据"到宏源公司财务科结算。

(55)12月27日,宏源公司销售给众生公司E-1商品7 000千克,每千克售价12元;销售给众健公司E-1商品7 000千克,每千克售价12元;销售给兴盛公司E-2商品10 000件,每件售价23元;增值税税率均为17%,据以分别填写"增值税专用发票"后持"增值税专用发票"第2、3联到众生公司、众健公司、兴盛公司财务科结算,要求各公司出纳员根据购销合同填写"商业承兑汇票",经付款人(各购货公司)承兑后取得"商业承兑汇票"第2联,并在"商业承兑汇票"第1联的收款人盖章处盖上本公司财务专用章(由本公司出纳员盖章),在负责、经办处均签名,将"增值税专用发票"的记账联和"商业承兑汇票"第2联送交宏源公司出纳员。

(56)12月27日,四通运输公司为宏源公司运输购入的材料,应收运费7 200元。以四通运输公司的名义开具"江泽市公路、内河货物运输统一发票",持发票联到宏源公司财务科结算。

(57)12月27日,外购材料全部验收入库。根据表14-12所列资料填写"材料入库验收单",将其记账联送财务科记账员。

表14-12　　　　　　　　　外购材料入库资料

供货单位	材料名称	数量(千克)	买价(元)	运杂费(元)	计划单价(元)
宏盛公司	F-1材料	7 000	91 000	700	13.20
德源公司	G-1材料	5 000	50 000	500	9.80
兴隆公司	甲材料	20 000	80 000	2 000	4.20
	乙材料	20 000	60 000	2 000	2.80
	丙材料	10 000	50 000	1 000	4.80
	丁材料	10 000	60 000	1 000	6.20

(58)12月29日,各部门报废低值易耗品(领用时均一次摊销),本月收回残值如下:基本生产车间460元,动力车间47元,机修车间63元,行政管理部门80元。报废材料均已入库(计划价按照650元计算)。据以编制"报废低值易耗品汇总表"和"材料入库验收单",将其送财务科记账员。

(59)12月30日,销售给兴盛公司E-2商品10 000件,每价售价22元,E-3商品10 000件,每件售价23元,增值税税率17%,据以填写"增值税专用发票",将"增值税专用发票"第2、3、4联送本公司出纳员。

(60)12月31日,基本生产车间生产E-1产品耗用6 800工时,生产E-2产品耗用7 000工时,生产E-3产品耗用6 900工时,生产E-4产品耗用6 920工时,据以编制"产品耗用工时汇总表",并将表送财务科记账员。

(61)12月31日,本月发出材料汇总资料如表14-13所示。

表14-13　　　　　　　　本月发出材料汇总资料

材料名称	数量(千克)	计划单价(元)	计划总价(元)
甲材料	30 000	4.20	126 000
乙材料	30 000	2.80	84 000
丙材料	20 000	4.80	96 000
丁材料	15 000	6.20	93 000
F-1材料	10 000	13.20	132 000
G-1材料	10 000	9.80	98 000
小计			629 000
其他材料			30 000

据以编制"发料凭证汇总表",并将该表送财务科记账员。

(62)12月31日,辅助生产车间本月提供劳务总量资料如表14-14所示。

表14-14　　　　　　辅助生产车间本月提供劳务总量资料

项　目	机修车间服务量(工时)	动力车间供电量(度)
E-1产品耗用	—	9 000
E-2产品耗用	—	10 000
E-3产品耗用	—	8 000
E-4产品耗用	—	10 000
基本生产车间耗用	1 670	1 000
行政管理部门耗用	100	2 000
车间扩建工程耗用	230	10 000
动力车间耗用	50	—
机修车间耗用	—	800
合计	2 050	50 800

据以编制"辅助生产情况表",并将该表送财务科记账员。

(63)12月31日,本月产品生产及入库情况如表14-15所示。

表14-15　　　　　　　本月产品生产及入库情况

产品名称	月初在产品	本月投产	本月完工入库	月末在产品	在产品完工程度	投料方式
E-1产品	1 750 千克	31 400 千克	30 000 千克	3 150 千克	50%	逐步投料
E-2产品	1 500 件	18 484 件	18 000 件	1 984 件	50%	逐步投料
E-3产品	1 700 件	17 070 件	16 000 件	2 770 件	50%	逐步投料
E-4产品	1 460 件	13 240 件	14 000 件	700 件	50%	逐步投料

代基本生产车间编制"生产情况报告表",代成品仓库编制"产品入库汇总表",将填好的2张表送财务科记账员。

宏盛公司会计业务岗位实操

15.1 宏盛公司出纳会计岗位实操

15.1.1 开设有关日记账

宏盛公司 2014 年 11 月 30 日有关账户余额如下：
库存现金日记账　　　　　　　　　　　　　　　　　　　　　1 000（借）
银行存款日记账　　　　　　　　　　　　　　　　　　　　299 000（借）
宏盛公司及往来公司相关情况如表 15—1 所示。

表 15—1　　　　　　　　宏盛公司及往来公司相关情况

开户行:中国工商银行江泽市支行		开户行:中国工商银行崎峰市支行	
公司名称	账号	公司名称	账号
众生公司	1156674356323	德源公司	823653676510
众健公司	1156674356324	德茂公司	823653676511
宏源公司	1156674356325	兴隆公司	823653676516
宏盛公司	1156674356326	兴盛公司	823653676517
达昌公司	1156674356327		
达亿公司	1156674356328		

15.1.2 办理如下业务

凡出纳业务，在业务办理完毕后，编制记账凭证，据以登记库存现金和银行存款日记账，并将记账凭证连同所附原始凭证一并转交记账员记账。

(1)12 月 1 日，收到张丰"差旅费报销单"（所附单据略），经审核无误，报销费用 1 392 元，按原预支额 1 600 元开出"收据"，当即交回现金 208 元，并在差旅费报销单上填写"收现 208 元"。

(2)12 月 1 日，收到业务员送来的"进账单"回单及"增值税专用发票"的记账联进行账务处理。

(3)12 月 1 日，收到开户银行转来众健公司和宏源公司的"转账支票"收账通知联。

(4)12月1日,填写"信汇"凭证3张,分别支付应付德源公司账款100 000元、应付德茂公司账款110 000元和应付兴隆公司账款120 000元。填好结算凭证后去开户银行办理相关手续,取回"信汇"凭证回单,审核无误后进行账务处理。

(5)12月2日,填写"转账支票"1张,转出投资款210 000元,存入亚洲证券营业部账户(亚洲证券营业部开户行:中国工商银行江泽市支行,账号:235673625588),准备用于购买股票。到银行办理转账手续,取回回单。

(6)12月2日,填写"现金支票"1张,提取现金4 000元备用,到开户银行办理支款手续。

(7)12月2日,收到业务科陈刚民的"领款单",经审核无误,当即支付现金2 500元,作为业务科的备用金(在领款单上注明"现金付讫")。

(8)12月3日,收到"亚洲证券营业部成交过户交割单",购入股票划作交易性金融资产。

(9)12月3日,将专夹留存的10月3日签发的商业承兑汇票第2联取出(曾在10月3日发生销货业务时,已填写3份"商业承兑汇票":签发日期为2014年10月3日,承兑期2个月,应收众健公司货款110 000元,应收宏源公司货款120 000元,应收兴盛公司货款100 000元),依据到期的3张"商业承兑汇票"分别办理收款手续。

①应收众健公司110 000元和宏源公司120 000元,持其"商业承兑汇票"第2联去众健公司、宏源公司,要求其出纳员签发"转账支票",并到银行办理转账手续,收到银行转来宏源公司、众健公司"转账支票"的收款通知联。

②应收兴盛公司的到期票据款100 000元,填写"委托收款凭证"后,持"委托收款凭证"和"商业承兑汇票"第2联到开户银行办理委托收款手续,银行盖章后,取回"委托收款凭证"回单。

(10)12月5日,收到开户行转来兴盛公司"信汇"凭证收款通知联。

(11)12月5日,收到中财保险股份有限公司"机动车辆保险单"(正本)和"保费收据"第1联,经审核无误,据以填写转账支票(中财保险股份有限公司开户行:中国工商银行江泽市支行;账号:115675368955),并到银行办理转账手续,经银行盖章,取回转账支票回单。

(12)12月6日,填写"中华人民共和国税收通用完税证",将未缴增值税、应缴城市维护建设税、应缴个人所得税、应缴教育费附加上缴国库,具体金额见明细分类账各该账户的月初余额。税收通用完税证填写好后,到开户行办理手续,经税务机关、银行盖章后取得完税凭证联,并据以进行账务处理。

(13)12月6日,收到律师事务所的"江泽市服务业发票"发票联,经审核无误,以现金付讫。

(14)12月7日,收到银行转来"委托收款凭证"收款通知1张,系兴盛公司应收账款100 000元。

(15)12月7日,收到银行转来"委托收款凭证"付款通知3张,系应付德源公司商业汇票到期款110 000元、德茂公司商业汇票到期款120 000元、兴隆公司商业汇票到期款100 000元。

(16)12月8日,收到江泽市电视台的"江泽市服务业发票"发票联,经审核无误,据以填写转账支票(江泽市电视台开户行:中国工商银行江泽市支行;账号:115674356672),付广告费,并到银行办理转账手续,经银行盖章,取回转账支票回单。

(17)12月8日,宏盛公司委托债券发行公司发行5年期债券,按面值的10%溢价发行。

现债券公司已发行债券面值1 000 000元,实收金额1 100 000元,款项今日全部交来,当即送存银行。据以填写"收据"及"进账单",到银行办理手续后据"收据"记账联及"进账单"回单进行账务处理。

(18)12月9日,收到债券公司的"江泽市服务业发票"发票联,经审核无误,据以填写转账支票(债券公司开户行:中国工商银行江泽市支行;账号:115676283355),付手续费,并到银行办理转账手续,经银行盖章,取回转账支票回单。

(19)12月10日,收到本公司职工洪新"费用报销领款单",经审核无误,以现金付讫。

(20)12月10日,收到房地产管理所的"江泽市服务业发票"发票联,经审核无误,以现金付讫。

(21)12月10日,收到江泽市汽车运输公司的"江泽市公路、内河货物运输统一发票"发票联,经审核无误,据以填写转账支票(江泽市汽车运输公司开户行:中国工商银行江泽市支行;账号:115674356698),付运费,并到银行办理转账手续,经银行盖章,取回转账支票回单。

(22)12月10日,收到保险公司的"保险公司失业保险金收据",经审核无误,以现金支票付讫。

(23)12月10日,签发"现金支票",到银行办理取款手续,提回现金3 000元备用。根据"现金支票"存根作账务处理。

(24)12月10日,收到郝一平等3人的"费用报销领款单",经审核无误,以现金付讫。

(25)12月10日,收到司法局的"江泽市行政事业单位收款票据",经审核无误,据以填写转账支票(司法局开户行:中国工商银行江泽市支行;账号:115674356989),付诉讼费,并到银行办理转账手续,经银行盖章,取回转账支票回单。

(26)12月11日,收到张丰的"借款单",经审核无误,以现金付讫。

(27)12月11日,收到工程队的"江泽市建筑安装业统一发票",经审核无误,如数签发"现金支票",交张档到银行取款。

(28)12月12日,收到证券公司的"收据",经审核无误,据以填写转账支票(证券公司开户行:中国工商银行江泽市支行;账号:115674356719),付债券及手续费,并到银行办理转账手续,经银行盖章,取回转账支票回单。

(29)12月13日,收到"工资结算汇总表",根据实发工资总额签发"现金支票",从银行提取现金,当即发放完毕。

(30)12月13日,收到业务员送来的"增值税专用发票"第2、3、4联,据以填写"委托收款凭证"(应收兴盛公司款),持"委托收款凭证"和"增值税专用发票"第2、3联到银行办理托收手续,经银行盖章后,将退回的"委托收款凭证"回单与"增值税专用发票"记账联一并作账务处理。

(31)12月14日,收到业务科"管理费用支出汇总表"(所附单据47张略),经审核无误,以现金付讫。

(32)12月14日,收到江泽市工学院的"收据",经审核无误,开出"现金支票"付讫。

(33)12月15日,收到职工食堂购买炊具的发票,经审核无误,以现金付讫。

(34)12月16日,收到银行转来"委托收款凭证"的收款通知联,系兴盛公司应收款。

(35)12月16日,收到"市税务局印花税票发售统一发票",经审核无误,以现金付讫。

(36)12月16日,收到保险公司收取员工养老保险金的"收据",经审核无误,据以填写转账支票(保险公司开户行:中国工商银行江泽市支行;账号:115674363789),付保险金,并到银行办理转账手续,经银行盖章,取回转账支票回单。

(37)12月17日,收到长丰建筑公司"江泽市建筑安装业发票"的发票联,经审核无误,据以填写转账支票(建筑公司开户行:中国工商银行江泽市支行;账号:115672785567),付工程款,并到银行办理转账手续,经银行盖章,取回转账支票回单。

(38)12月17日,根据"综合奖金结算汇总表"(实际还应有按人头的奖金发放表,此处略),签发"现金支票"提回现金,当即发放完毕。

(39)12月18日,收到新卫设计院的"江泽市服务业发票"发票联,经审核无误,以现金付讫。

(40)12月18日,收到达昌公司出售设备的"江泽市商业普通发票"发票联,及本公司业务员送来的"固定资产验收单",经审核无误据以填写"转账支票"付设备款,并到银行办理转账手续,经银行盖章,取回转账支票回单。

(41)12月19日,收到业务员送来的宏源公司转账支票的收账通知联及本公司的固定资产销售的"江泽市商业普通发票"的会计记账联,经审核无误,进行账务处理。

(42)12月19日,收到张丰的"差旅费报销单"(所附单据略)和交来的现金400元,开出"收据"收讫。收据金额按张丰原借支数填写。

(43)12月19日,收到业务科的"业务招待费汇总表"及所附21张单据(单据略),经审核无误后,当即签发"现金支票"补足其备用金。

(44)12月19日,收到余刚的"费用报销领款单",经审核无误,以现金付讫。

(45)12月19日,收到业务员送来的仓库租金收入"进账单"回单及"江泽市服务业发票"记账联。

(46)12月20日,收到业务员送来的"为民五金公司发票"和"物品领用单",经审核无误,签发"现金支票",从银行提回现金6 000元,除支付灭火器款外,其余备用。

(47)12月20日,收到业务员送来的达亿公司"转账支票"的收账通知联,及本公司收取技术转让收入的"江泽市商业普通发票"记账联。

(48)12月21日,收到购买书籍的"江泽市文化教育、体育业发票"发票联,经审核无误,以现金付讫。

(49)12月21日,收到达昌公司的"江泽市商业普通发票"发票联,经审核无误,签发"转账支票"支付技术转让费。到银行办理转账手续,经银行盖章后,拿回转账支票回单。

(50)12月21日,收到汽车修配厂的"江泽市商业普通发票"发票联,经审核无误,以现金付讫。

(51)12月23日,收到自来水厂发票,审核无误后填写"转账支票"支付水费,到银行办理转账手续,经银行盖章后,拿回转账支票回单(自来水厂开户行:中国工商银行江泽市支行;账号:115674351125)。

同时,根据定额耗用量分配本月水费。定额耗用量如下:动力车间510吨,机修车间560吨,基本生产车间2 400吨,公司管理部门1 330吨,据以编制"水费分配表"。

根据"自来水厂发票"发票联、"转账支票"存根和"水费分配表"进行账务处理。

(52)12月23日,收到业务科的"管理费用支出汇总表"及所附29张单据(单据略),经审核无误,签发"现金支票"补足其备用金。

(53)12月24日,收到电力局的"增值税专用发票"发票联,审核无误后,填写"转账支票"

支付电费,到银行办理转账手续,经银行盖章后,拿回转账支票回单(电力局开户行:中国工商银行江泽市支行;账号:115674356211)。

同时根据表15—2所列定额耗用量资料编制"外购动力费分配表"。

表15—2　　　　　　　　　　　　定额耗用量资料

产品名称	定额耗用量	车间部门	定额耗用量
F-1产品	10 800 度	动力车间	900 度
F-2产品	11 200 度	机修车间	1 000 度
F-3产品	11 000 度	基本生产车间	900 度
F-4产品	11 500 度	管理部门	8 200 度

根据电力局的发票联、"转账支票"存根和"外购动力费分配表"进行账务处理。

(54)12月24日,收到大世界市场的"江泽市服务业发票"发票联,经审核无误,以现金付讫。

(55)12月24日,为购进口设备,向开户行买入5 000美元,以中国人民银行公布的人民币汇率中间价作为即期汇率,当日的即期汇率1美元=7.72元人民币,银行当日美元卖出价为1美元=8.10元人民币。签发"转账支票"支付人民币,填写"进账单"购入美元。到银行办理相关手续,根据"转账支票"存根和"进账单"作账务处理。

(56)12月25日,签发"现金支票",到银行办理取款手续,提回现金6 200元备用。根据"现金支票"存根作账务处理。

(57)12月25日,收到物价检查所"罚款没收专用收据",以现金支付罚款。

(58)12月25日,收到养路费征收站的"交通车辆养路费收据",经审核无误,以现金付讫(2辆东风汽车为送货用车,养路费为600元,2辆小车的养路费用400元)。

(59)12月26日,收到"副食品商店销售发票"发票联,经审核无误,以现金付讫。

(60)12月26日,收到业务员送来的"固定资产验收单"及购买进口设备的"商业发票",经审核无误,填写"信汇"凭证,到银行办理美元汇兑手续,取回"信汇"回单。当日的即期汇率1美元=7.85元人民币。

(61)12月26日,收到迅达搬运公司的"江泽市交通运输业发票"发票联,经审核无误,以现金付讫。

(62)12月26日,收到张丰的"借款单",经审核无误,以现金付讫。

(63)12月27日,收到本公司业务员送来销售商品给众健公司、宏源公司和兴盛公司的"增值税专用发票"记账联和3张"商业承兑汇票"。

(64)12月27日,收到业务员送来的"专利申报表"和专利局的"江泽市行政事业单位收款收据"发票联,经审核无误后,填写"转账支票"支付专利注册登记费,到银行办理转账手续,经银行盖章后,拿回转账支票回单(专利局开户行:中国工商银行江泽市支行;账号:115675363286)。

(65)12月27日,收到德源公司、德茂公司、兴隆公司业务员送来的"增值税专用发票"第2、3联,经审核无误,分别填写为期2个月的"商业承兑汇票"3份,其中第1联经各收款人盖章并签名后收回,在第2联的付款人盖章处盖上财务专用章,在负责经办处签名,填好后将第2

联分别交德源公司、德茂公司、兴隆公司业务员。

同时,收到四通运输公司的"江泽市公路、内河货物运输统一发票"发票联,经审核无误后填写"转账支票"支付材料运费,到银行办理转账手续,经银行盖章后,拿回转账支票回单(四通运输公司开户行:中国工商银行江泽市支行;账号:115675363298)。

根据材料重量编制"材料采购费用分配表"。各种材料采购的重量:G-1材料4 800千克,H-1材料5 000千克,甲材料15 000千克,乙材料20 000千克,丙材料12 000千克,丁材料15 000千克。

根据增值税专用发票的发票联、商业汇票的留存联、转账支票存根联、"江泽市公路、内河货物运输统一发票"发票联、"材料采购费用分配表",作账务处理。

(66)12月30日,收到业务员送来的"增值税专用发票"第2、3、4联,合同规定销货款采用委托收款结算方式,经审核无误,据以填写"委托收款凭证",持"委托收款凭证"和"增值税专用发票"第2、3联到银行办理托收手续,经银行盖章后,将退回的"委托收款凭证"回单与"增值税专用发票"的记账联一并作账务处理。

(67)12月31日,到开户行拿回贷款计息凭证,进行账务处理(已预计应付利息12 000元)。

(68)12月31日,到开户行拿回存款计息凭证,进行账务处理。

(69)12月31日,将账面价值为90 000元的"交易性金融资产——基金"全部出售,实得现金94 500元。填写"内部转账单"和"进账单",将现金送存银行(全为百元券)。

(70)12月31日的即期汇率1美元=8.05元人民币,调整当期产生的汇兑差额。

15.2 宏盛公司记账会计岗位实操

15.2.1 开设有关账户

宏盛公司2014年11月30日明细账期末资料如下:

其他货币资金——外埠存款	11 000(借)
交易性金融资产——股票(成本)	100 000(借)
交易性金融资产——债券(成本)	90 000(借)
交易性金融资产——基金(成本)	90 000(借)
应收票据——众健公司	110 000(借)
应收票据——宏源公司	120 000(借)
应收票据——兴盛公司	100 000(借)
应收账款——众健公司	100 000(借)
应收账款——宏源公司	100 000(借)
应收账款——兴盛公司	110 000(借)
坏账准备	1 240(贷)
其他应收款——张丰	1 600(借)
其他应收款——代扣水电费	15 000(借)
材料采购——原材料	45 080(借)

原材料——原料及主要材料 416 000(借)
原材料——其他材料 104 000(借)
周转材料——包装物 20 000(借)
周转材料——低值易耗品 50 000(借)
材料成本差异——原材料 4 508(借)
材料成本差异——包装物 200(贷)
材料成本差异——低值易耗品 500(借)
库存商品——F-1 产品 180 000(借)
库存商品——F-2 产品 550 000(借)
库存商品——F-3 产品 480 000(借)
库存商品——F-4 产品 1200 000(借)
长期股权投资——股票投资(大华公司) 100 000(借)
持有到到期投资——成本 80 000(借)
持有至到期投资——利息调整 6 000(借)
持有至到期投资——应计利息 4 000(借)
固定资产——生产用固定资产 1 300 000(借)
固定资产——非生产用固定资产 600 000(借)
固定资产——不需用固定资产 100 000(借)
固定资产——出租固定资产 200 000(借)
累计折旧 500 000(贷)
工程物资——专用材料 200 000(借)
工程物资——专用设备 300 000(借)
在建工程——机床大修工程 40 000(借)
在建工程——设备安装工程 360 000(借)
固定资产清理——报废 6 000(借)
无形资产——专利权 321 000(借)
无形资产——专有技术 350 000(借)
研发支出——资本化支出 29 000(借)
长期待摊费用——固定资产大修费用 46 000(借)
待处理财产损溢——待处理固定资产损溢 5 000(借)
生产成本——基本生产成本(F-1 产品) 9 800(借)
生产成本——基本生产成本(F-2 产品) 11 600(借)
生产成本——基本生产成本(F-3 产品) 13 700(借)
生产成本——基本生产成本(F-4 产品) 15 800(借)
短期借款——生产周转借款 1 500 000(贷)
应付票据——德源公司 110 000(贷)
应付票据——德茂公司 120 000(贷)
应付票据——兴隆公司 100 000(贷)
应付账款——德源公司 100 000(贷)

应付账款——德茂公司	110 000（贷）
应付账款——兴隆公司	120 000（贷）
应付职工薪酬——职工教育经费	4 000（贷）
应付职工薪酬——职工福利	2 600（贷）
应付职工薪酬——社会保险费	8 400（贷）
应交税费——未交增值税	40 000（贷）
应交税费——应交所得税	40 000（借）
应交税费——应交城市维护建设税	3 000（贷）
应交税费——应交个人所得税	2 500（贷）
应交税费——应交教育费附加	1 000（贷）
应付利息	24 000（贷）
长期借款——基建借款	1 200 000（贷）
长期应付款——应付设备款	100 000（贷）
应付债券——面值	280 000（贷）
应付债券——利息调整	20 000（贷）
应付债券——应计利息	20 000（贷）
实收资本——国家投资	1 438 648（贷）
实收资本——昌平公司	150 000（贷）
实收资本——其他	1 000 000（贷）
资本公积——资本溢价	300 000（贷）
资本公积——其他	100 000（贷）
盈余公积——法定盈余公积	600 000（贷）
利润分配——未分配利润	80 000（贷）
本年利润	400 000（贷）

原材料明细账 2014 年 11 月 30 日期末资料如表 15-3 所示。

表 15-3　　　　　　　　期末原材料明细（截至 2014 年 11 月 30 日）

	品名	单位	数量	计划单价（元）	金额（元）
原料及主要材料	甲材料	千克	11 000	3.80	41 800
	乙材料	千克	10 000	3.20	32 000
	丙材料	千克	10 000	5.20	52 000
	丁材料	千克	12 000	5.80	69 600
	G-1 材料	千克	11 000	10.20	112 200
	H-1 材料	千克	10 000	10.84	108 400
	小计				416 000
其他材料					104 000
合　计					520 000

材料采购明细账 2014 年 11 月 30 日期末资料如表 15—4 所示。

表 15—4　　　　　　　期末材料采购明细(截至 2014 年 11 月 30 日)

供货单位	项目	借方(元) 买价	借方(元) 运杂费	借方(元) 合计	贷方(元) 计划成本	贷方(元) 差异	贷方(元) 合计	备注
兴隆公司	甲材料	8 000	200	8 200				
兴隆公司	乙材料	7 000	180	7 180				
兴盛公司	丙材料	9 000	200	9 200				
兴盛公司	丁材料	8 000	200	8 200				
德源公司	G-1 材料	6 000	150	6 150				
德茂公司	H-1 材料	6 000	150	6 150				
合　计		44 000	1 080	45 080				

库存商品明细账 2014 年 11 月 30 日期末资料如表 15—5 所示。

表 15—5　　　　　期末库存商品明细(截至 2014 年 11 月 30 日)

商品名称	单位	数量	单位成本(元)	金额(元)
F-1 商品	千克	20 000	9	180 000
F-2 商品	件	50 000	11	550 000
F-3 商品	件	40 000	12	480 000
F-4 商品	件	60 000	20	1 200 000
合　计				2 410 000

生产成本明细账 2014 年 11 月 30 日期末在产品成本资料如表 15—6 所示。

表 15—6　　　　　期末生产成本明细(截至 2014 年 11 月 30 日)

产品名称	数量	成本项目 直接材料(元)	成本项目 直接人工(元)	成本项目 制造费用(元)	合计(元)
F-1 产品	2 200 千克	5 000	3 000	1 800	9 800
F-2 产品	2 100 件	6 000	3 600	2 000	11 600
F-3 产品	2 300 件	7 000	4 200	2 500	13 700
F-4 产品	1 580 件	8 000	4 800	3 000	15 800
合　计					50 900

15.2.2　开设明细账

按下列要求开设明细账:
(1)下列账户使用三栏式账页(有期初余额的账户结转期初余额,没有期初余额的账户设户后待记发生额)：

  其他货币资金——外埠存款
  其他货币资金——存出投资款
  交易性金融资产——股票(成本)
  交易性金融资产——股票(公允价值变动)
  交易性金融资产——债券(成本)
  交易性金融资产——基金(成本)
  应收票据——众健公司
  应收票据——宏源公司
  应收票据——兴盛公司
  应收账款——众健公司
  应收账款——宏源公司
  应收账款——兴盛公司
  预付账款——中财保险公司
  坏账准备
  其他应收款——张丰
  其他应收款——业务科
  其他应收款——代扣水电费
  原材料——原料及主要材料
  原材料——其他材料
  周转材料——包装物
  周转材料——低值易耗品
  材料成本差异——原材料
  材料成本差异——包装物
  材料成本差异——低值易耗品
  长期股权投资——股票投资(大华公司)
  持有至到期投资——成本
  持有至到期投资——利息调整
  持有至到期投资——应计利息
  固定资产——生产用固定资产
  固定资产——非生产用固定资产
  固定资产——不需用固定资产
  固定资产——出租固定资产
  累计折旧
  工程物资——专用材料
  工程物资——专用设备
  在建工程——机床大修工程
  在建工程——设备安装工程
  在建工程——生产车间扩建工程

固定资产清理——报废
固定资产清理——出售不需用固定资产
无形资产——专利权
无形资产——专有技术
研发支出——资本化支出
累计摊销
长期待摊费用——固定资产大修费用
待处理财产损溢——待处理固定资产损溢
递延所得税资产
短期借款——生产周转借款
应付票据——德茂公司
应付票据——德源公司
应付票据——兴隆公司
应付账款——德茂公司
应付账款——德源公司
应付账款——兴隆公司
应付职工薪酬——工资
应付职工薪酬——职工福利
应付职工薪酬——社会保险费
应付职工薪酬——住房公积金
应付职工薪酬——工会经费
应付职工薪酬——职工教育经费
应付职工薪酬——非货币性福利
应交税费——未交增值税
应交税费——应交营业税
应交税费——应交所得税
应交税费——应交城市维护建设税
应交税费——应交个人所得税
应交税费——应交教育费附加
应交税费——应交房产税
应付利息
应付股利
长期借款——基建借款
长期应付款——应付设备款
应付债券——面值
应付债券——利息调整
应付债券——应计利息
递延所得税负债
实收资本——国家投资

实收资本——昌平公司
实收资本——其他
资本公积——资本溢价
资本公积——其他
盈余公积——法定盈余公积
利润分配——提取法定盈余公积
利润分配——应付现金股利
利润分配——未分配利润
本年利润
主营业务收入——F-1 产品
主营业务收入——F-2 产品
主营业务收入——F-3 产品
主营业务收入——F-4 产品
其他业务收入
投资收益
公允价值变动损益
营业外收入
主营业务成本——F-1 产品
主营业务成本——F-2 产品
主营业务成本——F-3 产品
主营业务成本——F-4 产品
营业税金及附加
其他业务成本
资产减值损失
营业外支出
所得税费用

（2）下列账户使用多栏式账页（有期初余额的账户结转期初余额，没有期初余额的账户设户后待记发生额）：

应交税费——应交增值税
生产成本——基本生产成本（F-1 产品）
生产成本——基本生产成本（F-2 产品）
生产成本——基本生产成本（F-3 产品）
生产成本——基本生产成本（F-4 产品）
生产成本——辅助生产成本——机修车间
生产成本——辅助生产成本——动力车间
制造费用——基本生产车间
销售费用
财务费用
管理费用

(3)"材料采购——原材料"使用横线登记式账页(有期初余额的账户结转期初余额,没有期初余额的账户设户后待记发生额)。

(4)下列账户使用数量金额式账页(有期初余额的账户结转期初余额,没有期初余额的账户设户后待记发生额):

库存商品——F-1产品

库存商品——F-2产品

库存商品——F-3产品

库存商品——F-4产品

原材料——原料及主要材料——甲材料

原材料——原料及主要材料——乙材料

原材料——原料及主要材料——丙材料

原材料——原料及主要材料——丁材料

原材料——原料及主要材料——G-1材料

原材料——原料及主要材料——H-1材料

15.2.3 办理记账业务

办理如下记账业务:

(1)12月4日,收到业务员送来的"材料入库验收单"(留待月末汇总进行收料的账务处理)。

(2)12月9日,收到"固定资产折旧计算表",经审核无误,进行账务处理。

(3)12月9日,收到业务员交来本公司换出商品的"增值税专用发票"记账联,换入材料的"增值税专用发票"抵扣联与发票联及"材料入库验收单"会计记账联,经审核无误,进行非货币性交易的账务处理。

(4)12月12日,收到徐又祥、向又贵的"物品领用单",经审核无误,进行账务处理。

(5)12月18日,收到固定资产报废单,经审核无误,进行账务处理。

(6)12月19日,收到业务员送来的"内部转账单",经审核无误,进行账务处理。

(7)12月20日,收到业务员送来的工程物资入库验收单。

(8)12月20日,报废固定资产清理完毕,根据"固定资产清理——报废清理"账户余额编制"内部转账单",结转清理损益。

(9)12月27日,收到业务员送来的材料入库验收单(留待月末汇总进行收料的账务处理)。

(10)12月28日,本月应摊销专利权35 000元,应摊销专有技术35 000元,应摊销基本生产车间固定资产大修费19 000元,据以编制"无形资产、长期待摊费用分摊表",经审核无误,进行账务处理。

(11)12月29日,收到"报废低值易耗品汇总表"及"材料入库验收单"(会计记账联)经审核无误,进行账务处理。

(12)12月29日,根据前面留存的"材料入库验收单"登记"材料采购"明细账(横线登记式明细账)的贷方发生额,并计算入库材料成本差异,据此编制"本月已付款的入库材料汇总表"。

(13)12月30日,本月生产产品领用包装物的计划成本汇总如下(根据领料单汇总的,因为领料单不便一一列出,故略去):

F-1产品领用2 500元

F-2 产品领用 2 400 元

F-3 产品领用 2 600 元

F-4 产品领用 2 500 元

根据"周转材料——包装物"与"材料成本差异——包装物"账户资料计算材料成本差异率、领用材料应分摊的差异额及领用材料实际成本,根据计算结果编制"领用包装物汇总表",经审核无误,进行账务处理。

(14)12 月 30 日,本月领用低值易耗品的计划成本汇总如下(根据领料单汇总的,因为领料单不便一一列出,故略去):

基本生产车间领用 8 000 元

动力车间领用 1 200 元

机修车间领用 1 600 元

公司管理部门领用 2 000 元

根据"周转材料——低值易耗品"与"材料成本差异——低值易耗品"账户资料计算材料成本差异率、领用材料应分摊的差异额及领用材料实际成本,根据计算结果编制"领用低值易耗品汇总表",经审核无误,进行账务处理。

(15)12 月 31 日,收到"车间产品耗用工时汇总表",结合"工资结算汇总表"与"奖金发放表"先编制"基本生产车间生产工人工资分配表",后编制"应付职工薪酬分配表",经审核无误,进行账务处理。

(16)12 月 31 日,收到业务员送来的"发料凭证汇总表"及其"发料单"(略),根据"发料单"上所载明的用途及下列材料耗用资料编制"发料凭证分配汇总表"。根据"原材料——原料用主要材料"各数量金额式明细账及"材料成本差异——原材料"账户资料计算材料成本差异率、领用材料应分摊的差异额及领用材料实际成本。

材料耗用的计划成本汇总如表 15－7 所示。

表 15－7　　　　　　　　　　材料耗用的计划成本汇总　　　　　　　　　　单位:元

产品、车间、部门	主要材料	其他材料	备　注
F-1 产品	135 000		
F-2 产品	150 000		
F-3 产品	160 000		
F-4 产品	140 000		
基本生产车间一般耗用		3 000	列入物料消耗
动力车间	10 000	2 000	
机修车间	12 400	3 000	
公司管理部门		4 000	列入公司经费
销售部门		5 000	列入包装费
车间扩建工程	27 000	23 000	按 17%转出进项税额

经审核无误,进行账务处理(注:材料成本差异率精确至小数点后四位)。

(17)12 月 31 日,原作待处理的盘亏设备净值 5 000 元,经批准转销。据以编制"内部转账

单",经审核无误,进行账务处理。

(18)12月31日,收到"辅助生产情况表",结合"生产成本——辅助生产成本——动力车间"和"生产成本——辅助生产成本——机修车间"账户资料,采取直接分配法分配辅助生产费用,编制"辅助生产费用分配表"(分配率精确至小数点后四位),经审核无误,进行账务处理。

(19)12月31日,根据工时记录(生产F-1产品10 000工时,生产F-2产品11 000工时,生产F-3产品11 000工时,生产F-4产品11 550工时)和"制造费用——基本生产车间"账户资料编制"制造费用分配表"(分配率精确至小数点后四位),经审核无误,进行账务处理。

(20)12月31日,收到"生产情况报告表"和"产品入库汇总表",结合基本生产成本明细账资料,据以编制"生产成本计算表"(分别四种产品进行计算),单位成本保留到分。经审核无误,进行账务处理。

(21)12月31日,根据本月商品销售数量及"库存商品"明细账的加权平均单位成本,编制"产品销售汇总表",结转产品销售成本。

(22)12月31日,"交易性金融资产——股票"的公允价值为220 000元,依据"交易性金融资产——股票——成本"及"交易性金融资产——股票——公允价值变动"明细账户资料计算本期公允价值变动金额,据以填制"内部转账单",经审核无误,进行账务处理。

(23)12月31日,按应收款项百分比法计提坏账准备,提取比例为3%,依据"应收账款"、"其他应收款"、"预付账款"及"坏账准备"明细账资料分析计算本期应计提的坏账准备金,据以编制"内部转账单",经审核无误,进行账务处理。

(24)12月31日,依据"应交税费——应交增值税"明细账资料分析填写"增值税纳税申报表",计算出未缴增值税额,经审核无误,进行账务处理。

(25)12月31日,依据"其他业务收入"和"固定资产"明细账及"增值税纳税申报表"资料,计算应缴营业税、应缴房产税、应缴城市维护建设税、应缴教育费附加,编制"地方税收综合纳税(费)申报表",经审核无误,进行账务处理。

(26)12月31日,依据"持有至到期投资"明细账期初资料计算本年利息收入,并进行利息调整(按票面利率5%、实际利率4%计算),据以填制"内部转账单",经审核无误,进行账务处理(本月发生数,暂不计算利息)。

(27)12月31日,依据"应付债券"(为安装工程而发行债券)明细账期初资料计算本年利息费用,并进行利息调整(按票面利率6%、实际利率4%计算),据以填制"内部转账单",经审核无误,进行账务处理(本月发生数,暂不计算利息)。

(28)12月31日,结平"待处理财产损溢"账户。

(29)12月31日,将损益类账户的本月净发生额结转"本年利润"账户。

(30)12月31日,编制"利润表"初稿,据以编制"暂时性差异计算表"、"所得税纳税申报表"(所得税税率为33%),经审核无误,进行账务处理。

(31)12月31日,将"所得税费用"账户发生额转入"本年利润"账户。

(32)12月31日,进行利润分配。法定盈余公积按净利润("本年利润"账户年末余额)的10%分配,应付现金股利按"未分配利润"明细账期初余额加上本年净利润减去本年提取的法定盈余公积后的30%分配。

(33)12月31日,将"本年利润"、"利润分配——提取盈余公积"、"利润分配——应付现金股利"账户余额转入"利润分配——未分配利润"账户。

15.3 宏盛公司财务科长岗位实操

15.3.1 开设总账

根据下列资料开设总账账户,每个账户占1页。宏盛公司 2014 年 11 月 30 日总账期末资料如下:

库存现金	1 000(借)
银行存款	299 000(借)
其他货币资金	11 000(借)
交易性金融资产	280 000(借)
应收票据	330 000(借)
应收账款	310 000(借)
预付账款	
坏账准备	1 240(贷)
其他应收款	16 600(借)
材料采购	45 080(借)
原材料	520 000(借)
周转材料	70 000(借)
材料成本差异	4 808(借)
库存商品	2 410 000(借)
长期股权投资	100 000(借)
持有至到期投资	90 000(借)
固定资产	2 200 000(借)
累计折旧	500 000(贷)
工程物资	500 000(借)
在建工程	400 000(借)
固定资产清理	6 000(借)
无形资产	671 000(借)
研发支出	29 000(借)
累计摊销	
长期待摊费用	46 000(借)
待处理财产损溢	5 000(借)
递延所得税资产	
生产成本	50 900(借)
制造费用	
短期借款	1 500 000(贷)
应付票据	330 000(贷)
应付账款	330 000(贷)

应付职工薪酬	15 000(贷)
应交税费	6 500(贷)
应付利息	24 000(贷)
应付股利	
其他应付款	
长期借款	1 200 000(贷)
长期应付款	100 000(贷)
应付债券	320 000(贷)
递延所得税负债	
实收资本	2 588 648(贷)
资本公积	400 000(贷)
盈余公积	600 000(贷)
利润分配	80 000(贷)
本年利润	400 000(贷)
主营业务收入	
其他业务收入	
投资收益	
公允价值变动损益	
营业外收入	
主营业务成本	
营业税金及附加	
其他业务成本	
销售费用	
管理费用	
财务费用	
资产减值损失	
营业外支出	
所得税费用	

15.3.2 处理日常总账业务

日常总账业务如下：

（1）复核上旬会计凭证，根据审核无误的上旬记账凭证编制记账凭证汇总表，并据以登记总账，结出账户余额。与出纳员所经管的日记账核对，如有不符，查明原因，予以更正；与记账员所经管的明细账进行核对，如有不符，查明原因，予以更正。

（2）复核中旬会计凭证，根据审核无误的中旬记账凭证编制记账凭证汇总表，并据以登记总账，结出账户余额。与出纳员所经管的日记账核对，如有不符，查明原因，予以更正；与记账员所经管的明细账进行核对，如有不符，查明原因，予以更正。

（3）复核下旬会计凭证，根据审核无误的下旬记账凭证编制记账凭证汇总表，并据以登记总账，结出账户余额。与出纳员所经管的日记账核对，如有不符，查明原因，予以更正；与记账员所经管的明细账进行核对,如有不符,查明原因,予以更正。
(4)编制总账账户余额试算平衡表。
(5)办理年结。

15.3.3 编制会计报表

编制如下会计报表:
(1)编制资产负债表,以12月份月初数作为年初数。
(2)编制利润表,以12月份损益作为全年损益。
(3)编制现金流量表,以12月份月初数作为年初数,以12月份现金流量作为全年现金流量。

15.4 宏盛公司业务员岗位实操

按要求填制和传递2014年12月份凭证:
(1)12月1日,张丰出差返回公司报账。出差相关内容如下:张丰出差联系业务推销产品,2014年11月23日从江泽市轮船至南京市(当日到达)船票108元,在南京市期间住宿费150元,2014年11月25日从南京乘火车至上海(次日到达)火车票280元,在上海期间住宿费360元,29日从上海乘火车回江泽市(次日到达)火车票350元,出差补助每天18元,据以填写"差旅费报销单"(厂长刘启军在单上签字:同意报销),持单以张丰的名义向财务科出纳处报账(出差前已预支1 600元)。
(2)12月1日,销售给EA公司F-4商品9 000件,销售给EB公司F-4商品8 000件,销售给EC公司F-4商品6 000件,销售给ED公司F-4商品5 000件,E-4商品每件售价29元,增值税税率17%,价税款均已收讫。据以填写"增值税专用发票",款项全部存入银行,填写"进账单",送银行办理进账手续后取回"进账单"回单。将"进账单"回单连同"增值税专用发票"的记账联送财务科记账员(开户行:中国工商银行江泽市支行;账号:1156674356326)。
(3)12月2日,以业务科陈刚民的名义填写"领款单",领款金额2 500元,领款单填好后到财务科找出纳员领款,作为业务科的备用金。
(4)12月3日,以亚洲证券营业部的名义填写"亚洲证券营业部成交过户交割单"1张,内容如下:本交割单系宏盛公司购买股票,成交编号为12693,股东账户为33665693,股东名称为宏盛公司,申请编号为690,公司代码为M123,申报时间为095250(即9点52分50秒),成交时间为095320,实收金额为123 475元,资金余额为86 525元;证券名称为500232,成交数量15 000股,成交价格8.17元,佣金430元,印花税480元,附加费15元。填好后送宏盛公司出纳员。
(5)12月4日,表15-8所列材料全部入库,据以填写"材料入库验收单"。

表15-8 材料入库相关资料

供货单位	材料名称	计量单位	数量	单位买价(元)	运杂费(元)	计划单价(元)
兴隆公司	甲材料	千克	2 000	4.00	200	3.80
	乙材料	千克	2 000	3.50	180	3.20
兴盛公司	丙材料	千克	2 000	4.50	200	5.20
	丁材料	千克	1 600	5.00	200	5.80

续表

供货单位	材料名称	计量单位	数量	单位买价（元）	运杂费（元）	计划单价（元）
德源公司	G-1材料	千克	600	10.00	150	10.20
德茂公司	H-1材料	千克	600	10.00	150	10.84

将填好的"材料入库验收单"记账联送本公司记账员。

(6)12月5日，以中财保险股份有限公司的名义填写"机动车辆保险单"和"保费收据"各1张。填写内容如下：被保险人为宏盛公司；投保险种为车辆损失险、第三责任险、盗抢险、玻璃险、他人恶意险等；车辆型号为三菱（普）；发动机号367585；牌号为A-35683；非营业用车；座位为5座；保险价值32万元，保险金额32万元；基本保费250元；车辆损失险费率0.8%；第三责任险最高赔偿限额为22万元；第三责任险保费为2 000元；盗抢险保费据表计算；玻璃险保费为50元；他人恶意险保费为100元；保险期限自2014年12月5日0时起至2017年12月5日24时止。地址：十字街58号；电话：8666688；邮政编码：438000；总经理：洪源。填好后将"机动车辆保险单"正本和"保费收据"发票联送宏盛公司记账员。

(7)12月6日，以江泽市第一律师事务所陈海的名义填写"江泽市服务业发票"，收取宏盛公司本月律师顾问费用900元，持发票联找宏盛公司出纳员收款。

(8)12月8日，江泽市电视台收取宏盛公司广告费20 000元，代电视台填写"江泽市服务业发票"，持其发票联找宏盛公司出纳员收款。

(9)12月9日，债券公司应向宏盛公司收取债券印刷费及手续费10 000元，代填写"江泽市服务业发票"，持第2联到宏盛公司财务科结算。

(10)12月9日，根据下述资料编制"固定资产折旧表"（采用平均年限法），编制完成后将其送宏盛公司记账员。

11月30日，固定资产资料如表15—9所示。

表15—9　　　　　　　　　固定资产资料（截至11月30日）

部门	固定资产类型	固定资产原值（元）	预计净残值（元）	预计使用年限
基本车间	房屋	200 000	15 000	40
	机床加工设备	200 000	10 000	10
	专用电子设备	300 000	20 000	10
	其他专用设备	100 000	5 000	20
机修车间	房屋	100 000	5 000	40
	机床加工设备	50 000	2 500	10
	其他专用设备	10 000	500	20
动力车间	房屋	100 000	5 000	40
	内燃发电机组	100 000	5 000	20
	其他专用设备	40 000	2 000	20
管理部门	房屋	600 000	30 000	40
	不需用设备	100 000	20 000	10
出租	仓库	200 000	8 000	10

(11)12月9日，宏盛公司与达亿公司进行非货币交易，交易内容如下：

宏盛公司向达亿公司销售 F-2 商品 2 020 件,每件售价 15 元;向达亿公司购进乙材料 10 000 千克,每千克进价 3.03 元。增值税税率均为 17%,据以填写销售 F-2 商品的"增值税专用发票"和购进乙材料的"材料入库验收单"(材料已如数入库,乙材料的计划单位成本见记账员岗位的数量金额式明细账)填好后先持销售商品的"增值税专用发票"第 2、3 联到达亿公司业务处换取购进材料的"增值税专用发票"第 2、3 联;后将销售商品的"增值税专用发票"记账联和购进材料的"增值税专用发票"第 2、3 联及"材料入库验收单"一并送交宏盛公司记账员。

(12) 12 月 10 日,以公司职工洪新的名义填写"费用报销领款单",到财务科领取独生子女费 180 元。

(13) 12 月 10 日,代房地产管理所开具"江泽市服务业发票",应收取宏盛公司办公用房租金 900 元。制单人:李凤。持发票联到宏盛公司财务科结算。

(14) 12 月 10 日,以江泽市汽车队的名义开具"江泽市公路、内河货物运输统一发票",应收取宏盛公司销货运费 6 300 元。制单人:何春明。持发票联到宏盛公司财务科结算。

(15) 12 月 10 日,宏盛公司向保险公司缴纳职工失业保险金 1 400 元(宏盛公司开户行:中国工商银行江泽市支行;账号:1156674356326。保险公司开户行:中国工商银行江泽市支行;账号:115674353366),以保险公司的名义开具"保险公司失业保险金收据",持发票联到宏盛公司财务科结算。

(16) 12 月 10 日,业务科郝一平、张胜、李又新 3 人领取本年度烤火费,每人 90 元,经理范杰签字:同意付款。代填写"费用报销领款单",到财务科出纳处领款。

(17) 12 月 10 日,代司法局开具"江泽市行政事业单位收款票据",应收取宏盛公司公证费用 1 200 元。收款人:王波。持发票联到宏盛公司财务科结算。

(18) 12 月 11 日,生产技术科张丰去省城开生产技术会,经领导范杰同意借款 1 500 元。据以填写"借款单",持单向财务科出纳员借款。

(19) 12 月 11 日,支付生产车间扩建工程款 5 600 元,经公司经理刘启军签字:同意付款。由张档统一领款,据以填写"江泽市建筑安装业统一发票",持发票联到财务科出纳处办理领款,取得出纳员签发的"现金支票"到银行取款。

(20) 12 月 12 日,业务员徐又祥、向又贵各领计算器 1 个,单价 140 元,合计金额 280 元。经理刘启军审批:同意领用,一次摊销。据以填写"物品领用单"并将其送交财务科记账员。

(21) 12 月 12 日,宏盛公司向证券公司购买一年期债券 950 000 元,手续费 1 900 元,以证券公司名义开出"收据",持"收据"第 2 联到宏盛公司财务科结算。

(22) 12 月 13 日,根据表 15-10 所列资料编制"工资结算汇总表"(因工资结算原始资料比较复杂,实际工作中的工资发放表是根据岗位将每个人的工资计算出来加以汇总的。而下列资料直接以汇总的形式给出)

表 15-10　　　　　　　　　　　工资结算汇总资料

车间、部门、类型	职工人数	标准工资（元）	应扣工资（元）		津贴（元）	代扣款项			
			事假	病假		水电费（元）	住房公积金（元）	个人所得税（元）	个人承担社保（元）
基本生产车间生产工人	283	251 000	1 200	360	26 000	11 490	9 000	50	1 320
基本生产车间管理人员	10	10 500		470	1 000	600	400	20	115
援外工程人员	3	3 200			1 600				85
在建工程人员	20	19 000		200	1 900	1 000	900		450
机修车间人员	6	5 800		70	580	250	300		80
动力车间人员	5	4 700		80	460	200	300		85
公司管理人员	32	29 000		350	2 800	1 280	1 200	30	650
医务人员	3	2 800		80	260	120	200		65
六个月以上长病假人员	2	1 980		440	10	60	160		45

工资结算汇总表编制好后送交财务科出纳员。

(23)12月13日，销售给兴盛公司F-1商品5 000千克，每千克售价12.80元，F-3商品5 000件，每件售价16.80元，增值税税率17%，据以填写"增值税专用发票"后将其第2、3、4联送宏盛财务科出纳员办理收款手续。

(24)12月14日，业务科各种费用支出汇总情况如下：差旅费290元(32张原始凭证)；办公费110元(11张原始凭证)；其他费用58元(3张原始凭证)。经核对无误后，编制"管理费用支出汇总表"，持表到财务科报账。

(25)12月14日，向阳等6名职工参加江泽市工学院短期培训，支付学杂费3 600元，以工学院名义开出"收据"，持第2联(付款人联)找宏盛财务科出纳员办理领款，取得出纳员签发的"现金支票"到银行取款。

(26)12月15日，宏盛公司职工食堂向为民日杂公司购买碗20个，单价3元，计60元，盘子50个，每个2.00元，计100元，合计160元。以为民日杂公司名义开具"为民日杂公司销售发票"，持发票联向宏盛公司财务科出纳员报账(在发票备注上填写：列入职工福利)。

(27)12月16日，宏盛公司向税务局购买20张5元券印花税票，25张2元券印花税票，25张1元券印花税票，以税务局名义开具"市税务局印花税票发售统一发票"，持发票联向宏盛公司财务科出纳员报账。

(28)12月16日，江泽市保险公司向宏盛公司收取员工养老保险金7 000元，以保险公司名义开具"收据"，并持"收据"(付款人联)向宏盛公司财务科结算。

(29)12月17日，宏盛公司应付的车间扩建工程包工款190 000元，以长丰建筑公司的名义填写"江泽市建筑安装统一发票"，持发票联到宏盛公司财务科办理结算。

(30)12月17日，本月综合奖金结算汇总资料如表15-11所示。

表 15-11　　　　　　　　　　　　　本月综合奖金结算汇总资料　　　　　　　　　　　　单位：元

车间、部门	奖　金
基本生产车间生产工人	29 200
基本生产车间管理人员	1 000
机修车间人员	600
动力车间人员	500
公司管理人员	3 200
医务人员	300

据以编制"综合奖金结算汇总表",持表向财务科出纳员领取奖金。

(31)12月18日,宏盛公司应付新卫设计院产品设计费450元,以新卫设计院的名义填写"江泽市服务业发票",持发票联到宏盛公司财务科办理结算。

(32)12月18日,向达昌公司购进丙设备1台,交易价45 000元,经验收交基本生产车间使用,据以填写"固定资产验收单",将第二联送财务科出纳员。

(33)12月18日,一栋仓库260平方米,预计使用29年,已使用27年,原值96 000元,已提折旧78 000元,因重建提前报废。其处理意见如下:使用部门的意见:因陈旧要求报废;技术鉴定小组意见如下:情况属实;固定资产管理部门意见:同意转入清理;主管部门审批意见:同意报废重建。据以填写"固定资产报废单"后将其会计记账联送财务科记账员。

(34)12月19日,销售给宏源公司不需用丁设备1台,原始价值56 000元,已提折旧16 000元,协商作价42 000元。据以填写"江泽市商业普通发票",持其发票联到宏源公司财务科收款,要求宏源公司出纳员签发"转账支票",并与其一同去银行办理转账手续,取得银行盖章后"转账支票"的收账通知联后,将"转账支票"的收账通知联及"江泽市商业普通发票"记账联送交本公司财务科出纳员。

(35)12月19日,张丰12月11日去省城参加工业生产技术会,12月18日返回,往返汽车票均为35元,住宿费用700元,会议费用150元,其他费用60元,每天补助15元。以张丰的名义填写"差旅费报销单",经理刘启军在单上签字:同意报销。持单向财务科出纳员报账(原借支1 500元)。

(36)12月19日,业务科与业务往来单位洽谈业务,接待、就餐、补助及接车费共计金额2 078元,单据23张。据以填写"业务招待费汇总表",经理刘启军在单上签字:同意报销。持单向财务科出纳员报账,取得出纳员签发的"现金支票"后到银行提取现金。

(37)12月19日,报废固定资产的清理人员余刚等4人应领取清理费用360元,以余刚的名义填写"费用报销领款单",经理刘启军在单上签字:同意付款。持单向财务科出纳员领款。

(38)12月19日,宏盛公司向江泽商场收取仓库租金4 900元,据以开出"江泽市服务业发票",收到现金4 900元,当即填写"进账单"到开户行办理进账手续,收到银行盖章后的"进账单"回单,将"江泽市服务业发票"的发票联及"进账单"回单送交本公司出纳员(本公司开户行:中国工商行江泽市支行;账号:115674356326)。

(39)12月20日,仓库清理残料如下:红砖100 000块,每块0.20元,计20 000元,其他材料5 000元,合计25 000元。材料全部入库作重建仓用,据以编制"材料入库单",并将其记账联送财务科记账员。

(40)12月20日,宏盛公司向为民五金公司购买灭火器6个,单价100元,计600元。灭火器购回后当即由仓库领用。先以为民五金公司名义开具"为民五金公司发票";再以仓库保管员朱红名义填写"物品领用单"(经理刘启军在单上签字:同意领用,一次摊销),最后将"为民五金公司发票"的发票联和"物品领用单"送财务科出纳员,并要求领款、领物。

(41)12月20日,向达亿公司转让技术,收取技术转让费17 000元,据以填写"江泽市商业普通发票",持其发票联到达亿公司财务科收款,要求达亿公司出纳员签发"转账支票",并与其一同去银行办理转账手续,取得银行盖章后的"转账支票"的收账通知联后,将"转账支票"的收账通知联及"江泽市普通发票"记账联送交本公司财务科出纳员。

(42)12月21日,向会计局购买《新会计准则》等书籍,付款178元,以会计局的名义填写"江泽市文化教育、体育业发票",持发票联到账务科报账。

(43)12月21日,宏盛公司的汽车送汽车修配厂修理。具体修配项目如下:汽车补胎260元,汽车轮胎充气38元,车轮拆装39元。以汽车修配厂名义开具"江泽市服务业发票",将"江泽市服务业发票"的发票联送交本公司出纳员。

(44)12月23日,宏盛公司使用自来水厂的供水。水表记录是:本月号码为357680,上月号码为352400,实用水5 280吨,每吨单价1元。以自来水厂名义开具"自来水厂水费发票",持其发票联到宏盛财务科结算。

(45)12月23日,业务科用备用金开支下列各种费用:差旅费1 100元(13张原始凭证);办公费1 060元(15张原始凭证);修理费1 200元(4张原始凭证)。经核对无误后全部报销,编制"管理费用支出汇总表",持单到财务科报账。

(46)12月24日,宏盛公司电表的起码是357867,止码是418917,实用电61 050度,每度单价0.50元,以电力局的名义填写"增值税专用发票"(电费增值税税率13%),持发票联到宏盛公司财务科结算。

(47)12月24日,宏盛公司参加本市商品展销会,应付大世界商场的商品展位租用费1 000元,以大世界市场的名义填写"江泽市服务业发票",持发票联到宏盛公司财务科结算。

(48)12月25日,物价检查所对宏盛公司商品销售情况进行检查,发现部分商品违反国家价格政策,罚款1 650元,以物价检查所名义填写"罚款没收专用收据",持单到宏盛公司财务科结算。

(49)12月25日,养路费征收站向宏盛公司收取汽车养路费用1 000元,以养路费征收站的名义填写"交通车辆养路费收据",(2辆东风汽车为送货用车,养路费为600元,2辆小车的养路费400元),持单到宏盛公司财务科结算。

(50)12月26日,看望住院病人王兴发,从副食品商店购买2袋奶粉,每袋18元,苹果4千克,每千克3元,据以填写"副食品商店销售发票"(经理刘启军签字:在福利费列支),持发票联到宏盛公司财务科结算。

(51)12月26日,迅达搬运公司为宏盛公司装卸货物,应收取装卸费1 200元,以迅达公司的名义开具"江泽市交通运输业发票",持发票联到宏盛公司财务科结算。

(52)12月26日,张丰出差预支差旅费1 300元,据以填写"借款单",持单向财务科出纳借款。

(53)12月26日,本公司向美国H公司购入先进设备1台,交易价4 000美元,以H公司

名义填写"商业发票",以本公司设备科名义填写"固定资产验收单"(设备交管理部门使用)。"商业发票"与"固定资产验收单"交本公司出纳员(引进先进设备,减免关税及增值税;境内外运杂费均由供货方承担)。

(54)12月27日,宏盛公司自行开发一项实用型专利开发成功,先根据下列资料填写"专利申报表":申请单位:宏盛公司;专利项目:实用新型专利;技术开发费:29 000元;注册登记费:3 000元;单位意见:同意申报;专利局审批:同意注册。再以专利局名义填写"江泽市行政事业单位收款收据"收取宏盛公司专利注册登记费3 000元,最后持"专利申报表"和"江泽市行政事业单位收款收据"到宏盛公司财务科结算。

(55)12月27日,宏盛公司销售给众健公司F-1商品7 000千克,每千克售价13元;销售给宏源公司F-1商品7 000千克,每千克售价13元;销售给兴盛公司F-2商品10 000件,每件售价16元;增值税税率均为17%,据以分别填写"增值税专用发票"后持"增值税专用发票"第2、3联到众健公司、宏源公司、兴盛公司财务科结算,要求各公司出纳员根据购销合同填写"商业承兑汇票",经付款人(各购货公司)承兑后取得"商业承兑汇票"第2联,并在"商业承兑汇票"第1联的收款人盖章处盖上本公司财务专用章(由本公司出纳员盖章),在负责、经办处均签名,将"增值税专用发票"记账联和"商业承兑汇票"第2联送交宏盛公司出纳员。

(56)12月27日,四通运输公司为宏盛公司运输购入的材料,应收运费7 180元。以四通运输公司的名义开具"江泽市公路、内河货物运输统一发票",持发票联到宏盛公司财务科结算。

(57)12月27日,外购材料全部验收入库。根据表15-12所列资料填写"材料入库验收单",将其记账联送财务科记账员。

表15-12　　　　　　　　　　　　外购材料入库资料

供货单位	材料名称	数量(千克)	买价(元)	运杂费(元)	计划单价(元)
众健公司	G-1材料	4 800	48 000	480	10.20
德茂公司	H-1材料	5 000	55 000	500	10.84
兴隆公司	甲材料	15 000	60 000	1 500	3.80
	乙材料	20 000	60 000	2 000	3.20
	丙材料	12 000	60 000	1 200	5.20
	丁材料	15 000	90 000	1500	5.80

(58)12月29日,各部门报废低值易耗品(领用时均一次摊销),本月收回残值如下:基本生产车间390元,动力车间38元,机修车间62元,行政管理部门110元。报废材料均已入库(计划价按照600元计算)。据以编制"报废低值易耗品汇总表"和"材料入库验收单",并将其送财务科记账员。

(59)12月30日,销售给兴盛公司F-3商品10 000件,每件售价17元,F-4商品10 000件,每件售价29元,增值税税率17%,据以填写"增值税专用发票",将"增值税专用发票"第2、3、4联送本公司出纳员。

(60)12月31日,基本生产车间生产F-1产品耗用6 860工时,生产F-2产品耗用6 700工时,生产F-3产品耗用7 000工时,生产F-4产品耗用6 980工时,据以编制"产品耗用工时汇总表",并将表送财务科记账员。

(61)12月31日,本月发出材料汇总资料如表15—13所示。

表15—13　　　　　　　　　　　本月发出材料汇总资料

材料名称	数量(千克)	计划单价(元)	计划总价(元)
甲材料	20 000	3.80	76 000
乙材料	40 000	3.20	128 000
丙材料	20 000	5.20	104 000
丁材料	20 000	5.80	116 000
G-1材料	10 000	10.20	102 000
H-1材料	10 000	10.84	108 400
小计			634 400
其他材料			40 000

据以编制"发料凭证汇总表",并将该表送财务科记账员。

(62)12月31日,辅助生产车间本月提供劳务总量资料如表15—14所示。

表15—14　　　　　　　辅助生产车间本月提供劳务总量资料

项　目	机修车间服务量(工时)	动力车间供电量(度)
F-1产品耗用	—	8 000
F-2产品耗用	—	9 000
F-3产品耗用	—	9 000
F-4产品耗用	—	10 000
基本生产车间耗用	3 200	1 000
行政管理部门耗用	200	3 000
车间扩建工程耗用	600	10 000
动力车间耗用	100	—
机修车间耗用	—	800
合　计	4 100	50 800

据以编制"辅助生产情况表",并将该表送财务科记账员。

(63)12月31日,本月产品生产及入库情况如表15—15所示。

表15—15　　　　　　　　　本月产品生产及入库情况

产品名称	月初在产品	本月投产	本月完工入库	月末在产品	在产品完工程度	投料方式
F-1产品	2 200千克	27 000千克	28 000千克	1 200千克	50%	逐步投料
F-2产品	2 100件	23 900件	24 000件	2 000件	50%	逐步投料
F-3产品	2 300件	22 944件	23 000件	2 244件	50%	逐步投料
F-4产品	1 580件	12 780件	13 060件	1 300件	50%	逐步投料

代基本生产车间编制"生产情况报告表",代成品仓库编制"产品入库汇总表",将填写好的2张表送财务科记账员。

达昌公司会计业务岗位实操

16.1 达昌公司出纳会计岗位实操

16.1.1 开设有关日记账

达昌公司 2014 年 11 月 30 日有关账户余额如下：

库存现金日记账　　　　　　　　　　　　　　　　　　　　　　1 000（借）
银行存款日记账　　　　　　　　　　　　　　　　　　　　　　301 000（借）

达昌公司及往来公司相关情况如表 16－1 所示。

表 16－1　　　　　　　　　达昌公司及往来公司相关情况

开户行:中国工商银行江泽市支行		开户行:中国工商银行崎峰市支行	
公司名称	账　号	公司名称	账　号
丰润公司	1156674356321	德源公司	823653676510
丰利公司	1156674356322	德茂公司	823653676511
众生公司	1156674356323	昌平公司	823653676512
众健公司	1156674356324	昌安公司	823653676513
宏源公司	1156674356325	大兴公司	823653676514
宏盛公司	1156674356326	大华公司	823653676515
达昌公司	1156674356327		

16.1.2 办理如下业务

凡出纳业务,在业务办理完毕后,编制记账凭证,据以登记库存现金和银行存款日记账,并将记账凭证连同所附原始凭证一并转交记账员记账。

(1)12 月 1 日,收到李立平和张贤的"借款单"各 1 张,经审核无误,签发 5 000 元的"现金支票"交给两人到开户行取款,留下"借款单"和"现金支票"存根进行账务处理。

(2)12 月 1 日,收到业务员送来的"进账单"回单及"增值税专用发票"的记账联进行账务处理。

(3)12 月 1 日,填写"信汇"凭证 3 张,分别支付应付德源公司账款 120 000 元、应付德茂公司账款 110 000 元、应付昌平公司账款 100 000 元。填好结算凭证后去开户银行办理相关手续,取回"信汇"凭证回单,审核无误后,进行账务处理。

(4)12 月 2 日,填写"转账支票"1 张,转出投资款 230 000 元,存入亚洲证券营业部账户(亚洲证券营业部开户行:中国工商银行江泽市支行,账号:235673625588),准备用于购买股票。到银行办理转账手续,取回回单。

(5)12 月 2 日,填写"现金支票"1 张,提取现金 6 000 元备用,到开户银行办理支款手续。

(6)12 月 2 日,收到采购办事处张兴华的"领款单",经审核无误,支付现金 3 000 元,作为采购办事处的备用金(在领款单上注明"现金付讫")。

(7)12 月 3 日,收到"亚洲证券营业部成交过户交割单",购入股票划作交易性金融资产。

(8)12 月 3 日,将专夹留存的 10 月 3 日签发的"商业承兑汇票"第 2 联取出(曾在 10 月 3 日发生销货业务时,已填写 3 份"商业承兑汇票":签发日期为 2014 年 10 月 3 日,承兑期 2 个月,应收昌安公司货款 100 000 元,应收大兴公司货款 90 000 元,应收大华公司货款 110 000 元),依据到期的 3 张"商业承兑汇票"填写 3 份"委托收款"凭证后,到开户银行办理委托收款手续,取回"委托收款"凭证回单。

(9)12 月 5 日,收到开户行转来昌安公司、大兴公司和大华公司"信汇"凭证收款通知。

(10)12 月 5 日,收到中财保险股份有限公司机动车辆保险单(正本)和保费收据第 1 联,经审核无误,据以填写转账支票(中财保险股份有限公司开户行:中国工商银行江泽市支行;账号:115675368955),并到银行办理转账手续,经银行盖章,取回转账支票回单。

(11)12 月 6 日,填写"中华人民共和国税收通用完税证",将未缴增值税、应缴城市维护建设税、应缴个人所得税、应缴教育费附加上缴国库,具体金额见明细分类账各该账户的月初余额。税收通用完税证填写好后,到开户行办理手续,经税务机关、银行盖章后取得完税凭证联,并据以进行账务处理。

(12)12 月 6 日,收到律师事务所的"江泽市服务业发票"发票联,经审核无误,以现金付讫。

(13)12 月 7 日,收到银行转来委托收款凭证的收款通知 3 张,系昌安公司、大兴公司和大华公司应收款。

(14)12 月 7 日,收到银行转来委托收款凭证的付款通知 3 张,系应付德源公司、德茂公司和昌平公司的商业汇票到期款。

(15)12 月 8 日,收到江泽市电视台的"江泽市服务业发票"发票联,经审核无误,据以填写转账支票(江泽市电视台开户行:中国工商银行江泽市支行;账号:115674356672),付广告费,并到银行办理转账手续,经银行盖章,取回转账支票回单。

(16)12 月 8 日,本(达昌公司)公司委托债券发行公司发行 5 年期债券,按面值的 10% 溢价发行。现债券公司已发行债券面值 800 000 元,实收金额 880 000 元,款项今日全部交来,当即送存银行。据以填写"收据"及"进账单",到银行办理手续后据"收据"记账联及"进账单"回单进行账务处理。

(17)12 月 9 日,收到债券公司的"江泽市服务业发票"发票联,经审核无误,据以填写转账支票(债券公司开户行:中国工商银行江泽市支行;账号:115676283355),付手续费,到银行办理转账手续,经银行盖章,取回转账支票回单。

(18)12 月 10 日,收到杨柳的"费用报销领款单",经审核无误,以现金付讫。

(19)12月10日,收到房地产管理所的"江泽市服务业发票"发票联,经审核无误,以现金付讫。

(20)12月10日,收到江泽市汽车运输公司的"江泽市公路、内河货物运输统一发票"发票联,经审核无误,据以填写转账支票(江泽市汽车运输公司开户行:中国工商银行江泽市支行;账号:115674356698),付运费,并到银行办理转账手续,经银行盖章,取回转账支票回单。

(21)12月10日,收到保险公司的"保险公司失业保险金收据",经审核无误,以现金支票付讫。

(22)12月10日,签发"现金支票",到银行办理取款手续,提回现金4 000元备用。根据"现金支票"存根作账务处理。

(23)12月10日,收到余敏等4人的"费用报销领款单",经审核无误,以现金付讫。

(24)12月10日,收到司法局的"江泽市行政事业单位收款票据",经审核无误,据以填写转账支票(司法局开户行:中国工商银行江泽市支行;账号:115674356989),付诉讼费,并到银行办理转账手续,经银行盖章,取回转账支票回单。

(25)12月10日,收到各零售部销售商品的送存款的"进账单"回单。

(26)12月11号,收到商品采购供应站的"江泽市服务业发票",经审核无误,以现金付讫。

(27)12月11日,收到大楼承建单位秦愿的"江泽市建筑安装业统一发票",经审核无误,签发"现金支票",交到银行取款。

(28)12月12日,收到证券公司的"收据",经审核无误,据以填写转账支票(证券公司开户行:中国工商银行江泽市支行;账号:115674356719),付债券及手续费,并到银行办理转账手续,经银行盖章,取回转账支票回单。

(29)12月13日,收到"工资表",根据实发工资总额签发"现金支票",从银行提取现金,当即发放完毕。

(30)12月13日,收到李立平和张贤的"差旅费报销单"(所附单据略),经审核无误,分别开出"收据",收到李立平交来结余现金920元,另以现金补付张贤120元。

(31)12月14日,收到业务科"管理费用支出汇总表"(所附单据34张略),经审核无误,以现金付讫。

(32)12月14日,收到江泽市商学院的"收据",经审核无误,开出"现金支票"付讫。

(33)12月15日,收到银行转来"委托收款凭证"的付款通知3张及"增值税专用发票"的发票联和抵扣联,系付德源公司、德茂公司、昌平公司货款。

(34)12月15日,收到职工食堂购买炊具发票,经审核无误,以现金付讫。

(35)12月16日,收到"市税务局印花税票发售统一发票",经审核无误,以现金付讫。

(36)12月16日,收到保险公司收取员工养老保险金的"收据",经审核无误,据以填写转账支票(保险公司开户行:中国工商银行江泽市支行;账号:115674363789),付保险金,并到银行办理转账手续,经银行盖章,取回转账支票回单。

(37)12月17日,根据"综合奖金结算汇总表"(实际还应按人头的奖金发放表,此处略),签发"现金支票"提回现金,当即发放完毕。

(38)12月18日,收到业务员送来的宏盛公司转账支票的收账通知联及本公司的固定资产销售的"江泽市商业普通发票"的会计记账联,经审核无误,进行账务处理。

(39)12月19日,收到达亿公司出售设备的"江泽市商业普通发票"发票联,及本公司业务员送来的"固定资产验收单",经审核无误据以填写"转账支票"付设备款,并到银行办理转账手续,经银行盖章,取回转账支票回单。

(40)12月19日,收到采购办事处的"业务招待费汇总表"及所附21张单据(单据略),经审核无误,签发"现金支票"补足其备用金。

(41)12月19日,收到杨元的"费用报销领款单",经审核无误,以现金付讫。

(42)12月19日,收到业务员送来的仓库租金收入"进账单"回单及"江泽市服务业发票"记账联。

(43)12月20日,收到业务员送来的"为民五金公司发票"和"物品领用单",经审核无误,以现金付讫。

(44)12月20日,收到宏源公司的"江泽市商业普通发票"发票联,经审核无误后签发"转账支票"支付技术转让费。到银行办理转账手续,经银行盖章后,拿回转账支票回单。

(45)12月21日,收到购买书籍的"江泽市文化教育、体育业发票"发票联,经审核无误,以现金付讫。

(46)12月21日,收到业务员送来的宏盛公司"转账支票"的收账通知联,及本公司收取技术转让收入的"江泽市商业普通发票"记账联。

(47)12月21日,收到汽车修配厂的"江泽市商业普通发票"发票联,经审核无误,以现金付讫。

(48)12月23日,收到自来水厂发票,审核无误后填写"转账支票"支付水费,到银行办理转账手续,经银行盖章后,拿回转账支票回单(自来水厂开户行:中国工商银行江泽市支行;账号:115674351125)。

(49)12月23日,收到采购办事处的"管理费用支出汇总表"及所附35张单据(单据略),经审核无误后,开出"收据"冲销其备用金,将收据第2联交报账人。

(50)12月24日,收到电力局的"增值税专用发票"发票联,审核无误后填写"转账支票"支付电费,到银行办理转账手续,经银行盖章后,拿回转账支票回单(电力局开户行:中国工商银行江泽市支行;账号:115674356211)。

同时,根据耗用量分配本月电费。耗用量资料如下:大楼建设工程16 000度,其他应收款(代扣职工水电费)9 000度,公司管理部门11 000度,据以编制"外购动力费分配表"。

根据电力局的发票联、"转账支票"存根和"外购动力费分配表"进行账务处理。

(51)12月24日,收到大世界市场的"江泽市服务业发票"发票联,经审核无误,以现金付讫。

(52)12月24日,为购进口设备,向开户行买入5 000美元,以中国人民银行公布的人民币汇率中间价作为即期汇率,当日的即期汇率1美元=7.72元人民币,银行当日美元卖出价为1美元=8.10元人民币。签发"转账支票"支付人民币,填写"进账单"购入美元。到银行办理相关手续,根据"转账支票"存根和"进账单"作账务处理。

(53)12月25日,签发"现金支票",到银行办理取款手续,提回现金6 500元备用,根据"现金支票"存根作账务处理。

(54)12月25日,收到物价检查所"罚款没收专用收据",以现金支付罚款。

(55)12月25日,收到养路费征收站的"交通车辆养路费收据",经审核无误,以现金付讫(货车的养路费为700元,小车的养路费为400元)

(56)12月26日,收到"副食品商店销售发票"发票联,经审核无误,以现金付讫。

(57)12月26日,收到业务员送来的"固定资产验收单"及购买进口设备的"商业发票",经审核无误后填写"信汇"凭证,到银行办理美元汇兑手续,取回"信汇"回单。当日的即期汇率1美元=7.85元人民币。

(58)12月26日,收到迅达搬运公司的"江泽市交通运输业发票"发票联,经审核无误,以现金付讫。

(59)12月26日,收到李立平的"借款单",经审核无误,以现金付讫。

(60)12月27日,收到业务员送来的"专利申报表"和专利局的"江泽市行政事业单位收款收据"发票联,经审核无误后填写"转账支票"支付专利注册登记费,到银行办理转账手续,经银行盖章后,拿回"转账支票"回单(专利局开户行:中国工商银行江泽市支行;账号:115675363286)。

(61)12月27日,收到本公司业务员送来销售商品给大兴公司、大华公司和昌安公司的6张"增值税专用发票"记账联和3张"商业承兑汇票"。

(62)12月27日,收到德源公司、德茂公司、昌平公司业务员送来的"增值税专用发票"2、3联,经审核无误后分别填写为期2个月的"商业承兑汇票"3份,其中第1联并各收款人盖章签名后收回,在第2联的付款人盖章处盖上财务专用章,在负责经办处均签上名,填好后将第2联分别交德源公司、德茂公司、昌平公司业务员。

同时,收到四通运输公司的"江泽市公路、内河货物运输统一发票"发票联,经审核无误,填写"转账支票"支付运费,到银行办理转账手续,经银行盖章后,拿回"转账支票"回单(四通运输公司开户行:中国工商银行江泽市支行;账号:115675363298)。

根据"增值税专用发票"的发票联、"商业汇票"的留存联、"转账支票"存根联、"江泽市公路、内河货物运输统一发票"发票联作账务处理。

(63)12月29日,收到各零售部送存银行销货款的"进账单"回单。

(64)12月30日,收到工会的"收据"第2联,经审核无误,签发"现金支票"付讫,根据"现金支票"存根作账务处理。

(65)12月30日,收到职工食堂的"收据"第2联,经审核无误,签发"现金支票"付讫,根据"现金支票"存根作账务处理。

(66)12月30日,收到业务员送来的"增值税专用发票"第2、3、4联,合同规定销货款采用委托收款结算方式,经审核无误后,据以填写"委托收款凭证",持"委托收款凭证"和"增值税专用发票"第2、3联到银行办理托收手续,经银行盖章后,将退回的"委托收款凭证"回单与"增值税专用发票"的记账联一并作账务处理。

(67)12月31日,到开户行拿回贷款计息凭证,进行账务处理(已预计应付利息10 000元)。

(68)12月31日,到开户行拿回存款计息凭证,进行账务处理。

(69)12月31日,将账面价值为100 000元的"交易性金融资产——基金"全部出售,实得现金105 000元。填写"内部转账单"和"进账单",将现金送存银行(全为百元券)。

(70)12月31日的即期汇率1美元=8.05元人民币,调整当期产生的汇兑差额。

16.2 达昌公司记账会计岗位实操

16.2.1 开设有关账户

达昌公司 2014 年 11 月 30 日明细账期末资料如下：

其他货币资金——外埠存款	10 000（借）
交易性金融资产——股票（成本）	100 000（借）
交易性金融资产——债券（成本）	90 000（借）
交易性金融资产——基金（成本）	100 000（借）
应收票据——昌安公司	100 000（借）
应收票据——大兴公司	90 000（借）
应收票据——大华公司	110 000（借）
应收账款——昌安公司	100 000（借）
应收账款——大兴公司	110 000（借）
应收账款——大华公司	90 000（借）
坏账准备	1 200（贷）
其他应收款——采购办事处	17 000（借）
其他应收款——代扣水电费	12 000（借）
在途材料——德茂公司	25 000（借）
周转材料——低值易耗品——在用	50 000（借）
周转材料——低值易耗品——在库	20 000（借）
周转材料——低值易耗品——摊销	30 000（贷）
库存商品——A 类商品	158 200（借）
库存商品——B 类商品	157 800（借）
库存商品——C 类商品	152 400（借）
库存商品——D 类商品	157 100（借）
库存商品——E 类商品	159 100（借）
库存商品——F 类商品	157 500（借）
库存商品——G 类商品	156 900（借）
库存商品——H 类商品	160 300（借）
库存商品——I 类商品	157 600（借）
库存商品——J 类商品	159 400（借）
库存商品——K 类商品	164 200（借）
库存商品——L 类商品	156 800（借）
库存商品——M 类商品	1 237 200（借）
库存商品——一零售部	500 000（借）
库存商品——二零售部	600 000（借）
库存商品——三零售部	700 000（借）

商品进销差价——一零售部	150 000（贷）
商品进销差价——二零售部	180 000（贷）
商品进销差价——三零售部	210 000（贷）
长期股权投资——股票投资（兴隆公司）	100 000（借）
持有至到期投资——成本	150 000（借）
持有至到期投资——利息调整	10 000（借）
持有至到期投资——应计利息	10 000（借）
固定资产——经营用固定资产	1 300 000（借）
固定资产——非经营用固定资产	500 000（借）
固定资产——不需用固定资产	200 000（借）
固定资产——出租固定资产	200 000（借）
累计折旧	500 000（贷）
工程物资——专用材料	500 000（借）
在建工程——大楼建设工程	600 000（借）
固定资产清理——报废	12 000（借）
无形资产——专利权	271 000（借）
研发支出——资本化支出	29 000（借）
长期待摊费用——仓库大修费用	68 000（借）
待处理财产损溢——待处理流动资产损溢	20 000（借）
短期借款——经营周转借款	1 580 000（贷）
应付票据——德源公司	100 000（贷）
应付票据——德茂公司	110 000（贷）
应付票据——昌平公司	120 000（贷）
应付账款——德源公司	120 000（贷）
应付账款——德茂公司	110 000（贷）
应付账款——昌平公司	100 000（贷）
应付职工薪酬——职工教育经费	3 500（贷）
应付职工薪酬——职工福利	1 100（贷）
应付职工薪酬——社会保险费	8 400（贷）
应交税费——未交增值税	26 000（贷）
应交税费——应交所得税	20 000（借）
应交税费——应交城市维护建设税	2 000（贷）
应交税费——应交个人所得税	2 000（贷）
应交税费——应交教育费附加	800（贷）
应付利息	22 000（贷）
长期借款——基建借款	1 000 000（贷）
长期应付款——应付设备款	100 000（贷）
应付债券——面值	500 000（贷）
应付债券——利息调整	10 000（贷）

应付债券——应计利息　　　　　　　　　　　　　　　　40 000（贷）
实收资本——国家投资　　　　　　　　　　　　　　2 500 000（贷）
实收资本——德茂公司　　　　　　　　　　　　　　　150 000（贷）
实收资本——其他　　　　　　　　　　　　　　　　　973 500（贷）
资本公积——资本溢价　　　　　　　　　　　　　　　300 000（贷）
资本公积——其他　　　　　　　　　　　　　　　　　100 000（贷）
盈余公积——法定盈余公积　　　　　　　　　　　　　700 000（贷）
利润分配——未分配利润　　　　　　　　　　　　　　 20 000（贷）
本年利润　　　　　　　　　　　　　　　　　　　　　480 000（贷）

库存商品明细账2014年11月30日期末资料如表16—2所示。

表16—2　　　　　　　期末库存商品明细（截至2014年11月30日）

类别	品名	数量	单位成本(元)	金额(元)
A类	A-1商品	4 000千克	10	40 000
	A-2商品	1 600件	24	38 400
	A-3商品	1 400件	26.14	36 600
	A-4商品	1 200件	36	43 200
B类	B-1商品	5 000千克	8	40 000
	B-2商品	2 000件	22	44 000
	B-3商品	1 500件	26	39 000
	B-4商品	1 200件	29	34 800
C类	C-1商品	2 600千克	15	39 000
	C-2商品	1 800件	23	41 400
	C-3商品	1 500件	22	33 000
	C-4商品	1 500件	26	39 000
D类	D-1商品	4 000千克	10	40 000
	D-2商品	2 000件	23	46 000
	D-3商品	1 500件	24	36 000
	D-4商品	1 300件	27	35 100
E类	E-1商品	3 000千克	12	36 000
	E-2商品	2 000件	22	44 000
	E-3商品	1 800件	23	41 400
	E-4商品	1 300件	29	37 700

续表

类别	品名	数量	单位成本(元)	金额(元)
F类	F-1 商品	3 000 千克	13	39 000
	F-2 商品	2 500 件	16	40 000
	F-3 商品	2 400 件	17	40 800
	F-4 商品	1 300 件	29	37 700
G类	G-1 商品	4 000 千克	10	40 000
	G-2 商品	1 500 件	24	36 000
	G-3 商品	1 300 件	29	37 700
	G-4 商品	1 200 件	36	43 200
H类	H-1 商品	3 600 千克	11	39 600
	H-2 商品	2 000 件	22	44 000
	H-3 商品	1 500 件	26	39 000
	H-4 商品	1 300 件	29	37 700
I类	I-1 商品	3 300 千克	12	39 600
	I-2 商品	1 600 件	23	36 800
	I-3 商品	1 800 件	22	39 600
	I-4 商品	1 600 件	26	41 600
J类	J-1 商品	3 000 千克	13	39 000
	J-2 商品	1 700 件	23	39 100
	J-3 商品	1 700 件	24	40 800
	J-4 商品	1 500 件	27	40 500
K类	K-1 商品	3 000 千克	14	42 000
	K-2 商品	1 800 件	22	39 600
	K-3 商品	1 700 件	23	39 100
	K-4 商品	1 500 件	29	43 500
L类	L-1 商品	4 000 千克	10	40 000
	L-2 商品	2 500 件	16	40 000
	L-3 商品	2 300 件	17	39 100
	L-4 商品	1 300 件	29	37 700
M类	甲商品	118 000 千克	2.4	283 200
	乙商品	120 000 千克	1.8	216 000
	丙商品	114 000 千克	3.0	342 000
	丁商品	110 000 千克	3.6	396 000

16.2.2　开设明细账

按下列要求开设明细账：

(1)下列账户使用三栏式账页(有期初余额的账户结转期初余额，没有期初余额的账户设户后待记发生额)：

其他货币资金——外埠存款
其他货币资金——存出投资款
交易性金融资产——股票(成本)
交易性金融资产——股票(公允价值变动)
交易性金融资产——债券(成本)
交易性金融资产——基金(成本)
应收票据——昌安公司
应收票据——大兴公司
应收票据——大华公司
应收账款——昌安公司
应收账款——大兴公司
应收账款——大华公司
预付账款——中财保险公司
坏账准备
其他应收款——采购办事处
其他应收款——李立平
其他应收款——张贤
其他应收款——代扣水电费
在途物资——德茂公司
在途物资——德源公司
在途物资——昌平公司
周转材料——低值易耗品——在用
周转材料——低值易耗品——在库
周转材料——低值易耗品——摊销
库存商品——A类商品
库存商品——B类商品
库存商品——C类商品
库存商品——D类商品
库存商品——E类商品
库存商品——F类商品
库存商品——G类商品
库存商品——H类商品
库存商品——I类商品
库存商品——J类商品

库存商品——K类商品
库存商品——L类商品
库存商品——M类商品
库存商品——一零售部
库存商品——二零售部
库存商品——三零售部
商品进销差价——一零售部
商品进销差价——二零售部
商品进销差价——三零售部
长期股权投资——股票投资（兴隆公司）
持有至到期投资——成本
持有至到期投资——利息调整
持有至到期投资——应计利息
固定资产——经营用固定资产
固定资产——非经营用固定资产
固定资产——不需用固定资产
固定资产——出租固定资产
累计折旧
工程物资——专用材料
工程物资——专用设备
在建工程——大楼建设工程
固定资产清理——报废
固定资产清理——出售不需用固定资产
无形资产——专利权
研发支出——资本化支出
累计摊销
长期待摊费用——仓库大修费用
待处理财产损溢——待处理流动资产损溢
递延所得税资产
短期借款——经营周转借款
应付票据——德茂公司
应付票据——德源公司
应付票据——昌平公司
应付账款——德茂公司
应付账款——德源公司
应付账款——昌平公司
应付职工薪酬——工资
应付职工薪酬——职工福利
应付职工薪酬——社会保险费

应付职工薪酬——住房公积金
应付职工薪酬——工会经费
应付职工薪酬——职工教育经费
应付职工薪酬——非货币性福利
应交税费——未交增值税
应交税费——应交营业税
应交税费——应交所得税
应交税费——应交城市维护建设税
应交税费——应交个人所得税
应交税费——应交教育费附加
应交税费——应交房产税
应付利息
应付股利
长期借款——基建借款
长期应付款——应付设备款
应付债券——面值
应付债券——利息调整
应付债券——应计利息
递延所得税负债
实收资本——国家投资
实收资本——德茂公司
实收资本——其他
资本公积——资本溢价
资本公积——其他
盈余公积——法定盈余公积
利润分配——提取法定盈余公积
利润分配——应付现金股利
利润分配——未分配利润
本年利润
主营业务收入——A类商品
主营业务收入——B类商品
主营业务收入——C类商品
主营业务收入——D类商品
主营业务收入——E类商品
主营业务收入——F类商品
主营业务收入——G类商品
主营业务收入——H类商品
主营业务收入——I类商品
主营业务收入——J类商品

主营业务收入——K类商品
主营业务收入——L类商品
主营业务收入——M类商品
主营业务收入——一零售部
主营业务收入——二零售部
主营业务收入——三零售部
其他业务收入
投资收益
公允价值变动损益
营业外收入
主营业务成本——A类商品
主营业务成本——B类商品
主营业务成本——C类商品
主营业务成本——D类商品
主营业务成本——E类商品
主营业务成本——F类商品
主营业务成本——G类商品
主营业务成本——H类商品
主营业务成本——I类商品
主营业务成本——J类商品
主营业务成本——K类商品
主营业务成本——L类商品
主营业务成本——M类商品
主营业务成本——一零售部
主营业务成本——二零售部
主营业务成本——三零售部
营业税金及附加
其他业务成本
资产减值损失
营业外支出
所得税费用

(2)下列账户使用多栏式账页(有期初余额的账户结转期初余额,没有期初余额的账户设户后待记发生额):

应交税费——应交增值税
销售费用
财务费用
管理费用

(3)下列账户使用数量金额式账页(有期初余额的账户结转期初余额,没有期初余额的账户设户后待记发生额):

库存商品——A-1 商品
库存商品——A-2 商品
库存商品——A-3 商品
库存商品——A-4 商品
库存商品——B-1 商品
库存商品——B-2 商品
库存商品——B-3 商品
库存商品——B-4 商品
库存商品——C-1 商品
库存商品——C-2 商品
库存商品——C-3 商品
库存商品——C-4 商品
库存商品——D-1 商品
库存商品——D-2 商品
库存商品——D-3 商品
库存商品——D-4 商品
库存商品——E-1 商品
库存商品——E-2 商品
库存商品——E-3 商品
库存商品——E-4 商品
库存商品——F-1 商品
库存商品——F-2 商品
库存商品——F-3 商品
库存商品——F-4 商品
库存商品——G-1 商品
库存商品——G-2 商品
库存商品——G-3 商品
库存商品——G-4 商品
库存商品——H-1 商品
库存商品——H-2 商品
库存商品——H-3 商品
库存商品——H-4 商品
库存商品——I-1 商品
库存商品——I-2 商品
库存商品——I-3 商品
库存商品——I-4 商品
库存商品——J-1 商品
库存商品——J-2 商品
库存商品——J-3 商品

库存商品——J-4 商品
库存商品——K-1 商品
库存商品——K-2 商品
库存商品——K-3 商品
库存商品——K-4 商品
库存商品——L-1 商品
库存商品——L-2 商品
库存商品——L-3 商品
库存商品——L-4 商品
库存商品——甲商品
库存商品——乙商品
库存商品——丙商品
库存商品——丁商品

16.2.3 办理记账业务

办理如下记账业务：

(1)12月4日,收到业务员送来的"验收单",按买价进行账务处理。

(2)12月9日,收到"固定资产折旧计算表",经审核无误,进行账务处理。

(3)12月9日,收到业务员交来本公司换出商品的"增值税专用发票"记账联,换入商品的"增值税专用发票"抵扣联与发票联及"验收单"会计记账联,经审核无误,进行非货币性交易的账务处理。

(4)12月10日,收到业务员送来的"商品内部调拨单",经审核无误,进行账务处理。

(5)12月12日,收到邓坚、王玉的"物品领用单",经审核无误,进行账务处理。

(6)12月13日,收到一零售部"商品调价单",进行账务处理。

(7)12月17日,收到业务员送来的"验收单",按买价进行账务处理。

(8)12月18日,收到业务员送来的"内部转账单",经审核无误,进行账务处理。

(9)12月18日,收到"固定资产报废单",经审核无误,进行账务处理。

(10)12月20日,收到业务员送来的"材料入库验收单",经审核无误,进行账务处理。

(11)12月20日,报废固定资产清理完毕,根据"固定资产清理——报废清理"账户余额编制"内部转账单",结转清理损益。

(12)12月27日,收到业务员送来的验收单,进行账务处理。

(13)12月28日,本月应摊销专利权30 000元,应摊销仓库大修费35 000元,据以编制"无形资产、长期待摊费用分摊表",经审核无误,进行账务处理。

(14)12月28日,收到业务员送来的"商品内部调拨单",经审核无误,进行账务处理。

(15)12月29日,收到"低值易耗品报废单",经审核无误,进行账务处理。

(16)12月31日,根据本月"工资表"与"综合奖金结算汇总表"编制"应付职工薪酬分配表",经审核无误,进行账务处理。

(17)12月31日,公司经理批示：批发仓库短少的商品20 000元,挂账已久,查不清原因,同意报损。据以编制"内部转账单"并进行账务处理。

(18)12月31日,收到一、二、三零售部的"商品溢余短缺报告单",进行账务处理。

(19)12月31日,"交易性金融资产——股票"的公允价值为220 000元,依据"交易性金融资产——股票——成本"及"交易性金融资产——股票——公允价值变动"明细账户资料计算本期公允价值变动金额,据以填制"内部转账单",经审核无误,进行账务处理。

(20)12月31日,按应收款项百分比法计提坏账准备,提取比例为3%,依据"应收账款"、"其他应收款"、"预付账款"及"坏账准备"明细账资料分析计算本期应计提的坏账准备金,据以编制"内部转账单",经审核无误,进行账务处理。

(21)12月31日,根据本月商品销售数量及"库存商品"明细账,采用先进先出法计算批发业务的已销商品进价成本,根据计算结果编制"商品销售成本计算单",并作结转产品销售成本账务处理。

(22)12月31日,分部计算零售业务的已销商品应分摊的进销差价,根据计算结果编制"商品进销差价计算表",并作出账务处理(进销差价率精确到小数点后四位)。

(23)12月31日,依据"应交税费——应交增值税"明细账资料分析填写"增值税纳税申报表",计算出未缴增值税额,经审核无误,进行账务处理。

(24)12月31日,依据"其他业务收入"和"固定资产"明细账及"增值税纳税申报表"资料,计算应缴营业税、应缴房产税、应缴城市维护建设税、应缴教育费附加,编制"地方税收综合纳税(费)申报表",经审核无误,进行账务处理。

(25)12月31日,依据"持有至到期投资"明细账期初资料计算本年利息收入,并进行利息调整(按票面利率7%、实际利率5%计算),据以填制"内部转账单",经审核无误,进行账务处理(本月发生数,暂不计算利息)。

(26)12月31日,依据"应付债券"(为大楼建设工程而发行债券)明细账期初资料计算本年利息费用,并进行利息调整(按票面利率6%、实际利率5%计算),据以填制"内部转账单",经审核无误,进行账务处理(本月发生数,暂不计算利息)。

(27)12月31日,结平"待处理财产损溢"账户。

(28)12月31日,将损益类账户的本月净发生额结转"本年利润"账户。

(29)12月31日,编制"利润表"初稿,据以编制"暂时性差异计算表"、"所得税纳税申报表"(所得税税率为33%),经审核无误,进行账务处理。

(30)12月31日,将"所得税费用"账户发生额转入"本年利润"账户。

(31)12月31日,进行利润分配。法定盈余公积按净利润("本年利润"账户年末余额)的10%分配,应付现金股利按"未分配利润"明细账期初余额加上本年净利润减去本年提取的法定盈余公积后的30%分配。

(32)12月31日,将"本年利润"、"利润分配——提取盈余公积"、"利润分配——应付现金股利"账户余额转入"利润分配——未分配利润"账户。

16.3 达昌公司财务科长岗位实操

16.3.1 开设总账

根据下列资料开设总账账户,每个账户占1页。达昌公司2014年11月30日总账期末资

料如下：

库存现金	1 000（借）
银行存款	301 000（借）
其他货币资金	10 000（借）
交易性金融资产	290 000（借）
应收票据	300 000（借）
应收账款	300 000（借）
预付账款	
坏账准备	1 200（贷）
其他应收款	29 000（借）
在途物资	25 000（借）
周转材料	40 000（借）
库存商品	4 934 500（借）
商品进销差价	540 000（贷）
长期股权投资	100 000（借）
持有至到期投资	170 000（借）
固定资产	2 200 000（借）
累计折旧	500 000（贷）
工程物资	500 000（借）
在建工程	600 000（借）
固定资产清理	12 000（借）
无形资产	271 000（借）
研发支出	29 000（借）
累计摊销	
长期待摊费用	68 000（借）
待处理财产损溢	20 000（借）
递延所得税资产	
短期借款	1 580 000（贷）
应付票据	330 000（贷）
应付账款	330 000（贷）
应付职工薪酬	13 000（贷）
其他应付款	
应交税费	10 800（贷）
应付利息	22 000（贷）
应付股利	
长期借款	1 000 000（贷）
长期应付款	100 000（贷）
应付债券	550 000（贷）
递延所得税负债	

实收资本	3 623 500（贷）
资本公积	400 000（贷）
盈余公积	700 000（贷）
利润分配	20 000（贷）
本年利润	480 000（贷）
主营业务收入	
其他业务收入	
投资收益	
公允价值变动损益	
营业外收入	
主营业务成本	
营业税金及附加	
其他业务成本	
销售费用	
管理费用	
财务费用	
资产减值损失	
营业外支出	
所得税费用	

16.3.2　处理日常总账业务

日常总账业务如下：

(1)复核上旬会计凭证,根据审核无误的上旬记账凭证编制记账凭证汇总表,并据以登记总账,结出账户余额。与出纳员所经管的日记账核对,如有不符,查明原因,予以更正;与记账员所经管的明细账进行核对,如有不符,查明原因,予以更正。

(2)复核中旬会计凭证,根据审核无误的中旬记账凭证编制记账凭证汇总表,并据以登记总账,结出账户余额。与出纳员所经管的日记账核对,如有不符,查明原因,予以更正;与记账员所经管的明细账进行核对,如有不符,查明原因,予以更正。

(3)复核下旬会计凭证,根据审核无误的下旬记账凭证编制记账凭证汇总表,并据以登记总账,结出账户余额。与出纳员所经管的日记账核对,如有不符,查明原因,予以更正;与记账员所经管的明细账进行核对,如有不符,查明原因,予以更正。

(4)编制总账账户余额试算平衡表。

(5)办理年结。

16.3.3　编制会计报表

编制如下会计报表：

(1)编制资产负债表,以12月份月初数作为年初数。

(2)编制利润表,以12月份损益作为全年损益。

(3)编制现金流量表,以12月份月初数作为年初数,以12月份现金流量作为全年现金流量。

16.4　达昌公司业务员岗位实操

按要求填制和传递2014年12月份凭证：

(1)12月1日,李立平因要去北京出差需借支3 000元,张贤因要去上海出差需借支2 000元,分别以李立平和张贤的名义填写"借款单"各1张,经理王生辉在借款单上签字:同意借支。持单以李立平和张贤的名义向财务科出纳员借款,将出纳员开出的现金支票送到开户银行提取现金。

(2)12月1日,销售商品一批,资料如表16-3所示。

表16-3　　　　　　　　　销售商品资料

购货单位	品名	数量	单价(元)	购货单位	品名	数量	单价(元)
M公司	A-1商品	3 000千克	13	MF公司	G-1商品	2 000千克	13
	A-2商品	1 000件	31		G-2商品	1 000件	31
	A-3商品	1 000件	37		G-3商品	800件	38
N公司	A-4商品	800件	46	NA公司	G-4商品	700件	46
	B-1商品	3 000千克	10		H-1商品	2 000千克	14
	B-2商品	1 000件	28		H-2商品	1 000件	28
AN公司	B-3商品	1 000件	34	NB公司	H-3商品	1 000件	33
	B-4商品	600件	37		H-4商品	800件	37
	C-1商品	1 500千克	20		I-1商品	2 000件	16
MA公司	C-2商品	1 000件	30	NC公司	I-2商品	1 000件	30
	C-3商品	1 000件	28		I-3商品	1 000件	29
	C-4商品	1 000件	33		I-4商品	1 100件	33
MB公司	D-1商品	2 000千克	13	ND公司	J-1商品	2 000千克	17
	D-2商品	1 000件	30		J-2商品	1 000件	30
	D-3商品	1 000件	31		J-3商品	1 000件	31
MC公司	D-4商品	1 000件	35	NE公司	J-4商品	1 000件	35
	E-1商品	1 500千克	15		K-1商品	2 000件	18
	E-2商品	1 000件	28		K-2商品	1 000件	28
MD公司	E-3商品	1 000件	30	NF公司	K-3商品	1 000件	30
	E-4商品	800件	37		K-4商品	1 000件	37
	F-1商品	1 500千克	17		L-1商品	2 000千克	13
ME公司	F-2商品	1 300件	21	NG公司	L-2商品	1 500件	21
	F-3商品	1 200件	22		L-3商品	1 500件	22
	F-4商品	800件	38		L-4商品	1 000千克	37

增值税税率17%,价税款均已收讫。据以填写"增值税专用发票",款项全部存入银行,填写"进账单",送银行办理进账手续后取回"进账单"回单。将"进账单"回单连同"增值税专用发票"的记账联送财务科出纳员(开户行:中国工商银行江泽市支行;账号:1156674356327)。

(3)12月2日,以采购办事处张兴华的名义填写"领款单",领款金额3 000元,领款单填写好后到财务科找出纳员领款,作为采购办事处的备用金。

(4)12月3日,以亚洲证券营业部的名义填写"亚洲证券营业部成交过户交割单"1张。内容如下:本交割单系达昌公司购买股票,成交编号为12688,股东账户为33665694,股东名称为达昌公司,申请编号为691,公司代码为M124,申报时间为095255(即9点52分55秒),成交时间为095325,实收金额为131 836元,资金余额为98 164元;证券名称为500232,成交数量16 000股,成交价格8.18元,佣金440元,印花税500元,附加费16元。填好后送财务科出纳员。

(5)12月4日,向德茂公司购进的H-3商品1 000件,每件买价25元,商品全部验收入库,据以填写"验收单",将会计记账联送账务科记账员。

(6)12月5日,以中财保险股份有限公司的名义填写"机动车辆保险单"和"保费收据"各1张。填写内容如下:被保险人为达昌公司;投保险种为车辆损失险、第三责任险、盗抢险、玻璃险、他人恶意险等;车辆型号为丰田(普);发动机号为625558;牌号为A-36578;非营业用车;座位为5座;保险价值35万元,保险金额35万元;基本保费250元;车辆损失险费率0.8%;第三责任险最高赔偿限额为25万元;第三责任险保费为2 300元;盗抢险保费据表计算;玻璃险保费为50元;他人恶意险保费为100元;保险期限自2014年12月5日0时起至2017年12月5日24时止。地址:十字街58号;电话:8666688;邮政编码:438000;总经理:洪源。填好后将"机动车辆保险单"正本和"保费收据"发票联送本公司记账员。

(7)12月6日,以江泽市第一律师事务所陈海的名义填写"江泽市服务业发票",收取本公司本月律师顾问费用1 300元,持其发票联找本公司出纳员收款。

(8)12月8日,江泽市电视台收取本公司广告费25 000元,代电视台填写"江泽市服务业发票",持其发票联找本公司出纳员收款。

(9)12月9日,债券公司应向本公司收取债券印刷费及手续费8 000元,代填写"江泽市服务业发票",持第2联到本财务科结算。

(10)12月9日,根据下述资料编制"固定资产折旧表"(采用平均年限法),编制完成后将其送交本公司记账员。

11月30日,固定资产资料如表16-4所示。

表16-4　　　　　　　固定资产资料(截至2014年11月30日)

部　门	固定资产类型	固定资产原值(元)	预计净残值(元)	预计使用年限
经营部门	房屋	500 000	25 000	40
	专用电子设备	450 000	32 500	10
	其他专用设备	350 000	17 500	20
管理部门	房屋	500 000	25 000	40
	不需用设备	200 000	20 000	10
出租	仓库	200 000	10 000	10

(11)12月9日,达昌公司分别与丰润、丰利、众生公司进行非货币交易。交易内容如下:

达昌公司向丰润公司销售甲商品 14 400 千克,每千克售价 3.75 元;向丰润公司购进 A-3 商品 2 000 件,每件进价 27 元;向丰利公司销售乙商品 20 000 千克,每千克售价 3.15 元;向丰利购进 B-3 商品 2 520 件,每件进价 25 元;向众生公司销售丙商品 20 000 千克,每千克售价 4.90 元,向众生公司购进 C-3 商品 4 900 件,每件进价 20 元。增值税税率均为 17%,据以填写销售商品的"增值税专用发票"和购进商品的"验收单"(保管员:李平),填好后先持销售商品的"增值税专用发票"第 2、3 联到丰润公司、丰利公司、众生公司业务处换取购进商品的"增值税专用发票"第 2、3 联,后将销售商品的"增值税专用发票"记账联和购进商品的"增值税专用发票"第 2、3 联及"验收单"一并送交本公司记账员。

(12)12 月 10 日,以公司职工杨柳的名义填写"费用报销领款单",到财务科领取独生子女费 160 元。

(13)12 月 10 日,代房地产管理所开具"江泽市服务业发票",应收取达昌公司办公用房租金 1 300 元。制单人:李风。持发票联到达昌公司财务科结算。

(14)12 月 10 日,以江泽市汽车队的名义开具"江泽市公路、内河货物运输统一发票",应收取达昌公司销货运费 10 000 元。制单人:何春明。持发票联到达昌公司财务科结算。

(15)12 月 10 日,达昌公司向保险公司缴纳职工失业保险金 1 400 元(保险公司开户行:中国工商银行江泽市支行;账号:1156674353366)。以保险公司的名义开具"保险公司失业保险金收据",持发票联到本公司财务科结算。

(16)12 月 10 日,业务科余敏、徐梅、邱青、程东 4 人领取本年度烤火费,每人 80 元。经理习文签字:同意付款。代填写"费用报销领款单",到财务科出纳处领款。

(17)12 月 10 日,代司法局开具"江泽市行政事业单位收款票据",应收取达昌公司公证费用 1 000 元。收款人:王波。持发票联到达昌公司财务科结算。

(18)12 月 10 日,从批发仓库调给各零售部商品如表 16-5 所示。

表 16-5　　　　　　　　　　批发仓库调给各零售部商品资料

调入部门	商品名称	数量	单位进价	零售价(元)
一零售部	A-1 商品	500 千克	见数量金额式明细账	17
	B-3 商品	1 000 件	见数量金额式明细账	43
	C-3 商品	2 000 件	见数量金额式明细账	37
	D-2 商品	500 件	见数量金额式明细账	38
二零售部	E-1 商品	1 000 千克	见数量金额式明细账	20
	F-1 商品	1 000 千克	见数量金额式明细账	22
	G-1 商品	1 000 千克	见数量金额式明细账	17
	H-3 商品	1 000 件	见数量金额式明细账	43
三零售部	I-1 商品	1 000 千克	见数量金额式明细账	20
	J-3 商品	500 件	见数量金额式明细账	40
	K-1 商品	800 千克	见数量金额式明细账	23
	L-1 商品	1 000 千克	见数量金额式明细账	17

据以分别填写"商品内部调拨单"并将其送交财务科记账员。

(19)12月10日,各零售部将零售款送存银行资料如表16-6所示。开户行:中国工商银行江泽市支行;账号:115674356327。

表16-6　　　　　　　　　　各零售部将零售款送存银行资料

部门	经办人	面值	数量	部门	经办人	面值	数量	部门	经办人	面值	数量
一零售部	涂红	100元	1 000张	二零售部	张洁	100元	1 000张	三零售部	秦川	100元	1 000张
	涂红	50元	200张		张洁	50元	600张		秦川	50元	1 000张
	涂红	10元	1 000张		张洁	10元	1 000张		秦川	10元	210张
	涂红	5元	1 600张		张洁	5元	80张				
	涂红	2元	350张								

据以上资料填写"进账单",持单到银行办理进账手续,取回回单交财务科出纳员。

(20)12月11日,代商品采购供应站开出"江泽市服务业发票",应收达昌公司张兴参加商品交易会的住宿及会务费计500元,持收据向达昌公司财务科结账。

(21)12月11日,大楼建设工程的承建单位向达昌公司收取工程款100 000元,领款人:秦愿。据以填写"江泽市建筑安装统一发票",持发票联到财务科出纳处办理领款,取得出纳员签发的"现金支票"到银行取款。

(22)12月12日,业务员邓坚、王玉各领计算器1个,单价150元,合计金额300元。经理习文审批:同意领用,一次摊销。据以填写"物品领用单",将其送交财务科记账员。

(23)12月12日,达昌公司向证券公司购买1年期债券1 200 000元,手续费2 400元,以证券公司名义开出"收据",持"收据"第2联到达昌公司财务科结算。

(24)12月13日,根据下列资料分别编制"工资表"。

经营人员工资结算资料如表16-7所示。

表16-7　　　　　　　　　　经营人员工资结算资料　　　　　　　　　　单位:元

姓名	月标准工资	津贴	水电费	公积金	个人所得税	个人承担社保
张四平	1 220	97	50	120		20
洪锋	1 220	97	50	120		20
李军	960	87	48	110		10
张胜	960	87	46	110		10
李明等200人	180 000	15 200	9 806	3 000	760	1 020

管理人员工资结算资料如表16-8所示。

表16-8　　　　　　　　　　管理人员工资结算资料　　　　　　　　　　单位:元

姓名	月标准工资	津贴	水电费	公积金	个人所得税	个人承担社保
习文	1 360	207	50	130		25

续表

姓名	月标准工资	津贴	水电费	公积金	个人所得税	个人承担社保
赵胜	1 220	167	48	120		20
李清	1 220	167	39	120		20
罗兰	1 220	157	53	120		20
陶勇等36人	34 560	3 110	1 810	1 085	443.50	301

"工资表"编制好后送交财务科出纳员。

(25)12月13日,李立平出差北京联系业务,返回公司报账。出差相关内容如下:2014年12月1日从江泽市乘火车至北京(当日到达),火车票270元,在北京期间住宿费1 200元,2014年12月12日晚从北京乘火车返回,于12月13日上午到达,返程票350元;张贤12月1日从江泽市乘火车至上海(当日到达),火车票240元,在上海期间住宿费1 300元,2014年12月12日从上海乘火车回江泽市(次日到达),火车票320元,出差补助每天20元,据以分别填写"差旅费报销单"(经理习文在单上签字:同意报销),并持单以李立平与张贤的名义向财务科出纳处报账(出差前李立平已预支3 000元、张贤已预支2 000元)。

(26)12月13日,一零售部库存C-2商品500件,每件零售价由原来的25元调至24元,据以填写"商品调价单",将记账联送达昌公司财务科记账员。

(27)12月14日,业务科各种费用支出汇总情况如下:差旅费360元(20张原始凭证);办公费240元(40张原始凭证);其他费用160元(6张原始凭证)。经核对无误后,编制"管理费用支出汇总表",持表到财务科报账。

(28)12月14日,袁旭辉等4名职工参加江泽市商学院短期培训,支付学杂费3 200元,以商学院名义开出"收据",持第2联(付款人联)找达昌财务科出纳员办理领款,取得出纳员签发的"现金支票"到银行取款。

(29)12月15日,达昌公司职工食堂向为民日杂公司购买碗40个,单价2.50元,计100元;盘子40个,单价2元,计80元;合计180元。以为民日杂公司名义开具"为民日杂公司销售发票",持发票联向达昌公司财务科出纳员报账(在发票备注上填写:列入职工福利)。

(30)12月16日,达昌公司向税务局购买30张5元券印花税票,30张2元券印花税票,40张1元券印花税票,以税务局名义开具"市税务局印花税票发售统一发票",持发票联向达昌公司财务科出纳员报账。

(31)12月16日,江泽市保险公司向达昌公司收取员工养老保险金7 000元,以保险公司名义开具"收据",并持"收据"(付款人联)向达昌公司财务科结算。

(32)12月17日,向德茂公司购进的H-1商品10 000千克,每千克买价10.80元;H-2商品10 000件,每件买价21.50元;向德源公司购进的G-1商品10 000千克,每千克买价9.80元;G-3商品10 000件,每件买价30元;向昌平公司购进的I-1商品10 000千克,每千克买价11.80元;I-2商品10 000件,每件买价22.60元;以上商品均已到达,如数验收入库。据以填写"验收单",将会计记账联送财务科记账员。

(33)12月17日,本月综合奖金结算汇总资料如下:经营人员奖金20 400元,管理人员奖金4 000元。据以编制"综合奖金结算汇总表",持表向财务科出纳员领取奖金。

(34)12月18日,销售给宏盛公司不需用丙设备1台,原始价值70 000元,已提折旧30 000元,协商作价45 000元。据以填写"江泽市商业普通发票",持发票联到宏盛公司财务科收款,要求宏盛公司出纳员签发"转账支票",并与其一同去银行办理转账手续,取得银行盖章后"转账支票"的收账通知联后,将"转账支票"的收账通知联及"江泽市商业普通发票"记账联送交本公司财务科出纳员。同时,依据固定资产原始价值与已提折旧填写"内部转账单",将其送本公司财务科记账员。

(35)12月18日,1栋仓库250平方米,预计使用30年,已使用28年,原值90 000元,已提折旧75 000元,因重建提前报废。其处理意见如下:使用部门的意见:因陈旧要求报废;技术鉴定小组意见:情况属实;固定资产管理部门意见:同意转入清理;主管部门审批意见:同意报废重建。据以填写"固定资产报废单",将会计记账联送财务科记账员。

(36)12月19日,向达亿公司购进丁设备一台,交易价50 000元,经验收交三零售部使用,据以填写"固定资产验收单",将第2联送财务科出纳员。

(37)12月19日,采购办事处与业务往来单位洽谈业务,接待、就餐、补助及接送车费共计金额2 004.8元,单据24张。据以填写"业务招待费汇总表"(经理习文在单上签字:同意报销),持单向财务科出纳员报账,取得出纳员签发的"现金支票"后到银行提取现金。

(38)12月19日,报废固定资产的清理人员杨元等4人应领取清理费用300元,以杨元的名义填写"费用报销领款单"。经理习文在单上签字:同意付款。持单向财务科出纳员领款。

(39)12月19日,达昌公司向北苑公司收取仓库租金5 000元,据以开出"江泽市服务业发票",收到现金5 000元,当即填写"进账单"到开户行办理进账手续,收到银行盖章后的"进账单"回单,将"江泽市服务业发票"的发票联及"进账单"回单送交本公司出纳员(本公司开户行:中国工商行江泽市支行,账号:115674356327)。

(40)12月20日,仓库清理残料如下:红砖110 000块,每块0.20元,计22 000元,其他材料6 000元,合计28 000元。材料全部入库作重建仓库用,据以编制"材料入库单",并将其记账联送财务科记账员。

(41)12月20日,达昌公司向为民五金公司购买灭火器5个,单价100元,计500元。灭火器购回后当即由仓库领用。先以为民五金公司名义开具"为民五金公司发票";再以仓库保管员胡军名义填写"物品领用单"(经理习文在单上签字:同意领用,一次摊销)。最后将"为民五金公司发票"的发票联和"物品领用单"送财务科出纳员,并要求领款、领物。

(42)12月21日,向宏盛公司转让技术,收取技术转让费19 000元,据以填写"江泽市商业普通发票",持其发票联到宏盛公司财务科收款,要求宏盛公司出纳员签发"转账支票",并与其一同去银行办理转账手续,取得银行盖章后的"转账支票"的收账通知联后,将"转账支票"的收账通知联及"江泽市普通发票"记账联送交本公司财务科出纳员。

(43)12月21日,向会计局购买《新会计准则》等书籍,付款165元,以会计局的名义填写"江泽市文化教育、体育业发票",持发票联到账务科报账。

(44)12月21日,达昌公司的汽车送汽车修配厂修理。具体修配项目如下:汽车补胎310元,汽车轮胎充气53元,车轮拆装38元。以汽车修配厂名义开具"江泽市服务业发票",将"江泽市服务业发票"的发票联送交本公司财务科结算。

(45)12月23日,达昌公司使用自来水厂的供水。水表记录是:本月号码为3654436,上月号码为363636,实用水1 800吨,每吨单价1元。以自来水厂名义开具"自来水厂水费发票",

持发票联到达昌财务科结算。

(46)12月23日,采购办事处用备用金开支下列各种费用:招待费5 600元(20张原始凭证),修理费5 600元(15张原始凭证)。经核对无误后全部报销,编制"管理费用支出汇总表",持表到财务科报账。

(47)12月24日,达昌公司电表的起码是563279,止码是599279,实用电36 000度,每度单价0.50元,以电力局的名义填写"增值税专用发票"(电费增值税税率为13%),持发票联到达昌公司财务科结算。

(48)12月24日,达昌公司参加本市商品展销会,应付大世界商场的商品展位租用费1 100元,以大世界市场的名义填写"江泽市服务业发票",持发票联到达昌公司财务科结算。

(49)12月25日,物价检查所对达昌公司商品销售情况进行检查,发现部分商品违反国家价格政策,罚款1 700元,以物价检查所名义填写"罚款没收专用收据",持单到达昌公司财务科收取罚款。

(50)12月25日,养路费征收站向达昌公司收取汽车养路费用1 100元,以养路费征收站的名义填写"交通车辆养路费收据"(2辆东风汽车为送货用车,养路费为700元,2辆小车的养路费为400元),持单到达昌公司财务科结算。

(51)12月26日,看望住院病人冯英俊,从副食品商店购买2袋奶粉,每袋12元,苹果5千克,每千克3元,据以填写"副食品商店销售发票"(经理习文签字:在福利费列支),持发票联到达昌公司财务科结算。

(52)12月26日,迅达搬运公司为达昌公司装卸货物,应收取商品装卸费1 200元,以迅达公司的名义开具"江泽市交通运输业发票",持发票联到达昌公司财务科结算。

(53)12月26日,李立平出差预支差旅费1 200元,据以填写"借款单",持单向财务科出纳借款。

(54)12月26日,本公司向美国H公司购入先进设备1台,交易价4 000美元,以H公司名义填写"商业发票",以本公司设备科名义填写"固定资产验收单"(设备交管理部门使用)。"商业发票"与"固定资产验收单"交本公司出纳员(引进先进设备,减免关税及增值税;境内外运杂费均由供货方承担)。

(55)12月27日,达昌公司自行开发一项实用型专利开发成功,先根据下列资料填写"专利申报表":申请单位:达昌公司;专利项目:实用新型专利;技术开发费:29 000元;注册登记费:3 600元;单位意见:同意申报;专利局审批:同意注册。再以专利局名义填写"江泽市行政事业单位收款收据",收取达昌公司专利注册登记费3 600元,最后持"专利申报表"和"江泽市行政事业单位收款收据"到达昌公司财务科结算,要求支付注册登记费。

(56)12月27日,达昌公司销售商品一批,具体如表16—9所示。

表16—9　　　　　　　　　达昌公司销售商品资料

购买单位	甲商品 单价(元)	甲商品 数量(元)	乙商品 单价(元)	乙商品 数量(元)	丙商品 单价(元)	丙商品 数量(元)	丁商品 单价(元)	丁商品 数量(元)
昌安公司	4	20 000千克	3	20 000千克	5	10 000千克	6	10 000千克
大兴公司	4	20 000千克	3	20 000千克	5	10 000千克	6	10 000千克
大华公司	4	15 000千克	3	20 000千克	5	12 000千克	6	15 000千克

增值税税率均为17%,据以分别填写"增值税专用发票",持"增值税专用发票"第2、3联到大兴公司、大华公司、昌安公司财务科结算,要求各公司出纳员根据购销合同填写"商业承兑汇票",经付款人(各购货公司)承兑后取得"商业承兑汇票"第2联,并在"商业承兑汇票"第1联的收款人盖章处盖上本公司财务专用章(由本公司出纳员盖章),在负责、经办处均签名,将"增值税专用发票"的记账联和"商业承兑汇票"的第2联送交本公司出纳员。

(57)12月27日,四通运输公司为达昌公司运输购入的商品,应收运费7 600元。以四通运输公司的名义开具"江泽市公路、内河货物运输统一发票",持发票联到达昌公司财务科结算。

(58)12月27日,外购商品全部验收入库。根据表16—10所列资料填写"验收单",将记账联送财务科记账员。

表16—10　　　　　　　　　　　　外购商品入库资料

供货单位	商品名称	数量(件)	单位进价(元)	合计金额(元)
德源公司	G-2商品	10 000	24	240 000
德茂公司	H-2商品	10 000	22	220 000
昌平公司	I-3商品	10 000	22	220 000

(59)12月28日,从批发仓库调给各零售部商品如表16—11所示。

表16—11　　　　　　　　　　　批发仓库调给各零售部商品资料

调入部门	商品名称	数量	单位进价	零售价(元)
一零售部	G-1商品	5 000千克	见数量金额式明细账	14
一零售部	G-3商品	6 000件	见数量金额式明细账	43
二零售部	G-2商品	5 000件	见数量金额式明细账	34
二零售部	H-1商品	6 000千克	见数量金额式明细账	15.40
三零售部	H-2商品	5 000件	见数量金额式明细账	30.70
三零售部	I-2商品	6 000件	见数量金额式明细账	32.30

据以分别填写"商品内部调拨单",将其送交财务科记账员。

(60)12月29日,各零售部将零售款送存银行如表16—12所示(开户行:中国工商银行江泽市支行;账号:115674356327)。

表16—12　　　　　　　　　各零售部将零售款送存银行资料

部门	经办人	面值	数量	部门	经办人	面值	数量	部门	经办人	面值	数量
一零售部	涂红	100元	2 000张	二零售部	张洁	100元	1 800张	三零售部	秦川	100元	1 900张
一零售部	涂红	50元	2 000张	二零售部	张洁	50元	1 000张	三零售部	秦川	50元	1 600张
一零售部	涂红	10元	420张	二零售部	张洁	20元	200张	三零售部	秦川	20元	1 000张
								三零售部	秦川	10元	250张

根据以上资料填写"进账单",持单到银行办理进账手续,取回回单交财务科出纳员。

(61)12月29日,达昌公司报废低值易耗品资料如下:文件柜3个,成本1 200元,已摊销600元;办公桌4张,成本800元,已摊销400元;其他物品成本600元,已摊销600元。据以编制"低值易耗品报废表"(备注栏里注明五摊销或一次摊销),经理在单上签字:同意报废。将其送财务科记账员。

(62)12月30日,达昌公司支付本公司工会委员会工会经费3 260元,以本公司工会委员会的名义开出"收据",持"收据"第2联向达昌公司财务科出纳员收款,收到出纳员签发的"现金支票"到银行提取现金。

(63)12月30日,公司支付职工食堂代扣伙食费4 276元。以职工食堂名义填写"收据",持"收据"第2联向达昌公司财务科出纳员收款,收到出纳员签发的"现金支票"到银行提取现金。

(64)12月30日,销售给昌安公司甲商品30 000千克,每千克售价4元;销售给大兴公司乙商品20 000千克,每千克售价3元,丙商品10 000千克,每千克售价5元;销售给大华公司丁商品20 000千克,每千克售价6元;增值税税率17%。分别填写"增值税专用发票",将其2、3、4联送财务科出纳员。

(65)12月31日,各零售部盘点商品情况如表16-13所示。

表16-13　　　　　　　　　　　　各零售部盘点商品情况

部门	实际结存	账面结存	进销差价率	备注
一零售部	539 050元	明细账余额	30%	公司经理习文批示:按进价记入当期损益
二零售部	590 100元	明细账余额	30%	
三零售部	676 000元	明细账余额	30%	

据以分别填写"商品溢余短缺报告单",将会计记账联送财务科记账员。

达亿公司会计业务岗位实操

17.1 达亿公司出纳会计岗位实操

17.1.1 开设有关日记账

达亿公司 2014 年 11 月 30 日有关账户余额如下：

库存现金日记账　　　　　　　　　　　　　　　　　　　　1 000（借）
银行存款日记账　　　　　　　　　　　　　　　　　　　　300 000（借）

达亿公司及往来公司相关情况如表 17—1 所示。

表 17—1　　　　　　　达亿公司及往来公司相关情况

开户行：中国工商银行江泽市支行		开户行：中国工商银行崎峰市支行	
公司名称	账　号	公司名称	账　号
丰润公司	1156674356321	德源公司	823653676510
丰利公司	1156674356322	德茂公司	823653676511
众生公司	1156674356323	昌平公司	823653676512
众健公司	1156674356324	昌安公司	823653676513
宏源公司	1156674356325	大兴公司	823653676514
宏盛公司	1156674356326	大华公司	823653676515
达亿公司	1156674356328		

17.1.2 办理如下业务

凡出纳业务，在业务办理完毕后，编制记账凭证，据以登记库存现金和银行存款日记账，并将记账凭证连同所附原始凭证一并转交记账员记账。

(1) 12 月 1 日，收到张估春和陈平的"借款单"各 1 张，经审核无误，签发 5 000 元的"现金支票"交给两人到开户行取款，留下"借款单"和"现金支票"存根进行账务处理。

(2) 12 月 1 日，收到业务员送来的"进账单"回单及"增值税专用发票"的记账联进行账务处理。

(3) 12 月 1 日，填写"信汇"凭证 3 张，分别支付昌安公司账款 90 000 元、大兴公司账款

110 000元、大华公司账款120 000元。填好结算凭证后去开户银行办理相关手续,取回"信汇"凭证回单,审核无误后,进行账务处理。

(4)12月2日,填写"转账支票"1张,转出投资款200 000元,存入亚洲证券营业部账户(亚洲证券营业部开户行:中国工商银行江泽市支行;账号:235673625588),准备用于购买股票。到银行办理转账手续,取回回单。

(5)12月2日,填写"现金支票"1张,提取现金6 000元备用,到开户银行办理支款手续。

(6)12月2日,收到采购办事处何其美的"领款单",经审核无误,支付现金3 000元,作为采购办事处的备用金(在领款单上注明"现金付讫")。

(7)12月3日,收到"亚洲证券营业部成交过户交割单",购入股票划作交易性金融资产。

(8)12月3日,将专夹留存的10月3日签发的商业承兑汇票第2联取出(曾在10月3日发生销货业务时,已填写3份"商业承兑汇票";签发日期为2014年10月3日,承兑期2个月,应收德源公司货款110 000元,应收德茂公司货款100 000元,应收昌平公司货款110 000元),依据到期的3张"商业承兑汇票"填写3份"委托收款"凭证后,到开户银行办理委托收款手续,取回"委托收款"凭证回单。

(9)12月5日,收到开户行转来德源公司、德茂公司和昌平公司"信汇"凭证收款通知。

(10)12月5日,收到中财保险股份有限公司机动车辆保险单(正本)和保费收据第1联,经审核无误,据以填写转账支票(中财保险股份有限公司开户行:中国工商银行江泽市支行;账号:115675368955),并到银行办理转账手续,经银行盖章,取回转账支票回单。

(11)12月6日,填写"中华人民共和国税收通用完税证",将未缴增值税、应缴城市维护建设税、应缴个人所得税、应缴教育费附加上缴国库,具体金额见明细分类账各该账户的月初余额。税收通用完税证填写好后,到开户行办理手续,经税务机关、银行盖章后取得完税凭证联,并据以进行账务处理。

(12)12月6日,收到律师事务所的"江泽市服务业发票"发票联,经审核无误,以现金付讫。

(13)12月7日,收到银行转来委托收款凭证的收款通知3张,系德源公司、德茂公司和昌平公司应收款。

(14)12月7日,收到银行转来委托收款凭证的付款通知3张,系应付昌安公司、大兴公司和大华公司的商业汇票到期款。

(15)12月8日,收到江泽市电视台的"江泽市服务业发票"发票联,经审核无误,据以填写转账支票(江泽市电视台开户行:中国工商银行江泽市支行,账号:115674356672),付广告费,并到银行办理转账手续,经银行盖章,取回转账支票回单。

(16)12月8日,本(达亿公司)公司委托债券发行公司发行5年期债券,按面值的10%溢价发行。现债券公司已发行债券面值900 000元,实收金额990 000元,款项今日全部交来,当即送存银行。据以填写"收据"及"进账单",到银行办理手续后据"收据"记账联及"进账单"回单进行账务处理。

(17)12月9日,收到债券公司的"江泽市服务业发票"发票联,经审核无误,据以填写转账支票(债券公司开户行:中国工商银行江泽市支行,账号:115676283355),付手续费,并到银行办理转账手续,经银行盖章,取回转账支票回单。

(18)12月10日,收到徐圣的"费用报销领款单",经审核无误,以现金付讫。

(19)12月10日,收到房地产管理所的"江泽市服务业发票"发票联,经审核无误,以现金付讫。

(20)12月10日,收到江泽市汽车运输公司的"江泽市公路、内河货物运输统一发票"发票联,经审核无误,据以填写转账支票(江泽市汽车运输公司开户行:中国工商银行江泽市支行;账号:115674356698),付运费,并到银行办理转账手续,经银行盖章,取回转账支票回单。

(21)12月10日,收到保险公司的"保险公司待业保险金收据",经审核无误,以现金支票付讫。

(22)12月10日,签发"现金支票",到银行办理取款手续,提回现金3 800元备用。根据"现金支票"存根作账务处理。

(23)12月10日,收到陈明等3人的"费用报销领款单",经审核无误,以现金付讫。

(24)12月10日,收到司法局的"江泽市行政事业单位收款票据",经审核无误,据以填写转账支票(司法局开户行:中国工商银行江泽市支行;账号:115674356989),付诉讼费,并到银行办理转账手续,经银行盖章,取回转账支票回单。

(25)12月10日,收到各零售部销售商品的送存款的"进账单"回单。

(26)12月11号,收到商品采购供应站的"江泽市服务业发票",经审核无误,以现金付讫。

(27)12月11日,收到大楼承建单位袁先耀的"江泽市建筑安装业统一发票",经审核无误,签发"现金支票",交到银行取款。

(28)12月12日,收到证券公司的"收据",经审核无误,据以填写转账支票(证券公司开户行:中国工商银行江泽市支行;账号:115674356719),付债券及手续费,并到银行办理转账手续,经银行盖章,取回转账支票回单。

(29)12月13日,收到"工资表",根据实发工资总额签发"现金支票",从银行提取现金,当即发放完毕。

(30)12月13日,收到张估春和陈平的"差旅费报销单"(所附单据略),经审核无误,分别开出"收据",收到张估春交来结余现金账180元,陈平预支尚未结清。

(31)12月14日,收到业务科"管理费用支出汇总表"(所附单据44张略),经审核无误,以现金付讫。

(32)12月14日,收到江泽市商学院的"收据",经审核无误,开出"现金支票"付讫。

(33)12月15日,收到银行转来"委托收款凭证"的付款通知3张及"增值税专用发票"的发票联和抵扣联,系付昌安公司、大兴公司、大华公司货款。

(34)12月15日,收到职工食堂购买炊具发票,经审核无误,以现金付讫。

(35)12月16日,收到"市税务局印花税票发售统一发票",经审核无误,以现金付讫。

(36)12月16日,收到保险公司收取员工养老保险金的"收据",经审核无误,据以填写转账支票(保险公司开户行:中国工商银行江泽市支行;账号:115674363789),付保险金,并到银行办理转账手续,经银行盖章,取回转账支票回单。

(37)12月17日,根据"综合奖金结算汇总表"(实际还应按人头的奖金发放表,此处略),签发"现金支票"提回现金,当即发放完毕。

(38)12月19日,收到业务员送来的达昌公司转账支票的收账通知联及本公司的固定资产销售的"江泽市商业普通发票"的会计记账联,经审核无误,进行账务处理。

(39)12月19日,收到丰润公司出售设备的"江泽市商业普通发票"发票联,及本公司业务员送来的"固定资产验收单",经审核无误,据以填写"转账支票"付设备款,并到银行办理转账手续,经银行盖章,取回转账支票回单。

(40)12月19日,收到采购办事处的"业务招待费汇总表"及所附27张单据(单据略),经审核无误,签发"现金支票"补足其备用金。

(41)12月19日,收到杨林的"费用报销领款单",经审核无误,以现金付讫。

(42)12月19日,收到业务员送来的仓库租金收入"进账单"回单及"江泽市服务业发票"记账联。

(43)12月20日,收到业务员送来的"为民五金公司发票"和"物品领用单",经审核无误,以现金付讫。

(44)12月20日,收到宏盛公司的"江泽市商业普通发票"发票联,经审核无误,签发"转账支票"支付技术转让费。到银行办理转账手续,经银行盖章后,拿回转账支票回单。

(45)12月21日,收到购买书籍的"江泽市文化教育、体育业发票"发票联,经审核无误,以现金付讫。

(46)12月21日,收到业务员送来的丰润公司"转账支票"的收账通知联,及本公司收取技术转让收入的"江泽市商业普通发票"记账联。

(47)12月21日,收到汽车修配厂的"江泽市商业普通发票"发票联,经审核无误,以现金付讫。

(48)12月23日,收到自来水厂发票,审核无误后填写"转账支票"支付水费,到银行办理转账手续,经银行盖章后,拿回转账支票回单(自来水厂开户行:中国工商银行江泽市支行;账号:115674351125)。

(49)12月23日,收到采购办事处的"管理费用支出汇总表"及所附35张单据(单据略),经审核无误后,开出"收据"冲销其备用金,将收据第2联交报账人。

(50)12月24日,收到电力局的"增值税专用发票"发票联,经审核无误,填写"转账支票"支付电费,到银行办理转账手续,经银行盖章后,拿回转账支票回单(电力局开户行:中国工商银行江泽市支行;账号:115674356211)。

同时,根据耗用量分配本月电费。耗用量资料如下:大楼建设工程17 000度,其他应收款(代扣职工水电费)10 500度,公司管理部门10 500度,据以编制"外购动力费分配表"。

根据电力局的发票联、"转账支票"存根和"外购动力费分配表"进行账务处理。

(51)12月24日,收到大世界市场的"江泽市服务业发票"发票联,经审核无误,以现金付讫。

(52)12月24日,为购进口设备,向开户行买入5 000美元,以中国人民银行公布的人民币汇率中间价作为即期汇率,当日的即期汇率1美元=7.72元人民币,银行当日美元卖出价为1美元=8.10元人民币。签发"转账支票"支付人民币,填写"进账单"购入美元。到银行办理相关手续,根据"转账支票"存根和"进账单"作账务处理。

(53)12月25日,签发"现金支票",到银行办理取款手续,提回现金7 000元备用。根据"现金支票"存根作账务处理。

(54)12月25日,收到物价检查所"罚款没收专用收据",以现金支付罚款。

(55)12月25日,收到养路费征收站的"交通车辆养路费收据",经审核无误,以现金付讫(货车的养路费为600元,小车的养路费为400元)。

(56)12月26日,收到"副食品商店销售发票"发票联,经审核无误,以现金付讫。

(57)12月26日,收到业务员送来的"固定资产验收单"及购买进口设备的"商业发票",经审核无误后填写"信汇"凭证,到银行办理美元汇兑手续,取回"信汇"回单。当日的即期汇率1美元＝7.85元人民币。

(58)12月26日,收到迅达搬运公司的"江泽市交通运输业发票"发票联,经审核无误,以现金付讫。

(59)12月26日,收到张估春的"借款单",经审核无误,以现金付讫。

(60)12月27日,收到业务员送来的"专利申报表"和专利局的"江泽市行政事业单位收款收据"发票联,经审核无误,填写"转账支票"支付专利注册登记费,到银行办理转账手续,经银行盖章后,拿回"转账支票"回单(专利局开户行:中国工商银行江泽市支行;账号:115675363286)。

(61)12月27日,收到本公司业务员送来销售商品给德源公司、德茂公司和昌平公司的6张增值税专用发票记账联和3张商业承兑汇票。

(62)12月27日,收到昌安公司、大兴公司、大华公司业务员送来的"增值税专用发票"第2、3联,经审核无误后分别填写为期2个月的"商业承兑汇票"3份,其中第1联经各收款人盖章并签名后收回,在第2联的付款人盖章处盖上财务专用章,在负责经办处签名,填好后将第2联分别交昌安公司、大兴公司、大华公司业务员。

同时,收到四通运输公司的"江泽市公路、内河货物运输统一发票"发票联,经审核无误后填写"转账支票"支付运费,到银行办理转账手续,经银行盖章后,拿回"转账支票"回单(四通运输公司开户行:中国工商银行江泽市支行;账号:115675363298)。

根据"增值税专用发票"的发票联、"商业汇票"的留存联、"转账支票"存根联、"江泽市公路、内河货物运输统一发票"发票联作账务处理。

(63)12月29日,收到各零售部送存银行销货款的"进账单"回单。

(64)12月30日,收到工会的"收据"第2联,经审核无误,签发"现金支票"付讫,根据"现金支票"存根作账务处理。

(65)12月30日,收到职工食堂的"收据"第2联,经审核无误,签发"现金支票"付讫,根据"现金支票"存根作账务处理。

(66)12月30日,收到业务员送来的"增值税专用发票"第2、3、4联,合同规定销货款采用委托收款结算方式,经审核无误后,据以填写"委托收款凭证",持"委托收款凭证"和"增值税专用发票"第2、3联到银行办理托收手续,经银行盖章后,将退回的"委托收款凭证"回单与"增值税专用发票"记账联一并作账务处理。

(67)12月31日,到开户行拿回贷款计息凭证,进行账务处理(已预计应付利息12 000元)。

(68)12月31日,到开户行拿回存款计息凭证,进行账务处理。

(69)12月31日,将账面价值为100 000元的"交易性金融资产——基金"全部出售,实得现金105 000元。填写"内部转账单"和"进账单",将现金送存银行(全为百元券)。

(70)12月31日的即期汇率1美元＝8.05元人民币,调整当期产生的汇兑差额。

17.2 达亿公司记账会计岗位实操

17.2.1 开设有关账户

达亿公司 2014 年 11 月 30 日明细账期末资料如下：

其他货币资金——外埠存款	11 000（借）
交易性金融资产——股票（成本）	110 000（借）
交易性金融资产——债券（成本）	100 000（借）
交易性金融资产——基金（成本）	100 000（借）
应收票据——德源公司	110 000（借）
应收票据——德茂公司	100 000（借）
应收票据——昌平公司	110 000（借）
应收账款——德源公司	90 000（借）
应收账款——德茂公司	100 000（借）
应收账款——昌平公司	110 000（借）
坏账准备	1 200（贷）
其他应收款——采购办事处	18 000（借）
其他应收款——代扣水电费	10 000（借）
在途物资——昌安公司	30 000（借）
周转材料——低值易耗品——在用	50 000（借）
周转材料——低值易耗品——在库	20 000（借）
周转材料——低值易耗品——摊销	30 000（贷）
库存商品——A 类商品	157 500（借）
库存商品——B 类商品	156 500（借）
库存商品——C 类商品	152 900（借）
库存商品——D 类商品	149 800（借）
库存商品——E 类商品	147 200（借）
库存商品——F 类商品	155 800（借）
库存商品——G 类商品	152 600（借）
库存商品——H 类商品	157 700（借）
库存商品——I 类商品	157 600（借）
库存商品——J 类商品	154 700（借）
库存商品——K 类商品	152 000（借）
库存商品——L 类商品	154 100（借）
库存商品——M 类商品	1 248 000（借）
库存商品——一零售部	500 000（借）
库存商品——二零售部	600 000（借）
库存商品——三零售部	500 000（借）

商品进销差价——一零售部	150 000（贷）
商品进销差价——二零售部	180 000（贷）
商品进销差价——三零售部	150 000（贷）
长期股权投资——股票投资（兴盛公司）	100 000（借）
持有至到期投资——成本	100 000（借）
持有至到期投资——利息调整	5 000（借）
持有至到期投资——应计利息	10 000（借）
固定资产——经营用固定资产	1 500 000（借）
固定资产——非经营用固定资产	450 000（借）
固定资产——不需用固定资产	150 000（借）
固定资产——出租固定资产	100 000（借）
累计折旧	600 000（贷）
工程物资——专用材料	500 000（借）
在建工程——大楼建设工程	550 000（借）
固定资产清理——报废	20 000（借）
无形资产——专利权	223 000（借）
研发支出——资本化支出	27 000（借）
长期待摊费用——仓库大修费	73 000（借）
待处理财产损溢——待处理流动资产损溢	25 000（借）
短期借款——经营周转借款	1 500 000（贷）
应付票据——昌安公司	110 000（贷）
应付票据——大兴公司	90 000（贷）
应付票据——大华公司	110 000（贷）
应付账款——昌安公司	90 000（贷）
应付账款——大兴公司	110 000（贷）
应付账款——大华公司	120 000（贷）
应付职工薪酬——职工教育经费	4 100（贷）
应付职工薪酬——职工福利	1 300（贷）
应付职工薪酬——社会保险费	9 600（贷）
应交税费——未交增值税	25 000（贷）
应交税费——应交所得税	20 000（借）
应交税费——应交城市维护建设税	2 000（贷）
应交税费——应交个人所得税	1 800（贷）
应交税费——应交教育费附加	1 000（贷）
应付利息	23 000（贷）
长期借款——基建借款	1 000 000（贷）
长期应付款——应付设备款	100 000（贷）
应付债券——面值	500 000（贷）
应付债券——利息调整	20 000（贷）

应付债券——应计利息 20 000（贷）
实收资本——国家投资 2 500 000（贷）
实收资本——德源公司 130 000（贷）
实收资本——其他 970 400（贷）
资本公积——资本溢价 250 000（贷）
资本公积——其他 120 000（贷）
盈余公积——法定盈余公积 600 000（贷）
利润分配——未分配利润 80 000（贷）
本年利润 320 000（贷）

库存商品明细账 2014 年 11 月 30 日期末资料如表 17－2 所示。

表 17－2　　　　期末库存商品明细（截至 2014 年 11 月 30 日）

类别	品名	数量	单位成本（元）	金额（元）
A 类	A-1 商品	3 000 千克	10	30 000
	A-2 商品	2 000 件	24	48 000
	A-3 商品	1 500 件	29	43 500
	A-4 商品	1 000 件	36	36 000
B 类	B-1 商品	5 000 千克	8	40 000
	B-2 商品	1 809 件	22	39 800
	B-3 商品	1 500 件	26	39 000
	B-4 商品	1 300 件	29	37 700
C 类	C-1 商品	2 500 千克	15	37 500
	C-2 商品	1 600 件	23	36 800
	C-3 商品	1 800 件	22	39 600
	C-4 商品	1 500 件	26	39 000
D 类	D-1 商品	4 000 千克	10	40 000
	D-2 商品	1 800 件	23	41 400
	D-3 商品	1 500 件	24	36 000
	D-4 商品	1 200 件	27	32 400
E 类	E-1 商品	3 500 千克	12	42 000
	E-2 商品	1 500 件	22	33 000
	E-3 商品	1 500 件	23	34 500
	E-4 商品	1 300 件	29	37 700

续表

类别	品名	数量	单位成本(元)	金额(元)
F类	F-1 商品	3 000 千克	13	39 000
	F-2 商品	2 500 件	16	40 000
	F-3 商品	2 300 件	17	39 100
	F-4 商品	1 300 件	29	37 700
G类	G-1 商品	4 000 千克	10	40 000
	G-2 商品	1 500 件	24	36 000
	G-3 商品	1 400 件	29	40 600
	G-4 商品	1 000 件	36	36 000
H类	H-1 商品	3 500 千克	11	38 500
	H-2 商品	1 800 件	22	39 600
	H-3 商品	1 500 件	26	39 000
	H-4 商品	1 400 件	29	40 600
I类	I-1 商品	3 300 千克	12	39 600
	I-2 商品	1 600 件	23	36 800
	I-3 商品	1 800 件	22	39 600
	I-4 商品	1 600 件	26	41 600
J类	J-1 商品	3 000 千克	13	39 000
	J-2 商品	1 600 件	23	36 800
	J-3 商品	1 600 件	24	38 400
	J-4 商品	1 500 件	27	40 500
K类	K-1 商品	2 500 千克	14	35 000
	K-2 商品	1 800 件	22	39 600
	K-3 商品	1 600 件	23	36 800
	K-4 商品	1 400 件	29	40 600
L类	L-1 商品	3 900 千克	10	39 000
	L-2 商品	2 500 件	16	40 000
	L-3 商品	2 200 件	17	37 400
	L-4 商品	1 300 件	29	37 700
M类	甲商品	120 000 千克	2.4	288 000
	乙商品	130 000 千克	1.8	234 000
	丙商品	110 000 千克	3.0	330 000
	丁商品	110 000 千克	3.6	396 000

17.2.2 开设明细账

按下列要求开设明细账：

(1)下列账户使用三栏式账页(有期初余额的账户结转期初余额,没有期初余额的账户设户后待记发生额)：

其他货币资金——外埠存款
其他货币资金——存出投资款
交易性金融资产——股票(成本)
交易性金融资产——股票(公允价值变动)
交易性金融资产——债券(成本)
交易性金融资产——基金(成本)
应收票据——德源公司
应收票据——德茂公司
应收票据——昌平公司
应收账款——德源公司
应收账款——德茂公司
应收账款——昌平公司
预付账款——中财保险公司
坏账准备
其他应收款——采购办事处
其他应收款——张估春
其他应收款——陈平
其他应收款——代扣水电费
在途物资——昌安公司
在途物资——大兴公司
在途物资——大华公司
周转材料——低值易耗品——在用
周转材料——低值易耗品——在库
周转材料——低值易耗品——摊销
库存商品——A类商品
库存商品——B类商品
库存商品——C类商品
库存商品——D类商品
库存商品——E类商品
库存商品——F类商品
库存商品——G类商品
库存商品——H类商品
库存商品——I类商品
库存商品——J类商品

库存商品——K类商品
库存商品——L类商品
库存商品——M类商品
库存商品——一零售部
库存商品——二零售部
库存商品——三零售部
商品进销差价——一零售部
商品进销差价——二零售部
商品进销差价——三零售部
长期股权投资——股票投资(兴盛公司)
持有至到期投资——成本
持有至到期投资——利息调整
持有至到期投资——应计利息
固定资产——经营用固定资产
固定资产——非经营用固定资产
固定资产——不需用固定资产
固定资产——出租固定资产
累计折旧
工程物资——专用材料
工程物资——专用设备
在建工程——大楼建设工程
固定资产清理——报废
固定资产清理——出售不需用固定资产
无形资产——专利权
研发支出——资本化支出
累计摊销
长期待摊费用——仓库大修费用
待处理财产损溢——待处理流动资产损溢
递延所得税资产
短期借款——经营周转借款
应付票据——昌安公司
应付票据——大兴公司
应付票据——大华公司
应付账款——昌安公司
应付账款——大兴公司
应付账款——大华公司
应付职工薪酬——工资
应付职工薪酬——职工福利
应付职工薪酬——社会保险费

应付职工薪酬——住房公积金
应付职工薪酬——工会经费
应付职工薪酬——职工教育经费
应付职工薪酬——非货币性福利
应交税费——未交增值税
应交税费——应交营业税
应交税费——应交所得税
应交税费——应交城市维护建设税
应交税费——应交个人所得税
应交税费——应交教育费附加
应交税费——应交房产税
应付利息
应付股利
长期借款——基建借款
长期应付款——应付设备款
应付债券——面值
应付债券——利息调整
应付债券——应计利息
递延所得税负债
实收资本——国家投资
实收资本——德源公司
实收资本——其他
资本公积——资本溢价
资本公积——其他
盈余公积——法定盈余公积
利润分配——提取法定盈余公积
利润分配——应付现金股利
利润分配——未分配利润
本年利润
主营业务收入——A 类商品
主营业务收入——B 类商品
主营业务收入——C 类商品
主营业务收入——D 类商品
主营业务收入——E 类商品
主营业务收入——F 类商品
主营业务收入——G 类商品
主营业务收入——H 类商品
主营业务收入——I 类商品
主营业务收入——J 类商品

主营业务收入——K类商品
主营业务收入——L类商品
主营业务收入——M类商品
主营业务收入——一零售部
主营业务收入——二零售部
主营业务收入——三零售部
其他业务收入
投资收益
公允价值变动损益
营业外收入
主营业务成本——A类商品
主营业务成本——B类商品
主营业务成本——C类商品
主营业务成本——D类商品
主营业务成本——E类商品
主营业务成本——F类商品
主营业务成本——G类商品
主营业务成本——H类商品
主营业务成本——I类商品
主营业务成本——J类商品
主营业务成本——K类商品
主营业务成本——L类商品
主营业务成本——M类商品
主营业务成本——一零售部
主营业务成本——二零售部
主营业务成本——三零售部
营业税金及附加
其他业务成本
资产减值损失
营业外支出
所得税费用

(2)下列账户使用多栏式账页(有期初余额的账户结转期初余额,没有期初余额的账户设户后待记发生额):

应交税费——应交增值税
销售费用
财务费用
管理费用

(3)下列账户使用数量金额式账页(有期初余额的账户结转期初余额,没有期初余额的账户设户后待记发生额):

库存商品——A-1 商品
库存商品——A-2 商品
库存商品——A-3 商品
库存商品——A-4 商品
库存商品——B-1 商品
库存商品——B-2 商品
库存商品——B-3 商品
库存商品——B-4 商品
库存商品——C-1 商品
库存商品——C-2 商品
库存商品——C-3 商品
库存商品——C-4 商品
库存商品——D-1 商品
库存商品——D-2 商品
库存商品——D-3 商品
库存商品——D-4 商品
库存商品——E-1 商品
库存商品——E-2 商品
库存商品——E-3 商品
库存商品——E-4 商品
库存商品——F-1 商品
库存商品——F-2 商品
库存商品——F-3 商品
库存商品——F-4 商品
库存商品——G-1 商品
库存商品——G-2 商品
库存商品——G-3 商品
库存商品——G-4 商品
库存商品——H-1 商品
库存商品——H-2 商品
库存商品——H-3 商品
库存商品——H-4 商品
库存商品——I-1 商品
库存商品——I-2 商品
库存商品——I-3 商品
库存商品——I-4 商品
库存商品——J-1 商品
库存商品——J-2 商品
库存商品——J-3 商品

库存商品——J-4 商品
库存商品——K-1 商品
库存商品——K-2 商品
库存商品——K-3 商品
库存商品——K-4 商品
库存商品——L-1 商品
库存商品——L-2 商品
库存商品——L-3 商品
库存商品——L-4 商品
库存商品——甲商品
库存商品——乙商品
库存商品——丙商品
库存商品——丁商品

17.2.3　办理记账业务

办理如下记账业务：

(1)12 月 4 日，收到业务员送来的"验收单"，按买价进行账务处理。

(2)12 月 9 日，收到"固定资产折旧计算表"，经审核无误，进行账务处理。

(3)12 月 9 日，收到业务员交来本公司换出商品的"增值税专用发票"记账联，换入商品的"增值税专用发票"抵扣联与发票联及"验收单"会计记账联，经审核无误，进行非货币性交易的账务处理。

(4)12 月 10 日，收到业务员送来的"商品内部调拨单"，经审核无误，进行账务处理。

(5)12 月 12 日，收到童志、程功的"物品领用单"，经审核无误，进行账务处理。

(6)12 月 13 日，收到一零售部"商品调价单"，进行账务处理。

(7)12 月 17 日，收到业务员送来的"验收单"，按买价进行账务处理。

(8)12 月 18 日，收到"固定资产报废单"，经审核无误，进行账务处理。

(9)12 月 19 日，收到业务员送来的"内部转账单"，经审核无误，进行账务处理。

(10)12 月 20 日，收到业务员送来的"材料入库验收单"，经审核无误，进行账务处理。

(11)12 月 20 日，报废固定资产清理完毕，根据"固定资产清理——报废清理"账户余额编制"内部转账单"，结转清理损益。

(12)12 月 27 日，收到业务员送来的"验收单"，进行账务处理。

(13)12 月 28 日，本月应摊销专利权 40 000 元，应摊销仓库大修费 30 000 元，据以编制"无形资产、长期待摊费用分摊表"，经审核无误，进行账务处理。

(14)12 月 28 日，收到业务员送来的"商品内部调拨单"，经审核无误，进行账务处理。

(15)12 月 29 日，收到"低值易耗品报废单"，经审核无误，进行账务处理。

(16)12 月 31 日，根据本月"工资表"与"综合奖金结算汇总表"编制"应付职工薪酬分配表"，经审核无误，进行账务处理。

(17)12 月 31 日，公司经理批示：批发仓库短少的商品 25 000 元，挂账已久，查不清原因，同意报损。据以编制"内部转账单"，进行账务处理。

(18)12月31日,收到一、二、三零售部的"商品溢余短缺报告单"进行账务处理。

(19)12月31日,"交易性金融资产——股票"的公允价值为220 000元,依据"交易性金融资产——股票——成本"及"交易性金融资产——股票——公允价值变动"明细账户资料计算本期公允价值变动金额,据以填制"内部转账单",经审核无误,进行账务处理。

(20)12月31日,按应收款项百分比法计提坏账准备,提取比例为3%,依据"应收账款"、"其他应收款"、"预付账款"及"坏账准备"明细账资料分析计算本期应计提的坏账准备金,据以编制"内部转账单",经审核无误,进行账务处理。

(21)12月31日,根据本月商品销售数量及"库存商品"明细账,采用先进先出法计算批发业务的已销商品进价成本。根据计算结果编制"商品销售成本计算单",并作结转产品销售成本账务处理。

(22)12月31日,分部计算零售业务的已销商品应分摊的进销差价,根据计算结果编制"商品进销差价计算表",并作出账务处理(进销差价率精确到小数点后四位)。

(23)12月31日,依据"应交税费——应交增值税"明细账资料分析填写"增值税纳税申报表",计算出未缴增值税额,经审核无误进行"转出未交增值税"的账务处理。

(24)12月31日,依据"其他业务收入"和"固定资产"明细账及"增值税纳税申报表"资料,计算应缴营业税、应缴房产税、应缴城市维护建设税、应缴教育费附加,编制"地方税收综合纳税(费)申报表",经审核无误,进行账务处理。

(25)12月31日,依据"持有至到期投资"明细账期初资料计算本年利息收入,并进行利息调整(按票面利率6%、实际利率5%计算),据以填制"内部转账单",经审核无误,进行账务处理(本月发生数,暂不计算利息)。

(26)12月31日,依据"应付债券"(为大楼建设工程而发行债券)明细账期初资料计算本年利息费用,并进行利息调整(按票面利率8%、实际利率5%计算),据以填制"内部转账单",经审核无误,进行账务处理(本月发生数,暂不计算利息)。

(27)12月31日,结平"待处理财产损溢"账户。

(28)12月31日,将损益类账户的本月净发生额结转"本年利润"账户。

(29)12月31日,编制"利润表"初稿,据以编制"暂时性差异计算表"、"所得税纳税申报表"(所得税税率为33%)经审核无误,进行所得税会计的账务处理。

(30)12月31日,将"所得税费用"账户发生额,转入"本年利润"账户。

(31)12月31日,进行利润分配。法定盈余公积按净利润("本年利润"账户年末余额)的10%分配,应付现金股利按"未分配利润"明细账期初余额加上本年净利润,减去本年提取的法定盈余公积后的30%分配。

(32)12月31日,将"本年利润"、"利润分配——提取盈余公积"、"利润分配——应付现金股利"账户余额转入"利润分配——未分配利润"账户。

17.3 达亿公司财务科长岗位实操

17.3.1 开设总账

根据下列资料开设总账账户,每个账户占1页。达亿公司2014年11月30日总账期末资

料如下：

库存现金	1 000（借）
银行存款	300 000（借）
其他货币资金	11 000（借）
交易性金融资产	310 000（借）
应收票据	320 000（借）
应收账款	300 000（借）
坏账准备	1 200（贷）
其他应收款	28 000（借）
在途物资	30 000（借）
周转材料	40 000（借）
库存商品	4 696 400（借）
商品进销差价	480 000（贷）
长期股权投资	100 000（借）
持有至到期投资	115 000（借）
固定资产	2 200 000（借）
累计折旧	600 000（贷）
工程物资	500 000（借）
在建工程	550 000（借）
固定资产清理	20 000（借）
无形资产	223 000（借）
研发支出	27 000（借）
累计摊销	
长期待摊费用	73 000（借）
待处理财产损溢	25 000（借）
递延所得税资产	
短期借款	1 500 000（贷）
应付票据	310 000（贷）
应付账款	320 000（贷）
应付职工薪酬	15 000（贷）
应交税费	9 800（贷）
应付利息	23 000（贷）
应付股利	
其他应付款	
长期借款	1 000 000（贷）
长期应付款	100 000（贷）
应付债券	540 000（贷）
递延所得税负债	
实收资本	3 600 400（贷）

资本公积　　　　　　　　　　　　　　　　　　　　370 000(贷)
盈余公积　　　　　　　　　　　　　　　　　　　　600 000(贷)
利润分配　　　　　　　　　　　　　　　　　　　　 80 000(贷)
本年利润　　　　　　　　　　　　　　　　　　　　320 000(贷)
主营业务收入
其他业务收入
投资收益
公允价值变动损益
营业外收入
主营业务成本
营业税金及附加
其他业务成本
销售费用
管理费用
财务费用
资产减值损失
营业外支出
所得税费用

17.3.2　处理日常总账业务

日常总账业务如下：

(1)复核上旬会计凭证，根据审核无误的上旬记账凭证编制记账凭证汇总表，并据以登记总账，结出账户余额。与出纳员所经管的日记账核对，如有不符，查明原因，予以更正；与记账员所经管的明细账进行核对，如有不符，查明原因，予以更正。

(2)复核中旬会计凭证，根据审核无误的中旬记账凭证编制记账凭证汇总表，并据以登记总账，结出账户余额。与出纳员所经管的日记账核对，如有不符，查明原因，予以更正；与记账员所经管的明细账进行核对，如有不符，查明原因，予以更正。

(3)复核下旬会计凭证，根据审核无误的下旬记账凭证编制记账凭证汇总表，并据以登记总账，结出账户余额。与出纳员所经管的日记账核对，如有不符，查明原因，予以更正；与记账员所经管的明细账进行核对，如有不符，查明原因，予以更正。

(4)编制总账账户余额试算平衡表。

(5)办理年结。

17.3.3　编制会计报表

编制如下会计报表：

(1)编制资产负债表，以12月份月初数作为年初数。

(2)编制利润表，以12月份损益作为全年损益。

(3)编制现金流量表，以12月份月初数作为年初数，以12月份现金流量作为全年现金流量。

17.4 达亿公司业务员岗位实操

按要求填制和传递2014年12月份凭证：

(1)12月1日，张估春因要去北京出差需借支2 500元，陈平因要去上海出差需借支2 500元，分别以张估春和陈平的名义填写"借款单"各1张。经理洪文胜在借款单上签字：同意借支。持单向财务科出纳员借款。并将出纳员开出的现金支票送到开户银行提取现金。

(2)12月1日，销售商品一批，资料如表17—3所示。

表17—3　　　　　　　　　　销售商品资料

购货单位	品名	数量	单价(元)	购货单位	品名	数量	单价(元)
AA公司	A-1商品	2 000千克	13	AI公司	G-1商品	2 000千克	13
	A-2商品	1 000件	31		G-2商品	1 000件	31
	A-3商品	1 000件	38		G-3商品	1 000件	38
AB公司	A-4商品	700件	47	AJ公司	G-4商品	600件	46
	B-1商品	3 000千克	10		H-1商品	2 000千克	14
	B-2商品	1 200件	28		H-2商品	1 000件	28
AC公司	B-3商品	1 000件	34	AK公司	H-3商品	1 000件	34
	B-4商品	1 000件	38		H-4商品	1 000件	38
	C-1商品	1 500千克	20		I-1商品	2 000千克	15
AD公司	C-2商品	1 000件	30	AM公司	I-2商品	1 000件	30
	C-3商品	1 200件	28		I-3商品	1 000件	28
	C-4商品	1 000件	32		I-4商品	1 000件	34
AE公司	D-1商品	2 500千克	13	AL公司	J-1商品	2 000千克	16
	D-2商品	1 200件	30		J-2商品	1 000件	30
	D-3商品	1 000件	31		J-3商品	1 000件	31
AF公司	D-4商品	800件	35	AN公司	J-4商品	1 000件	35
	E-1商品	2 000千克	15		K-1商品	1 500千克	18
	E-2商品	1 000件	28		K-2商品	1 000件	28
AG公司	E-3商品	1 000件	30	AO公司	K-3商品	1 000件	30
	E-4商品	1 000件	38		K-4商品	1 000件	38
	F-1商品	2 000千克	16		L-1商品	2 000千克	13
AH公司	F-2商品	2 000件	21	AP公司	L-2商品	1 500件	21
	F-3商品	1 500件	22		L-3商品	1 200件	22
	F-4商品	800件	38		L-4商品	1 000件	38

增值税税率17%,价税款均已收讫。据以填写"增值税专用发票",款项全部存入银行,填写"进账单",送银行办理进账手续后取回"进账单"回单。将"进账单"回单连同"增值税专用发票"的记账联送财务科记账员(开户行:中国工商银行江泽市支行,账号:1156674356328)。

(3)12月2日,以采购办事处何其美的名义填写"领款单",领款金额3 000元,领款单填写好后到财务科找出纳员领款,作为采购办事处的备用金。

(4)12月3日,以亚洲证券营业部的名义填写"亚洲证券营业部成交过户交割单"1张。内容如下:本交割单系达亿公司购买股票,成交编号为12695,股东账户为33665695,股东名称为达亿公司,申请编号为691,公司代码为M125,申报时间为095300(即9点53分0秒),成交时间为095335,实收金额为123 635元,资金余额为76 365元;证券名称为500232,成交数量15 000股,成交价格8.18元,佣金432元,印花税488元,附加费15元。填好后送财务科出纳员。

(5)12月4日,向昌安公司购进的J-3商品1 200件,每件买价25元,商品全部验收入库,据以填写"验收单",将其会计记账联送账务科记账员。

(6)12月5日,以中财保险股份有限公司的名义填写"机动车辆保险单"和"保费收据"各1张。填写内容如下:被保险人为达亿公司;投保险种为车辆损失险、第三责任险、盗抢险、玻璃险、他人恶意险等;车辆型号为丰田(普);发动机号为368679;牌号为A-33567;非营业用车;座位为5座;保险价值32万元;保险金额32万元;基本保费240元;车辆损失险费率0.8%;第三责任险最高赔偿限额为20万元;第三责任险保费为2 100元;盗抢险保费据表计算;玻璃险保费为50元;他人恶意险保费为100元;保险期限自2014年12月5日0时起至2017年12月5日24时止。地址:十字街58号;电话:8666688;邮政编码:438000;总经理:洪源。填好后将"机动车辆保险单"正本和"保费收据"发票联送本公司记账员。

(7)12月6日,以江泽市第一律师事务所陈海的名义填写"江泽市服务业发票",收取本公司本月律师顾问费用1 200元,持其发票联找本公司出纳员收款。

(8)12月8日,江泽市电视台收取本公司广告费26 000元,代电视台填写"江泽市服务业发票",持其发票联找本公司出纳员收款。

(9)12月9日,债券公司应向本公司收取债券印刷费及手续费9 000元,代填写"江泽市服务业发票",并持其第2联到本财务科结算。

(10)12月9日,根据下述资料编制"固定资产折旧表"(采用平均年限法),编制完成后将其送交本公司记账员。

11月30日,固定资产资料如表17-4所示。

表17-4　　　　　　　　固定资产资料(截至2014年11月30日)

部　门	固定资产类型	固定资产原值(元)	预计净残值(元)	预计使用年限
经营部门	房屋	600 000	35 000	40
	专用电子设备	500 000	25 000	10
	其他专用设备	400 000	20 000	20
管理部门	房屋	450 000	22 500	40
	不需用设备	150 000	30 000	10
出租	仓库	100 000	20 000	10

(11)12月9日,达亿公司分别与众健公司、宏源公司、宏盛公司进行非货币交易。交易内

容如下:

达亿公司向众健公司销售丁商品10 000千克,每千克售价5元;向众健公司购进D-2商品2 500件,每件进价20元;向宏源公司销售甲商品10 000千克,每千克售价4.01元;向宏源购进E-2商品2 005件,每件进价20元;向宏盛公司销售乙商品10 000千克,每千克售价3.03元,向宏盛公司购进F-2商品2 020件,每件进价15元。增值税税率均为17%,据以填写销售商品的"增值税专用发票"和购进商品的"验收单"(保管员:严松),填好后先持销售商品的"增值税专用发票"第2、3联到众健公司、宏源公司、宏盛公司业务处换取购进商品的"增值税专用发票"第2、3联,后将销售商品的"增值税专用发票"的记账联和购进商品的"增值税专用发票"第2、3联及"验收单"一并送交本公司记账员。

(12)12月10日,以公司职工徐圣的名义填写"费用报销领款单",到财务科领取独生子女费170元。

(13)12月10日,代房地产管理所开具"江泽市服务业发票",应收取达亿公司办公用房租金1 200元。制单人:李凤。持发票联到达亿公司财务科结算。

(14)12月10日,以江泽市汽车队的名义开具"江泽市公路、内河货物运输统一发票",应收取达亿公司销货运费11 000元。制单人:何春明。持发票联到达亿公司财务科结算。

(15)12月10日,达亿公司应向保险公司缴纳职工失业保险金1 600元(保险公司开户行:中国工商银行江泽市支行;账号:115674353366),以保险公司的名义开具"保险公司失业保险金收据",持发票联到本公司财务科结算。

(16)12月10日,业务科陈明、程功、陈辉3人领取本年度烤火费,每人100元,经理签字:同意付款。代填写"费用报销领款单",到财务科出纳处领款。

(17)12月10日,代司法局开具"江泽市行政事业单位收款票据",收取达亿公司公证费1 100元。收款人:王波。持发票联到达亿公司财务科结算。

(18)12月10日,从批发仓库调给各零售部商品如表17-5所示。

表17-5 批发仓库调给各零售部商品

调入部门	商品名称	数量	单位进价	零售价(元)
一零售部	A-2商品	500件	见数量金额式明细账	40
	B-1商品	1 000千克	见数量金额式明细账	13
	C-3商品	500件	见数量金额式明细账	37
	D-2商品	2 000件	见数量金额式明细账	38
二零售部	E-2商品	1 000千克	见数量金额式明细账	37
	F-2商品	1 000件	见数量金额式明细账	27
	G-1商品	1 000千克	见数量金额式明细账	17
	H-1商品	1 000千克	见数量金额式明细账	18
三零售部	I-3商品	500件	见数量金额式明细账	37
	J-3商品	1 000件	见数量金额式明细账	40
	K-2商品	500件	见数量金额式明细账	37
	L-1商品	1 000千克	见数量金额式明细账	17

据以分别填写"商品内部调拨单",将其送交财务科记账员。

(19)12月10日,各零售部将零售款送存银行如表17—6所示。开户行:中国工商银行江泽市支行;账号:115674356327。

表17—6　　　　　　　　　　　各零售部将零售款送存银行资料

部门	经办人	面值	数量	部门	经办人	面值	数量	部门	经办人	面值	数量
一零售部	张丰	100元	1 000张	二零售部	李海	100元	1 000张	三零售部	万洋	100元	1 000张
一零售部	张丰	50元	400张	二零售部	李海	50元	600张	三零售部	万洋	50元	800张
一零售部	张丰	10元	1 000张	二零售部	李海	10元	1 000张	三零售部	万洋	10元	625张
一零售部	张丰	5元	91张	二零售部	李海	5元	80张				

据以上资料填写"进账单",持单到银行办理进账手续,取回回单交财务科出纳员。

(20)12月11日,代商品采购供应站开出"江泽市服务业发票",应收达亿公司李元参加商品交易会的住宿及会务费计600元,持收据向达亿公司财务科结账。

(21)12月11日,大楼建设工程的承建单位向达亿公司收取工程款110 000元,领款人:袁先耀。据以填写"江泽市建筑安装业统一发票",持发票联到财务科出纳处办理领款,取得出纳员签发的"现金支票"到银行取款。

(22)12月12日,业务员童志、程功各领计算器1个,单价160元,合计金额320元。经理审批:同意领用,一次摊销。据以填写"物品领用单",将其送交财务科记账员。

(23)12月12日,达亿公司向证券公司购买1年期债券1 200 000元,手续费2 400元,以证券公司名义开出"收据",持"收据"第2联到达亿公司财务科结算。

(24)12月13日,根据下列资料分别编制"工资表"。

经营人员工资结算资料如表17—7所示。

表17—7　　　　　　　　　　　经营人员工资结算资料　　　　　　　　　　　单位:元

姓名	月标准工资	津贴	水电费	公积金	个人所得税	个人承担社保
李立三	1 220	97	50	120		20
马力	1 220	97	50	120		20
牛冲	960	87	48	110		10
边防	960	87	46	110		10
王兵等250人	230 000	19 000	8 000	3 600	2 450	1 710

管理人员工资结算资料如表17—8所示。

表17—8　　　　　　　　　　　管理人员工资结算资料　　　　　　　　　　　单位:元

姓名	月标准工资	津贴	水电费	公积金	个人所得税	个人承担社保
章启明	1 360	207	50	130		25
洪元	1 220	167	48	120		20

续表

姓名	月标准工资	津贴	水电费	公积金	个人所得税	个人承担社保
李立	1 220	167	39	120		20
陆地	1 220	157	53	120		10
刁青等36人	33 200	3 025	1 616	1 000	411.25	200

"工资表"编制好后送交财务科出纳员。

(25)12月13日,张估春出差北京联系业务,返回公司报账。出差相关内容如下:2014年12月1日从江泽市乘火车至北京(当日到达),火车票300元,在北京期间住宿费1 400元,2014年12月12日晚从北京乘火车返回,于12月13日上午到达,返程票360元;陈平12月1日从江泽市乘火车至上海(当日到达),火车票280元,在上海期间住宿费1 500元,2014年12月12日从上海乘火车回江泽市(次日到达),火车票320元,出差补助每天20元,据以分别填写"差旅费报销单"(经理在单上签字:同意报销),并持单以张估春和陈平的名义向财务科出纳处报账(出差前张估春已预支2 500元、陈平已预支2 500元)。

(26)12月13日,一零售部库存C-2商品600件,每件零售价由原来的25元调至24元,据以填写"商品调价单",将记账联送达亿公司财务科记账员。

(27)12月14日,业务科各种费用支出汇总情况如下:差旅费350元(23张原始凭证);办公费210元(16张原始凭证);其他费用120元(4张原始凭证)。经核对无误后,编制"管理费用支出汇总表",持表到财务科报账。

(28)12月14日,丁晓等5名职工参加江泽市商学院短期培训,支付学杂费4 000元,以商学院名义开出"收据",持第2联(付款人联)找达亿财务科出纳员办理领款,取得出纳员签发的"现金支票"到银行取款。

(29)12月15日,达亿公司职工食堂向为民日杂公司购买铁锅1个,单价75元;菜刀3把,单价10元,计30元;合计105元。以为民日杂公司名义开具"为民日杂公司销售发票",持发票联向达亿公司财务科出纳员报账(在发票备注上填写:列入职工福利)。

(30)12月16日,达亿公司向税务局购买25张5元券印花税票,25张2元券印花税票,25张1元券印花税票,以税务局名义开具"市税务局印花税票发售统一发票",持发票联向达亿公司财务科出纳员报账。

(31)12月16日,江泽市保险公司向达亿公司收取员工养老保险金8 000元,以保险公司名义开具"收据",并持"收据"(付款人联)向达亿公司财务科结算。

(32)12月17日,向昌安公司购进的J-1商品10 000千克,每千克买价12.80元;J-3商品10 000件,每件买价23.80元;向大兴公司购进的K-1商品10 000千克,每千克买价13.80元,K-2商品10 000件,每件买价21.60元;向大华公司购进的L-1商品10 000千克,每千克买价9.80元,L-2商品10 000件,每件买价15.80元。以上商品均已到达,如数验收入库。据以填写"验收单",将验收单的会计记账联送财务科记账员。

(33)12月17日,本月综合奖金结算汇总资料如下:经营人员奖金25 400元,管理人员奖金4 000元。据以编制"综合奖金结算汇总表",持表向财务科出纳员领取奖金。

(34)12月18日,向丰润公司购进甲设备1台,交易价38 000元,经验收交一零售部使用,据以填写"固定资产验收单",将第2联送财务科出纳员。

(35)12月18日,一栋仓库320平方米,预计使用30年,已使用29年,原值120 000元,已提折旧105 000元,因重建提前报废。其处理意见如下:使用部门的意见:因陈旧要求报废;技术鉴定小组意见:情况属实;固定资产管理部门意见:同意转入清理;主管部门审批意见:同意报废重建。据以填写"固定资产报废单"后将其会计记账联送财务科记账员。

(36)12月19日,销售给达昌公司不需用丁设备1台,原始价值70 000元,已提折旧22 000元,协商作价50 000元。据以填写"江泽市商业普通发票",持其发票联到达昌公司财务科收款,要求达昌公司出纳员签发"转账支票",并与其一同去银行办理转账手续,取得银行盖章后"转账支票"的收账通知联后,将"转账支票"的收账通知联及"江泽市商业普通发票"记账联送交本公司财务科出纳员。同时,依据固定资产原始价值与已提折旧填写"内部转账单",将其送本公司财务科记账员。

(37)12月19日,采购办事处与业务往来单位洽谈业务,接待、就餐、补助及接送车费共计金额2 200元,单据26张。据以填写"业务招待费汇总表"(经理在单上签字:同意报销),持单向财务科出纳员报账,取得出纳员签发的"现金支票"后到银行提取现金。

(38)12月19日,报废固定资产的清理人员杨林等6人应领取清理费用500元,以杨林的名义填写"费用报销领款单"(经理在单上签字:同意付款),持单向财务科出纳员领款。

(39)12月19日,达亿公司向南华公司收取仓库租金5 000元,据以开出"江泽市服务业发票",收到现金5 000元,当即填写"进账单"到开户行办理进账手续,收到银行盖章后的"进账单"回单,将"江泽市服务业发票"的发票联及"进账单"回单送交本公司出纳员(本公司开户行:中国工商银行江泽市支行;账号:115674356328)。

(40)12月20日,仓库清理残料如下:红砖150 000块,每块0.20元,计30 000元,其他材料6 000元,合计36 000元。材料全部入库作重建仓库用,据以编制"材料入库单",并将其记账联送财务科记账员。

(41)12月20日,达亿公司向为民五金公司购买灭火器6个,单价100元,计600元。灭火器购回后当即由仓库领用。先以为民五金公司名义开具"为民五金公司发票";再以仓库保管员徐汉锋名义填写"物品领用单"(经理在单上签字:同意领用,一次摊销),最后将"为民五金公司发票"的发票联和"物品领用单"送财务科出纳员,并要求领款、领物。

(42)12月21日,向丰润公司转让技术,收取技术转让费17 000元,据以填写"江泽市商业普通发票",持发票联到丰润公司财务科收款,要求丰润公司出纳员签发"转账支票",并与其一同去银行办理转账手续,取得银行盖章后的"转账支票"的收账通知联后,将"转账支票"的收账通知联及"江泽市普通发票"记账联送交本公司财务科出纳员。

(43)12月21日,向会计局购买《新会计准则》等书籍,付款180元,以会计局的名义填写"江泽市文化教育、体育业发票",并持其发票联到账务科报账。

(44)12月21日,达亿公司的汽车送汽车修配厂修理。具体修配项目如下:汽车补胎258元,汽车轮胎充气35元,车轮拆装37元。以汽车修配厂名义开具"江泽市服务业发票",将"江泽市服务业发票"的发票联送交本公司财务科结算。

(45)12月23日,达亿公司使用自来水厂的供水。水表记录是:本月号码为563768,上月号码为561868,实用水1 900吨,每吨单价1元。以自来水厂名义开具"自来水厂水费发票",持发票联到达亿财务科结算。

(46)12月23日,采购办事处用备用金开支下列各种费用:招待费3 600元(19张原始凭证);差旅费5 200元(16张原始凭证)。经核对无误后全部报销,编制"管理费用支出汇总表",持表到财务科报账。

(47)12月24日,达亿公司电表的起码是323656,止码是361656,实用电38 000度,每度单价0.50元,以电力局的名义填写"增值税专用发票"(电费增值税税率为13%),持发票联到达亿公司财务科结算。

(48)12月24日,达亿公司参加本市商品展销会,应付大世界商场的商品展位租用费600元,以大世界市场的名义填写"江泽市服务业发票",持发票联到达亿公司财务科结算。

(49)12月25日,物价检查所对达亿公司商品销售情况进行检查,发现部分商品违反国家价格政策,罚款1 600元,以物价检查所名义填写"罚款没收专用收据",持单到达亿公司财务科收取罚款。

(50)12月25日,养路费征收站向达亿公司收取汽车养路费用1 000元,以养路费征收站的名义填写"交通车辆养路费收据"(2辆东风汽车为送货用车,养路费为600元,2辆小车的养路费为400元),持单到达亿公司财务科结算。

(51)12月26日,看望住院病人张启胜,从副食品商店购买2袋奶粉,每袋12.50元,苹果5千克,每千克3元,据以填写"副食品商店销售发票"(经理签字:在福利费列支)。持发票联到达亿公司财务科结算。

(52)12月26日,迅达搬运公司为达亿公司装卸货物,应收取商品装卸费1 500元,以迅达公司的名义开具"江泽市交通运输业发票",持发票联到达亿公司财务科结算。

(53)12月26日,张估春出差预支差旅费1 300元,据以填写"借款单",持单向财务科出纳员借款。

(54)12月26日,本公司向美国H公司购入先进设备1台,交易价4 000美元,以H公司名义填写"商业发票",以本公司设备科名义填写"固定资产验收单"(设备交管理部门使用),"商业发票"与"固定资产验收单"交本公司出纳员(引进先进设备,减免关税及增值税;境内外运杂费均由供货方承担)。

(55)12月27日,达亿公司自行开发一项实用型专利,开发成功,先根据下列资料填写"专利申报表":申请单位:达亿公司;专利项目:实用新型专利;技术开发费:27 000元;注册登记费:3 600元;单位意见:同意申报;专利局审批:同意注册。再以专利局名义填写"江泽市行政事业单位收款收据"收取达亿公司专利注册登记费3 600元,最后持"专利申报表"和"江泽市行政事业单位收款收据"到达亿公司财务科结算,要求支付注册登记费。

(56)12月27日,达亿公司销售商品一批如表17-9所示。

表17-9　　　　　　　　　　　达亿公司销售商品资料

购买单位	甲商品 单价(元)	甲商品 数量	乙商品 单价(元)	乙商品 数量	丙商品 单价(元)	丙商品 数量	丁商品 单价(元)	丁商品 数量
德源公司	4	20 000千克	3	20 000千克	5	10 000千克	6	10 000千克
德茂公司	4	15 000千克	3	20 000千克	5	16 000千克	6	10 000千克
昌平公司	4	15 000千克	3	20 000千克	5	12 000千克	6	15 000千克

增值税税率均为17%,据以分别填写"增值税专用发票"后持"增值税专用发票"第2、3联到德源公司、德茂公司和昌平公司财务科结算,要求各公司出纳员根据购销合同填写"商业承兑汇票",经付款人(各购货公司)承兑后取得"商业承兑汇票"第2联,并在"商业承兑汇票"第1联的收款人盖章处盖上本公司财务专用章(由本公司出纳员盖章),在负责、经办处均签名,将"增值税专用发票"记账联和"商业承兑汇票"第2联送交本公司出纳员。

(57)12月27日,四通运输公司为达亿公司运输购入的商品,应收运费7 500元。以四通运输公司的名义开具"江泽市公路、内河货物运输统一发票",持发票联到达亿公司财务科结算。

(58)12月27日,外购商品全部验收入库。根据表17-10所列资料填写"验收单",将记账联送财务科记账员。

表17-10　　　　　　　　　　　　外购商品入库资料

供货单位	商品名称	数量(件)	单位进价(元)	合计金额(元)
昌安公司	J-2商品	10 000	23	230 000
大兴公司	K-3商品	10 000	23	230 000
大华公司	L-3商品	10 000	17	170 000

(59)12月28日,从批发仓库调给各零售部商品的资料如表17-11所示。

表17-11　　　　　　　　　　　批发仓库调给各零售部商品资料

调入部门	商品名称	数量	单位进价	零售价(元)
一零售部	J-1商品	5 000千克	见数量金额式明细账	18.30
	J-3商品	6 000件	见数量金额式明细账	33.00
二零售部	J-2商品	5 000件	见数量金额式明细账	34.00
	K-1商品	6 000千克	见数量金额式明细账	20.00
三零售部	K-2商品	5 000件	见数量金额式明细账	31.00
	L-1商品	6 000千克	见数量金额式明细账	14.00

据以分别填写"商品内部调拨单",将其送交财务科记账员。

(60)12月29日,各零售部将零售款送存银行如表17-12所示。开户行:中国工商银行江泽市支行;账号:115674356328。

表17-12　　　　　　　　　　　各零售部送存银行零售款

部门	经办人	面值	数量	部门	经办人	面值	数量	部门	经办人	面值	数量
一零售部	张丰	100元	1 900张	二零售部	李海	100元	2 000张	三零售部	万洋	100元	1 000张
	张丰	50元	1 600张		李海	50元	1 000张		万洋	50元	2 000张
	张丰	10元	1 000张		李海	20元	370张		万洋	20元	1 700张

根据以上资料填写"进账单",持单到银行办理进账手续,取回回单交财务科出纳员。

(61)12月29日,达亿公司报废低值易耗品资料如下:文件柜3个,成本1 500元,已摊销750元;办公桌4张,成本2 000元,已摊销1 000元;沙发一套,成本1 200元,已摊销600元;其他物品成本500元,已摊销500元。据以编制"低值易耗品报废表"(备注栏里注明五五摊销或一次摊销)。经理在单上签字:同意报废。将其送财务科记账员。

(62)12月30日,达亿公司支付本公司工会委员会工会经费3 200元,以本公司工会委员会的名义开出"收据",持"收据"第2联向达亿公司财务科出纳员收款,收到出纳员签发的"现金支票"到银行提取现金。

(63)12月30日,公司支付职工食堂代扣伙食费4 791元。以职工食堂名义填写"收据",持"收据"第2联向达亿公司财务科出纳员收款,收到出纳员签发的"现金支票"到银行提取现金。

(64)12月30日,销售给德源公司甲商品25 000千克,每千克售价4元;销售给德茂公司乙商品20 000千克,每千克售价3元,丙商品10 000千克,每千克售价5元;销售给昌平公司丁商品20 000千克,每千克售价6元;增值税税率17%,分别填写"增值税专用发票",将第2、3、4联送财务科记账员。

(65)12月31日,各零售部盘点商品情况如表17-13所示。

表17-13 各零售部盘点商品情况

部门	实际结存	账面结存	进销差价率	备注
一零售部	498 860元	明细账余额	30%	章启明批示:溢余或短缺,按进价记入当期损益
二零售部	591 260元	明细账余额	30%	
三零售部	455 000元	明细账余额	30%	

据以分别填写"商品溢余短缺报告单",将会计记账联送财务科记账员。

银行结算业务岗位实操

18.1 中国工商银行江泽市支行结算业务岗位实操

18.1.1 开设活期存款账

下列为 2014 年 11 月 30 日活期存款余额(括号内数字为账号)：

吸收存款——丰润公司(1156674356321)	300 000(贷方)
吸收存款——丰利公司(1156674356322)	301 000(贷方)
吸收存款——众生公司(1156674356323)	298 000(贷方)
吸收存款——众健公司(1156674356324)	306 000(贷方)
吸收存款——宏源公司(1156674356325)	310 000(贷方)
吸收存款——宏盛公司(1156674356326)	299 000(贷方)
吸收存款——达昌公司(1156674356327)	301 000(贷方)
吸收存款——达亿公司(1156674356328)	300 000(贷方)

18.1.2 办理 2014 年 12 月份结算业务

受理业务后,办理业务手续,据以编制记账凭证,登记以上 8 个公司的活期存款明细账,其他单位的只编分录不登账,月末以活期存款明细账代对账单提供给开户单位对账：

(1)12 月 1 日,收到达昌公司和达亿公司支取现金的"现金支票",审核无误,支付现金。

(2)12 月 1 日,收到丰润公司、丰利公司、众生公司、众健公司、宏源公司、宏盛公司、达昌公司、达亿公司"进账单",按规定办理有关手续(假定现金点收无误)。

(3)12 月 1 日,收到丰润公司"转账支票"和"信汇凭证",按规定办理有关手续("信汇凭证"第 3 联和第 4 联放专夹保管,意为邮寄在途,待 5 日以邮局名义转送中国工商银行崎峰市支行)。

(4)12 月 1 日,收到丰利公司"转账支票"和"信汇凭证",按规定办理有关手续("信汇凭证"第 3 联和第 4 联放专夹保管,意为邮寄在途,待 5 日以邮局名义转送中国工商银行崎峰市支行)。

(5)12 月 1 日,收到众生公司"转账支票"和"信汇凭证",按规定办理有关手续("信汇凭证"第 3 联和第 4 联放专夹保管,意为邮寄在途,待 5 日以邮局名义转送中国工商银行崎峰市支行)。

(6)12 月 1 日,收到众健公司"转账支票"和"信汇凭证",按规定办理有关手续("信汇凭

(7)12月1日,收到宏源公司"转账支票"和"信汇凭证",按规定办理有关手续("信汇凭证"第3联和第4联放专夹保管,意为邮寄在途,待5日以邮局名义转送中国工商银行崎峰市支行)。

(8)12月1日,收到宏盛公司"转账支票"和"信汇凭证",按规定办理有关手续("信汇凭证"第3联和第4联放专夹保管,意为邮寄在途,待5日以邮局名义转送中国工商银行崎峰市支行)。

(9)12月1日,收到达昌公司"转账支票"和"信汇凭证",按规定办理有关手续("信汇凭证"第3联和第4联放专夹保管,意为邮寄在途,待5日以邮局名义转送中国工商银行崎峰市支行)。

(10)12月1日,收到达亿公司"转账支票"和"信汇凭证",按规定办理有关手续("信汇凭证"第3联和第4联放专夹保管,意为邮寄在途,待5日以邮局名义转送中国工商银行崎峰市支行)。

(11)12月2日,收到丰润公司、丰利公司、众生公司、众健公司、宏源公司、宏盛公司、达昌公司、达亿公司"转账支票",办理有关手续(亚洲证券营业部系本行开户,账号为235673625588,但本操作未设该单位,故"转账支票"收账通知联留存)。

(12)12月2日,收到丰润公司、丰利公司、众生公司、众健公司、宏源公司、宏盛公司、达昌公司、达亿公司"现金支票",经审核无误,支付现金(模拟现金支付过程,并不实际支付现金)。

(13)12月3日,收到丰润公司"委托收款凭证"及所附"商业承兑汇票"第2联各3张,按规定办理有关手续,将第1联加盖业务公章后退丰润公司,第2联专夹保管,第3联凭证上加盖带有银行行号的结算专用章,将第3、4、5联"结算凭证"连同"商业承兑汇票"第2联暂时单独存放(意为邮寄在途,待7日以邮局名义送交中国工商银行崎峰市支行)

(14)12月3日,收到丰利公司"委托收款凭证",其处理与(13)题同;收到丰利公司"转账支票",按规定办理有关手续。

(15)12月3日,收到众生公司"委托收款凭证",其处理与(13)题同;收到众生公司"转账支票",按规定办理有关手续。

(16)12月3日,收到众健公司"委托收款凭证",其处理与(13)题同;收到众健公司"转账支票",按规定办理有关手续。

(17)12月3日,收到宏源公司"委托收款凭证",其处理与(13)题同;收到宏源公司"转账支票",按规定办理有关手续。

(18)12月3日,收到宏盛公司、达昌公司和达亿公司"委托收款凭证",其处理与(13)题同。

(19)12月5日,将专夹保管的"信汇凭证"第3、4联,以12月1日的名义编制"联行邮划贷方报单",一起装入联行专用信封,以邮局名义送中国工商银行崎峰市支行。

(20)12月5日,收到邮局送来的中国工商银行崎峰市支行的联行专用信封,予以拆封,以第3联"信汇凭证"和另编"转账借方传票"办理转账,第4联"信汇凭证"加盖转讫章后作收账通知送交收款人。

(21)12月5日,收到丰润公司、丰利公司、众生公司、众健公司、宏源公司、宏盛公司、达昌公司、达亿公司的"转账支票",按规定办理有关手续。

(22)12月6日,收到丰润公司、丰利公司、众生公司、众健公司、宏源公司、宏盛公司、达昌公司、达亿公司的"中华人民共和国税收缴款书",按规定办理有关手续,根据第2联作账务处理。

(23)12月7日,将12月3日收到的丰润公司、丰利公司、众生公司、众健公司、宏源公司、宏盛公司、达昌公司、达亿公司的"委托收款凭证"第3、4、5联和"商业承兑汇票"第2联从专夹中抽出,以邮局名义送交中国工商银行崎峰市支行。

(24)12月7日,收到邮局转来德源公司、德茂公司、昌平公司、昌安公司、大华公司、大兴公司、兴隆公司、兴盛公司的"委托收款凭证"第3、4、5联和"商业承兑汇票"第2联,将"委托收款凭证"第3、4联专夹保管,将第5联"委托收款凭证"加盖业务公章,连同"商业承兑汇票"第2联送交各付款公司。

(25)12月7日,假定上述"委托收款凭证"付款期满,从专夹中抽出"委托收款凭证"第3、4联,其中第3联留作本行作账务处理。第4联随"邮划贷方报单"(此处略)以邮局名义送交中国工商银行崎峰市支行。

(26)12月7日,收到邮局转来的崎峰市工商银行"邮划贷方报单"(略)和所附第4联"委托收款凭证"(系丰润公司、丰利公司、众生公司、众健公司、宏源公司、宏盛公司、达昌公司、达亿公司的托收款),将专夹留存的第2联与其核对相符后作账务处理,同时将第4联"委托收款凭证"加盖转讫章送交收款人。

(27)12月8日,收到丰润公司、丰利公司、众生公司、众健公司、宏源公司、宏盛公司、达昌公司、达亿公司的"转账支票",按规定办理有关手续(江泽市电视台在本行开户,账号为115674356672)。

(28)12月8日,收到丰润公司、丰利公司、众生公司、众健公司、宏源公司、宏盛公司、达昌公司、达亿公司的"进账单",按规定办理有关手续。

(29)12月9日,收到丰润公司、丰利公司、众生公司、众健公司、宏源公司、宏盛公司、达昌公司、达亿公司的"转账支票",按规定办理有关手续(债券公司在本行开户,账号为115676283355)。

(30)12月10日,收到丰润公司、丰利公司、众生公司、众健公司、宏源公司、宏盛公司、达昌公司、达亿公司的"转账支票",按规定办理有关手续(江泽市汽车队在本行开户,账号为115674356698)。

(31)12月10日,收到丰润公司、丰利公司、众生公司、众健公司、宏源公司、宏盛公司、达昌公司、达亿公司的"现金支票",按规定办理有关手续。

(32)12月10日,收到丰润公司、丰利公司、众生公司、众健公司、宏源公司、宏盛公司、达昌公司、达亿公司的"转账支票",按规定办理有关手续(司法局在本行开户,账号为115674356989)。

(33)12月10日,收到达昌公司、达亿公司的"进账单",按规定办理有关手续。

(34)12月11日,收到丰润公司、丰利公司、众生公司、众健公司、宏源公司、宏盛公司、达昌公司、达亿公司的"现金支票",经审核无误,以现金付讫。

(35)12月12日,收到丰润公司、丰利公司、众生公司、众健公司、宏源公司、宏盛公司、达昌公司、达亿公司的"转账支票",按规定办理有关手续(证券公司在本行开户,账号为115674356719)。

(36)12月13日,收到丰润公司、丰利公司、众生公司、众健公司、宏源公司、宏盛公司、达昌公司、达亿公司的"现金支票",经审核无误,当即付清现金。

(37)12月13日,收到丰润公司、丰利公司、众生公司、众健公司、宏源公司、宏盛公司"委托收款凭证"及"增值税专用发票",按规定办理有关手续,将"委托收款凭证"第1联加盖业务公章后退收款人,第2联"委托收款凭证"专夹保管,第3联"委托收款凭证"上加盖带有银行行号的结算专用章,将第3、4、5联"委托收款凭证"连同"增值税专用发票"第2、3联寄交付款人开户行(暂专夹保管,意为交邮局)。

(38)12月14日,收到丰润公司、丰利公司、众生公司、众健公司、宏源公司、宏盛公司、达昌公司、达亿公司的"现金支票",经审核无误,当即付清现金。

(39)12月15日,将专夹保管的"委托收款凭证"第3、4、5联连同"增值税专用发票"第2、3联一并以邮局名义送交中国工商银行崎峰市支行。

(40)12月15日,收到邮局送来的"委托收款凭证"第3、4、5联及"增值税发票"第2、3联,将"委托收款凭证"第3、4联专夹保管,将"委托收款凭证"第5联连同"增值税发票"第2、3联分别送交达昌公司和达亿公司。

(41)12月16日,假定上述"委托收款凭证"付款期满,从专夹中抽出"委托收款凭证"第3、4联,其中第3联留作本行作账务处理,第4联随"邮划贷方报单"(此处略)以邮局名义送交中国工商银行崎峰市支行。

(42)12月16日,收到邮局转来的崎峰市工商银行"邮划贷方报单"(略)和所附第4联"委托收款凭证"(系丰润公司、丰利公司、众生公司、众健公司、宏源公司、宏盛公司的托收款),将专夹留存的第2联与其核对相符后作账务处理,同时将第4联"委托收款凭证"加盖转讫章送交收款人(上述6家公司)。

(43)12月16日,收到丰润公司、丰利公司、众生公司、众健公司、宏源公司、宏盛公司、达昌公司、达亿公司的"转账支票",按规定办理有关手续(江泽市保险公司在本行开户,账号为115674363789)。

(44)12月17日,收到丰润公司、丰利公司、众生公司、众健公司、宏源公司、宏盛公司的"转账支票",按规定办理有关手续(长丰建筑公司在本行开户,账号为1156332785567)。

(45)12月17日,收到丰润公司、丰利公司、众生公司、众健公司、宏源公司、宏盛公司、达昌公司、达亿公司的"现金支票",经审核无误,以现金付讫。

(46)12月18日,收到丰利公司、众健公司、宏盛公司、达亿公司的"转账支票",按规定办理有关手续。

(47)12月19日,收到丰润公司、众生公司、宏源公司、达昌公司的"转账支票",按规定办理有关手续。

(48)12月19日,收到丰润公司、丰利公司、众生公司、众健公司、宏源公司、宏盛公司、达昌公司、达亿公司的"现金支票",经审核无误,以现金付讫。

(49)12月19日,收到丰润公司、丰利公司、众生公司、众健公司、宏源公司、宏盛公司、达昌公司、达亿公司送存现金的"进账单",在"进账单"回单上加盖银行印章后交存款人。

(50)12月20日,收到丰润公司、丰利公司、众生公司、众健公司、宏源公司、宏盛公司、达昌公司、达亿公司的"现金支票",经审核无误,以现金付讫。

(51)12月20日,收到丰利公司、众健公司、达昌公司、达亿公司的"转账支票",按规定办理有关手续。

(52)12月21日,收到丰润公司、众生公司、宏源公司、宏盛公司的"转账支票",按规定办理有关手续。

(53)12月23日,收到丰润公司、丰利公司、众生公司、众健公司、宏源公司、宏盛公司、达昌公司、达亿公司的"转账支票",按规定办理有关手续(自来水厂在本行开户,账号为115674351125)。

(54)12月24日,收到丰润公司、丰利公司、众生公司、众健公司、宏源公司、宏盛公司、达昌公司、达亿公司的"转账支票"和"进账单"(购美元),按规定办理有关手续。

(55)12月24日,收到丰润公司、丰利公司、众生公司、众健公司、宏源公司、宏盛公司、达昌公司、达亿公司的"转账支票",按规定办理有关手续(电力局在本行开户,账号为115674356211)。

(56)12月25日,收到丰润公司、丰利公司、众生公司、众健公司、宏源公司、宏盛公司、达昌公司、达亿公司的"现金支票",经审核无误,以现金付讫。

(57)12月26日,收到丰润公司、丰利公司、众生公司、众健公司、宏源公司、宏盛公司、达昌公司、达亿公司的"信汇凭证",经审核无误,按规定办理美元转汇相关手续。

(58)12月27日,收到丰润公司、丰利公司、众生公司、众健公司、宏源公司、宏盛公司、达昌公司、达亿公司的"转账支票",按规定办理有关手续(专利局在本行开户,账号为115675363286)。

(59)12月27日,收到丰润公司、丰利公司、众生公司、众健公司、宏源公司、宏盛公司、达昌公司、达亿公司的"转账支票",按规定办理有关手续(四通运输公司在本行开户,账号为115675363298)。

(60)12月29日,收到达昌公司、达亿公司送存现金的"进账单",经点收现金与进账单无误,按规定办理进账手续。

(61)12月30日,收到达昌公司、达亿公司"现金支票"各2张,经审核无误,当即付清现金。

(62)12月30日,收到丰润公司、丰利公司、众生公司、众健公司、宏源公司、宏盛公司、达昌公司、达亿公司"委托收款凭证"及"增值税专用发票",按规定办理有关手续,将"委托收款凭证"第1联加盖业务公章后退收款人,第2联"委托收款凭证"专夹保管,第3联"委托收款凭证"上加盖带有银行行号的结算专用章,将第3、4、5联"委托收款凭证"连同"增值税专用发票"第2、3联寄交付款人开户行(暂专夹保管,意为交邮局)。

(63)12月31日,根据各公司贷款积数计算应收利息,各公司2014年9月25日~12月25日的计息积数和利率如表18-1所示。

表18-1　　　　各公司贷款计息积数和利率(2014年9月25日~12月25日)

公司名称	计息积数	日利率	公司名称	计算积数	日利率
丰润公司	126 100 000	2‰	宏源公司	127 300 000	2‰
丰利公司	127 200 000	2‰	宏盛公司	126 800 000	2‰
众生公司	128 200 000	2‰	达昌公司	127 500 000	2‰
众健公司	126 500 000	2‰	达亿公司	127 800 000	2‰

根据以上资料,分别填写"中国工商银行湖北省分行贷款计息凭证",并将第1联送各贷款单位,根据其他联作账务处理。

(64)12月31日,根据各公司存款积数计算应付利息,各公司2014年9月25日至12月25日的计息积数和利率如表18-2所示。

表18-2 　　　　各公司存款计息积数和利率(2014年9月25日～12月25日)

公司名称	计息积数	日利率	公司名称	计算积数	日利率
丰润公司	90 000 000	0.4‰	宏源公司	93 000 000	0.4‰
丰利公司	91 000 000	0.4‰	宏盛公司	88 000 000	0.4‰
众生公司	89 000 000	0.4‰	达昌公司	102 000 000	0.4‰
众健公司	95 000 000	0.4‰	达亿公司	96 000 000	0.4‰

根据以上资料,分别填写"中国工商银行湖北省分行存款计息凭证",并将第3联送各存款单位,根据1、2联作账务处理。

(65)12月31日,收到丰润公司、丰利公司、众生公司、众健公司、宏源公司、宏盛公司、达昌公司、达亿公司送存现金的"进账单",经点收现金与进账单无误,收妥现金,在"进账单"回单上加盖银行印章后交存款人,留下另一联进行账务处理。

18.2　中国工商银行崎峰市支行结算业务岗位实操

18.2.1　开设活期存款账

下列为2014年11月30日活期存款余额(括号内数字为账号):

吸收存款——德源公司(823653676510)　　　　　　　　　　299 900(贷方)
吸收存款——德茂公司(823653676511)　　　　　　　　　　300 000(贷方)
吸收存款——昌平公司(823653676512)　　　　　　　　　　290 000(贷方)
吸收存款——昌安公司(823653676513)　　　　　　　　　　300 000(贷方)
吸收存款——大兴公司(823653676514)　　　　　　　　　　299 000(贷方)
吸收存款——大华公司(823653676515)　　　　　　　　　　300 000(贷方)
吸收存款——兴隆公司(823653676516)　　　　　　　　　　290 000(贷方)
吸收存款——兴盛公司(823653676517)　　　　　　　　　　301 000(贷方)

18.2.2　办理2014年12月份结算业务

受理业务后,办理业务手续,据以编制记账凭证,登记以上8个公司的活期存款明细账,其他单位的只编分录不登账,月末以活期存款明细账代对账单提供给开户单位对账:

(1)12月1日,收到兴隆公司和兴盛公司支取现金的"现金支票",审核无误,支付现金。

(2)12月1日,收到德源公司、德茂公司、昌平公司、昌安公司、大兴公司、大华公司、兴隆公司、兴盛公司"进账单",按规定办理有关手续(假定现金点收无误)。

(3)12月1日,收到德源公司"转账支票"和"信汇凭证",按规定办理有关手续("信汇凭证"第3联和第4联放专夹保管,意为邮寄在途,待5日以邮局名义转送中国工商银行江泽市支行)。

(4)12月1日,收到德茂公司"转账支票"和"信汇凭证",按规定办理有关手续("信汇凭证"第3联和第4联放专夹保管,意为邮寄在途,待5日以邮局名义转送中国工商银行江泽市支行)。

(5)12月1日,收到昌平公司"转账支票"和"信汇凭证",按规定办理有关手续("信汇凭证"第3联和第4联放专夹保管,意为邮寄在途,待5日以邮局名义转送中国工商银行江泽市支行)。

(6)12月1日,收到昌安公司"转账支票"和"信汇凭证",按规定办理有关手续("信汇凭证"第3联和第4联放专夹保管,意为邮寄在途,待5日以邮局名义转送中国工商银行江泽市支行)。

(7)12月1日,收到大兴公司"转账支票"和"信汇凭证",按规定办理有关手续("信汇凭证"第3联和第4联放专夹保管,意为邮寄在途,待5日以邮局名义转送中国工商银行江泽市支行)。

(8)12月1日,收到大华公司"转账支票"和"信汇凭证",按规定办理有关手续("信汇凭证"第3联和第4联放专夹保管,意为邮寄在途,待5日以邮局名义转送中国工商银行江泽市支行)。

(9)12月1日,收到兴隆公司"转账支票"和"信汇凭证",按规定办理有关手续("信汇凭证"第3联和第4联放专夹保管,意为邮寄在途,待5日以邮局名义转送中国工商银行江泽市支行)。

(10)12月1日,收到兴盛公司"转账支票"和"信汇凭证",按规定办理有关手续("信汇凭证"第3联和第4联放专夹保管,意为邮寄在途,待5日以邮局名义转送中国工商银行江泽市支行)。

(11)12月2日,收到德源公司、德茂公司、昌平公司、昌安公司、大兴公司、大华公司、兴隆公司、兴盛公司"转账支票",办理有关手续(三峡证券营业部系本行开户,账号为123456786789,但本操作未设该单位,故"转账支票"收账通知联留存)。

(12)12月2日,收到德源公司、德茂公司、昌平公司、昌安公司、大兴公司、大华公司、兴隆公司、兴盛公司"现金支票",经审核无误,支付现金(模拟现金支付过程,并不实际支付现金)。

(13)12月3日,收到德源公司"委托收款凭证"及所附"商业承兑汇票"第2联各3张,按规定办理有关手续,将第1联加盖业务公章后退德源公司,第2联专夹保管,第3联凭证上加盖带有银行行号的结算专用章,将第3、4、5联"结算凭证"连同"商业承兑汇票"第2联暂时单独存放(意为邮寄在途,待7日以邮局名义送交中国工商银行江泽市支行)。

(14)12月3日,收到德茂公司"委托收款凭证",其处理与(13)题同;收到德茂公司"转账支票",按规定办理有关手续。

(15)12月3日,收到昌平公司"委托收款凭证",其处理与(13)题同;收到昌平公司"转账支票",按规定办理有关手续。

(16)12月3日,收到昌安公司"委托收款凭证",其处理与(13)题同;收到昌安公司"转账支票",按规定办理有关手续。

(17)12月3日,收到大兴公司"委托收款凭证",其处理与(13)题同;收到大兴公司"转账支票",按规定办理有关手续。

(18)12月3日,收到大华公司、兴隆公司和兴盛公司"委托收款凭证",其处理与(13)题同。

(19)12月5日,将专夹保管的"信汇凭证"第3、4联,以12月1日的名义编制"联行邮划贷方报单",一起装入联行专用信封,以邮局名义送中国工商银行江泽市支行。

(20)12月5日,收到邮局送来的中国工商银行江泽市支行的联行专用信封,予以拆封,以第3联"信汇凭证"和另编"转账借方传票"办理转账,第4联"信汇凭证"加盖转讫章后作收账通知送交收款人。

(21)12月5日,收到德源公司、德茂公司、昌平公司、昌安公司、大兴公司、大华公司、兴隆公司、兴盛公司的"转账支票",按规定办理有关手续。

(22)12月6日,收到德源公司、德茂公司、昌平公司、昌安公司、大兴公司、大华公司、兴隆公司、兴盛公司的"中华人民共和国税收缴款书",按规定办理有关手续,根据第2联作账务处理。

(23)12月7日,将12月3日收到的德源公司、德茂公司、昌平公司、昌安公司、大兴公司、大华公司、兴隆公司、兴盛公司的"委托收款凭证"第3、4、5联和"商业承兑汇票"第2联从专夹中抽出,以邮局名义送交中国工商银行江泽市支行。

(24)12月7日,收到邮局转来的丰润公司、丰利公司、众生公司、众健公司、宏源公司、宏盛公司、达昌公司、达亿公司"委托收款凭证"第3、4、5联和"商业承兑汇票"第2联,将"委托收款凭证"第3、4联专夹保管,将第5联"委托收款凭证"加盖业务公章,连同"商业承兑汇票"第2联送交各付款公司。

(25)12月7日,假定上述"委托收款凭证"付款期满,从专夹中抽出"委托收款凭证"第3、4联,其中第3联留作本行作账务处理,第4联随"邮划贷方报单"(此处略)以邮局名义送交中国工商银行江泽市支行。

(26)12月7日,收到邮局转来的江泽市工商银行"邮划贷方报单"(略)和所附第4联"委托收款凭证"(系德源公司、德茂公司、昌平公司、昌安公司、大兴公司、大华公司、兴隆公司、兴盛公司的托收款),将专夹留存的第2联与其核对相符后作账务处理,同时将第4联"委托收款凭证"加盖转讫章送交收款人。

(27)12月8日,收到德源公司、德茂公司、昌平公司、昌安公司、大兴公司、大华公司、兴隆公司、兴盛公司的"转账支票",按规定办理有关手续(崎峰市电视台在本行开户,账号为823653676658)。

(28)12月8日,收到德源公司、德茂公司、昌平公司、昌安公司、大兴公司、大华公司、兴隆公司、兴盛公司的"进账单",按规定办理有关手续。

(29)12月9日,收到德源公司、德茂公司、昌平公司、昌安公司、大兴公司、大华公司、兴隆公司、兴盛公司的"转账支票",按规定办理有关手续(债券公司在本行开户,账号为825533667788)。

(30)12月10日,收到德源公司、德茂公司、昌平公司、昌安公司、大兴公司、大华公司、兴隆公司、兴盛公司的"转账支票",按规定办理有关手续(崎峰市汽车队在本行开户,账号为823653675588)。

(31)12月10日,收到德源公司、德茂公司、昌平公司、昌安公司、大兴公司、大华公司、兴隆公司、兴盛公司的"现金支票",按规定办理有关手续。

(32)12月10日,收到德源公司、德茂公司、昌平公司、昌安公司、大兴公司、大华公司、兴隆公司、兴盛公司的"转账支票",按规定办理有关手续(崎峰市司法局在本行开户,账号为825634221668)。

(33)12月10日,收到兴隆公司、兴盛公司的存入销货款的"进账单",按规定办理有关手续。

(34)12月11日,收到德源公司、德茂公司、昌平公司、昌安公司、大兴公司、大华公司、兴隆公司、兴盛公司的"现金支票",经审核无误,以现金付讫。

(35)12月12日,收到德源公司、德茂公司、昌平公司、昌安公司、大兴公司、大华公司、兴隆公司、兴盛公司的"转账支票",按规定办理有关手续(证券公司在本行开户,账号为825634211698)。

(36)12月13日,收到德源公司、德茂公司、昌平公司、昌安公司、大兴公司、大华公司、兴隆公司、兴盛公司的"现金支票",经审核无误,以现金付讫。

(37)12月13日,收到德源公司、德茂公司、昌平公司、昌安公司、大兴公司、大华公司"委托收款凭证"及"增值税专用发票",按规定办理有关手续,将"委托收款凭证"第1联加盖业务公章后退收款人,第2联"委托收款凭证"专夹保管,第3联"委托收款凭证"上加盖带有银行行号的结算专用章,将第3、4、5联"委托收款凭证"连同"增值税专用发票"第2、3联寄交付款人开户行(暂专夹保管,意为交邮局)。

(38)12月14日,收到德源公司、德茂公司、昌平公司、昌安公司、大兴公司、大华公司、兴隆公司、兴盛公司的"现金支票",经审核无误,以现金付讫。

(39)12月15日,将专夹保管的"委托收款凭证"第3、4、5联连同"增值税专用发票"第2、3联一并以邮局名义送交中国工商银行江泽市支行。

(40)12月15日,收到邮局送来的"委托收款凭证"第3、4、5联及"增值税专用发票"第2、3联,将"委托收款凭证"第3、4联专夹保管,将"委托收款凭证"第5联连同"增值税专用发票"第2、3联分别送交兴隆公司和兴盛公司。

(41)12月16日,假定上述"委托收款凭证"付款期满,从专夹中抽出"委托收款凭证"第3、4联,其中第3联留作本行作账务处理,第4联随"邮划贷方报单"(此处略)以邮局名义送交中国工商银行江泽市支行。

(42)12月16日,收到邮局转来的江泽市工商银行"邮划贷方报单"(略)和所附第4联"委托收款凭证"(系德源公司、德茂公司、昌平公司、昌安公司、大兴公司、大华公司的托收款),将专夹留存的第2联与其核对相符后作账务处理,同时将第4联"委托收款凭证"加盖转讫章送交收款人(上述6家公司)。

(43)12月16日,收到德源公司、德茂公司、昌平公司、昌安公司、大兴公司、大华公司、兴隆公司、兴盛公司的"转账支票",按规定办理有关手续(崎峰市保险公司在本行开户,账号为825634217238)。

(44)12月17日,收到德源公司、德茂公司、昌平公司、昌安公司、大兴公司、大华公司的"转账支票",按规定办理有关手续(建筑公司在本行开户,账号为825625671350)。

(45)12月17日,收到德源公司、德茂公司、昌平公司、昌安公司、大兴公司、大华公司、兴隆公司、兴盛公司的"现金支票",经审核无误,以现金付讫。

(46)12月18日,收到德茂公司、昌安公司、大华公司、兴盛公司的"转账支票",按规定办理有关手续。

(47)12月19日,收到德源公司、昌平公司、大兴公司、兴隆公司的"转账支票",按规定办理有关手续。

(48)12月19日,收到德源公司、德茂公司、昌平公司、昌安公司、大兴公司、大华公司、兴隆公司、兴盛公司的"现金支票",经审核无误,以现金付讫。

(49)12月19日,收到德源公司、德茂公司、昌平公司、昌安公司、大兴公司、大华公司、兴隆公司、兴盛公司送存现金的"进账单",在"进账单"回单上加盖银行印章后交存款人。

(50)12月20日,收到德源公司、德茂公司、昌平公司、昌安公司、大兴公司、大华公司、兴隆公司、兴盛公司的"现金支票",经审核无误,以现金付讫。

(51)12月20日,收到德茂公司、昌安公司、兴隆公司、兴盛公司的"转账支票",按规定办理有关手续。

(52)12月21日,收到德源公司、昌平公司、大兴公司、大华公司的"转账支票",按规定办理有关手续。

(53)12月23日,收到德源公司、德茂公司、昌平公司、昌安公司、大兴公司、大华公司、兴隆公司、兴盛公司的"转账支票",按规定办理有关手续(崎峰市自来水厂在本行开户,账号为865235217658)。

(54)12月24日,收到德源公司、德茂公司、昌平公司、昌安公司、大兴公司、大华公司、兴隆公司、兴盛公司的"转账支票"与"进账单"(购美元),按规定办理有关手续。

(55)12月24日,收到德源公司、德茂公司、昌平公司、昌安公司、大兴公司、大华公司、兴隆公司、兴盛公司的"转账支票",按规定办理有关手续(电力局在本行开户,账号为865235217666)。

(56)12月24日,收到兴盛公司的"现金支票",经审核无误,以现金付讫。

(57)12月25日,收到德源公司、德茂公司、昌平公司、昌安公司、大兴公司、大华公司、兴隆公司、兴盛公司的"现金支票",经审核无误,以现金付讫。

(58)12月26日,收到德源公司、德茂公司、昌平公司、昌安公司、大兴公司、大华公司、兴隆公司、兴盛公司的"信汇凭证",经审核无误,按规定办理美元转汇相关手续。

(59)12月27日,收到德源公司、德茂公司、昌平公司、昌安公司、大兴公司、大华公司、兴隆公司、兴盛公司的"转账支票",按规定办理有关手续(专利局在本行开户,账号为825635367658)。

(60)12月27日,收到德源公司、德茂公司、昌平公司、昌安公司、大兴公司、大华公司、兴隆公司、兴盛公司的"转账支票",按规定办理有关手续(顺达运输公司在本行开户,账号为865235367898)。

(61)12月29日,收到兴隆公司、兴盛公司送存现金的"进账单",经点收现金与进账单无误,按规定办理进账手续。

(62)12月30日,收到兴隆公司、兴盛公司"现金支票"各2张,经审核无误,以现金付讫。

(63)12月30日,收到德源公司、德茂公司、昌平公司、昌安公司、大兴公司、大华公司、兴隆公司、兴盛公司"委托收款凭证"及"增值税专用发票",按规定办理有关手续,将"委托收款凭证"第1联加盖业务公章后退收款人,第2联"委托收款凭证"专夹保管,第3联"委托收款凭证"上加盖带有银行行号的结算专用章,将第3、4、5联"委托收款凭证"连同"增值税专用发票"第2、3联寄交付款人开户行(暂专夹保管,意为交邮局)。

(64)12月31日,根据各公司贷款积数计算应收利息,各公司2014年9月25日～12月25日的计息积数和利率如表18—3所示。

表18—3　　　　各公司贷款计息积数和利率(2014年9月25日～12月25日)

公司名称	计息积数	日利率	公司名称	计算积数	日利率
德源公司	118 000 000	2‰	大兴公司	126 000 000	2‰
德茂公司	123 000 000	2‰	大华公司	131 000 000	2‰
昌平公司	125 000 000	2‰	兴隆公司	132 000 000	2‰
昌安公司	131 000 000	2‰	兴盛公司	133 000 000	2‰

根据以上资料,分别填写"中国工商银行湖北省分行贷款计息凭证",并将第1联送各贷款单位,根据其他联作账务处理。

(65)12月31日,根据各公司存款积数计算应付利息,各公司2014年9月25日～12月25日的计息积数和利率如表18—4所示。

表18—4　　　　各公司存款计息积数和利率(2014年9月25日～12月25日)

公司名称	计息积数	日利率	公司名称	计算积数	日利率
德源公司	92 000 000	4‰	大兴公司	89 000 000	4‰
德茂公司	93 500 000	4‰	大华公司	95 000 000	4‰
昌平公司	91 000 000	4‰	兴隆公司	110 000 000	4‰
昌安公司	92 500 000	4‰	兴盛公司	105 000 000	4‰

根据以上资料,分别填写"中国工商银行湖北省分行存款计息凭证",并将第3联送各存款单位,根据1、2联作账务处理。

(66)12月31日,收到德源公司、德茂公司、昌平公司、昌安公司、大兴公司、大华公司、兴隆公司、兴盛公司送存现金的"进账单",经点收现金与"进账单"无误,收妥现金,在"进账单"回单上加盖银行印章后交存款人,留下另一联进行账务处理。